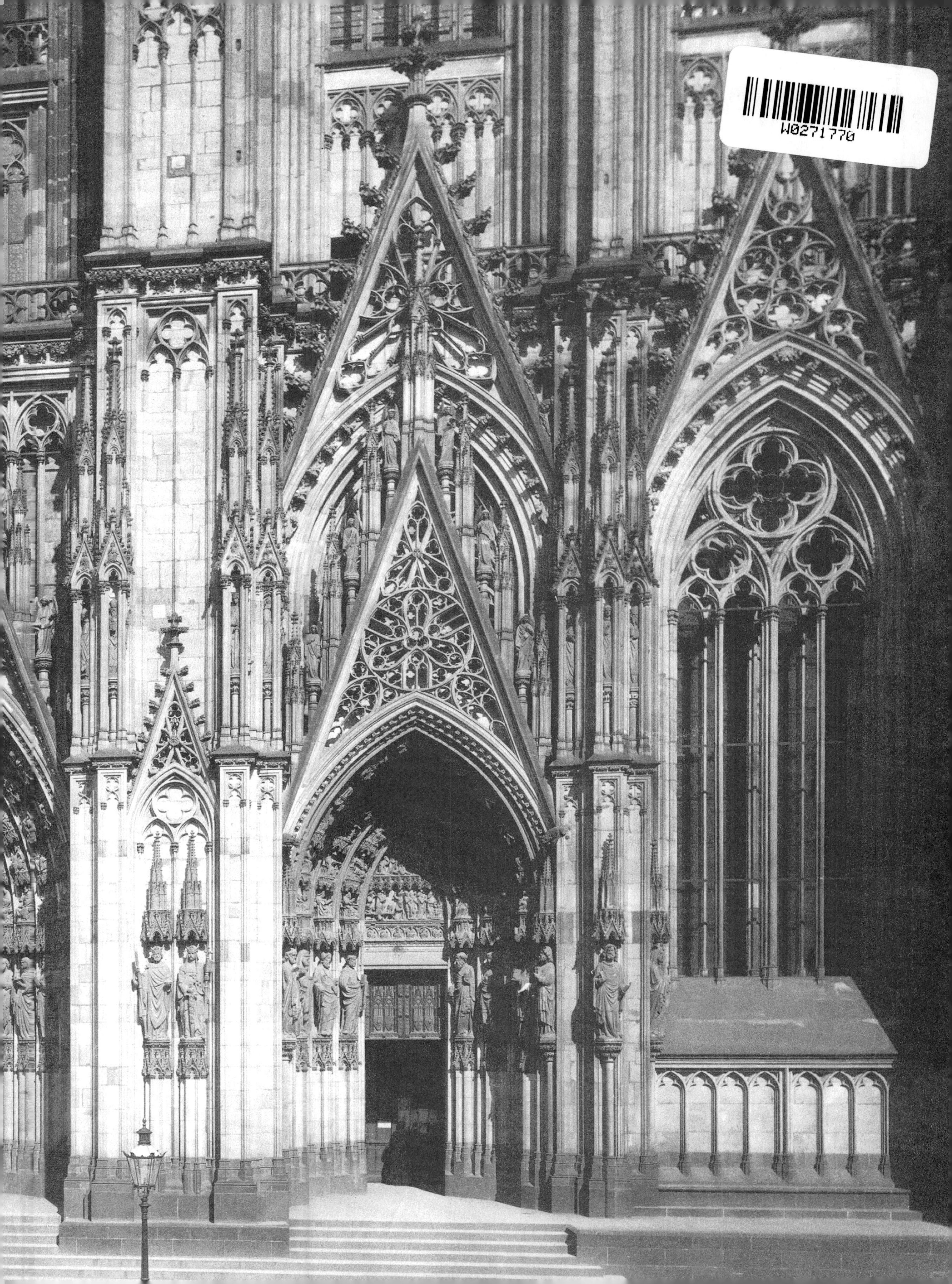

Deutschlands Kathedralen

Geschichte und Baugeschichte der Bischofskirchen
vom frühen Christentum bis heute

von
Michael Imhof und Tobias Kunz

Michael Imhof Verlag

Wir danken allen Bischöfen und Weihbischöfen, Domkapiteln, Pfarrern und Kirchengemeinden sowie -verwaltungen und Bauämtern für ihre Unterstützung und für die Abdruckgenehmigung der Innenaufnahmen.

Texte: Michael Imhof und Tobias Kunz

Fotos: Michael Imhof

Bildnachweis

Alle Fotos Michael Imhof und Michael Imhof Verlag mit Ausnahme von:
S. 12 unten, 13, 14 Mitte und unten: Domkapitel Aachen (Fotos: Ann Münchow); S. 29, 30 links oben, 31 links: Diözesanmuseum Bamberg (Fotos: Limmer); S. 74–77: Dorothée Baganz, Fulda; S. 95–97: www.kunstverlag-peda.de; S. 105, 106 rechts: Pablo de la Riestra, Nürnberg; S. 110 oben links und unten rechts, 113: Erzbischöfliches Ordinariat Freiburg, Stabsstelle Öffentlichkeitsarbeit (Fotos: Christoph Hoppe); S. 124: Edith Parzeller, Fulda; S. 151: Michael Zapf, Hamburg; S. 168 oben, 169–173: Dom-Museum Hildesheim (Fotos: zumeist Ulrich Knapp, Leonberg); 185, 191 oben: Dombauarchiv Köln (Fotos: Matz und Schenk); S. 235–239: Bischöfliches Dom- und Diözesanmuseum Mainz; S. 250 unten–253, 277–281: Vereinigte Domstifter zu Merseburg und Naumburg und des Kollegiatstifts Zeitz (Fotos: Michael Imhof); S. 263: Erzbischöfliches Ordinariat München/Kunstreferat (Foto: Wolf Christian von der Mülbe); S. 333 unten: Eckhard Raabe, Stuttgart; S. 344 unten links, 348 Mitte: Christian Meyer, Schwerin

Michael Imhof Verlag GmbH & Co. KG
Stettiner Straße 25, D-36100 Petersberg
Tel. 0661 9 62 82 86; Fax 0661 6 36 86
info@imhof-verlag.de
www.imhof-verlag.de

Gestaltung und Reproduktion: Michael Imhof Verlag
Druck: Gorenjski tisk storitve d.o.o., Kranj, Slowenien

Printed in EU

ISBN 978-3-86568-099-0

INHALT

Einleitung

Das vorliegende Buch verzeichnet die katholischen Bischofskirchen und eine Auswahl der Hauptkirchen der evangelischen Kirche. Entscheidend für die Auswahl der katholischen Objekte war, dass das Bauwerk oder der Vorgängerbau der Sitz eines Bischofs war oder ist. Nach kirchenrechtlicher Rangfolge handelt sich bei den Kirchen um die jeweils vornehmsten und repräsentativsten Gotteshäuser einer Diözese. Diese Bauwerke werden als *Kathedrale*, genauer *Kathedralkirche* (von griechisch/lateinisch *ecclesia cathedralis*), bezeichnet, auch wenn sie der kunsthistorischen Vorstellung einer *klassischen* Kathedrale, wie sie während der Gotik in Frankreich ihre Ausprägung fand, in der Regel nicht entsprechen. Der Stuhl (griechisch *kathedra*) des Bischofs steht zumeist an hervorgehobener Stelle im Chor der Kirche.
In Deutschland ist statt der Bezeichnung *Kathedrale* zumeist der Begriff *Dom* – abgeleitet von lat. *domus dei* (*Haus Gottes*) – gebräuchlich. Doch gibt es auch zahlreiche *Dome*, die, wie etwa in Altenberg, Braunschweig, Fritzlar, Königslutter, Wetzlar und Xanten, nie Bischofskirche waren. Darüber hinaus besitzen einige Kathedralen die Bezeichnung *Münster*, abgeleitet vom lateinischen *monasterium* (Kloster), wie in Konstanz, Essen, Freiburg, Basel oder Straßburg.
Die evangelischen Dome wurden mit Ausnahme des Berliner Doms vor der Reformation gebaut und sind heute oft keine Bischofskirchen mehr. Die ranghöchsten Kirchengebäude der evangelischen Kirchen, zumeist Sitz eines Landesbischofs oder Präses (Bezeichnung in den verschiedenen Landeskirchen unterschiedlich), werden *Hauptkirche* genannt.
Die in diesem Buch aufgeführten Sakralbauten veranschaulichen, dass weder bei den protestantischen Kirchen noch bei den katholischen Bischofskirchen eine einheitliche Systematik in der Bauweise erkennbar ist. Gemeinsamkeiten betreffen die allgemein übliche Ostung der Kirche (Ausnahme Fuldaer Dom) und – analog zu Klosteranlagen – die Errichtung von Kreuzgängen unmittelbar an die mittelalterliche Kathedrale. Des Weiteren benötigten die Domkirchen für den Klerus einen Aufenthaltsort für das Gebet im Chor, so dass insbesondere für die romanischen Kathedralen ein großer Chorraum im Osten typisch ist. Dieser Chorraum wurde ebenso wie in Klosterkirchen mit aufwendigen Chorgestühlen ausgestattet und war bis zum 16. Jahrhundert mit einem Lettner abgeteilt, der sich nur noch in einigen wenigen Kirchen erhalten hat. Für den evangelischen Kirchenbau lässt sich im 18. Jahrhundert die Tendenz zum Zentralbau beobachten. Doch ist dies – wie im Vergleich der mittelalterlichen Kathedrale zum übrigen Sakralbau – kein spezifisches Merkmal der Hauptkirchen, sondern eine allgemeine Tendenz. Und so kann auch die landläufige Meinung, mittelalterliche Kathedralen zeichneten sich durch ein Querhaus und durch eine Doppelturmfassade aus, mit einem Blick in das vorliegende Buch rasch widerlegt werden. Die Uneinheitlichkeit und Vielfältigkeit betrifft oft schon die Vorgängerbauten einer Kathedrale. Man nehme das Beispiel Paderborn: Bau 1: Basilika ohne Querhaus, später ergänzt zur Doppelchoranlage mit Westquerhaus. Bau 2: Aufgabe des Westchors, Errichtung einer Doppelturmfassade. Bau 3: Basilika mit Westwerk und Querschiff im Osten. Bau 4: Doppelchoranlage mit zwei Querhäusern. Bau 5: Doppelchoranlage mit einem Querhaus im Osten und Chorturm im Westen.
Wie das Buch zeigt, lassen sich kaum Gemeinsamkeiten für einen „Bautyp Kathedrale“ in Deutschland feststellen. Dieser Aspekt ist interessant, da alle Domkirchen vergleichbare Vor-

Phasen der Bistumsentwicklung im Deutschen Reich bis ins 10. Jahrhundert (mit Abänderungen aus: Missionierung und Christianisierung im Regnitz- und Obermaingebiet (hg. v. Rolf Bergmann, Günter Dippold, Jochen Haberstoh, Christian Lange und Wolfgang Weiß, Bamberg 2007, S. 123; Graphische Gestaltung: Guido Apel)

Bistümer mit teilweise spätantiken Wurzeln bis in die Mitte des 7. Jahrhunderts entstanden

Angelsächsische Phase von Bistumsgründungen bis Mitte des 8. Jahrhunderts

Karolingische Phase

Zeitz *Ottonische Gründungen*

Mainzer Diözesangebiet nach Unterdrückung der bonifatianischen Gründungen Büraburg und Erfurt

aussetzungen bezüglich der Struktur ihrer Bauherrenschaft, nämlich dem Zusammenwirken von Bischof und Domkapitel, besaßen. Sie verfügten über finanzielle und kirchenrechtliche Autonomie und waren somit in ihren Baumaßnahmen nicht von der Zustimmung übergeordneter Institutionen, etwa eines landesherrlichen „Geistlichen Rates", eines weltlichen Patrons, Stadtrats oder eines Mutterklosters, abhängig. Vielleicht führten aber gerade die fehlenden einengenden Vorgaben wie Ordensregeln oder die Genehmigung einer zentralen Organisation zu den individuellen Lösungen, die vom Zeitgeschmack, von regionalen Vorlieben, dem Baumaterial, den topographischen Gegenheiten, den Brandkatastrophen, politischen Wirren und Bauschäden sowie vor allem den finanziellen Möglichkeiten abhingen.

Darüber hinaus ist auffällig, dass im Gegensatz zur Klosterarchitektur die mittelalterlichen Kathedralen während der Barockzeit nicht durch Neubauten ersetzt wurden. Ausnahmen sind lediglich der Passauer Dom, dessen mittelalterlicher Dom einschließlich Altstadt einem Brand zum Opfer gefallen war und dessen Chor noch gotisch ist, und der Fuldaer Dom, der erst nach Errichtung des Neubaus Bischofskirche wurde und dessen Vorgängerbau noch in der Doppelturmfassade und in der westlichen Querhauswand steckt. Auch für den übrigen deutschsprachigen Raum gilt, dass nur der Dom zu Salzburg ein vollständiger Neubau ist. Ansonsten begnügte man sich mit kleineren Umbauten, die oft aus Bauschäden oder Brand- oder Kriegszerstörungen notwendig wurden. Kurios ist, dass das Domkapitel in Eichstätt eine neue Barockfassade (1714–18) als Dank für die Verschonung der Stadt im Spanischen Erbfolgekrieg errichten ließ. Man kann also beobachten, dass zwar

Karte der katholischen Bistümer in Deutschland heute

Übersichtskarte der Gliedkirchen der Evangelischen Kirche in Deutschland heute

die Fürstbischöfe zu den größten Bauherren des Barock gehörten, wie etwa der vom „Bauwurm" infizierte Familienclan der Schönborns, sie ihre Bautätigkeit aber auf dem profanen Gebiet auslebten, etwa durch die Ausschmückung ihrer Residenzen und die Errichtung prachtvoller Schlösser und Gartenanlagen. Grund dafür war, dass Anlässe für Kirchenneubauten – die Zunahme an Raumbedarf und die Neuerrichtung der umgebenden Bebauung – nicht gegeben waren. Zudem sahen sich viele Fürstbischöfe, die aus regierenden Familien des Hochadels stammten, bei weitem mehr als Fürsten denn als Geistliche. Einige besaßen noch nicht einmal die Priesterweihe.

Änderungen betrafen in der Barockzeit daher fast ausschließlich die Innenräume mit ihrer Ausstattung, die kontinuierlich den sich wandelnden liturgischen Bedürfnissen angepasst werden musste. Viele der katholischen Bischofskirchen wurden mehr oder weniger *barockisiert*, d. h. erhielten neue Altäre und Stuck- bzw. Malereiendekorationen, z. T. auch nur auf einzelne Bereiche beschränkt. Maßgeblich änderte sich das Erscheinungsbild auch durch die Aufgabe des mittelalterlichen Lettners, der ursprünglich den Chorraum vom Langhaus abtrennte. Im 19. und 20. Jahrhundert wurde – z. T. auch kriegsbedingt – die Barockisierung größtenteils wieder entfernt, so dass diese Bauphase heute unverändert nur noch im Freisinger Dom und im Konstanzer Münster in Erscheinung tritt.

AACHEN

Münster St. Marien

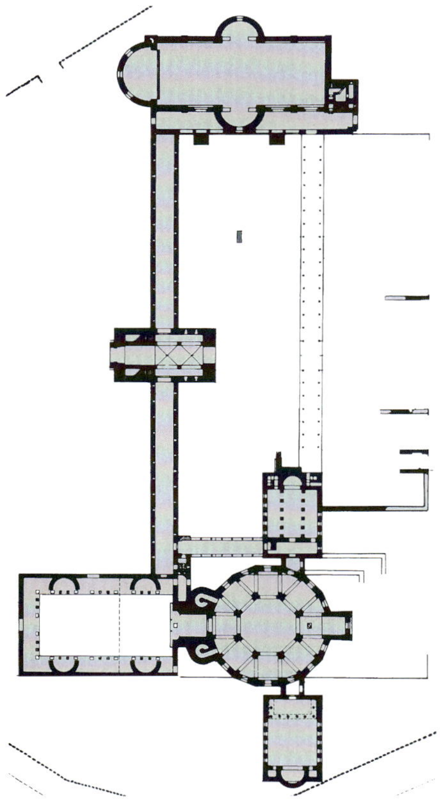

Rekonstruierter Grundriss der Pfalz Karls des Großen
1. *Königshalle (Aula regia, heutiges Rathaus)*
2. *Granusturm*
3. *Portikus*
4. *Pfalzkapelle (Dom)*
5. *Atrium*
6. *Annexbauten*
7. *Querbau*
8. *Verbindungsbau*
9. *Hölzerner Verbindungsgang*
10. *Reiterstandbild Theoderichs*

Zwar gehörte Aachen als Krönungsort deutscher Kaiser und Könige, als Grabstätte Karls des Großen und als Ziel zahlreicher Pilger anlässlich der Heiligtumsfahrten zu den herausragenden kulturhistorischen Städten des Heiligen Römischen Reiches Deutscher Nation. Bischofssitz war die Stadt und somit die ehrwürdige, von Karl dem Großen erbaute Pfalzkapelle und heutige Domkirche jedoch weder im Mittelalter noch in der frühen Neuzeit. Das Stadtgebiet Aachens gehörte zum Bistum Köln. Um so überraschender ist, dass es Napoleon war, der 1802 die Diözese Aachen gründete, nachdem die linksrheinischen Gebiete 1797 an Frankreich gefallen waren. Erster Aachener Bischof war der von Napoleon eingesetzte Marc Antoine Berdolet (1740–1809), der zuvor das Bischofsamt in Colmar inne hatte. Dieser hatte während der Französischen Revolution sein Leben für den Glauben riskiert und sah in der Person Napoleons, der mit dem Papst staatsrechtliche Beziehungen aufgenommen hatte, einen Retter der Kirche. Berdolet gelang es, durch sein soziales Engagement der Kirchenfeindlichkeit der Französischen Revolution entgegen zu wirken. Seine Bemühungen trugen jedoch keine Früchte, da schon sein Nachfolger François Le Camus vom Papst als Bischof nicht mehr anerkannt wurde, da sich Napoleon inzwischen mit dem Heiligen Stuhl überworfen hatte. Im Januar 1814 musste le Camus vor den anrückenden alliierten Truppen aus Aachen fliehen. 1821 hob der Papst das Bistum Aachen auf und gliederte es wieder dem Erzbistum Köln ein.

Erst am 13. August 1930 sollte die Diözese Aachen wiedererstehen. Erster Bischof war Joseph Heinrich Peter Vogt (1865–1937).

rechte Seite: Aachener Dom (Pfalzkapelle Karls des Großen), Ansicht von Norden

rechts: Rekonstruktion der Pfalz um 800, Blick von Südwesten, Umzeichnung nach der 3D CAD-Rekonstruktion anlässlich der Ausstellung „Krönungen" in Aachen 2000

Die Aachener Pfalzkapelle erhielt somit erst im 19. Jahrhundert die Funktion als Domkirche. Sie besitzt daher auch nicht die Form einer drei- oder fünfschiffigen Basilika, sondern besteht – als ursprünglichen Kern – aus einem oktogonalen Zentralbau, wie es insbesondere für frühmittelalterliche Pfalzkapellen – Aachen war der bevorzugte Pfalzort Karls des Großen – und bei Grabmalsbauten – als Grabstätte Karls des Großen – Verwendung fand.

Der heutige Dom, der 1978 als erstes deutsches Denkmal in die UNESCO-Liste als Weltkulturerbe aufgenommen wurde, ist das bedeutendste erhaltene Bauwerk des frühen Mittelalters nördlich der Alpen. Es handelt sich zudem um den anspruchsvollsten Bau seiner Zeit, da das Bauwerk die Ambitionen Karls des Großen als Erneuerer und Nachfolger des ehemaligen Römischen Reiches versinnbildlichen sollte, das nun zum Heiligen Römischen Reich Deutscher Nation werden sollte. Zur Veranschaulichung seiner Ansprüche ließ Karl der Große unter anderem Spolien aus Italien nach Aachen bringen und in der Pfalzkapelle einbauen. Am Aachener Hof, dem geistigen Zentrum seines Imperiums, versammelte Karl in der Hofakademie die bedeutendsten Gelehrten seiner Zeit und führte wesentliche Reformen zur Erneuerung seines Reiches durch. Die Hofschule, die zentrale Bildungsstätte des Reichs, kümmerte sich nicht nur um die Abfassung berühmter Lehrbücher, die Revision der Bibelübersetzung und die Durchsetzung der neuen Schrift, der römischen Antiqua, sondern schuf darüber hinaus wertvolle Elfenbeinschnitzereien, Buchmalereien, Goldschmiede- und Metallarbeiten. Die Hofbibliothek sammelte alle erreichbaren geistlichen und weltlichen Bücher.

Eine weitere Bedeutung verlieh Karl der Stadt durch die Reliquien, die während seiner Regierungszeit hierher gelangten. 799 wurden ihm vom Patriarchen von Jerusalem die wichtigsten Aachener Reliquien überreicht: die Windel und das Lendentuch Christi, das Gewand Mariens sowie das Grabtuch Johannes des Täufers. Die so genannten vier großen Aachener Heiligtümer werden seit 1238 und seit 1349 regelmäßig mit wenigen Ausnahmen alle sieben Jahre der

Bitburger

Öffentlichkeit gezeigt. Nicht minder zur Bedeutung Aachens als Pilgerstätte trägt der Kult um Karl den Großen bei. Nach seinem Tod wurden seine Gebeine in der Pfalzkapelle beigesetzt. Im Mittelalter zum idealen christlichen Herrscher stilisiert, wurde er auf Betreiben Friedrichs I. Barbarossa 1165 heilig gesprochen.

Mit dem Ausbau des väterlichen Hofguts zu einer repräsentativen Pfalz war in den 770er Jahren begonnen worden. Zur Reichsversammlung 789 war sie in großen Teilen fertiggestellt. Die Bauarbeiten an der Pfalzkapelle zogen sich länger hin. Die Oktogonkuppel dürfte im Rohbau bis 790 vollendet gewesen sein. Ein Brief Alkuins von 798 und dendrochronologische Untersuchungen der Ringanker bestätigen, dass die Kirche 794 nutzbar war. Einhard, seit etwa 794 in Aachen, überwachte die Bau- und Ausstattungsarbeiten. Die legendäre Weihe der Kapelle 804/805 durch Papst Leo III. ist erst in Quellen des 12. Jahrhunderts belegt.

Der Pfalzkapelle war im Westen ein Atrium (Vorhof) vorgelagert, dessen Ausmaß in etwa dem heutigen Domhof entspricht und dessen Wände eine Arkadenwand zum Innenhof bildeten. 1897 wurden an der nordöstlichen Ecke des Atriums zwei Joche der Hofeinfassung mit Arkadengängen und geschlossenem Obergeschoss rekonstruiert.

Der Westbau der Pfalzkapelle griff in monumentaler Form durch seine große Westnische und seine tonnengewölbte offene Eingangshalle das Architekturmotiv des Arkadenbogens

oben: Oktogon mit karolingischem Mauerwerk, Ansicht von Süden
unten: Grundriss, Baualtersplan

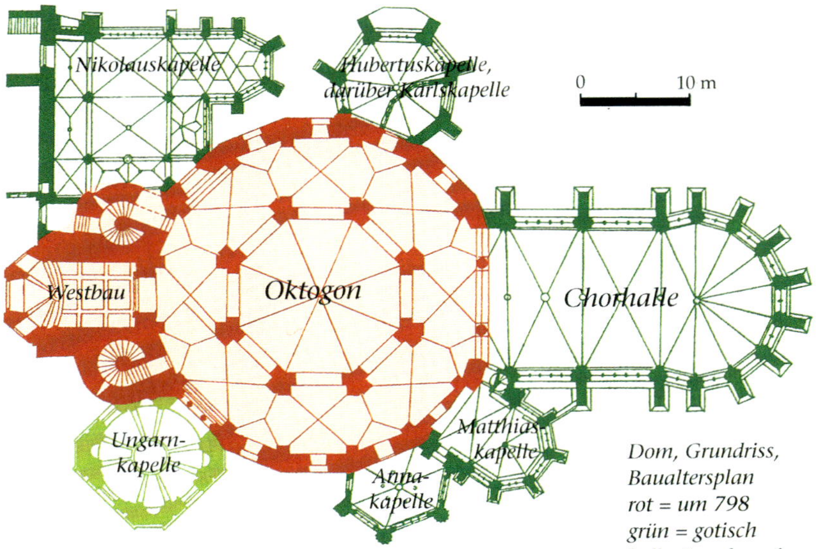

Dom, Grundriss, Baualtersplan
rot = um 798
grün = gotisch
hellgrün = barock

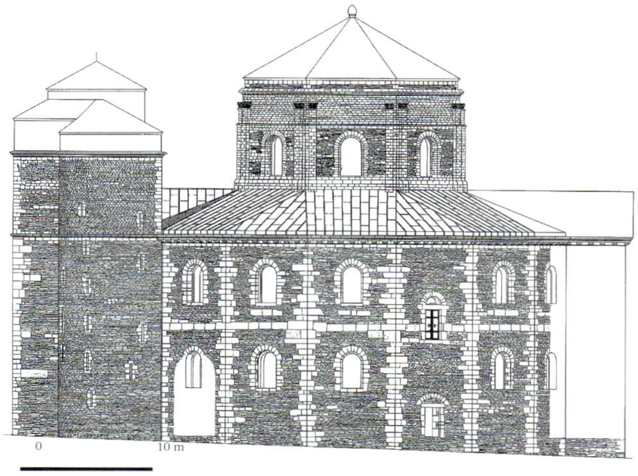

Rekonstruktion der Südfassade nach A. Haupt: Monumenta Germaniae, Architectonica II, 1913, T. XIII. Der außen rechteckige Chor im Osten wurde nach 1355 durch die heutige gotische Chorhalle ersetzt.

Rekonstruktion des Atriums und des Westwerks der Pfalzkapelle um 800, Umzeichnung nach der 3D CAD-Rekonstruktion, Ausstellung „Krönungen" 2000

auf. In der Westnische wurde der Kaiserthron aufgestellt, wenn im Atrium Zeremonien stattfanden, womit Karl einen imperialen römischen Brauch aufgriff. Die Vorhalle wurde 1788 durch ein barockes Portal und die karolingischen Bronzetüren verschlossen.
Als Wasserspeier dienten vermutlich der bronzene Pinienzapfen (1./2. Jahrhundert) und auch die römische Lupa (wohl 2. Jahrhundert), die heute beide in der Vorhalle aufgestellt sind. Für die Bronzegüsse wird angenommen, dass sie in Anlehnung an stadtrömische Vorbilder als Spolien von Karl dem Großen aus Italien nach Aachen verbracht wurden.
In Aachen zur Zeit Karls des Großen gegossen wurden – in Anlehnung an die antiken Vorbilder Italiens – die beiden Bronzetüren mit den Löwenköpfen und mit profilierten Rahmen vom Ende des 8. Jahrhunderts, die heute den Eingang zum Dom zieren.
Kernstück der Pfalzkapelle bildet das Oktogon, das trotz diverser jüngerer An- und Umbauten sein karolingisches Erscheinungsbild zu einem großen Teil bewahrt hat. Der Außenbau war ursprünglich mit einem flachen Zeltdach eingedeckt und in hellem Ziegelrot verputzt. Erst im 12. und 13. Jahrhundert wurden die Blendgalerie und die aufgemauerten Giebel ergänzt. Das heutige Kuppeldach stammt von 1644.
Mit dem Anbau der gotischen Chorhalle wurde – dem anhaltenden Pilgerstrom Rechnung tragend – 1355 begonnen. Die feierliche Chorweihe erfolgte 1414 am 600. Todestag Karls des Großen. Zur selben Zeit wurde der Kranz von Chorkapellen um das Oktogon angelegt: im Süden die Ungarnkapelle (1367, 1756/57 er-

rechts: Westbau des Doms (mit der Schatz- und Reliquienkammer im Obergeschoss) und dem Domhof, der dem vorgelagerten karolingischen Atrium entspricht

links: Domhof mit der Rekonstruktion von zwei Achsen des karolingischen Atriums, 1897

rechts und oben links: Evangelienkanzel (Ambo), zw. 1002 und 1014. In die vergoldeten Reliefs ließ Heinrich II. wertvolle Steine und Gefäße aus Glas aus seiner Sammlung einarbeiten, darunter sechs große ägyptische Elfenbeintafeln aus dem 6. Jahrhundert.

oben Mitte: Blick vom Oktogon in die Chorhalle, im Altarbereich die wertvolle Pala d'oro (Antependium vor dem Hochaltar), um 1000/20

rechte Seite und oben rechts: Gotische Chorhalle, 1414 vollendet, mit Strahlenkranzmadonna, 1488/1524

unten: Karlsschrein. Nach der vom Stauferkaiser Friedrich I. 1165 veranlassten Heiligsprechung Karls musste das damalige Behältnis mit den Gebeinen Karls an einem sichtbaren Ort aufgestellt werden. Doch erst Jahrzehnte später ist mit der Anfertigung des kostbaren Schreins begonnen worden, in dem die mutmaßlichen Überreste Karls noch heute ruhen. Verschlossen wurde dieser Schrein 1215 durch Friedrich II., doch ist nicht sicher, dass er damals fertiggestellt war. An den Seitenwänden sind goldüberzogene Figuren von 16 fränkischen und deutschen Königen platziert, die Dachschrägen zieren Goldbleche mit Szenen aus den hochmittelalterlichen Karlslegenden. Während auf der rückwärtigen Stirnseite die Gottesmutter zwischen Erzengeln und Tugenden dargestellt ist, befindet sich die Figur von Karl in der Mitte der vorderen Stirnseite. Ihn begleiten Papst Leo III. und Erzbischof Turpin von Reims. Das – ebenso wie die Krone – erst in gotischer Zeit auf der Hand des Kaisers angebrachte Kirchenmodell betont die Gründerrolle, die Karl für das Aachener Stift gespielt hatte.

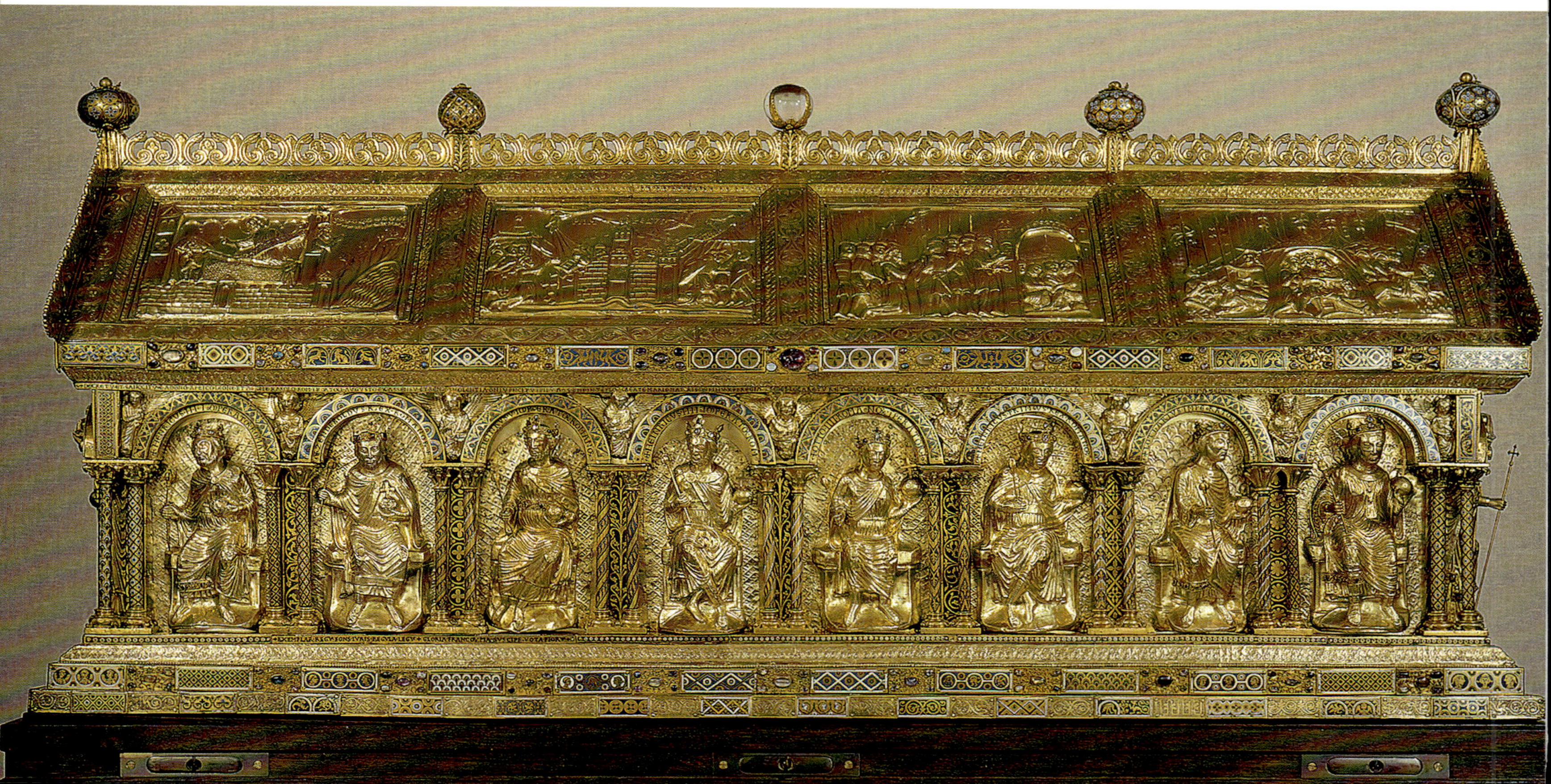

AUGSBURG

Hoher Dom Unserer Lieben Frau zu Augsburg

Wie andere römische Provinzstädte dürfte auch Augsburg als spätantike Provinzhauptstadt Augusta Vindelicum bereits im 4. Jahrhundert Bischofssitz gewesen sein, auch wenn es dafür keinen absolut sicheren Beleg gibt. Antike Zeugnisse für die Existenz von Christen sind christliche Motive auf Gläsern. Erste namentlich bekannte Glaubenszeugin ist St. Afra, die um 304 den Märtyrertod erlitt. Ausgrabungen rund um den Dom scheinen zudem eine Kontinuität christlicher Tradition von den Römern über die Zeit der Völkerwanderung bis ins frühe Mittelalter zu bestätigen. Doch erst im Laufe des 8. Jahrhunderts wird das Gebiet um Augsburg vollständig christianisiert. Dass Augsburg bereits zu diesem Zeitpunkt ein kirchlicher Mittelpunkt war, zeigt sich daran, das 738 Papst Gregor II. die Stadt für eine Synode vorschlug. Auch spricht für die frühe Existenz des Augsburger Bistums, dass Bonifatius 739 bei seiner kirchlichen Neuorganisation Bayerns Alamannien unbeachtet ließ, da hier offenbar bereits gut strukturierte Bistümer (Konstanz und Augsburg) bestanden. Erster nachweisbarer Augsburger Bischof ist dann aber erst Wikterp († nach 770). Zudem bestand in der 2. Hälfte des 8. Jahrhunderts ein weiteres Bistum Neuburg an der Donau für die Gebiete rechts des Lech. Bischof Simpert (um 778–807) konnte dieses Gebiet in seine Augsburger Diözese ein-

Ansicht von Südwest mit Chor und Westquerhaus sowie Südturm

gliedern. Damit hatte das Bistum Augsburg seine heutige Ausdehnung erreichte (wenn man davon absieht, dass 1816 die Tiroler Gebiete wegfielen). Bedeutendster Bischof des frühen Mittelalters war Ulrich (923–973), der verwandtschaftliche Beziehungen zum ottonischen Kaiserhaus unterhielt und durch den gemeinsamen Sieg mit Otto dem Großen 955 über die Ungarn in der Schlacht auf dem Lechfeld bereits kurz nach seinem Tod 993 heiliggesprochen wurde und zum Bistumspatron aufstieg. Die Bindung zwischen Kaiserhaus und den Augsburger Bischöfen war unter den Ottonen und Staufern besonders eng – Bischof Bruno (1006–29) war z. B. der Bruder Kaiser Heinrichs II. Damit erklärt sich die für die Zeit monumentale Größe des ottonischen Kathedralbaus. Seit dem 12. Jahrhundert nahm der Einfluss des Bischofs stetig ab.

Im 16. Jahrhundert wurde die Handels- und Finanzmetropole Augsburg ein Schauplatz der

Reformationsgeschichte: 1530 beschlossen die Herrschenden auf dem Reichstag die Spaltung, 1555 den Religionsfrieden zwischen den Katholischen und Evangelischen. Im Bistum Augsburg fand die neue Lehre rasche Verbreitung, fast alle Reichsstädte und einzelne Fürs-

oben links: Ostchor

oben rechts: Südturm

unten: Ostchor von Süden

Bronzetür, 1. Hälfte 11. Jahrhundert, Foto Anfang 20. Jahrhundert

tentümer wurden protestantisch. Bischof Otto Kardinal Truchseß v. Waldburg (1543–73) reagierte darauf, indem er Petrus Canisius SJ nach Augsburg berief, in Dillingen 1549 eine Universität gründete und diese 1563 den Jesuiten übergab, unter deren Leitung sich eine südwestdeutsche katholische Reformuniversität entwickelte. Nach dem Dreißigjährigen Krieg erlebte das Bistum eine neue Blütezeit, insbesondere im 18. Jahrhundert.

Wahrscheinlich gehören die Grabungsfunde des 4. Jahrhunderts unter dem Dom zu einer frühchristlichen Kirche und dem Bischofssitz. Die erste urkundliche Erwähnung des Mariendoms stammt von 823. Eine im Fußboden der Westkrypta entdeckte Chorschrankenplatte mit Flechtwerkornament wird ein Ausstattungsstück des karolingischen Baus gewesen sein. Um 930 erfolgte unter Bischof Ulrich (923–73) die Wiederherstellung der Domkirche nach großen Schäden, die der Ungarneinfall verursacht hatte.

Die Baugeschichte des noch aufrecht stehenden Doms beginnt 995. 994 war der Westbau eingestürzt. Dies nahm das Domkapitel zum Anlass, ebenso wie in anderen Bischofsstädten dieser Zeit einen großen Neubau zu errichten. Unterstützt wurde der Wiederaufbau durch Kaiserin Adelheid, die Gemahlin Kaiser Ottos I. Am Ende entstand ein Neubau, der ottonische Dom, der um 1050 unter Bischof Heinrich II. (1047–63) vollendet war, aber erst 1065 unter Bischof Embriko (1063–77) geweiht wurde. Diese Kirche bildet den Kern des heutigen Doms. Insbesondere sind das Mittelschiff, die Westkrypta und die Türme erhalten. Die Türme wurden gegen 1200 um ein Geschoss erhöht und 1488/89 (Südturm) bzw. 1564 (Nordturm) mit der bis heute bestehenden steileren Turmspitze versehen. Darüber hinaus hat sich vom ottonischen Dom ein monumentales Bronzeportal erhalten (heute im Diözesanmuseum) mit 33 gegossenen, einst vergoldeten Platten.

Um 1325 bis 1343 erfolgte die Einwölbung des Westchors, der Querarme und des Langhausmittelschiffs. Gleichzeitig brach man die Seitenschiffe ab und ersetzte sie durch die Seitenschiffshallen, die das Langhaus nun fünfschiffig machten. Ab 1356 entstand der heutige Ostchor, der 1431 vollendet war. Die Dachwerke über dem Westchor wurden um 1407, über dem Querschiff um 1462 und über dem Langhausmittelschiff um 1481 erneuert und sind bis heute erhalten.

Die mittelalterliche Ausstattung fiel 1537–48 teilweise dem Raub der protestantischen Bilderstürmer zum Opfer. 1655–58 gestaltete man das Innere in barocken Formen um und aus. Zudem baute man einige Kapellen an, von denen sich nur der Zentralbau der Marienkapelle am Kreuzgang von 1720–22 an der Langhausnordseite erhalten hat.

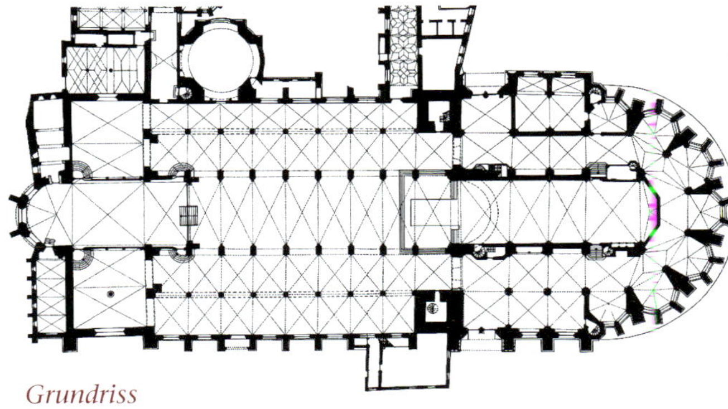

Grundriss

rechts: Nordportal, 1343, 1961–67 wesentlich erneuert

Hl. Ulrich, Mitte 14. Jahrhundert

Südportal, um 1360, Gesamtansicht (rechts), rechte Gewändefiguren mit Petrus und Andreas (oben) und Tympanon mit Szenen aus dem Marienleben (Ausschnitt unten)

unten: Löwenkopf mit Türring am Südportal, Kopie, Original 12. Jahrhundert

oben: Altar der Gertrudkapelle mit der Darstellung des Marientods (Hauptschrein), um 1510, ursprünglich Heilig-kreuz-Kirche

rechts: Ansicht nach Westen

Ecce-homo-Christus von Georg Petel, um 1630/31, südlicher Ostchorbogenpfeiler

Die Bebauung südlich der Kathedrale brach man 1808/09 ab und legte einen Parade- und Exerzierplatz an. Im Zuge der „Restauration" des Doms beseitigte man 1852 bis 1863 die Barockausstattung und baute – im Sinne der damaligen Denkmalpflege – die Kirche im Stil der Neugotik um. Dem damaligen Ideal der „Stilreinheit" entsprechend stattete man den Kirchenraum mit neugotischen Altären aus und ergänzte sie durch mittelalterliche Gemälde und Plastiken, die z. T. aus dem Kunstmarkt erworben wurden. Im Zuge der Ablehnung der Kunst und Architektur des Historismus reduzierte die damalige Denkmalpflege 1934 die neugotische Ausstattung. Darüber hinaus rekonstruierte man teilweise die mittelalterliche Raumgestalt und Farbgebung. Im 2. Weltkrieg blieb der Dom fast unbeschädigt.

Der heutige Dom zeigt – wie der Eichstätter Dom, der gleichfalls eine Doppelchoranlage ist – ein inhomogenes Gesamterscheinungsbild, das seine aus unterschiedlichen Bauphasen stammende Baugeschichte offenlegt. Mit einer Gesamtlänge von etwa 113 Metern und einer Breite von 38,70 Metern gehört die Kirche zu den großen Kathedralen Deutschlands, wenngleich die Höhe des Mittelschiffs mit 17,80 Metern eher niedrig, der Ostchor mit 28 Metern um so höher in Erscheinung tritt.

Der Kirche ist eine fünfschiffige Basilika mit einem gotischen Umgangschor im Osten, einem niedrigen ottonisch-frühromanischen Mittelschiff, begleitet von gotischen Seitenschiffen, einem romanisch-gotischen Querhaus und einem Westchor mit ottonisch-romanischer Kryptenanlage. Die Schnittstelle zwischen gotischem und ottonischem/frühromanischem Bauabschnitt markieren die aus der ersten Bauphase stammenden Türme, die später auf 62 Meter erhöht wurden. Die gotische Langhaussüdwand stützen einfache Strebepfeiler. Der gotische Ostchor mit Chorumgang folgt im Grundriss dem Muster französischer Kathedralen.

Bemerkenswert ist die Bauplastik, insbesondere die der Portale: Das prachtvolle Südportal (um 1356) mit Vorhalle – die aufwendigste Portalanlage des 14. Jahrhunderts in Süddeutschland – zeigt Apostelfiguren, am Mittelpfeiler die Gottesmutter, im dreiteiligen Tympanon Szenen aus dem Marienleben. Das Nordportal von 1343 (Inschrift) – fast vollständig 1961–67 erneuert, das originale Tympanon heute im Innenraum – stellt die Anbetung der Könige, die Verkündigung und Geburt Christi sowie den Tod und die Krönung Mariae dar.

Im Norden schließt sich der Klausurbezirk mit dem spätgotische Kreuzgang von 1470 bis 1510 an, den die Werkmeister Hans von Hildesheim und anschließend Burkhard Engelberg ausführten. Er besitzt Netz- und Sterngewölbe auf Pyramiden- bzw. Maskenkonsolen (Ostflügel) und weist heute 401 z. T. herausra-

oben: Ansicht nach Osten
unten: Umgangschor mit Seitenkapellen und neugotischen Altären

oben und rechts: Romanische Glasfenster der südlichen Mittelschiffswand; unter den Obergadenfenstern ottonischer Fries (Anfang 11. Jahrhundert)

gende Grabplatten und Epitaphien der Spätgotik und Renaissance auf. Die barocke Marienkapelle von 1720/21 nach Plänen des Graubündner Baumeisters Gabriel de Gabrieli wurde an die nördliche Langhauswand und den Kreuzgang gebaut. Ihr Altar mit Skulpturen von Ehrgott Bernhard Bendel birgt in der Mittelnische eine Muttergottesfigur aus der Zeit um 1340.

Das relativ niedrige Mittelschiff des Langhauses gehört noch zum flach gedeckten ottonischen Dom und erhielt nachträglich ein gotisches Kreuzrippengewölbe mit figürlichen Schlusssteinen. Fünf Obergadenfenster der Südwand besitzen noch romanische Glasfenster (Ende 11./Anfang 12. Jahrhundert) mit den Darstellungen der Propheten Jonas, Daniel, Hosea, David und Moses, der älteste erhaltene Zyklus seiner Art in Europa. Das Moses-Fenster dürfte eine Nachschöpfung um 1550 sein. An das Mittelschiff fügen sich nach Norden und Süden jeweils zweischiffige Hallenräume als doppelte Seitenschiffe an, deren Gewölbe von Rundpfeilern getragen werden.

oben: Marienfenster, Ausschnitt mit der Weihnachtsszene, nach 1493
rechts oben: Westkrypta, 11. Jahrhundert
rechts unten: Vierschiffige Ostkrypta, 12. Jahrhundert
unten: Marien am Grabe, Wandmalerei am südlichen Westchorpfeiler, um 1420

links: Chorschranken im Ostchor, Ölberg mit Tonfiguren von Veit Eschachy, 1591

oben und rechts: Marienkapelle, Zentralbau von 1720/21, Kuppel (z. T. 1987/88 rekonstruiert) und Altar mit Gnadenbild um 1340

unten: Chorschranke des Westchors mit Maßwerkbrüstungen von Burkhard Engelberg (1501) und Grabtumba für Konrad und Afra Hirn († 1426/27, 1438), 1425

ganz unten: Südliche Seitenschiffe mit Blick zum Mittelschiff

Unter dem Westchor liegt die 1979–81 rekonstruierte Doppelkrypta, deren ältester Teil mit vier Säulen im Westen liegt. Die vierschiffige Ostkrypta wird Mitte des 12. Jahrhunderts datiert. Der durch die Krypta erhöhte Westchor wird durch steinerne Chorschranken (1501) von den Querhäusern separiert. In ihm steht der steinerne Bischofsthron mit Löwenpaar aus der 1. Hälfte des 12. Jahrhunderts. Das Chorgestühl von 1495 zeigt figürliche Schnitzereien. Zur künstlerisch hochwertigen Ausstattung gehören die Tafelbilder des Hans Holbein des Älteren von 1493, die in die vier östlichen Altäre des Mittelschiffs eingefügt sind. Die Tafeln stammen ursprünglich aus dem Kloster Weingarten und zeigen die Darstellung des Opfers Joachims, der Geburt und des Tempelgangs Mariä sowie der Beschneidung Christi. Ihre Pendants auf der westlichen Seite schuf Jörg Stocker aus Ulm (Zuschreibung) um 1484 für den Hochaltar der Pfarrkirche Unterknöringen. Die Tafeln zeigen die Geburt Christi, die Anbetung der Könige, den Marientod und die Marienkrönung. Bemerkenswert sind zudem die aus der Augsburger Dominikanerkirche St. Magdalena stammende Darstellung des lebensgroßen leidenden Christus mit der Dornenkrone von Georg Petel (1630/31) und das Altarretabel mit Triptychon von Christoph Amberger (1554) in der Wolfgangskapelle.

BAMBERG

Dom St. Peter, Maria und Georg

rechte Seite: Ansicht von Nordosten mit den Osttürmen und dem Ostchor, dem Langhaus mit Fürstenportal sowie dem Westquerhaus und den Westtürmen, die sich in ihrer Gestalt an den Türmen der Kathedrale von Laon (nördlich von Paris) orientieren
unten links: Ansicht von Osten
unten rechts: Nordwand der ehemaligen Westkrypta des Heinrichsdoms (1004–12) unter dem heutigen Westchor

Die Gründung des Bistums Bamberg im Jahr 1007 geht auf die Initiative Kaiser Heinrichs II. (um 973–1024) zurück. Er wurde ebenso wie seine Gemahlin Kunigunde (um 975–1033) heiliggesprochen und ist im Bamberger Dom bestattet. Die Bistumsgründung hatte vor allem persönliche Gründe, da Heinrich seine Königsburg „Babenberh“ (Bamberg), die 973 sein Vater, der Bayernherzog Heinrich der Zänker, von seinem Vetter Kaiser Otto II. geschenkt erhielt, zu seiner Grabstätte machen wollte – analog zu Otto dem Großen, der in seiner Bistumsgründung Magdeburg begraben liegt. Wesentlich zu diesem Wunsch hatte beigetragen, dass Heinrich II. – ein außergewöhnlich gebildeter Herrscher – nach wenigen Jahren seiner Heirat erkannt hatte, dass seine Ehe kinderlos bleiben würde. Das neue Bistum hätte nach seinem Tod den Königsbesitz aufnehmen können. Alle Güter hätten endgültig Gott gehört. Das Gedenken an ihn und seine Gemahlin im Gebet schien gesichert.

Heinrich wusste um die Widerstände einer Bistumsgründung, da das Gebiet der neuen Diözese aus bestehenden und damit auf Kosten anderer Bistümer herausgelöst werden musste. Diese Maßnahme bedurfte der Zustimmung der Bischöfe und war eigentlich kirchenrechtlich nicht möglich, da ein Bistum gleichsam den Bistumsheiligen gehörte. Schließlich stimmte der Würzburger Bischof dem Anliegen Heinrichs zu, nachdem dieser versprach, dass Würzburg keine finanziellen Einbußen zu erwarten habe und zum Erzbistum erhoben werde, wozu es jedoch später nicht kam. Da auf der Frankfurter Synode 1007 die Bistumsgründung zu scheitern drohte, setzte Heinrich die Bischöfe moralisch unter Druck, indem er sich wiederholt demütig zu Boden warf. Nach mittelalterlichem Verständnis erniedrigte sich damit in ihm Gott selbst – eine unter diesen Umständen in der Geschichte außergewöhnliche Handlung. Dadurch aber konnten sich die Bischöfe seinem Wunsch nicht länger verweigern. Am 1. November 1007 unterzeichneten 35 Bischöfe die Urkunde zur Bistumsgründung. Am gleichen Tag setzte Heinrich seinen vertrauten Kanzler Eberhard zum ersten Bamberger Bischof ein und stattete das neue Bistum mit umfangreichen Schenkungen von Rechten, Gütern, Klöstern und Stiften sowie Einkünften in ganz Süddeutschland und insbesondere

in Oberösterreich, Kärnten und Steiermark aus. Das Bistum Würzburg verlor ein Viertel seines Gebiets und das Bistum Eichstätt seine Besitzungen nördlich der Pegnitz. Bamberg sollte die letzte königliche Bistumsgründung des Mittelalters auf dem Boden der alten Reichskirche werden.

Das „castrum Babenberh“, der heutige Domberg, war bereits im 10. Jahrhundert eine beachtliche Burganlage mit einer ungewöhnlich hohen Ringmauer. Es besaß repräsentative Gebäude für die königlichen Aufenthalte, Wirtschaftsgebäude und eine Burgkirche aus Stein von 13 x 20 Metern Größe. Am Fuß der Burganlage entstand eine Marktsiedlung. Heinrich hielt sich häufig in Bamberg auf und ließ hier wichtige Versammlungen abhalten.

Bereits um 1004 hatte Heinrich mit dem Bau der späteren Bischofskirche begonnen; nur acht Jahre später – am 6. Mai 1012, dem Geburtstag Heinrichs II. – konnte der sog. Heinrichsbau zu Ehren der heiligen Petrus, Maria und Georg geweiht werden. Die Anwesenheit von 45 Bischöfen und vielen anderen hohen Würdenträgern aus Deutschland, Ungarn und Italien unterstrich die Bedeutung des Ereignisses. Alle Erzbischöfe des Reichs (mit einer Ausnahme) waren anwesend – dies ist für keine andere Domweihe des Mittelalters bezeugt.

Der Heinrichsdom war – analog zu den großen Kathedralbauten des 10. und frühen 11. Jahrhunderts – eine nicht gewölbte Anlage mit West- und Ostchor, der von zwei Türmen flankiert wurde, sowie jeweils darunter liegender Krypta und einem Westquerhaus. Die mit Schutt aufgefüllte Westkrypta Kaiser Heinrichs konnte zu großen Teilen ergraben werden und ist heute wieder zugänglich. Die Gesamtlänge der Kirche betrug 75 Meter. Das ausladende westliche Querhaus leitete zu den Pfalzgebäuden (heute sog. Alte Hofhaltung) mit Pfalzkapelle über, die um die Mitte des 11. Jahrhunderts repräsentativ erneuert wurden. Hier wohnte die Herrscherfamilie mit ihrem Hofstab, wenn sie Bamberg besuchte. Hier fanden die Empfänge für die hohen Gäste statt.

Die Stiftungen Heinrichs II. in Form von kostbaren Geschenken für den gottesdienstlichen Gebrauch bilden den Grundstock für den außergewöhnlichen Bestand des Bamberger Domschatzes, zu denen die berühmten Prachthandschriften des Regensburger Sakramentars (aus Regensburg), der Bamberger Apokalypse und des Perikopenbuchs Heinrichs II. (beide

Gnadenpforte (Marienpforte) im Nordostturm, um 1200, Bogenfeld mit den Darstellungen der Gottesmutter, umgeben von den Dompatronen Georg und Petrus (vom Betrachter links) sowie dem hl. Kaiserpaar Heinrich und Kunigunde (vom Betrachter rechts), seitlich in den Ecken zwei weitere mit Mitra gekennzeichnete Geistliche, vielleicht die Förderer des Dombaus Bischof Timo und sein Nachfolger Konrad (alternativ Ekbert und Poppo möglich), zu Füßen Mariens eine weitere, in einem Kreuzfahrermantel gekleidete Person, vielleicht Herzog Berthold IV., der 1189/90 und 1197 an Kreuzzügen teilgenommen hatte

Adamspforte im Südostturm, um 1200, ältestes Portal, ursprünglich nur mit Zickzackfries verziert, in den 1230er Jahren durch sechs Skulpturen ergänzt (heute Kopien): hl. Stephanus (erster Märtyrer), Kaiserin Kunigunde (mit dem Modell der von ihr gestifteten Bamberger Stephanskirche) und Bistumsgründer Heinrich, auf der rechten Seite der Kirchenpatron Petrus, Adam und Eva (noch nicht ergänzt) als Entsprechung zum Herrscherpaar

Fürstenportal, um 1225, Gesamtansicht (oben), Tympanon mit der Darstellung des Jüngsten Gerichts mit Christus in der Mitte als Weltenrichter (zur rechten Seite Christi (vom Betrachter aus links) die Erlösten und zu seiner Linken die Verdammten), Statue der Ecclesia (um 1230, links oben, Original im Innern) und Statue der Synagoge (um 1230, links unten, Original im Innern) als Sinnbild für das Christentum und das Judentum

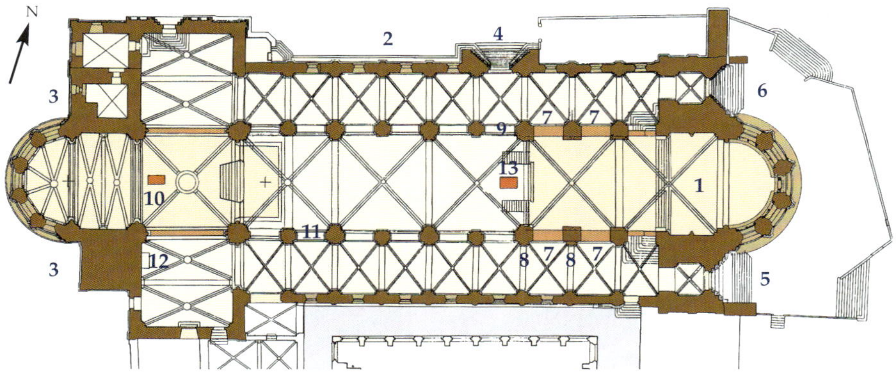

Grundriss
1 Ostchor (Georgenchor)
2 Nordfassade
3 Westtürme
4 Fürstenportal
5 Adamspforte
6 Gnadenpforte
7 Chorschrankenreliefs
8 Synagoge und Ecclesia
9 Bamberger Reiter
10 Papstgrab Clemens II.
11 Grabmal des Bischofs Friedrich von Hohenlohe
12 Veit-Stoß-Altar
13 Kaisergrab

aus dem Reichenauer Kloster) gehören. Zudem richtete man eigene Goldschmiedewerkstätten und im Kloster auf dem Michelsberg eine Schreibstube ein, die rasch internationale Bedeutung erlangten.
Die Bischofskirche wurde zudem mit einem Kranz von Kirchen umgeben, so dass eine Sakrallandschaft in Anlehnung an das Himmlische Jerusalem entstand. Zunächst gründete das Kaiserpaars das Stift St. Stephan (1009; von Papst Benedikt VIII. 1020 geweiht) und das bischöfliche Eigenkloster St. Michael (1015; 1021 geweiht). Es folgten das Kollegiatstift St. Gangolf (um 1057/59) und das Kanonikerstift St. Jakob (1072) und St. Theodor (2. Hälfte 12. Jahrhundert).
Nach seinem Tod am 13. Juli 1024 in der Pfalz Grone bei Göttingen bestattete man Kaiser Heinrich II. nach seinem Wunsch im Bamberger Dom. Nach seiner Heiligsprechung 1146 erfolgte die feierliche Erhebung seiner Gebeine zur Ehre der Altäre. Die 1033 im Kloster Kaufungen verstorbene Kaiserin Kunigunde erhielt 1200 ihre Heiligsprechung. Das Leben des Kaiserpaars wurde in vielen Legenden verklärt, insbesondere ihre Kinderlosigkeit hielt man für einen Beweis für eine fromme, keusche Ehe.
Das Bistum brachte herausragende Persönlichkeiten hervor. Dazu gehörte Suidger, von König Heinrich III. 1040 zum Bischof bestimmt und 1046 auf dessen Betreiben zum Papst erhoben, dabei das Amt als Bamberger Bischof weiterhin betreuend. Als Papst Clemens II. krönte er Heinrich zum Kaiser und wurde, bereits 1047 verstorben, in Bamberg beigesetzt. Der Bamberger Dom besitzt damit das einzige Papstgrab nördlich der Alpen. Auch Bischof Otto von Bamberg (um 1060–1139), seit 1091 Kanzler und Bauleiter am Speyrer Dom, seit 1102 Bischof von Bamberg, konnte als Gründer von etwa 30 Klöstern und Stiften in sieben Diözesen, als Vermittler bei politischen Konflikten (z. B. Investiturstreit) und als Missionar in Pommern Akzente setzten.
Nach einer verheerenden Brandkatastrophe 1185, die den Bamberger Heinrichsdom maßgeblich schädigte, entschloss sich das Domkapitel zu einem Neubau, während der Altbau nur notdürftig repariert wurde. Dabei verfolgte man die Absicht, den Heinrichsdom als vergrößerte Kopie (Doppelchoranlage, Krypta, Osttürme, Westquerhaus) wiedererstehen zu lassen, um die Ehrwürdigkeit des Bauwerks zu erhalten. Insbesondere Bischof Timo (1196–1201) trieb energisch den Neubau des Doms und das Heiligsprechungsverfahren für Kaiserin Kunigunde voran. Es war ein seltener Fall, dass Frauen, die keine Märtyrerinnen waren, im Mittelalter heiliggesprochen wurden. Da Kunigunde – ebenso wie Elisabeth von Thüringen – eine außerordentlich populäre Heilige und der politische Einfluss groß war, gelang dies im Jahr 1200. Die feierliche Erhebung der Gebeine wurde jedoch erst eineinhalb Jahre später vollzogen. Aus heutiger Sicht lässt sich die Verzögerung nur so erklären, dass Bischof Timo den Altar zu Ehren Kunigundes und die Aufstellung einer goldenen Reliquienbüste mit dem Haupt der Heiligen bereits im neuen Dom präsentieren wollte. Daraus wird geschlossen, die Ostapsis dürfte zu diesem Zeitpunkt bereits vollendet gewesen sein. Tatsächlich besitzt die Ostapsis (der Georgenchor) ein kleines Rundfenster, hinter dem die Reliquien-

Ostkrypta

links: Ansicht vom Westchor nach Osten, im Vordergrund das Papstgrab von Clemens II.

oben: Deckplatte des Papstgrabs von Clemens II., zwischen 1225 und 1237, heute an der nördlichen Chorschranke des Ostchors

unten: Hochgrab des Papstes Clemens II., um 1240, mit Marmorreliefs, die die vier Kardinaltugenden darstellen: Fortitudo (Stärke), Prudentia (Klugheit), Iustitia (Gerechtigkeit) und Temperantia (Mäßigkeit)

büste der hl. Kunigunde wahrscheinlich ausgestellt worden war.

Der Neubau des heutigen spätromanischen Doms begann folglich im Osten mit der Errichtung des Chors, der Chorflankentürme und der Ostkryta (als dreischiffige Halle), die den ältesten Teil der Bischofskirche darstellt. Ein Planwechsel führt dazu, dass die in den Untergeschossen halbrunde Apsis im Obergeschoss in ein halbes Zehneck übergeht.

Es folgte die Errichtung des dreischiffigen Mittelschiffs, das zunächst mit flacher Holzdecke geplant und schließlich doch mit Wölbung realisiert wurde. Das Langhaus (um 1220 begonnen) wird durch das Fürstentor an der Nordseite erschlossen, durch das Kaiser und

oben links: Drachentötender Erzengel Michael, um 1200, südliche Chorschranken des Ostchors

oben rechts: Apostelreliefs, um 1200, an den südlichen Chorschranken des Ostchors

unten links: Verkündigung an Maria, um 1200, Chorschranken des Ostchors

unten rechts: Prophetenreliefs, um 1200, an den nördlichen Chorschranken des Ostchors, links Deckplatte des Papstgrabs von Clemens II., zwischen 1225 und 1237, und rechts: Elisabeth, um 1230

Bischöfe bei feierlichen Gottesdiensten und Prozessionen einzogen. Es ist mit seinen künstlerisch herausragenden Skulpturen eines der bemerkenswertesten Portalgestaltungen seiner Zeit. Mit der Vollendung des mächtigen Querhauses im Westen und des Westchors in frühgotischen Formen konnte 1237 die feierliche Schlussweihe vollzogen werden. Die Westtürme waren bist 1280 vollendet.

Der heutige Dom zeigt sich vor allem in seiner Außenerscheinung noch immer in seiner spätromanischen Gestalt. Lediglich 1766 wurden die Turmhelme und Dächer neugestaltet und bekamen ihr heutiges Aussehen. Auch erhielten die beiden Osttürme durch Aufstockung um ein Geschoss annähernd die gleiche Höhe wie die Westtürme. Gleichzeitig wurde der Dachreiter auf dem Mittelschiff entfernt.

Der Innenraum zeigt heute den Zustand der Purifizierung (Reinigung), die auf Veranlassung König Ludwigs I. von Bayern (1825–48) geschah, der die barocke Ausstattung beseitigen ließ, die ihrerseits die mittelalterliche Ausstattung und die ursprünglich bunten mittelalterlichen Glasfenster ersetzt hatte.

Dennoch blieben zahlreiche mittelalterliche Kunstwerke erhalten, die z. T. auch erst später in den Dom gelangt waren, wie der berühmte Altar des Veit Stoß 1937. Seinen Ruhm verdankt der Bamberger Dom aber nicht zuletzt seinen Skulpturen aus der Bauzeit um 1200 bis 1240.

Die ältesten Skulpturen (um 1200) befinden sich an der Gnadenpforte und an den Chorschranken des Ostchors. Die südlichen Chorschranken zeigen die zwölf Apostel, ursprünglich bunt bemalt und vergoldet. Die Dargestellten und insbesondere die Gewänder, die beziehungslos die Körper umhüllen, sind nur bedingt einem Naturstudium entlehnt, sondern zeigen die Stilistik und Idealisierung zeitgenössischer Buchmalerei. Die Gesichter lassen noch keine Individualität erkennen. Darin unterscheiden sich diese Skulpturen grundlegend von den nur wenige Jahre später entstandenen, die sich durch ihren außergewöhnlichen Realismus auszeichnen.

Das um 1225/30 entstandene Fürstenportal zeigt bereits Skulpturen, deren Gesichtszüge von Individualität gekennzeichnet sind. Das

oben: Grabplatte des Bischofs Friedrich von Hohenlohe († 1352)

links: Ansicht nach Westen

unten: Kaisergrab von Tilman Riemenschneider, um 1500

Tympanon (um 1225) stellt das Jüngste Gericht dar. Zu Füßen des thronenden Christus als Weltenrichter knien die Fürsprecher Maria und Johannes der Täufer. Unterhalb von Christus stehen Tote aus den Särgen auf. Die (vom Betrachter aus gesehen) linke Bildhälfte nehmen die Seligen mit glücklich lachenden Gesichtern – darunter auch ein König – ein. Auf der rechten Bildseite führt ein Teufel mit einer Kette die Verdammten mit schmerzverzerrten Mienen weg, darunter hohe Würdenträger: einen Papst, einen König und einen Bischof. Die Darstellung verdeutlicht: Keiner wird beim Weltgericht verschont.

Das Portal flankieren die Darstellungen der Synagoge und Ecclesia (um 1225/30), deren Originale zum Schutz vor Verwitterung im Dominnern aufgestellt sind. Die Synagoge (vom Betrachter aus rechts) symbolisiert das Judentum, das den christlichen Glauben nicht

erkannt hat. Ihr sind daher die Augen verbunden, ihre Lanze ist zerbrochen, die Gesetzestafel gleitet ihr aus der Hand, ihr junger, schöner Körper zeichnet sich durch das dünne Kleid ab. Dem Bildhauer gelang durch das Studium an einem weiblichen Modell eine anatomisch perfekte Körperwiedergabe. Das Gesicht zeigt Resignation und Trauer voller Anmut. Das Pendant – die Ecclesia – steht für die Kirche im Neuen Testament, die das Judentum ablöst. Ecclesia ist gleichfalls eine hübsche, junge Frau. Jedoch ist ihr Gewand reich drapiert, ihr Kopf stolz erhoben. Ursprünglich hielt sie in der rechten Hand die Kreuzesfahne und in der linken den Kelch als Zeichen für den christlichen Glauben. Beide Figuren schuf ein herausragender Bildhauer, der die Plastiken der Reimser Kathedrale gekannt haben dürfte.

Weltberühmt ist der Bamberger Reiter im Dominneren. Dargestellt ist ein heiliger König, vielleicht der hl. König Stefan von Ungarn, Schwager Kaiser Heinrichs II., da mit dessen Schwester Gisela verheiratet. Auch diese Skulptur fasziniert durch ihre spannungsreiche, naturalistische Darstellungsweise: Der ernst und erhaben blickende Reiter mit Königskrone sitzt auf einem gerade zum Stand gekommenen Pferd. Der vornehme Mantel, der ihn als Adeligen auszeichnet, wird mit einer Tassel raffiniert zusammengehalten.

Unter den mittelalterlichen Bischofsgrabmälern ragt künstlerisch das Grabmal des Bischofs Friedrich von Hohenlohe (um 1350/60) heraus. Der Bildhauer stellte kein natürliches Abbild dar, der Körper scheint wie aufgelöst und wird nur noch von den riesigen Faltenwürfen zusammengehalten. Das Greisengesicht wirkt vergeistigt und ganz in sich gekehrt.

Das Kaisergrab des heiligen Kaiserpaars Heinrich und Kunigunde fertigte von 1499 bis 1513 Tilman Riemenschneider aus Marmor mit Seitenreliefs, die Szenen aus den Legenden der heiligen Heinrich und Kunigunde zeigen, und einer monumentalen Deckplatte mit der Darstellung des Kaiserpaars.

oben: Apostelabschiedsaltar, um 1500, Nagelkapelle

Mitte: Veit-Stoß-Altar, ursprünglich für die Karmelitenkirche in Nürnberg 1523 geschaffen, ab 1543 in der Oberen Pfarrkirche in Bamberg, seit 1937 im Bamberger Dom

unten: Nagelkapelle, teilweise vor der Mitte des 13. Jahrhunderts errichtet und im 15. Jahrhundert erweitert, Aufbewahrungsort des heiligen Nagels vom Kreuz Jesu

oben: Maria, zwischen 1225 und 1237
rechts: Bamberger Reiter, zwischen 1225 und 1237
unten: Elisabeth, zwischen 1225 und 1237

Löwe („Leonis vestigium") von 1487 über dem Südportal. Er erinnert an die Zerstörung Bardowicks durch Heinrich den Löwen 1189.

BARDOWICK

Dom St. Peter und Paul

Es ist nicht sicher, doch wahrscheinlich, dass Bardowick in karolingischer Zeit, vor der Gründung des Bistums Verden (Aller) 849, Sitz eines von den ostfränkischen Abteien Amorbach und Neustadt getragenen Missionsbistums gewesen ist. Der Ort war zu der Zeit eines der größten Handels- und Missionszentren im nördlichen Sachsen. Der 795 im Zusammenhang mit den Sachsenkriegen Karls des Großen erwähnte Handelsplatz war spätestens 805 Sitz eines königlichen Gesandten, der den Fernhandel mit den Slawen regulieren sollte. Durch seine verkehrsgünstige Grenzlage stieg Bardowick zum führenden und bald auch bevölkerungsreichen Umschlagplatz für Handelsgüter zwischen dem Reich und den Slawen auf.

Die größte wirtschaftliche Blüte erlangte der Ort unter den Ottonen: Er erhielt Zoll-, Münz- und 972 von Kaiser Otto I. das Stadtrecht. Bardowick profitierte bis zur Mitte des 12. Jahrhunderts von seiner Rolle als Umschlagplatz des in Lüneburg gewonnenen Salzes.

Am Dom bestand nachweislich eine Missionszelle des Klosters Amorbach (in Ostfranken), aus der ein Kollegiatstift hervorging, deren Kleriker zunächst Missions-, aber auch administrative Aufgaben zu erfüllen hatten. Erstmals erwähnt wird das Stift St. Petri allerdings erst 1146. Das definitive Ende der durch den Aufstieg Lübecks schon länger beeinträchtigten Blüte bedeutete die Zerstörung Bardowicks durch den sächsischen Herzog Heinrich den Löwen 1189.

Das Kollegiatstift blieb trotz der geringen Bedeutung der Stadt einflussreich. Ein Versuch der Herzöge von Sachsen, um 1252 das Stift in das nördlich gelegene, nun wirtschaftlich führende Lüneburg zu verlegen, scheiterte. Ebenso vermochten sich die Chorherren einer Zusammenlegung mit dem Verdener Domkapitel zu widersetzen, die im späten Mittelalter drohte. 1543 wurde das Stift evangelisch, blieb jedoch bis 1865 bestehen, nachdem es 1850 offiziell aufgehoben worden war.

Von den sicher vorhandenen Bauten des 9.–11. Jahrhunderts hat sich nichts erhalten. Nur geringe Reste der 1189 zerstörten Stiftskirche sind teilweise in den späteren Westbau verbaut worden. Aus der ersten Erneuerungsphase um 1230 stammen der Unterbau der Westtürme, die Zwischenhalle mit Säulenportal und die darüber liegende Empore. Das Baumaterial (Lüneburger Schiltstein) und die Quadertechnik sind für die Region ungewöhnlich, in der schon zu dieser Zeit der Backstein vorherrschend war. Um 1300 wurden die Türme oktogonal in Backstein weitergeführt. Westlich davor entstand um die Mitte des 14. Jahrhunderts eine dreischiffige, einjochige Vorhalle: die Stephanskapelle. Ihr Stifter, der Dechant Dithmar von Holle, wurde 1353 in ihr bestattet. Die Schlussweihe erfolgte 1364.

Die heutige Kirche ist ein spätgotischer Neubau. Trotz der Stiftung für einen neuen Chor bereits vor der Jahrhundertmitte ist mit Bauvorbereitungen nicht vor 1368 zu rechnen, als das Kapitel Grundstücke zur Einrichtung einer

Chor, 1405/06 vollendet

Ansicht von Nordwesten, Unterbau der Türme um 1230, Türme um 1300, Vorhalle vor 1353

Ansicht von Süden, spätromanische Türme, gotisches Langhaus (Ende 14. Jahrhundert – 1427/28) und gotischer Chor (bis 1406)

oben links: Blick vom Mittelschiff ins südliche Seitenschiff
oben rechts: Nördliches Seitenschiff
Mitte rechts: Blick nach Westen
links: Zweifach gestuftes, spätromanisches Portal mit eingestellten Säulen
unten: Grundriss
rechts: Romanische Halle zwischen den Türmen des Westwerks

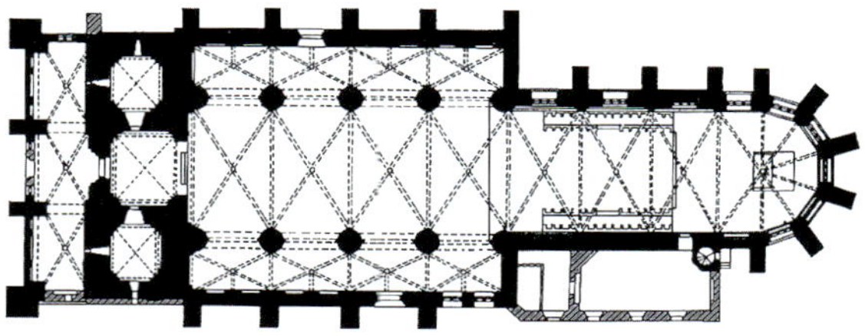

Ziegelei erwarb. Doch wird wohl erst im letzten Jahrzehnt des 14. Jahrhunderts mit dem Bau des neuen, lang gestreckten, dreijochigen Chors mit 7/10-Schluss begonnen worden sein, wie bestimmte Stiftungen, Ablässe und auch Baubefunde zeigen. Der Dachstuhl über dem Chor ist dendrochronologisch 1405/06 datiert, über dem Langhaus 1427/28. Dieses entstand als dreischiffige, vierjochige Halle mit stark überhöhtem Mittelschiff und kantonierten Rundstützen.

Es haben sich mehrere bedeutende mittelalterliche Kunstwerke in der Kirche erhalten. Der Hochaltar besteht aus einem großen, ehemals vierflügligen Retabel mit Skulpturen auf der Festtagsseite: im Zentrum eine Madonna, flankiert von in zwei Registern angeordneten Heiligen (um 1420/30). Es steht auf einer älteren, wohl zur Weihe des Chors um 1405 bereits vorhandenen Predella. Diese besitzt ein fein geschnitztes Gitterwerk hinter zwölf Arkaden, unter denen wahrscheinlich einst Reliquien aufgestellt wurden. Aus der Bauzeit des Chors stammen außerdem ein Sakramentshaus und Wangen eines Dreisitzes. Das großartige und ausgezeichnet erhaltene Chorgestühl ist um 1486/87 datiert; es wird dem Lüneburger Schnitzer Severin Tile zugeschrieben.

Inneres nach Osten

oben: Hochaltarretabel, 1430 (Predella 1405), Gesamtansicht (links) und Details der Seitenflügel (rechts)
links: Sakramentshaus, um 1405
unten: Unterteil des ehemaligen Dreisitzes (um 1410) für den die Messe feiernden Priester und seine Begleiter; Relief mit der Darstellung Jesajas
rechts: Taufbecken aus Bronze, 1367

oben: Chor mit Chorgestühl und Taufbecken, Ansicht nach Westen

unten links: Hohe Wange am Ostende des südlichen Chorgestühls mit der Darstellung eines Bischofs, 1486/87

unten rechts: Nördliches Chorgestühl, 1486/87. In der hinteren Reihe saßen die Chorherren und in der vorderen die Vikare.

BERLIN

Berliner Dom

Vorgängerbau, 1747–50, 1817–22 Umgestaltung durch Schinkel

Ansicht von Norden

Mit der Einführung der Reformation im Kurfürstentum Brandenburg 1539 beginnt die Geschichte der evangelischen Kirche in Berlin. Dabei bestanden sowohl eine lutherische, als auch eine reformierte Gemeinde über viele Jahrhunderte nebeneinander. Oberhaupt der lutherischen und der reformierten Kirche war der König von Preußen. Erst Friedrich Wilhelm III. verfügte 1817 eine Verwaltungs-Union beider Bekenntnisse, mit dem Ziel einer einheitlichen Konfession innerhalb seines Staates – der „Evangelischen Kirche in Preußen". Der Name wurde in den folgenden Jahrzehnten mehrfach geändert. Mit dem Ende der Monarchie 1918 infolge des verlorenen 1. Weltkriegs erfolgte auch das Ende des landesherrlichen Kirchenregiments. Die preußische Landeskirche und ihre Provinzialkirchen organisierten sich 1922 in der „Evangelischen Kirche der Altpreußischen Union" (jedoch ohne das abgetretene Pommern), verwaltet durch mehrere Generalsuperintendenten und den Präsidenten des Oberkonsistoriums in Berlin. Nach dem 2. Weltkrieg verblieben sechs alte Provinzialkirchen Preußens. Sie wurden spätestens 1947 nach formeller Auflösung des Staates Preußen selbständige Landeskirchen. Die brandenburgische Provinzialkirche mit Sitz in Berlin, an deren Spitze nun ein Bischof steht, erhielt den Namen „Evangelische Kirche in Berlin-Brandenburg", erweitert zum 1. Januar 2004 durch die Evangelische Kirche der schlesischen Oberlausitz zur neuen Landeskirche „Berlin-Brandenburg-schlesische Oberlausitz". Zwischen 1972 und 1991 musste durch den Bau der Berliner Mauer (1961–89) die Landeskirche in zwei Kirchenverwaltungen für West (= West-Berlin) und Ost (= Ost-Berlin und Brandenburg) mit jeweils einem Bischof an der Spitze geteilt werden.

Der Berliner Dom nimmt eine Sonderstellung unter den Kirchen in Deutschland ein, da in ihrem Leitungsgremium, dem „Domkirchenkollegium", neben acht von der Gemeinde gewählten Domkirchenräten und den Dompredigern auch ein Vertreter der Bundesregierung und des Senats von Berlin, ein Vertreter des Amtes der Union evangelischer Kirchen in der EKD sowie der Landeskirche sitzen. Vorsitzende des Gremiums ist gegenwärtig (2007) die ehemalige Bundesbauministerin Dr. Irmgard Schwaetzer.

Die Domkirche ging aus der St.-Erasmus-Kapelle – seit 1465 Domstiftskirche – des kurfürstlichen Berliner Schlosses hervor. Kurfürst Joachim II. verlegte 1536 das Domstift in die ehemalige Dominikanerkirche. Das Domkapitel wurde jedoch 1608 aufgelöst. Die Domkirche erhielt die Funktion als Oberpfarrkirche von Cölln an der Spree, dem südlichen Stadt-

oben: Ansicht von Westen
rechts: Schinkel-Brücke und Dom
unten: Ansicht des Doms um 1910 in seiner ursprünglichen Gestalt mit reich verzierter Kuppel und Turmaufsätzen

rechts: Luther im Kreise der Reformatoren, Bronzerelief von Johannes Götz, seitlich des Triumphbogenportals

teil der Doppelstadt Berlin-Cölln. Mit dem Übertritt des Kurfürsten Johann Sigismund 1613 zum Calvinismus wurde der Dom reformierte Hof- und Pfarrkirche und Mitte des 18. Jahrhunderts abgebrochen, nachdem Friedrich der Große nördlich des Stadtschlosses nach Plänen von Knobelsdorff durch Johann Boumann 1747–50 einen barocken Neubau errichtet hatte. Die relativ kleine und schlichte Kirche erhielt durch Karl Friedrich Schinkel 1817–22 eine klassizistische Umgestaltung.

Seitdem gab es zahlreiche Neubauplanungen, da die Kirche nicht den repräsentativen Ansprüchen als Oberpfarr- und Domkirche einer stetig wachsenden Metropole sowie als Grabkirche der Hohenzollern entsprach. Zwar war 1842 nach Plänen August Stülers mit dem Bau einer mächtigen fünfschiffigen Basilika

unten: Innenraum mit Kanzel (Eichenholz, Entwurf von Otto Raschdorff, Sohn und Mitarbeiter des Dombaumeisters) und großer Sauer-Orgel, 1905 durch Hoforgelbaumeister Wilhelm Sauer aus Frankfurt/Oder realisiert, Orgelprospekt zeitgleich mit dem Bauwerk von Raschdorff entworfen. Sie war zum Zeitpunkt der Einweihung mit ihren 7269 Pfeifen und 113 Registern die größte Orgel und klangvollste Spätromantik-Orgel Deutschlands.

nerraum it Altarum Glasmälde mit ebut, reuzigung nd Auferehung von nton von Verner, ltar (Entwurf von riedrich ugust Stüer), Aposlschranke Entwurf on Schinel)

Tauf- und Traukirche, südliche Seitenkapelle mit dem Altarbild „Die Ausgießung des Heiligen Geistes“ von Carl Begas d. Ä., 1820

oben: Prunksarkophag des Königs Friedrich I. († 1712) von Andreas Schlüter
unten: Prunksarkophag der Königin Sophie Charlotte († 1705) von Andreas Schlüter, Detail mit der Darstellung des Todes zu Füßen der Verstorbenen

begonnen worden. Doch stellte man die Arbeiten aus finanziellen Gründen 1848 wieder ein. König Wilhelm I., der spätere Kaiser, trieb die Planungen wieder voran. Der 1867 ausgeschriebene Wettbewerb blieb jedoch ohne Ergebnis.
Erst der überarbeitete Entwurf des Architekten Julius Carl Raschdorff, der mit seiner Renaissance-Barock-Monumentalarchitektur den Formenkanon des benachbarten Berliner Schlosses aufgriff und Zitate des Petersdoms in Rom und St. Paul in London zu einer Einheit verband, fand 1888 bei Kaiser Wilhelm II. Gefallen. Dieser hatte einen Repräsentationsbau „als Hauptkirche des preußischen Protestantismus in Berlin“ gefordert. Die Bauarbeiten des heutigen Doms begannen 1894 nach dem Abbruch der alten Domkirche. Die Einweihung konnte 27. Februar 1905 erfolgen.
Im 2. Weltkrieg wurde die Kirche stark beschädigt. Der Wiederaufbau begann erst 1975 und wurde 1999 mit der Eröffnung der Hohenzollerngruft abgeschlossen. Für die Kuppel und die seitlichen Turmbekrönungen entschied man sich für eine vereinfachte Wiederherstellung. Bereits 1975–76 war die sich im Norden anschließende sog. Denkmalskirche abgebrochen worden. Sie wurde nicht rekonstruiert.
Weithin sichtbar ist die 114 Meter hohe Domkuppel. Sie wiederholte die mächtige Kuppel des Berliner Schlosses (heute übernimmt der Berliner Dom teilweise die städtebauliche Funktion des gesprengten Schlosses) und spielt auf Michelangelos Peterskuppel an. Die Kuppel wird von vier Ecktürmen flankiert. Die Fassade ist in Anlehnung an das benachbarte ehemalige Berliner Schloss mit reichem Sandstein-Baudekor gestaltet. Die Reliefs zeigen ein umfangreiches neutestamentliches und kirchenreformatorisches Bildprogramm.
Der helle Innenraum ist ein Zentralbau, über dem sich die große Kuppel erhebt. Auf dem Gebälk stehen die überlebensgroßen Figuren der vier großen Reformatoren Luther, Melanchthon, Zwingli und Calvin, ihnen gegenüber die Fürsten Landgraf Philipp der Großmütige von Hessen, Kurfürst Friedrich der Weise von Sachsen, Kurfürst Joachim der II. von Brandenburg sowie Herzog Albrecht von Preußen. Darüber befinden sich Reliefs von Otto Lessing mit Szenen aus der Apostelgeschichte: die Steinigung des Stephanus, die Bekehrung des Apostels Paulus, Paulus in

Athen und die Heilung des Lahmen durch Petrus und Johannes.
Seine zusätzliche Bedeutung erhält der Dom durch seine 90 Sarkophage und Grabmäler von Angehörigen des Hauses Hohenzollern, die überwiegend in der Domgruft stehen. Herausragende kunsthistorische Bedeutung besitzen das Bronzegrabmal für Kurfürst Johann Cicero von Peter Vischer (1530) und die von Andreas Schlüter geschaffenen Prunksärge Friedrichs I. (1713) sowie der Königin Sophie Charlotte (1705), beide in vergoldetem Zinnbleiguss ausgeführt.

oben: Kuppel, Innenraumhöhe: 70 Meter, Kuppelmosaiken mit den Seligpreisungen aus der Bergpredigt (Entwurf Anton von Werner, eines der acht Kuppelmosaiken noch original)

unten: Sarkophage und Grabmäler von Angehörigen des Hauses Hohenzollern in der Domgruft

BERLIN

St. Hedwigs-Kathedrale

Fassade um 1900 mit neobarockem Turm und Hedwigsfigur als Giebelbekrönung

Grundriss um 1900

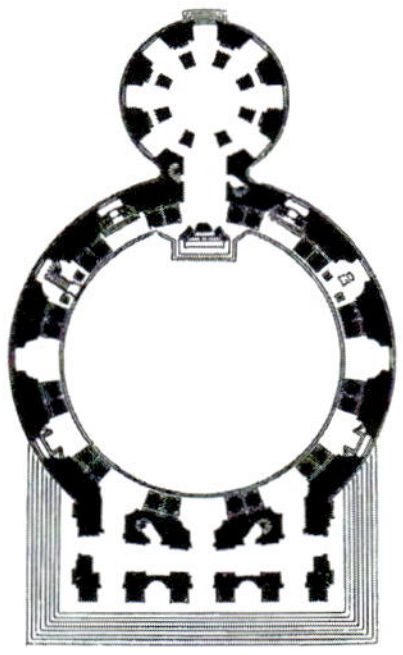

Im 10. Jahrhundert unternahmen die ottonischen Herrscher des Römischen Reichs Deutscher Nation den Versuch, durch die Errichtung der Mark Meißen und der Mark Lausitz sowie der Bistümer Brandenburg (948 gegründet) und Havelberg ihr Reich nach Osten zu sichern. Doch schon 983 mussten sie sich nach dem großen Slawenaufstand bis hinter die Elbe zurückziehen. Die Christianisierung Brandenburgs und Pommerns gelang daher erst im Laufe des 12. Jahrhunderts, unterstützt durch zwei Missionsreisen Bischof Ottos von Bamberg (1124/28). Zudem trat in den 1140er Jahren der in Brandenburg herrschende Hevellerfürst Pribislaw-Heinrich zum Christentum über. So konnte 1161 das Bistum Brandenburg wiedergegründet werden, zu dem Berlin gehörte.
Mit der Einführung der Reformation in Brandenburg 1540 wurden Klöster und katholische Einrichtungen aufgelöst. Ein erster katholischer Gottesdienst durfte in Berlin erst wieder 1680 gefeiert werden. 1773 kehrte mit der Weihe der ersten katholischen Kirche Berlins, der St. Hedwigs-Kirche, die katholische Konfession auch sichtbar nach Berlin und Bran-

Weihnachtsszene von Nicolaus Geiger, 1897, im Dreiecksgiebel der Fassade

denburg zurück. Seit 1820 waren die Bezirke Brandenburg, Berlin und Pommern dem Bistum Breslau unterstellt.
1930 wurde auch Berlin ein eigenes katholisches Bistum, das Brandenburg und Pommern mit etwa 530 000 Katholiken im Jahr 1930 umfasst. Erster Bischof wurde Dr. Christian Schreiber (1872–1933), der 1921 erster Bischof des wiedererrichteten Bistums Meißen geworden war.

Fassade mit moderner Kuppel, um 1952 wiederhergestellt, und Portikus in Anlehnung an das antike Pantheon in Rom

Hl. Hedwig, Skulptur, 18. Jahrhundert

Oberkirche mit Schwalbennestorgel der Firma Klais

In der Zeit des Nationalsozialismus war die St. Hedwigs-Kathedrale ein Zentrum katholischen Widerstands. Unter anderem hatte Dompropst Bernhard Lichtenberg (1875–1943) seit den Novemberpogromen 1938 in sein tägliches öffentliches Abendgebet in der St. Hedwigs-Kathedrale die „verfolgten nichtarischen Christen und die Juden" einbezogen. Er wurde am 23. Oktober 1941 verhaftet, von einem Sondergericht wegen „Kanzelmissbrauchs" und Verstoßes gegen das „Heimtückegesetz" zu Gefängnishaft verurteilt. Nach Haftverbüßung starb er am 5. November 1943 in Hof während des von der Gestapo verfügten Transports ins KZ Dachau. Papst Johannes Paul III. sprach ihn am 23. Juni 1996 während seines Besuchs in Berlin selig. Im Mai 2006 erfolgte die Ehrung als „Gerechter unter den Völkern" durch die israelische Gedenkstätte Yad Vashem.

Nach dem 2. Weltkrieg verkleinerte sich das Bistum um das nun zu Polen gehörende Hinterpommern. Trotz des Mauerbaus 1961 und den damit verbundenen Schwierigkeiten hielt Bischof Alfred Kardinal Bengsch (1961–79) an der Einheit des Bistums fest. 1994 wurde das Bistum Berlin zum Erzbistum ernannt.

Die erste katholische Kirche Berlins seit der Reformation, seit 1930 Bischofskirche, geht auf die Initative Friedrichs des Großen zurück, der Religionsfreiheit gewährte. Er stellte damit den nach den Schlesischen Kriegen einwandernden katholischen Schlesiern – seit 1745 gehörte Schlesien zu Preußen – ein Gotteshaus zur Verfügung. Die Kirche trägt deshalb das Patrozinium der hl. Hedwig (1174–1243), der Patronin Schlesiens, die als schlesische Piastenfürstin politisch und karitativ vorbildlich wirkte.

Die Hedwigskirche liegt hinter dem Opernhaus am Forum Fridericianum, der repräsentativen Platzanlage an der Prachtallee „Unter den Linden". Der König hatte 1747 der katholischen Gemeinde den Bauplatz überlassen, um die Finanzierung hatte sie sich zu kümmern, weshalb sich die Vollendung verzögerte. Nach Angaben des Königs lieferte der führende Architekt Berlins, Georg Wenzeslaus von Knobelsdorff, die Entwürfe für den Zentralbau in Anlehnung an das antike Pantheon in Rom.

Die Ausführung 1747–73 übernahm Johann Boumann d. Ä. Offenbar wurde die Kuppel schlichter (ohne Laterne) als ursprünglich geplant realisiert, wie die 1747 in einer Stichfolge von Jean Laurent Legeay veröffentlichte Ansicht zeigt. Andererseits entsprach die Ausführung der aufkommenden klassizistischen Formensprache und dem Vorbild des Pantheons. 1886–87 ergänzte Max Hasak in Anlehnung an die Darstellung von 1747 den Bau entsprechend des nun wieder modernen barocken Baustils. 1930–32 erhielt der Kirchenraum eine Neugestaltung durch den Wiener Architekten Clemens Holzmeister. Im 2. Weltkrieg brannte die Kathedrale aus und wurde von 1952–63 unter Leitung des Düsseldorfer Architekten Hans Schwippert wieder aufgebaut.

Der Rundbau besitzt eine imposante Kuppel von 40 Metern im Durchmesser. Die Kuppel aus 84 Stahlbetonsegmenten zeigt heute eine schmucklose, klare Form, ähnlich der ursprünglichen Ausführung, wie sie bis 1886 bestand. Die Fassade besitzt einen Portikus, dessen Dreiecksgiebel von sechs ionischen Dreiviertelsäulen getragen wird. Die Reliefs über den rundbogigen Portalen und Figurennischen zeigen Szenen des Neuen Testaments (Entwurf Georg Franz Ebenhech, Ausführung Theodor Wilhelm Achtermann, 1837). Achtermann schuf auch das Modell für das Giebelrelief mit der Darstellung der Anbetung der Könige, das 1897 Nicolaus Geiger vollendete.

Ober- und Unterkirche wurden im Zuge der Neugestaltung 1952–63 durch ihre mittige Öffnung zusammengebunden. Die historische Gesamtwirkung der Oberkirche blieb durch die Beibehaltung der Lage der Doppelsäulen und des Gebälks trotz der Neuinterpretation erhalten. An die Unterkirche (Krypta) schließen sich acht Kapellen an, darunter die Gedächtniskapelle für die Opfer der Nazizeit mit dem Grab des sel. Bernhard Lichtenberg. Das drei Meter hohe Kreuz in der Kuppel schuf Fritz Kühn.

oben links: Spätgotische Mondsichelmadonna
oben Mitte: Hl. Petrus, Skulptur 15. Jahrhundert
oben rechts: Blick in die Ober- und Unterkirche (Krypta)

BIELEFELD

Ev. Neustädter Marienkirche

Die „Evangelische Kirche von Westfalen" geht in ihren Grenzen auf eine der nach 1815 gebildeten preußischen Provinzen zurück. Der politischen Einteilung folgten auch die in diesen Jahren festgelegten kirchlichen Verwaltungsstrukturen. Das westfälische Provinzialkonsistorium, das für die Verwaltung der Kirche innerhalb der Provinz zuständig war und an dessen Spitze ein Konsistorialpräsident stand, hatte seinen Sitz zunächst in Münster. Oberhaupt der „Evangelischen Kirche in Preußen" war der König. Die 1817 durchgeführte Union der lutherischen und reformierten Kirche wurde in einigen Staaten, auch in Westfalen, nach dem Ende des landesherrlichen Kirchenregiments 1918 bis heute beibehalten. Beide Konfessionen wurden und werden jedoch unabhängig ausgeübt und nur administrativ von demselben Konsistorium verwaltet. 1947 wurde die westfälische Provinzialkirche selbständig und führt seit 1953 ihren heutigen Namen. Das ehemalige Konsistorium, nun Landeskirchenamt genannt, siedelte nach Bielefeld über. An der Spitze steht seit 1948 der „Präses", der die früheren Ämter des Generalsuperintendenten und Konsistorialpräsidenten in sich vereint.

unten und rechts: Außenansicht von Süden

Die Reformationsgeschichte Westfalens ist infolge der verschiedenen, häufig wechselnden und in ihrem Grenzverlauf veränderten Herrschaften sehr komplex. Sie lässt sich kaum in der gebotenen Kürze darstellen. Während weite Gebiete den geistlichen Fürstentümern von Köln, Münster und Paderborn gehörten und katholisch blieben, traten etwa die Grafen von der Mark 1524 und die von Ravensberg 1541 zum Protestantismus über. Hauptort und Residenz der Letztgenannten war seit der Mitte des 13. Jahrhunderts für etwa ein Jahrhundert Bielefeld. Doch auch danach behielt die Stadt ihre zentrale Stellung bis 1647, als die Grafschaft Ravensburg an Brandenburg überging.

An der Marienkirche der Bielefelder Neustadt unterhalb der gräflichen Burg auf dem Sparrenberg wurde von Otto III. von Ravensberg (1249–1305) und seiner Gattin Hedwig zur Lippe 1293 ein Kollegiatstift errichtet. Damit verbunden waren wie üblich vielfältige Interessen, unter anderem die Schaffung einer Familiengrablege in Verbindung mit einer geistlichen Stiftung. In der Folge entstand die dreischiffige und dreijochige Hallenkirche mit dreijochigem Rechteckchor zur Aufnahme des Kollegiums, Querhaus und Doppelturmfassade im Westen. Die Rippengewölbe sind in der Vierung durch Zierscheiben ausgezeichnet. Die Fenstermaßwerke der 1944 nicht so stark wie die Bielefelder Altstadtkirche zerstörten Marienkirche haben sich größtenteils erhalten. Bereits vor 1320 ist die erste Altarstiftung überliefert; die in die 1320er Jahre zu datierenden Steinskulpturen des ehemaligen Lettners setzen eine weitgehende Vollendung des Kirchenschiffs voraus.

oben: Blick nach Osten

unten: Mitteltafel des Hochaltars (Meister des Berswordt-Altars, um 1400)

Von der Ausstattung der ehemaligen Stiftskirche haben sich einige sehr qualitätvolle Werke erhalten: Das Tumbengrabmal des Stifterpaars ist kurz nach dem Tod Hedwigs 1320 entstanden. Es zeigt die Verstorbenen mit einem ihrer Söhne als vollplastische, überlebensgroße Figuren. An den Seiten befinden sich – nach französischem Vorbild – vor einer Maßwerkarchitektur sog. Pleurants (Trauernde). Dem hochrangigen Bildhaueratelier werden auch das verwandte Stifterdenkmal im Prämonstratenserkloster Cappenberg sowie Grabmäler in der Elisabethkirche in Marburg zugeschrieben. Möglicherweise hat es auch die insgesamt 15 Steinfiguren des ehemaligen Lettners der Bielefelder Marienkirche ausgeführt, die in einem neugotischen Hochaltar von 1840 ihre Aufstellung fanden. Dort bilden sie gemeinsam mit der Mitteltafel des bedeutenden einstigen Altarretabels des Stiftschors ein Ensemble. Von diesem überaus monumentalen (Breite bei geöffnetem Zustand: 6,64 m) Marienretabel haben sich 15 der 18 Flügelszenen an verschiedenen Orten, u. a. in Museen in Berlin,

New York und Oxford, erhalten. Es wurde um 1400 vom sog. Berswordt-Meister gemalt – ein Notname, der vom Stifter des demselben Künstler zugeschriebenen Kreuzigungsaltars in der Dortmunder Marienkirche abgeleitet wird. Damals waren die Herzöge von Jülich-Berg Grafen von Ravensberg. Neue Forschungen haben gezeigt, dass für die Altarstiftung Herzog Wilhelm I. von Berg (1360–1408) verantwortlich war, der sich vor allem in seiner Residenzstadt Düsseldorf und im Zisterzienserkloster Altenberg als Stifter betätigte.

oben links: Kanzel, B. C. Hattenkerl, 1681–83

oben rechts: Chor, neugotischer Hochaltar mit Mitteltafel (um 1400) und darüber Figuren des ehem. Lettners (um 1320/30), Triumphkreuz Anfang 16. Jahrhundert

links: Epitaph des Drosten von Oye im Chor, 1621

BRANDENBURG

Dom St. Peter und Paul

Maßwerkdekor am südlichen Seitenschiff

Nordturm von Süden

Als geschützter Flussübergang über die Havel war die Dominsel am Ostrand der heutigen Stadt Brandenburg schon im 8. Jahrhundert besiedelt und wohl bereits slawischer Herrschaftssitz. Zentrum des Landes zwischen Elbe und Oder war sie aber spätestens 928, als König Heinrich I. die Insel eroberte und einen sächsischen Burgward installierte. Die Bistumsgründung erfolgte durch seinen Sohn, den Kaiser Otto I. im Jahre 948. Mit dem Slawenaufstand 983 endete jedoch schon bald die kurze Frühzeit des Brandenburger Bistums, aus der sich leider keine Sachzeugnisse erhalten haben. Nicht einmal der Ort der ersten Kathedrale konnte ermittelt werden. An der Stelle des heutigen Doms hat sie sich nach Aussage der Grabungen jedenfalls nicht befunden.

Zu einer Neugründung des Bistums kam es erst 1161. Pribislaw, der letzte Fürst der Heveller, eines Stamms der wendischen Liutizen, war in den 1140er Jahren zum Christentum übergetreten und hatte den askanischen Landgrafen Albrecht den Bären als Erben eingesetzt. Spätestens 1147 hatte Pribislaw im Gebiet der späteren Altstadt ein Prämonstratenserkonvent aus Leitzkau angesiedelt. Für diesen wurde der vermutlich erste christliche Monumentalbau der Mark Brandenburg seit dem 10. Jahrhundert errichtet: St. Gotthard. Von dieser Kirche sind Teile einer Doppelturmfassade aus Feldstein erhalten, der übrige Bau ist eine spätgotische Hallenkirche. Nach dem Übergang des Landes an die Askanier 1157 betrieb Albrecht die Neugründung des Bistums. Der Prämonstratenserkonvent wurde 1161 zum Domkapitel erhoben und übersiedelte 1165 auf die Dominsel. Als weithin sichtbares Signal des siegreichen Christentums ließ der Brandenburger Bischof auf dem westlich der Altstadt gelegenen Harlunger Berg, wo ein zentrales slawisches Heiligtum verehrt worden war, die mächtige Marienkirche errichten. Der architektonisch bedeutsame, 1722 abgebrochene Zentralbau aus der ersten Hälfte des 13. Jahrhunderts wurde zum wichtigsten Marienwallfahrtsort Brandenburgs und zu einer ertragreichen Einnahmequelle des Domkapitels.

Bis zur Einführung der Reformation 1555 blieb der Brandenburger Dom Bischofskirche und zugleich Stiftskirche des Prämonstratenser-Domkapitels. Aus dieser Doppelfunktion ergaben sich besonders im späten Mittelalter häufig Konkurrenzsituationen zwischen Bischof, Kapitel und zunehmend auch den Landesherren. Bedeutende Bischöfe des 15. Jahrhunderts waren Stephan Bodeker (reg. 1421–1459) und Dietrich von Stechow (1459–1472). Ihre humanistische Bildung lässt sich an wichtigen Ausstattungen des Doms, wie der Ausmalung der Bibliothek im Obergeschoss des nördlichen Kreuzgangflügels, sowie an dem Ausbau der Residenz Burg Ziesar noch heute eindrucksvoll nachvollziehen. Die Aufhebung des gemeinsamen Lebens der Domherren 1507 hatte die Errichtung einzelner, zum Teil noch erhaltener Domherrenkurien im Dombezirk zur Folge.

oben: Ostflügel
unten: Kreuzgang

oben: Südliches Langhaus und Querschiff

rechts: Westfassade (romanischer Unterbau, im Wesentlichen 2. H. 14. Jh., Nordturm 1669–72 vollendet und 1836 erneuert) und neugotischer Westflügel (Ritterakademie, 1869/79)

unten: Chor

oben links: Triumphkreuzgruppe, 2. Viertel 15. Jahrhundert, Laienseite
oben rechts: Blick nach Westen aus dem Chor mit der Konventseite der Triumphkreuzgruppe

Bereits der romanische Dom, dessen Grundsteinlegung 1165 erfolgte, hatte die Ausmaße des heutigen, im Mittelalter mehrfach umgestalteten Baus. Er lässt sich in seinen Einzelformen noch am Lang- und Querhaus nachvollziehen, etwa an den vermauerten Obergadenfenstern und den Arkaden der sieben Langhausjoche. Es handelte sich um eine Pfeilerbasilika mit geplanter Doppelturmfassade und – neben der Klosterkirche in Jerichow – um den frühesten Backsteinbau Brandenburgs. Sämtliche Bauteile waren flach gedeckt. An der Kryptenwand haben sich Reste der Malerei des ehemaligen Kreuzaltars erhalten, der anlässlich der Einsetzung des hl. Paulus als Mitpatron des älteren Bistumsheiligen Petrus um 1194 geweiht worden sein könnte.
Mehrere eindrucksvolle Maßnahmen frühgotischer Zeit unter Bischof Gernand (reg. 1221–1241), zuvor Domherr in Magdeburg, haben sich erhalten. In den 1220er Jahren erfolgte der Ausbau der breiten, zweischiffigen (im 14. Jahrhundert neu gewölbten) Hallenkrypta. Die frei stehenden Sandsteinsäulen besitzen Kapitelle von höchster bildhauerischer Qualität. Sie sind jedoch nicht mit den Chorumgangskapitellen des Magdeburger Doms verwandt, wie oft angenommen; sie sind das Werk einer bedeutenden, möglicherweise am Niederrhein ausgebildeten Werkstatt. Gernand veranlasste auch die Errichtung der zweigeschossigen, 1235 geweihten Kapelle nördlich des Chors. Beide quadratischen Räume sind gewölbt und besitzen eine Mittelstütze. Der obere diente als Sakristei, der untere wird seit langem aufgrund seiner im 15. Jahrhundert entstandenen und 1895 durch August Oetken ergänzten Ausmalung „Bunte Kapelle“ genannt. Im Kreuzgang hat sich eine bemerkenswert vielseitige Bauplastik der Zeit erhalten. Gernand begann eine – bald aufgegebene – Erhöhung sowie einen Umbau des Chors zum fünfseitigen Polygon. Er ließ auch das heute in der Krypta befindliche, imposante Triumphkreuz errichten.
Die gesamte Kirche erfuhr seit dem letzten Viertel des 14. Jahrhunderts eine bis heute prägende Umgestaltung, deren Chronologie umstritten ist. Wahrscheinlich erfolgte der Umbau des Langhauses zu einer gewölbten Basilika bereits unter Stephan Bodeker im 2. Viertel des 15. Jahrhunderts. Ein Zusammen-

Kreuzaltarretabel mit Petrus und Paulus auf den Flügelinnenseiten, Ende 15. Jahrhundert

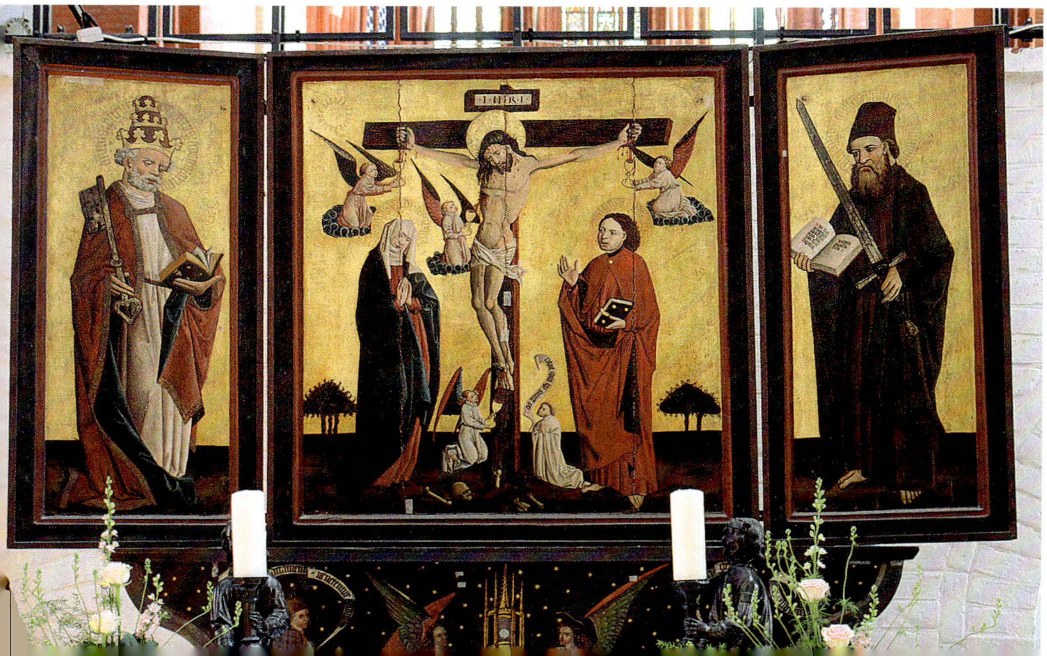

nnenan-
sicht nach
Osten
Chor nach
1450,
Krypta
1220/30)

oben links: Grabplatte des Bischofs Stephan Bodeker (reg. 1421–59)

oben rechts: Sog. Böhmischer Altar (um 1375/80), ehem. Hochaltarretabel

unten links: Kanzel, 1691
unten rechts: Chorgestühl, 1539

hang mit der um 1430/40 zu datierenden neuen Triumphkreuzgruppe liegt nahe. Die Südwand des Langhauses wurde als eine zur Neustadt hin ausgerichtete Schaufassade mit reichen Schmuckformen umgestaltet. Der Chor ist durch seine dendrochronologisch datierten Dachwerke als Bau der 1450er Jahre gesichert. In diese Zeit datiert auch der Ausbau des nördlichen Kreuzgang-Obergeschosses zur Bibliothek. Hier wurde in den letzten Jahren die spektakuläre, durch Bischof Bodeker initiierte Ausmalung freigelegt, die bereits 1453 beschrieben wurde. Leider hat sich von der vielleicht bedeutsamsten architektonischen Kampagne unter Bodeker, von der an die Marienkirche auf dem Harlungen Berg angebauten, 1443 vollendeten Kapelle des Schwanenordens, nichts erhalten.

Die zahlreichen baulichen Veränderungen auf ungünstigem Untergrund führten zu einer baldigen Zunahme der Bauschäden am Dom. 1834–36 erfolgten durchgreifende Maßnahmen unter Beratung Karl Friedrich Schinkels. Nun wurde auch der Innenraum stark umgeformt und z. B. eine Freitreppe zum hohen Chor eingebaut. 1961–65 entfernte man diese im Zuge einer umfassenden Restaurierung. Auch die anderen Gebäude des Dombezirks wurden wiederholt umgebaut und den Zwecken ihrer späteren Funktion angepasst: Seit 1706 wurden die einstigen Klausurgebäude für eine Ritterakademie genutzt und 1869/70 der Westflügel neu ausgeführt.

Die in der Kirche und im Museum erhaltene Ausstattung des Brandenburger Doms zählt zu den bedeutendsten und vielseitigsten in Deutschland. Das ehemalige Hochaltarretabel der Zeit um 1375/80, der sog. Böhmische Altar, ist heute im südlichen Querhausarm aufgestellt. Es handelt sich um ein frühes Beispiel eines geschnitzten Flügelaltars. Die ausführende Werkstatt entstammt dem böhmischen Kunstkreis, der zu der Zeit von großem Einfluss auf die Kunst Brandenburgs war. Die Mark stand seit 1373 unter der Herrschaft des böhmischen Königs und römischen Kaisers Karl IV. Ebenfalls um 1380 entstand das hölzerne Sakramentshaus, eines der frühesten seiner Art.

Vom anhaltenden Einfluss böhmischer Kunst zeugt das um 1430/40 entstandene neue Triumphkreuz mit Assistenzfiguren, alle rückseitig bemalt. Die Gruppe konnte somit sowohl von den Gläubigen im Langhaus als auch von den Chorherren im Chor liturgisch genutzt werden. Es haben sich mehrere bedeutende Grabmäler erhalten, neben dem des Bischofs Dietrich von der Schulenburg († 1393) vor allem das des Stephan Bodeker im südlichen Querhausarm.

Im Dommuseum sind neben etlichen Ausstattungsstücken das um 1300 entstandene Hungertuch, der bedeutende Schatz mittelalterlicher Paramente sowie das berühmte Brandenburger Evangelistar aus dem frühen 13. Jahrhundert hervorzuheben.

oben links: Chor mit Hochaltar (1518) und Sakramentshaus (1375/80)

oben rechts: Hochaltar, Mittelschrein, 1518 gestiftet durch Abt Valentin für die Kirche des Zisterzienserklosters Lehnin

unten: Retabel aus St. Petri (Pfarrkirche der Dominsel), Anfang 15. Jahrhundert

unten links: Nördliches Querhaus nach Osten

unten rechts: Kryta, 1220/30

BREMEN

Dom St. Petri

Bleiplatte aus dem Grab des Erzbischofs Liemar mit dem Hinweis auf das Sterbedatum vom 16.5.1101. Alle Fotos werden mit freundlicher Genehmigung der St. Petri Domgemeinde Bremen veröffentlicht.

Die Anfänge des Erzbistums Hamburg-Bremen reichen bis in die Zeit der Sachsenkriege Karls des Großen zurück. Um 780 nahm der angelsächsische Priester Willehad die Missionstätigkeit im nordwestlichen Sachsen auf und wurde 787 von Karl mit der Bischofswürde ausgestattet. Der Sitz war Bremen, ein fränkisches Krongut und zunächst wohl kaum mehr als ein bescheidener Stützpunkt. Willehad konnte bereits 789 einen ersten hölzernen Dombau weihen und starb noch im selben Jahr. In einem letzten Aufstand der Jahre 792–99 zerstörten die heidnischen Sachsen die Kirche. Erst nach der Konsolidierung der fränkischen Macht wurde das Bremer Bistum 805 kirchenrechtlich der Kölner Erzdiözese unterstellt. Willehads Schüler Willerich (reg. 805–838) war dessen Nachfolger und Bauherr eines steinernen Doms, in den die Gebeine des ersten, bald verehrten Bischofs umgebettet wurden.

In den ersten Jahrzehnten des 9. Jahrhunderts stieg das Interesse des Reichs am heidnischen Nordeuropa, nicht zuletzt wegen der gefürchteten Wikingerüberfälle. Christliche Missionare operierten seit den 820er Jahren mit wechselndem Erfolg in Dänemark und Schweden. Die wichtigste Figur in diesem Zusammenhang war der Benediktinermönch Ansgar aus Corvey, der später kanonisierte „Apostel des Nordens". Er konnte in Schweden und Dänemark einige Taufkirchen gründen und schuf somit ein zwar sehr dünnes, doch weit gestreutes Netz christlicher Gemeinden. Infolgedessen wurde 831 das Missionsbistum Hamburg aus Gebieten der Diözesen Bremen und Verden gegründet. Erster Bischof war Ansgar, der seit 834 das Pallium als Zeichen der Erzbischofswürde tragen durfte, formal aber noch dem Mainzer Metropoliten unterstand. Hamburg wurde jedoch bereits 845 vollständig zerstört, im selben Jahr starb der Bremer Bischof Landerich; 848 wurden die Bistümer Bremen und Hamburg unter Ansgar († 865) mit Sitz in Bremen vereint. Er konnte im Jahr 860 den neuen Dom weihen und 864 die endgültige Bestätigung des Erzbistums Hamburg-Bremen erlangen, dessen wichtigste Aufgabe bis ins hohe Mittelalter hinein die Mission Nord- bzw. Nordosteuropas blieb. Bis zur Gründung der skandinavischen Erzbistümer Lund, Trondheim und Uppsala im 12. Jahrhundert war die Erzdiözese Hamburg-Bremen die flächenmäßig größte der gesamten Christenheit.

Ansgars Nachfolger hatten es nicht leicht, das Erzbistum in der gewaltigen, noch sehr dünn besiedelten Region mit einer kaum christianisierten Bevölkerung zu halten. Nach einem Überfall der Ungarn 918 brannte der Dom nieder. Erst unter Unni (reg. 918–37) und

rechte Seite: Westfassade mit den 99 Meter hohen Türmen der Restauration von 1888–1902

unten links: Marktplatz mit Rathaus und Domfassade
unten rechts: Vierungsturm, Ende 19. Jahrhundert

oben links: Türme vom Kreuzganggarten aus

oben rechts: Neoromanischer Vierungsturm des Dombaumeisters Max Salzmann, Ende 19. Jahrhundert, und Fenster (Maßwerk um 1900 erneuert) der dem Südschiff im 14. Jahrhundert angefügten Südkapellen

unten links: Bronzetüre des Domportals der Westfassade des Südturms, von Peter Fuchs 1897 mit Szenen aus dem Alten und Neuen Testament geschaffen, sowie einem eingearbeiteten spätromanischen Löwenkopf mit Ring um 1230

unten rechts: Ansicht von Osten mit dem Ostchor

besonders seinem Nachfolger Adaldag (937–88) erholte sich das Erzbistum. Adaldag wurde bei seinem Amtsamtritt das fränkische Königsgut, aus dem die Stadt Bremen hervorging, übertragen. Die Erzbischöfe von Hamburg-Bremen waren seitdem Landesherren. Nun entstanden auch die ersten Suffraganbistümer in Schleswig, Ribe und Aarhus (948) sowie in Oldenburg/Holstein (968, später nach Lübeck verlegt). Adaldag war ein enger Vertrauter Kaiser Ottos des Großen, an dessen Hof er oft weilte. Aus Italien brachte er 965 den wohl größten Schatz des Bremer Doms mit: die hoch verehrten Reliquien der hll. Cosmas und Damian. Später wurden sie in der Wand des hohen Chors eingemauert, aus der sie 1334 auf wunderbare Weise wieder zum Vorschein kamen. Vom wieder aufflammenden Kult der beiden Ärzteheiligen zeugt ein um 1420 gefertigter, kostbarer Reliquienschrein, der in nachreformatorischer Zeit verkauft wurde und seit 1649 in der Michaelskirche in München aufbewahrt wird. Unter Adaldag waren wohl eine Goldschmiede- und eine Schreibwerkstatt in Bremen tätig. Der Domschatz war so bedeutend, dass er von Bischof Libentius I. (988–1013) bei einem Normanneneinfall zum Schutz in das Stift Bücken gebracht werden musste.

Für die Konsolidierung der gesamten kirchlichen Organisation in Nordeuropa, den Ausbau Hamburgs zum zweiten Erzbischofssitz und die Baugeschichte des Bremer Doms waren die Episkopate Unwans (1013–29), Bezelins (1035–43) und besonders Adalberts von Goseck (1043–72) von zentraler Bedeutung. Kurz nach dem Wiederaufbau des Ham-

oben links: Westkrypta von Westen, 1068 geweiht

oben rechts: Kapitell der Westkrypta

unten: Thronender Christus, Relieffragment, um 1050, ursprünglich als Tympanonfigur der Westfassade, heute in der Westkrypta

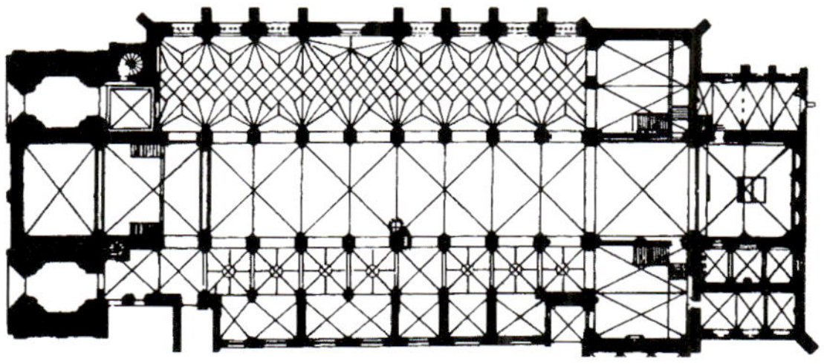

Grundriss der Doppelchoranlage

oben: Westkrypta von Osten, 1068 von Erzbischof Adalbert dem hl. Andreas geweiht, Kapitelle wohl von lombardischen Steinmetzen geschaffen

unten: Ostkrypta nach Osten, 1042 unter Erzbischof Bezelin angelegt und unter Erzbischof Liemar († 1101) vollendet

unten: Frühromanische Grabplatte, um 1035, heute in der Westkrypta, ursprünglich wohl neue Bischofstumba für die Bischöfe Adalgar, Hoger und Reginwart vor dem Hochaltar

Mittelschiff mit Blick auf den östlichen Hochchor

Nördliche Mittelschiffswand mit Durchblick in das nördliche Seitenschiff

burger Doms zerstörte ein Brand den Bremer im Jahr 1041. Unter Bezelin wurde der große Neubau der bis dahin noch stehenden karolingischen Kathedrale nach dem Vorbild des Kölner Doms begonnen. Adalbert war wohl der mächtigste Erzbischof auf dem Hamburg-Bremer Thron. Er weilte als enger Vertrauter Kaiser Heinrichs III. und Vormund Heinrichs IV. oft bei Hofe und in Italien. In seinem Episkopat lebte Adam von Bremen, dessen Chronik zu den wichtigsten abendländischen Geschichtszeugnissen des 11. Jahrhunderts zählt. Seine hochfliegenden Pläne, das Erzbistum zu einem Patriarchat des gesamten Nordens zu erheben, neben Rom und Aquilea dem dritten im Abendland, schlugen fehl und die Bedeutung der Erzdiözese schwand gegen Ende seiner Amtszeit. Unter seinem Nachfolger Liemar (1072–1101) lösten sich die skandinavischen Bistümer aus dem Bremer Suffraganverband. Nach der Erhebung Lunds zum Erzbistum im Jahre 1104 war Hamburg-Bremen nun die kleinste der deutschen Erzdiözesen. Seit 1223 wurde das Erzbistum nur noch unter dem Namen Bremen geführt, der Namenszusatz Hamburg entfiel.

Die Reformation hatte sich schon um 1522–24 in Bremen durchgesetzt, allerdings hielt Erzbischof Christoph (1511–58) am katholischen Glauben fest. Nach einem unwürdigen Eklat am Palmsonntag 1532 wurde der Dom – mit einer nur kurzzeitigen Unterbrechung – bis 1638 geschlossen. Bischof und Kapitel verließen die Stadt. Obwohl schon vor 1550 das Domkapitel überwiegend evangelisch geworden war und nach dem Tod Christophs die Landesherren als Administratoren das Erzstift verwalteten, blieb der Dom weiterhin unbenutzt und dem Verfall ausgesetzt. Etliche Ausstattungsstücke wurden verkauft. Nach dem Ende des Dreißigjährigen Krieges (1648), in dessen Zuge Bremen 1634 dänisch geworden war, wurde das Erzstift säkularisiert und der schwedischen Krone zugeschlagen. Der letzte evangelische Erzbischof war Friedrich II. Prinz von Dänemark. Er schenkte dem Dom anlässlich der Wiedereröffnung 1638 eine prächtige Kanzel des dänischen Hofbildhauers Jürgen Kriebel. Diese Stiftung war eine Demonstration der Evangelisch-lutherischen Kirche gegenüber der überwiegend calvinistischen Stadtbevölkerung.

Die Gestalt der ersten, 789 von Willehad geweihten, hölzernen Kirche ist nicht bekannt. Grabungen der 1970er Jahre förderten aber den Grundriss des unter Willerich begonnenen, in mehreren Baustufen im Laufe des 9. Jahrhunderts vollendeten und 860 von Ansgar geweihten Doms zutage. Es handelte sich um eine dreischiffige Anlage ohne Querhaus und mit quadratischem Chor, der Westbau ist unklar. Diese spätkarolingische Anlage von vergleichsweise bescheidenen Ausmaßen brannte 1041 nieder.

Von dem angeblich umgehend, noch unter Bezelin begonnenen, doch hauptsächlich unter Adalbert errichteten Neubau haben sich noch die 1068 geweihte Westkrypta sowie Mauerteile des Westchors erhalten. Es handelte sich wohl um eine flachgedeckte Basilika mit Querhaus, halbrunden Apsiden und West-

oben links: Nördliche Mittelschiffswand vom Ostchor gesehen
oben rechts: Mittelschiff mit Blick zum Westchor
links unten: Ostchor, gerader Abschluss ohne Apsis, 1. Hälfte 11. Jahrhundert

krypta, deren Grundform sich am Kölner Dom orientierte. Zum niederrheinischen Kunstkreis gehört auch ein bedeutendes, um 1050 datiertes Relief des thronenden Christus, wohl ehemals im Tympanon des Haupteingangs. In der dem hl. Andreas geweihten, dreischiffigen Westkrypta befinden sich Kapitelle, die lombardischen Bildhauern zugeschrieben werden müssen, die Adalbert von einem Italienzug Kaiser Heinrichs III. (1045/46) nach Bremen mitgenommen haben könnte. Die Weihe des Hauptaltars der Kirche erfolgte bereits 1049 zu Ehren Marias. Es ist umstritten, inwieweit das teilweise erhaltene Langhaus, der Chor und die Westkrypta noch zum Dom Adalberts gehören. Dieser wurde nach einer Überlieferung 1089 zerstört.

Das frühromanische Langhaus, das wahrscheinlich unter Liemar errichtet und erst im 12. Jahrhundert fertig gestellt wurde, bestimmt trotz späterer Umbauten den heutigen Eindruck. Die neunjochige Pfeilerbasilika mit Querhaus war ursprünglich flachgedeckt. Im aufgehenden Bau erhalten sind die Langhauspfeiler, Teile der südlichen Hochschiffs- und der Querhauswände. Die eindrucksvolle, geräumige Ostkrypta könnte noch vor 1100 errichtet worden sein.

Domgründer Karl der Große und Bischof Willehard, gemeinsam das Dommodell haltend, Brüstungsrelief der Westempore (ursprünglich Lettner), Reliefs von Evert van Roden, 1510–12

unten: Grabdenkmäler an der nördlichen Mittelschiffswand

Um 1200 wurden erste Gewölbe eingezogen, zunächst nur über den beiden Jochen des Westchors. Die gesamte Kirche erhielt dann unter Bischof Gerhard von der Lippe (1219–58) ein Wölbsystem mit Vorlagen und Laufgängen über Rundbogenfriesen. Die Gewölbe in den Seitenschiffen wurden acht-, im Mittelschiff sechsteilig angelegt; die Forschung hat verschiedene Vorbilder im westfälischen Raum (St. Marien in Lippstadt, Zisterzienserkloster Marienfeld), aber auch in Köln benannt. Gerhard baute auch die Turmanlage des 11. Jahrhunderts aus. Sie erhielt eine rundbogige Blendnischenarkatur im dritten Geschoss. Das vierte Geschoss der Türme errichtete Bischof Giselbert (1275–1306), in den 1340er Jahren kamen ein fünftes und sechstes hinzu.

Nach 1350 wurde das südliche Seitenschiff zu einer in den Kreuzgang vorgeschobenen Kapellenreihe geöffnet, auch im Norden gab es eine solche Reihe. Sie ist jedoch nicht mehr erhalten. Nach einem Brand des Nordturms und des anschließenden Seitenschiffs im Jahre 1483 entschied sich Bischof Johann III. Rode (1497–1511) für einen ungewöhnlichen Umbau des nördlichen Seitenschiffs. Unter der Leitung des Osnabrücker Baumeisters Cord Poppelken wurde es ab 1502 auf das Niveau des Mittelschiffs erhöht. Er nutzte die romanischen Arkaden des Mittelschiffs sowie die alten Pfeiler, Dienste und Kapitelle, während er den darüber liegenden Obergaden öffnete. So entstand ein Raum von sehr eigenwilliger, fast hallenartiger Wirkung. Poppelken verwendete für die neue Nordwand u.a. auch romanisierenden Baudekor. Unklar ist, ob eine Weiterführung des Umbaus auch das südliche Seitenschiff in ähnlicher Weise miteinbeziehen sollte und diese Planungen durch die Einführung der Reformation ein vorzeitiges Ende gefunden haben.

Das heutige Bild des Doms, v. a. seines Äußeren, ist geprägt von umfangreichen Restaurierungsarbeiten, die 1888–1901 unter Max Salzmann und Ernst Ehrhardt durchgeführt wurden. Sie betrafen in erster Linie den Wiederaufbau des 1638 eingestürzten Südturms, die Erneuerung des Westgiebels, Ummantelung des Nordturms, Neugestaltung des nördlichen Querhausgiebels, Neuschöpfung des Vierungsturms und Neuverblendung des Ostchorgiebels. Man richtete sich weitgehend nach der in einem Dombild von 1532 überlieferten Gestalt.

Von der ehemals reichen Ausstattung des Mittelalters haben sich nur wenige, doch z.T. sehr qualitätvolle Werke erhalten. Sieben Wangen des Chorgestühls konnten 1822 gerettet werden; die bedeutenden Schnitzereien entstanden um 1360–80 und stehen möglicherweise in einem Werkstattzusam-

oben: Wange des um 1360/80 entstandenen Chorgestühls

links: Nordseitenschiff nach Osten, im frühen 16. Jahrhundert erhöht

unten: Taufbecken, um 1220, in der Westkrypta

menhang mit dem Gestühl des Magdeburger Doms und einzelnen Reliefs in Lüneburg. Vom historischen Bewusstsein des Bremer Erzbischofs Johann III. Rode zeugt das Figurenprogramm der Westemporenbrüstung, die um 1510–12 vermutlich von Evert van Roden ausgeführt wurde. Im Zentrum thronen Karl der Große und Bischof Willehad als Bistumsgründer mit einem Modell des Doms, flankiert von je fünf Heiligen und Märtyrern der Bremer Kirche unter reich gegliedertem Kielbogen. Zwischen diesen stehen vor den Pfeilern weitere Figuren, unter ihnen auch der Stifter Johann III. Ansonsten wird der Innenraum von zahlreichen Epitaphien des 16. und 17. Jahrhunderts geschmückt.

BÜCKEBURG

Stadtkirche

rechte Seite: Innenraum nach Osten mit Orgel und Kanzel
unten: Fassade

Die Kleinstadt Bückeburg, östlich von Minden gelegen, kann sich rühmen, Bischofssitz zu sein. Denn als Hauptkirche im Fürstentum Schaumburg-Lippe ist die Stadtkirche bis heute die Kirche des Landesbischofs.
Im Mittelalter eine unbedeutende Ansiedlung, bauten die Grafen von Schaumburg die urkundlich erstmals 1304 erwähnte Burg in der 2. Hälfte des 16. Jahrhunderts zur zeitweiligen Residenz aus. Doch erst mit der Verlegung der Residenz von Stadthagen nach Bückeburg 1601/07 durch Graf Ernst III. von Schaumburg (reg. 1601–22), dem späteren Fürsten Ernst, setzte der Aufstieg Bückeburgs ein. Nicht nur das Schloss, sondern auch der Ort, der 1609 Stadtrechte erhielt, wurde planmäßig zu einer repräsentativen Residenzstadt ausgebaut. Neben dem neuen Marktplatz mit Rathaus, Toren und Befestigungsanlagen ließ Graf Ernst III. zahlreiche Häuser, die er an Hofbedienstete übertrug, auf seine Kosten erbauen. Letztes Großprojekt war die stattliche Stadtkirche, die Residenzkirche der Grafen von Schaumburg, städtebaulich an dem höchstgelegenen Punkt der Stadt und der Kreuzung der beiden wichtigsten Straßen gelegen. Sie wurde in nur wenigen Jahren erbaut: Planungsbeginn 1609, Baubeginn 1610, 1611/12 Aufrichtung des Dachwerks und 1615 Vollendung der Ausstattung sowie feierliche Einweihung.
Der Landesherr, verewigt an der Fassade durch Inschrift und Wappen, war zugleich oberster Kirchenherr. Deshalb erhielt die Bückeburger Stadtkirche die Funktion einer Bischofskirche. Die Kirche wurde daher nicht nur zum Gottesdienst, sondern auch zu Familienfeiern und zu landesfürstlicher Repräsentation wie Huldigungsfeiern und Musikveranstaltungen genutzt. Nach dem Tod des letzten Schaumburger Grafen Otto V. 1640 teilte man 1647 die Grafschaft. Der westliche Teil fiel an eine Nebenlinie des Lippischen Grafenhauses, den zu Schaumburg-Lippe. Die Grafen und späteren Fürsten zu Schaumburg-Lippe blieben bis 1918 oberste Kirchenherren.
Die Bückerburger Stadtkirche zählt zu den ältesten und bedeutendsten protestantischen Kirchenbauten. Sie entstand zu einem Zeitpunkt, als Kirchen im Stil der sogenannten Nachgotik errichtet wurden. Dabei knüpften die Baumeister an die Bauweise der Gotik an, orientierten sich in der Ornamentik jedoch bereits am Stil der Renaissance. Diese Verbindung – Renaissanceformen kamen an der Bückeburger Stadtkirche ungewöhnlich prägend zum Einsatz – erhebt den Kirchenbau zu einem der Meisterwerke der

Architektur der sogenannten Weserrenaissance, zumal in den Jahrzehnten nach der Reformation bis um 1700 die Kirchenbaukunst nur wenige Akzente setzte und in vielen Regionen Deutschlands fast zum Erliegen gekommen war.

Die Fassade von 1613 (Inschrift) – ursprünglich mit Turm geplant, aufgrund des Baugrunds während des Bauvorgangs verworfen – ist eine repräsentative Schaufassade im Stil der späten Weserrenaissance mit reichem Beschlag- und Roll-

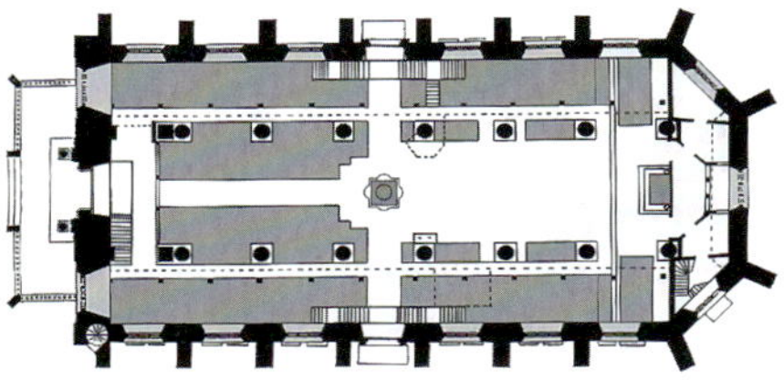

Grundriss

unten links: Nordempore nach Osten
unten rechts: Kanzel (um 1614)

werkdekor, Muscheln und Draperien. Sie wurde durch den Hildesheimer Bildhauer Hans Wolf (um 1570 – vor 1641) ausgeführt, der seit 1609 in den Diensten des Grafen Ernst stand. Die Dekore entnahm Wolf dem Vorlagenbuch des Wendel Dietterlin von 1598. Die Maße und Proportionen der korinthischen Säulen entsprechen den Architekturtraktaten des italienischen Architekten Sebastiano Serlio (1475–1554).

Das Langhaus der dreischiffigen und achtjochigen Hallenkirche von 45 Metern Länge und 19 Metern Breite wird von spätgotischen Kreuzrippengewölben, Strebepfeilern und Maßwerkfenstern sowie korinthischen Kapitellen mit eingesetzten Kinderköpfen geprägt. Hinzu kommt die qualitätvolle Renaissance-Ausstattung.

Herausragendes Ausstattungsstück ist das Bronzetaufbecken von 1615 des kaiserlichen Bildhauers Adrian de Vries (1560–1626) aus Prag. Sie wird von einer Figurengruppe der Taufe Christi durch Johannes bekrönt.

Die qualitätvolle Kanzel (um 1614) besitzt Flachreliefs aus Lindenholz von Hans Wolf mit Szenen der Verkündigung, der Geburt Christi, Kreuzigung mit Maria und Johannes, Auferstehung und Christi Himmelfahrt. Da der Prediger in der Tradition der Apostel, die von Christus den Auftrag erhalten hatten, durch ihre Predigten den Glauben zu verbreiten, stehen, sind Petrus und Paulus zwischen Kanzelkorb und Kanzeldeckel dargestellt. Die Putten des Kanzeldeckels tragen Marterwerkzeuge und weisen somit auf die Passion Christi hin. Da die Pre-

digt im protestantischen Gottesdienst eine elementare Rolle spielt, ist das Gestühl auf die Kanzel ausgerichtet.

Gleichfalls von Wolf und seiner Werkstatt stammen der Orgelprospekt mit seinen reichen Schnitzereien im späten Renaissancestil mit Fruchtgehängen, Engelsköpfen und Teufelsmasken. Er ist in großen Teilen jedoch eine Rekonstruktion, da die Orgel 1962 einem Brand zum Opfer fiel. Das erste Instrument war 1612 von dem herzoglichen braunschweigischen Orgelbaumeister Esajas Compenius (1560–1617) aus Wolfenbüttel gebaut worden.

Über dem Eingangsbereich erhebt sich über einem dreibogigen, reich verzierten Unterbau von 1895 (Entwurf von Albrecht Haupt) auf der Empore die „Goldene Prieche", der Herrschaftsstuhl für den Landesherrn mit sechs verglasten Schiebefenstern. Die Priechenwand wird vom Fürstlich Schaumburg-Lippischen Wappen mit Wappenhaltern bekrönt. Graf Ernst hatte sich die repräsentative Prieche einbauen lassen, um nicht zuletzt seine Stellung als von Gottes Gnaden eingesetzter Landesherr und oberster Kirchenherr zu dokumentieren.

oben links: Goldene Prieche zwischen den Turmpfeilern, Foto von der Südempore

oben rechts: Blick ins Mittelschiff zur Kanzel und Nordempore

unten links und rechts: Bronze-Taufbecken von Adrian de Vries, 1615

BÜRABURG

St. Brigida

Die Büraburg (Gemeinde Fritzlar-Ungedanken) war wenige Jahre Bischofssitz und besitzt mit der im späten 7. Jahrhundert errichteten St.-Brigida-Kirche den ältesten, in größeren Wandbereichen erhaltenen Kirchenbau östlich des Rheins. Die Burg bildete im 7. und 8. Jahrhundert ein wirtschaftliches und politisches Zentrum von überregionaler Bedeutung, zu dem auch die größere Ortschaft Geismar – bekannt aufgrund der durch Bonifatius 723 gefällten Donar-Eiche, eines germanischen Kultobjekts – und die Vorgängersiedlung der heutigen Stadt Fritzlar gehörten, in der Bonifatius aus dem Holz der Donar-Eiche eine kleine Kirche erbauen ließ, die zur Keimzelle des Klosters Fritzlar bzw. des Fritzlarer Doms wurde.

Der Büraberg war seit Jahrtausenden ein immer wieder besiedelter Platz. Hier bestand im 5. Jahrhundert die chattische Gauburg, die von den Franken erobert und geschleift wurde. Auf den Resten entstand um 660 unter den Franken zum Schutz des Edergebiets eine Großburg mit ca. 300 bis 350 Metern im Durchmesser, befestigt durch Mörtelmauern, Spitzgräben, mehrere Türme und drei Tore sowie eine Vorburg.

Die stadtähnliche Innenbesiedlung verdichtete sich rasch. Pfostenbauten, d. h. Ständerhäuser auf steinernen Unterzügen oder Kellern (Grubenhäuser), wurden errichtet. Um 700 begann man, die Bebauung planmäßig zu strukturieren. In der Vorburg siedelten sich bäuerliche Gehöfte und Handwerker an. 774 flüchtete die Bevölkerung des Edergebiets bei Sachsenangriffen auf die Büraburg. Nachdem Sachsen in das Frankenreich eingegliedert worden war, verlor die Büraburg ihre strategische Stellung; die Wehranlagen verfielen. Die Wohnbebauung wurde im 14. Jahrhundert aufgegeben.

Das „oppidum Buraburg“, wie es Papst Zacharias 742 in einem Brief an Bonifatius nannte, war für wenige Jahre Bischofssitz. Bonifatius († 754), der 739 in Bayern die Bischöfe in Salzburg, Regensburg und Freising eingesetzt sowie den in Passau bereits installierten Bischof bestätigt hatte, ernannte im Rahmen seiner Bistums- und Klostergründungen auch Büraburg, Würzburg und Erfurt zu Bistumssitzen. Als Bischöfe setzte er seine angelsächsischen Gefährten Witta für Büraburg, Burkhard für Würzburg und Willibald für Erfurt ein. Der genaue Termin ist nicht überliefert. In den Briefen des Bonifatius an Papst Zacharias im Jahr 742 ist lediglich von den bereits vollzogenen Gründungen die Rede. Es wird angenommen, Bonifatius habe die Bistümer 741 errichtet und somit am Ende der Herrschaft des Hausmeiers Karl Martell, der am 15./22. Oktober 741 verstarb. Insbesondere die Lage der Bistumskirchen in Würzburg und Büraburg innerhalb einer fränkischen Großfestung setzt die aktive Unterstützung der Bistumsgründung durch den Frankenherrscher voraus.

Die Bistümer Erfurt für die Thüringer und Büraburg für die Hessen hatten jedoch keinen Bestand. Bonifatius, der 746/747 Bischof von Mainz wurde, hob sie wohl noch selber bis zu seinem Märtyrertod 754 wieder auf, um sie dem traditionsreichen Bistum Mainz anzugliedern. Seitdem erstreckte sich die mittelalterliche und frühneuzeitliche Mainzer Erzdiözese bis zum Ende des Alten Reichs auch auf Hessen und Thüringen bis zur Saale.

Die Brigidenkirche, umgeben von einem seit der Karolingerzeit nachgewiesenen Friedhof, zeigt einen einfachen Grundriss. Die steinerne Saalkirche von 23,5 Metern Länge und 9 Metern Breite besteht aus einem Rechtecksaal, an den sich im Osten der rechteckige Chor anschließt. Im Westen stand bis zum 17. Jahrhundert ein Turm, dessen Erdgeschoss-Mauerwerk in das heutige Langhaus einbezogen ist. Dieser Turm gehört wohl nicht zum Ursprungsbau, sondern wurde im 9. oder 10. Jahrhundert angebaut. Das Steinmaterial hob die Kirche gegenüber der sonstigen Holzarchitektur hervor.

Im Norden schloss sich an die Kirche ein Kloster an, dessen erster Abt im frühen 8. Jahrhundert der hl. Humbert und sein Nachfolger ein Mitstreiter des Bonifatius gewesen sein soll. Grundmauern des Kreuzgangs, der Konventsgebäude mit Zellen und Gemeinschaftsräume wurden ergraben. Neben dem Chor lagen ein Baptisterium, ein Taufbrunnen und ein Nebenraum.

Ansicht von Süden

Baptisterium und Taufbrunnen vor dem Chor

Ansicht von Südosten

Die Baugeschichte ist noch nicht geklärt. Aus den Setzmörteln der ältesten Mauerwerkspartien der Chorwand, die im mittleren Bereich bis in den Dachraum reicht, konnten – nach Katharina Thiersch (in: Denkmalpflege & Kulturgeschichte 2/2003, S. 25) – Holzproben geborgen werden, die „zweifelsfrei eine Datierung dieses Bauteils in den Zeitraum 543–658 bzw. 558–667 zulassen.“ Ob auch das Langhaus und der Chor, die im 13. und 17. Jahrhundert verändert worden waren, aus dieser Zeit stammen, wurde noch offengelassen.

Die Kirche auf dem Büraberg gehört zu den wenigen erhaltenen Kirchen der Merowingerzeit. Die Verbreitung von Kirchenbauten war von der Ausbreitung des Christentums, was etwa der Ausdehnung des Frankenreichs entsprach, abhängig. Umso erstaunlicher ist die Existenz eines Kirchenbaus vor 700 und somit vor der Missionstätigkeit des Bonifatius östlich des Rheins. Schon das Patrozinium der irischen Landesheiligen St. Brigida verweist auf eine iro-schottische Kirchengründung. Die iro-schottische Mission, die mit dem Iren Columban († 615) ihre erste Blüte erlebte, hatte offenkundig auch das heutige Nordhessen erreicht. Weitere spätmerowingische Kastellkirchen sind aufgrund des Martinspatroziniums und eines Reliquiarfragments auch auf dem Christenberg bei Münchhausen (Landkreis Marburg-Biedenkopf) und auf der befestigten Amöneburg, in der Bonifatius bereits Christen angetroffen hatte, denkbar.

Aus heutiger Sicht überrascht die geringe Größe von St. Brigida als Wahl für eine Bischofskirche. Ein Vergleich mit zeitgenössischen Kirchen zeigt jedoch, dass Steinbauten um 700 von bescheidenen Ausmaßen waren. Die im Merowingerreich so bedeutende Martinsbasilika in Tours, die vielleicht größte im Reich, besaß gerade einmal eine Größe von 53 x 20 Metern. St. Alban in Mainz und St. Gereon in Köln waren 14 x 29 bzw. 18 x 23 Meter groß.

DRESDEN

Katholische Hofkirche Sanctissimae Trinitatis

Ansichten von Turm und Kirchenschiff, 1738–55, Figuren am Außenbau von Lorenzo Mattielli (1738–48)

Die nach Einführung der Reformation aufgehobene, mittelalterliche Diözese Meißen konnte 1921 mit Sitz in Bautzen restituiert werden. 1980 wurde sie als „Bistum Dresden-Meißen" nach Dresden verlegt. Die Katholische Hofkirche, die diese Funktion bis zur Abdankung des letzten Königs Friedrich August III. im Jahre 1918 innehatte, wurde zur Kathedrale erhoben.

Die Hofkirche ist die bedeutendste katholische Barockkirche Ostdeutschlands. Sie beherrscht das berühmte Stadtbild Dresdens durch ihre einzigartige Ausrichtung schräg zur Achse der Elbbrücke und ihre Architektursprache des römischen Spätbarocks, dessen großartigstes Beispiel nördlich der Alpen sie verkörpert.

Kurfürst Friedrich August I., genannt August der Starke (reg. 1694–1733), war 1697 zum König August II. von Polen gewählt worden und gleichzeitig zum Katholizismus übergetreten. Zu dem großartigen Rahmen der nun einsetzenden Bautätigkeit in der Residenzstadt Dresden gehörte auch die Errichtung und Ausstattung einer katholischen Hofkirche nach französischem Vorbild (Versailles). Die Pläne wurden jedoch zunächst nicht verwirklicht und eine erste, architektonisch wenig glanzvolle Hofkapelle 1708 im ehemaligen Komödienhaus eingerichtet. Vor allem die Ausstattung dieses Vorgängerbaus war für die spätere Hofkirche von Bedeutung: Übernommen wurden Werke Balthasar Permosers (Kanzel, Taufe, Figuren vom alten Hochaltar, Geißelchristus) sowie das Altarbild des sog. Dresdner Altars von 1725 von Giovanni Antonio Pellegrini (Dreifaltigkeit).

Der Neubau der Hofkirche wurde erst unter König August III. (reg. 1733–63) in Angriff

Orgel von Gottfried Silbermann und Zacharias Hildebrandt, 1750–54

Kanzel, 1710 und 1723 von Permoser, Deckel, Treppe und Trageengel 1751–53 von Johann Joseph Hackl

genommen. Die Kunst an seinem und dem Hof seiner Gattin Maria Josepha von Habsburg war vollkommen beherrscht von Italienern. Für das ambitionierte Bauprojekt gewann der König den römischen Architekten Gaetano Chiaveri (1689–1770), der seit 1737 in Dresden war und 1738 ein damals übliches, prachtvolles Modell der zukünftigen Kirche lieferte. Gleichzeitig begannen die aufwendigen Gründungsarbeiten für den im Bereich ehemaliger Festungsanlagen zu errichtenden Bau. Aus Wien wurde der Bildhauer Lorenzo Mattielli (1688–1748) berufen, der eine Vielzahl italienischer Steinmetzen anwarb, die nordwestlich der Großbaustelle in dem „Italienischen Dörfchen" wohnten. Trotz sehr rasch voranschreitender Arbeiten waren beim Weggang Chiaveris aus Dresden 1748 Innenraum und Turm noch nicht vollendet. 1751 fand die Weihe des nach wie vor unfertigen Innenraums statt. 1755 waren schließlich die Arbeiten am – gegenüber der Planung erhöhten – Turm und die Ausgestaltung der Hauptkapellen abgeschlossen.

Städtebaulich ist die Lage der Hofkirche im spitzen Winkel zum Schloss eine einzigartige Idee. Somit präsentiert sich die majestätische Turmfassade den elbabwärts fahrenden Schiffen als sich dramatisch auftürmende Front, während die breite, mit zahlreichen Skulpturen besetzte Längsseite dem sich flussaufwärts Nähernden eine eindrucksvolle Kulisse darbietet. Der Turm ist nur im unteren der vier Geschosse mit den anschließenden Seitenschiffen verbunden. Darüber steigt er als sich verjüngender, von Säulen umstellter und oben durchbrochener Solitär auf. Das Hauptschiff wird von jeweils zwei Seitenschiffen flankiert und ist an den Schmalseiten mit konvex-konkav geschwungenen Fassaden abgeschlossen.

Hier entfaltet sich der größte Teil des gewaltigen Figurenprogramms auf den umlaufenden, die Dächer verdeckenden Balustraden. 78 der fast 100 Skulpturen aus Cottaer Sandstein in doppelter Lebensgröße wurden noch von Mattielli bis zu seinem Tod 1748 ausgeführt. Sie sind – gemessen am Auftragsvolumen – von erstaunlich gleich hoher Qualität. Eindrucksvoll ist das barocke Motiv der sich in der Kontur vor dem freien Himmel abzeichnenden Balustradenskulpturen. Das Figurenprogramm stellt die katholische Heiligengemeinschaft in kaum zu überblickender Fülle dar. Entworfen wurde es wohl vom königlichen Beichtvater Ignaz Guarini unter entscheidender Mitwirkung der Königin Maria Josepha. Auffallend hervorgehoben sind die im Sächsisch-Polnischen oder Habsburger Reich sowie die von der königlichen Familie besonders verehrten Heiligen. So stehen als zentrale Figuren der zum heutigen Theaterplatz hin ausgerichteten Schaufront auf der Hochschiffsbalustrade der Meißener Bischofsheilige Benno und Magdalena dei Pazzi. Auf den unteren Balustraden über Sakramentskapelle und Sakristei sind Maria Magdalena, Florian, Antonius, Rosalia und Rochus dargestellt. Die überwiegende Zahl der Skulpturen ist im Original erhalten.

Die kühle Wirkung des Innenraums wird im Mittelschiff durch die ungegliederte und weiß gekalkte Rabitzdecke von 1962 bestimmt. Doch schon vor der Zerstörung im Februar 1945 herrschte hier ein ähnlicher Eindruck vor, war die Gewölbegliederung des Mittelschiffs doch auf ein bei Anton Raphael Mengs bestelltes, aber nie geliefertes Deckengemälde ausgerichtet. Dennoch strahlt die architektonische Gliederung des Mittelschiffs mit den hohen Arkaden der umlaufenden Empore große Würde aus. Höhepunkt der Ausstattung ist der gemäß den Forderungen des Trientiner Konzils vom Westportal aus bereits sichtbare Hochaltar in farbigem Marmor (1959–61 rekonstruiert). Er ist mit dem riesigen Gemälde der Himmelfahrt Christi geschmückt, das der zeitweilige sächsische Hofmaler Anton Raphael Mengs 1752–61 in Rom malte und 1765 in Madrid vollendete. Von ihm stammen auch die Blätter der Seitenaltäre (Maria Immaculata und Josephs Traum), um 1750. Einige der z. T. ebenfalls sehr qualitätvollen Altarausstattungen der einzelnen Kapellen haben die Kriegszerstörungen überstanden, wie die Altarbilder der Bennokapelle von Stefano Torelli (1752) und der Johann-Nepomuk-Kapelle von Franz Karl Palko

(1754). Die Orgel ist die letzte und größte aus der berühmten Freiberger Werkstatt des Königlich-polnischen und kurfürstlich-sächsischen Land- und Hoforgelbauers Gottfried Silbermann. Sie wurde 1750 begonnen und nach Silbermanns Tod (1753) von Zacharias Hildebrandt 1754 vollendet.

Die künstlerisch bedeutendsten Ausstattungsstücke stammen jedoch noch aus der alten Hofkapelle. Es sind die Skulpturen Balthasar Permosers, des wohl bedeutendsten spätbarocken Bildhauers nördlich der Alpen. Auf ihn geht der Kern der großartigen, reich mit Figuren geschmückten Kanzel zurück. Permoser schuf sie 1710 zunächst als farblich nicht gefasste Holzkanzel mit Engeln in Verehrung der Leidenswerkzeuge Christi. 1723 erweiterte er das Figurenprogramm um die vier Evangelisten und fasste die gesamte Kanzel weiß. Bei der Umsetzung in die Hofkirche wurden ihr 1751–53 von Johann Joseph Hackl die Trageengel, die Treppe und der hohe, gloriolenbekrönte Deckel hinzugefügt. Die prächtige Taufe aus verschiedenfarbigem Marmor stammt ebenfalls von Permoser (1721). Eines seiner bedeutendsten Werke ist aber der Geißelchristus aus Salzburger Marmor (1721), der heute in der Sakramentskapelle steht. Die auf einzigartige Weise die Struktur des Steins nutzende Skulptur, die eine breite Nachfolge fand, stand in der alten Hofkapelle hinter der Taufe. Nach der Umsetzung in die Hofkirche wurde sie in die königlichen Gruft versetzt.

Unter der Hofkirche befinden sich mehrere Gruftanlagen, die eindrucksvoll die Geschichte der 250-jährigen Nutzung spiegeln. Der älteste Raum, einstiger Aufstellungsraum des Geißelchristus, befindet sich unter der Sakramentskapelle. Mit Blick auf das darüber befindliche Tabernakel liegen hier das Stifterpaar August III. und Maria Josepha sowie drei ihrer Kinder bestattet. Über den schlichten Särgen ist die Urne mit dem Herzen Augusts des Starken platziert, der 1733 auf dem Krakauer Wawel, der Begräbnisstätte der polnischen Könige, beigesetzt wurde. Seit dem 19. Jahrhundert fanden die Wettiner in Erweiterungsbauten (Königsgruft, Große Gruft, Neue Gruft) ihre letzte Ruhe. Die Katholische Hofkirche war die letzte in einer längeren Reihe wettinischer Begräbniskirchen: Im Mittelalter waren die Kapelle auf dem Petersberg bei Halle, das Zisterzienserkloster Altzella und der Meißner Dom, seit der Reformation der Dom zu Freiberg bevorzugte Bestattungsorte des Geschlechts gewesen. Nach der Erhebung der Hofkirche zur Kathedrale des Bistums Dresden-Meißen 1980 legte man eine Bischofsgruft an, die von der Neuen Gruft aus erreichbar ist.

Innenansicht nach Osten mit Hochaltar, Bild von Anton Raphael Mengs, 1752–65

EICHSTÄTT

Dom zu Eichstätt – Mariä Aufnahme in den Himmel

Barocke Westfassade, von Gabriel de Gabrielis, erstes Eichstätter Werk des Graubündener Baumeisters, als Dank für die Verschonung der Stadt Eichstätt im Spanischen Erbfolgekrieg errichtet

Wie die meisten bayerischen Diözesen geht auch das Bistum Eichstätt auf eine Gründung des hl. Bonifatius im Zuge der angelsächsischen Mission zurück. Dieser bestimmte seinen Verwandten Willibald († 787), der gleichfalls aus England stammte, zum ersten Bischof von Eichstätt. Willibald hatte zuvor nach einer jahrelangen Pilgerreise im Benediktinerkloster Monte Cassino in Italien gelebt. Von dort hatte ihn Bonifatius zur Mission nach Germanien berufen, um ihn 740 in der kleinen Marienkirche der Ansiedlung Eichstätt zum Priester und ein Jahr später am nordöstlichen Rand seines Missionsgebiets in Sülzenbrücken bei Erfurt zum Bischof zu weihen, möglicherweise zum Erfurter Oberhirten. Eine Erfurter Diözese scheint jedoch nicht durchsetzbar gewesen zu sein, so dass Willibald zu einem nicht näher bekannten Zeitpunkt als Bischof nach Eichstätt zurückkehrte, um hier, wo er bereits ein Missionskloster gegründet hatte, den Grundstein für eine neue Diözese zu legen. In seiner Aufgabe unterstützten ihn insbesondere sein Bruder Wunibald, der 752 in Heidenheim ein Kloster gründete, und seine Schwester Walburga, die nach Wunibalds Tod die Leitung des familieneigenen Klosters Heidenheim übernahm.

Das Eichstätter Bistum gehört zu den kleineren Diözesen. Es brachte mit Bischof Gebhard I. (1042–57) jedoch eine Persönlichkeit hervor, die als Papst Viktor II. von 1055 bis 1057 das höchste Amt der katholischen Kirche betraute.

Die Reformation Martin Luthers fand im Bistum Eichstätt regen Zuspruch, so dass viele traditionsreiche Klöster, wie z. B. in Heidenheim, aufgehoben wurden. Obgleich zu Beginn des 17. Jahrhunderts etwa ein Drittel des durch die Reformation verloren gegangenen Gebiets wieder unter katholische Landeshoheit fiel, besteht bis heute innerhalb des Bistums ein hoher protestantischer Bevölkerungsanteil.

Der heutige Dombau gehört nicht zu den großen, ambitioniert geplanten Kathedralneubauten, wie etwa die gotischen Dome in den wesentlich größeren Städten Regensburg oder Köln. Wie der nahe gelegene Augsburger Dom bildet der immerhin 100 m lange Eichstätter Dom vielmehr ein Konglomerat aus verschiedenen Bauphasen. In seiner Gesamtwirkung besitzt er das Aussehen einer großen Stifts- oder Stadtkirche mit einem für süddeutsche Dome untypischen dreischiffigen Hallenlanghaus.

Die erste Bischofskirche, die unter Bischof Willibald im 3. Viertel des 8. Jahrhunderts geweiht

wurde, war ein 12 Meter breiter, steinerner Saalbau. An ihn schloss sich ein Kloster an, das im 10. Jahrhundert durch die Ungarn zerstört wurde, während die karolingische Kirche die Überfälle überstand. Mauerreste des ersten Dombaus sind deshalb noch im Bereich des Ostchors erhalten geblieben. Über den Klosterruinen ließ Bischof Reginold (966–991) einen mächtigen Rundbau mit zwei Flankentürmen, einer Portalvorhalle und einer Außenkrypta für die Gebeine des Bistumsgründers, die 989 in die Krypta überführt wurden, errichten.

Wie andernorts auch entsprach die karolingische Bischofskirche im frühen 11. Jahrhundert nicht mehr den Ansprüchen einer Kathedrale, und das Domkapitel beschloss einen großen Neubau. Der von etwa 1042 bis 1072 errichtete romanische Dom, der fast die Länge des heutigen Doms besaß, war eine doppelchörige Basilika mit Ost- und Westapsis, östlichem Querhaus, Chorflankentürmen (wie z. B. am Augsburger Dom) und Ostkrypta, die um 1200 erweitert wurde. Die Türme wurden Ende des 12. Jahrhunderts durch das noch heute bestehende Turmpaar ersetzt.

Vom romanischen Dom sind nur noch wenige Bauteile – unter anderem die Türme, Teile des Ostchors und des Querhauses sowie der

Ansicht von Nordosten mit den romanischen Türmen (um 1200), dem gotischen Ostchor (1348–63), dem romanisch-gotischen Querhaus (Mitte 11. Jahrhundert und um Ende 14. und frühes 15. Jahrhundert) und dem gotischen Hallenlanghaus (um 1375 – um 1396) mit hohen Seitenkapellen

oben: Romanisches Portal am nördlichen Querhaus

links oben: Nordportal von 1396, Gesamtansicht mit der Darstellung der Krönung Mariens und des Marientods im Tympanon

links unten: Linkes Gewände des Nordportals von 1396 mit der Anbetung der Könige

unten: Grundriss

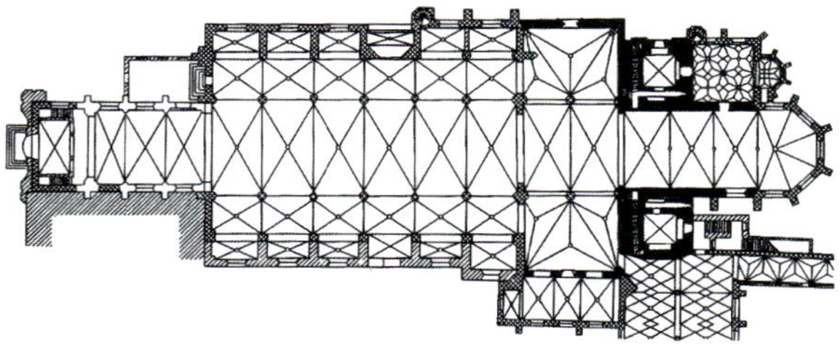

Chorbogen zwischen Langhaus und Westchor – erhalten, da die Kirche nach und nach, allerdings ohne einheitliches Konzept, gotisch erneuert wurde. Die erste Baumaßnahme betraf den heutigen Westchor, den sog. Willibaldchor, in dem die Gebeine des hl. Willibald neu beigesetzt wurden. Der Neubau geht auf die Initiative von Bischof Heinrich IV. Graf von Wirtemberg (reg. 1247–59) zurück, der ihn 1256–69 frühgotisch erneuern ließ. 1348–63 entstand der neue Ostchor. Schließlich ersetzte man um 1375 auf den romanischen Fundamenten mit dem Neubau des Langhauses, das als gotische dreischiffige Halle mit hohen Seitenkapellen bis um 1396 mit der Errichtung Hauptportal im Norden vollendet war. Die Einwölbung des Querschiffs könnte sich noch bis um 1420 hingezogen haben. 1471 verlängerte man den Willibaldschor um ein Joch nach Westen. Der sich südlich des Doms anschließende Domkreuzgang mit Kapellen und weiteren Anbauten wurde 1410 mit dem Nordflügel begonnen und 1510 mit der Errichtung des Mortuariums – der lichtdurchfluteten, zweischiffigen Halle – abgeschlossen. Der Kreuzgang ersetzte einen romanischen Vorgänger. 1514 schuf Loy Hering das Willibald-Denkmal aus Jurakalkstein mit der 189 cm hohen Sitzfi-

Blick aus dem Willibaldschor ins Langhaus

Hochgrab des als Heiligen verehrten Bischofs Gundekar I. (1057–75), 1309, Deckel 1731

Schrein des Pappenheimer Altars mit der vielfigurigen Darstellung der Kreuzigung Christi und den Ansichten des Felsendoms in Jerusalem und des Dogenpalastes in Venedig, von Veit Wirsberger (Mitarbeiter Adam Kraffts in Nürnberg), gestiftet 1489 durch den Kanoniker Kaspar Marschalk von Pappenheim

rechts: Hochaltar – Predella, Schrein und Gesprenge nach Entwurf von Sebastian Mutzl 1884; Schreinfiguren um 1470/80 mit Maria auf der Mondsichel, umgeben von den Diözesanpatronen Willibald und Richard (links) und Walburga und Wunibald (rechts); spätgotischer Christuskorpus im Gesprenge und gleichfalls spätgotische Seitenflügel, im 19. Jahrhundert überarbeitet

Ostchor mit neugotischem Chorgestühl und Hochaltar

„Buchenhüller Madonna", Terrakotta, um 1430

Grabaltar für Kaspar von Seckendorff, Kanoniker in Eichstätt, Bamberg und Würzburg, Bischof in Eichstätt 1590–95, funktionale Mischung aus Altar und Epitaph, bereits 1593 zu Lebzeiten in Auftrag gegeben, vermutlich von Wolf Beidmüller ausgeführt

gur des Bischofs in ausdrucksstarkem Realismus – ein Hauptwerk der Renaissanceplastik in Deutschland.

Eine wesentliche bauliche Veränderung war die von 1714 bis 1718 von Gabriel de Gabrieli (1671–1747) unter Fürstbischof Johann Anton Knebel von Katzenelnbogen (reg. 1705–25) erbaute barocke Westfassade als Dank für die Verschonung der Stadt im Spanischen Erbfolgekrieg. Die übrigen Eingriffe während der Barockzeit, etwa die Abrundung der Fenster des Westchors, die ihr Maßwerk einbüßten, hatten keine größere Auswirkung auf das äußere Erscheinungsbild des Doms.

Fürstbischof Johann Anton II. von Freyberg (1736–57) veranlasste 1745 anlässlich des 1000. Willibalds-Jubiläums die Erneuerung der Altarausstattung des Doms. Hofbildhauer Matthias Seybold (1696–1765) schuf an der Grenze zwischen einschiffigem Westchor und drei-

oben: Ansicht nach Westen zum Willibaldschor
unten: Überlebensgroße Sitzfigur des hl. Willibald (Höhe 189 cm) von Loy Hering 1514

Willibaldsdenkmal von Osten mit der Sitzfigur des hl. Willibald von Loy Hering (1514) und dem barocken Aufbau (Willibaldsaltar) von Matthias Seybold (1747)

schiffigem Langhaus den in der Mitte stehenden, von Osten und Westen zu betrachtenden Grabaltar des heiligen Gründerbischofs Willibald. Dazu entschied sich Seybold für das Motiv des freistehenden Baldachins über dem Grab des Stifterheiligen und bezog Teile des Renaissancegrabaltars von Loy Hering mit der lebensgroßen Plastik des ersten Eichstätter Bischofs mit ein. Zur Errichtung des Baldachinaltars wurde der Ostlettner abgebrochen und durch ein Chorgitter ersetzt. Aus Anlass seiner bevorstehenden fünfzigjährigen Priesterschaft 1749 gab Fürstbischof Johann Anton II. von Freyberg (1736–57) zudem ein aufwendiges Gegenstück, einen neuen Hochaltar im Ostchor, in Auftrag, gleichfalls von Matthias Seybold entworfen.

Ein Teil der barocken Ausstattung, wie der Hochaltar von 1749 und die Kanzel von 1720, wurde 100 Jahre später (aus Anlass des 1100. Jubiläums) und 1881–92 im Zuge der Regotisierung des Doms unter Bischof Leo-

Blick aus dem Willibaldschor ins Langhaus, Ansicht des barocken Willibaldsaltars aus Marmor von Matthias Seybold (1747) mit vergoldetem Tabernakel von Gürtler und Marmorurne mit den Reliquien des hl. Willibald; links die „Siboto-Madonna“ (angeblich von dem Kanoniker Siboto von Engelreut († 1305) 1297 gestiftet) und rechts eine Kreuzigungsgruppe (um 1510/20)
unten links: Mortuarium, Grablege des Domkapitels
unten rechts: Gedrehte Säule im Mortuarium

pold Freiherr von Leonrod (1867–1905) entfernt. Die neugotische Ausstattung des ausgehenden 19. Jahrhunderts mit der Kanzel, dem Chorgestühl, dem Hochaltar und den Glasfenstern von Fritz Geiges aus Freiburg i. Br. und der Mittermaierschen Anstalt in Dillingen prägen heute neben den Epitaphien aus der Zeit von der Gotik bis heute den Blick vom Langhaus zum Ostchor.

EISENACH

Georgenkirche

Grabstein für Friedrich den Freidigen († 1323, rechts) und seiner Gemahlin Elisabeth von Arnshaugk (links)

Die Geschichte der „Thüringer Evangelischen Kirche" mit Sitz in Eisenach ist relativ jung. Allerdings reicht die hohe kirchengeschichtliche Bedeutung von Stadt und Hauptkirche weit ins Mittelalter zurück. Die einheitliche Thüringer Landeskirche ist Folge eines Zusammenschlusses von sieben zuvor eigenständigen Evangelisch-Lutherischen Landeskirchen der thüringischen Kleinstaaten und wurde am 13. Februar 1920 offiziell errichtet. Kirchenoberhaupt (Summus Episcopus) der Landeskirchen war bis zu diesem Zeitpunkt der jeweilige Landesherr, also hier der Großherzog von Sachsen, die Herzöge von Sachsen-Gotha, Sachsen-Altenburg und Sachsen-Meiningen sowie die Fürsten von Reuß jüngere Linie, Schwarzburg-Sonderhausen und Schwarzburg-Rudolstadt. Nun wurde das Amt eines „Landesoberpfarrers" eingeführt, der die Thüringer Evangelische Kirche leitet und seit 1933 den Titel „Landesbischof" trägt.

Dass Eisenach, die westlichste der thüringischen Residenzstädte, als Sitz des Landesbischofs gewählt wurde, geht nicht zuletzt auch auf die bedeutsamen kirchenhistorischen Ereignisse zurück, die hier stattfanden. Bis heute sind diese wichtiger Bestandteil der Erinnerungskultur der Stadt am Fuße der Wartburg. Hier wirkte die hl. Elisabeth, seit 1221 Gemahlin des Landgrafen Ludwig IV. von Thüringen. Sie gründete ein Hospital und förderte die Gründung eines Franziskanerklosters, eines der ältesten auf deutschem Boden. Ihre Trauung mit Ludwig fand, so die Legende, in der Georgenkirche statt. Nach ihrem Weggang vom Landgrafenhof nach Marburg 1227, ihrem Tod 1231 und ihrer Kanonisierung 1235 wurde sie hoch verehrt. Die Dominikaner, die sich 1240 in Eisenach niederließen, weihten ihre Kirche der Heiligen.

Eisenach verdankt seine weltweite Bekanntheit jedoch dem Aufenthalt Martin Luthers auf der Wartburg vom Mai 1521 bis März 1522. Die „Gefangennahme" des Reformators auf seiner Rückreise vom Wormser Reichstag und sein Verbleib im Vogteigebäude der einstigen Residenz schützten den in Reichsacht gefallenen Luther. In diesen Monaten entstand die erste

links: Ansicht des Chors mit Dreifenstergruppe (3. Viertel 13. Jahrhundert)
rechts: Fassade mit neubarockem Turm und Vorhalle von Otto March, 1898–1902

deutsche Bibelübersetzung. Erst das 19. Jahrhundert jedoch hat diese Episode in ihrer kirchen- und auch reichspolitischen Bedeutung überhöht. 1817 veranstalteten hier die deutschen Burschenschaften das folgenreiche Fest des Reformationsjubiläums. Die Wartburg als Ort der Bibelübersetzung wurde zum Symbol deutschen Widerstands gegen die Römische Kirche und zum Ausdruck deutschen Nationalitätsbewusstseins. Die Georgenkirche, in der Luther 1498–1501 als Lateinschüler in der Kurrende mitgesungen und 1521 gepredigt hatte, wurde zu einer Hauptstation der Luther-Wallfahrt. Hier versammelten sich 1817 die Burschenschaftler vor ihrem Zug auf die Wartburg zum Abendmahl. 1925 war die Georgenkirche Gründungsort des lutherischen Weltkongresses. Von kaum geringerer Bedeutung ist Eisenach als Geburtsstadt des bis heute wichtigsten protestantischen Kirchenmusikers, Johann Sebastian Bach. Mitglieder der Musikerfamilie waren von 1665–1797 Organisten an der Georgenkirche.

Die Georgenkirche ist Hauptpfarrkirche der Stadt und zugleich immer auch eng mit der Residenz verbunden gewesen. Sie befindet sich südlich des rechteckigen Mittwochmarktes, ehemals in unmittelbarer Nachbarschaft zur weiter südlich gelegenen Stadtresidenz der Landgrafen. Nicht gesichert ist die angebliche Gründung der Kirche durch Ludwig III. im Jahre 1181. Das Patrozinium jedoch spricht deutlich für ein Engagement der Ludowinger, sind doch auch die Hauptpfarrkirchen anderer mit dem Grafengeschlecht verbundener Städte dem heiligen Georg geweiht (z. B. Schmalkalden). Eine erste urkundliche Erwähnung erfolgt 1196, von der damaligen Kirche jedoch dürfte kaum etwas im heutigen Bau erhalten sein. Der

Ansicht von Nordosten

Grabmäler der Landgrafen Ludwig III. und IV. (Gemahl der Elisabeth von Thüringen), frühes 14. Jahrhundert

Innenansicht des Langhauses nach Westen mit Emporen und Orgelprospekt von 1719

Spätgotische Kreuzigungsgruppe auf der Altarmensa

geräumige, lang gestreckte Chor mit seiner imposanten gestaffelten Dreifenstergruppe im Osten ist der älteste erhaltene Bauteil und weist eher auf eine Errichtungszeit im zweiten Viertel des 13. Jahrhunderts. Ein nicht gesicherter Brand des Jahres 1221 könnte den Neubau veranlasst haben.

Die heutige Gestalt ist das Ergebnis eines protestantischen Umbaus (1558–1561) einer nach 1515, also noch vor Luthers Wartburgaufenthalt neu errichteten Kirche. Überliefert sind Abriss und Neubau der Georgenkirche im frühen 16. Jahrhundert aufgrund des baufälligen Zustandes. Damals wurde eine, im thüringisch-sächsischen Raum sehr beliebte, dreischiffige Hallenkirche errichtet. Am Außenbau sind die Strebepfeiler mit ihren geschwungenen Abschlüssen erhalten, deutliche Anzeichen einer beabsichtigten Wölbung. Die spätgotische Kirche besaß, wie auch der mittelalterliche Vorgängerbau, keinen Turm. Die Glocken der Georgenkirche befanden sich bis zum Turmbau 1898–1902 an der alten Stadtmauer. Aus dem frühen 16. Jahrhundert ist ein Spitzbogenportal an der Langhaussüdseite erhalten.

Bei heftigen Unruhen in der Stadt während des Bauernkrieges 1525, die man heute als sog. Pfaffensturm bezeichnet, wurden nicht nur die Ausstattung der Eisenacher Kirchen, sondern auch die Gebäude selbst stark in Mitleidenschaft gezogen. Die Mönche wurden vertrieben und die Kirchen geschlossen. Längere Zeit war die Entscheidung offen, in welcher der zahlreichen, nun größtenteils verwüsteten und funktionslosen Großkirchen der Stadt der protestantische Gottesdienst stattfinden sollte. Als Luther 1540 in der Stadt weilte, konnte er nicht in der Georgen-, sondern nur in der damals noch stehenden, ehemaligen Franziskanerkirche predigen.

Die seit 1558 wiederhergestellte und 1561 als „protestantische Predigtkirche" eingeweihte Georgenkirche zählt zu den Inkunabeln des protestantischen Kirchenbaus. In den gewaltigen Dimensionen und somit vor allem in der Wirkung des Außenbaus geht sie zwar auf den spätmittelalterlichen Vorgängerbau zurück. Im Inneren ist sie jedoch ganz den liturgischen Bedürfnissen des protestantischen Gottesdienstes angepasst und darin eines der frühesten

Beispiele überhaupt. Aus der dreischiffigen Hallenkirche wurde ein hoher Emporensaal und somit eine Raumform, die in den folgenden Jahrhunderten für Sakralbauten beider großer christlicher Kirchen bevorzugt wurde. Zwischen den Pfeilern wurden zunächst zwei Emporengeschosse gespannt, das untere gemauert mit Kreuzgratgewölben, das obere aus Holz. Ein drittes Geschoss wurde 1672, ein viertes (1898 wieder beseitigtes) 1717 aufgestockt. Die letzte Erhöhung bis in die Deckenzone erforderte ein Mansarddach sowie eine doppelte Gaupenreihe. Das spätmittelalterliche Gewölbe des Mittelschiffs wurde durch eine stuckierte Flachdecke ersetzt. Mit dem Umbau ist der Name des Stadtmaurers Hans Leonhard verbunden, dessen Steinmetzzeichen am ehemaligen Westportal (Reste im Thüringischen Museum) erhalten ist. Besonders der Chor spiegelt die einstige Funktion als Hof- und Residenzkirche (ab 1597) wieder. Bereits vor der Errichtung des selbständigen Herzogtums Sachsen-Eisenach (1672–1741) weilten die wechselnden Herrschaften aus dem ernestinischen Haus mehrfach in Eisenach. Herzog Johann Ernst stiftete 1618 in Erinnerung an die Jahrhundertfeier der Reformation (1617) eine bedeutende Gedenktafel mit hohem architektonischen Rahmen und zwei Gemälden (Übergabe der Augsburger Konfession 1530, Austeilung des Abendmahls in beiderlei Gestalt an die kurfürstlich-sächsische Familie) an der Chornordwand. Gegenüber liegt die geräumige, zweigeschossige Herzogsloge. Erst 1952 wurden die Grabsteine der Thüringer Landgrafen im Chor aufgestellt – bedeutende Bildhauerarbeiten des hohen Mittelalters. Sie stammen aus der Familiengrablege der Ludowinger, dem 1085 von Ludwig dem Springer gegründeten Benediktinerkloster Reinhardsbrunn bei Friedrichroda. Nach Zerstörung des Klosters 1525 wurden die Grabsteine in die Kapelle des neu errichteten Jagdschlosses der Herzöge von Sachsen-Weimar überführt.
Dieser Linie fiel auch, nach Erlöschen der Eisenacher 1741, das gesamte Gebiet zu. Herzog Ernst August von Sachsen-Weimar wählte Eisenach als Residenz und ließ durch seinen Hofarchitekten Gottfried Heinrich Krone das noch heute bestehende, neue Stadtschloss an der Nordseite des Marktes errichten. 1746/47 entwarf Krone auch Pläne für einen Neubau der Georgenkirche. Hätte Eisenach nicht nach dem Tod des Herzogs 1748 den Status der Residenzstadt eingebüßt, wären diese Pläne möglicherweise verwirklicht worden. Die Hauptkirche des Thüringer Landesbischofs wäre dann nicht das heutige Zeugnis früher protestantischer Architektur, sondern ein mächtiger Zentralbau nach dem Vorbild der wenig älteren Dresdener Frauenkirche.

links: Chor
rechts: Kanzel und epitaphartigem Aufbau mit den Gemälden „Übergabe der Augsburger Konfession an Kaiser Karl V." und „Austeilung des Abendmahls durch Johann Hus und Martin Luther", 1618

Kreuzigungsrelief, Ende 14. Jahrhundert

ERFURT

Dom Beatae Mariae Virginis

Skulpturen des hl. Bonifatius und seiner Weggefährten Adolar (links) und Eoban (rechts) am Triangel, um 1330

Dom und Severikirche von Osten

Das Erfurter Bistum wurde 742 gemeinsam mit Würzburg und Büraberg/Fritzlar errichtet. Gründer war Bonifatius, der im Fuldaer Dom bestattete „Missionar der Deutschen", der als Legatus Germanicus vom Papst angewiesen war, Bistümer in mehreren deutschen Regionen, auch in Thüringen zu gründen. Erster Bischof von Erfurt war der Legende nach der Bonifatiusschüler Adolar, der gemeinsam mit Eoban, Bischof von Utrecht, in Friesland den Märtyrertod starb. Neuere Forschungen ergaben, dass der seit 751/52 in Eichstätt wirkende hl. Willibald erster Thüringer Bischof war. Das Bistum wurde zwar bereits um 750/52 wieder aufgehoben und mit der Diözese Mainz vereint. Dennoch beanspruchte das bald darauf gegründete Kollegiatstift am Ort des heutigen Doms mit eigenem Weihbischof stets eine hohe Eigenständigkeit. Das Marienstift war Sitz des größten Archidiakonats Thüringens und verfügte über sehr umfangreiche Besitzungen und Machtbefugnisse. Die Zahl von über 100 Geistlichen im späten 13. Jahrhundert und die 1392 aus der Stiftsschule hervorgegangene Universität (die zweitälteste im Deutschen Reich) zeugen von seiner hohen Bedeutung. Um 1520–23 wurden weite Teile Erfurts evangelisch. Es kam zu einer konfessionellen Spaltung, die etwa drei Jahrhunderte anhielt. Im 17. Jahrhundert eskalierten die Spannungen zwischen dem katholischen Landesherrn, dem Mainzer Fürstbischof, und mehreren Stiften, vor allem dem Domstift, auf der einen Seite sowie der überwiegend protestantischen Bevölkerung auf der anderen. Nach einer vorübergehenden Aufhebung (1632–35) existierte das Domstift bis zu seiner Säkularisierung 1837 weiter. Den hohen Rang, den das Kollegiatstift auf dem Domberg schon im Mittelalter und dann in der Neuzeit als katholisches Zentrum Thüringens innehatte, veranlassten die Erhebung der Marienkirche zur Kathedrale des 1994, nach über 1200 Jahren, wieder errichteten Bistums Erfurt.

Das mittelalterliche Bauensemble von Dom und Severikirche zählt zu den spektakulärsten und beliebtesten Stadtansichten Deutschlands. Allerdings stand die hoch über der Stadt aufragende Gebäudegruppe auf dem Domberg ursprünglich nicht so solitär wie heute. Die

Ansicht von Nordosten mit Chor (links), Turm und Triangelportal (rechts)

einst dichte Bebauung der steilen Hügelhänge mit Domkurien wurde erst 1813 beseitigt. Der großartige Eindruck der Ostansicht wird bestimmt durch die gewaltigen Substruktionen des gotischen Chors (sog. Kavaten) und die breit angelegte, sich nach oben verjüngende Treppe (sog. große Graden), die auf das Triangelportal des Doms zwischen Marien- und Severikirche zuführt. In den Kavaten waren bis zum 19. Jahrhundert Häuser eingebaut.

Eine erste Kirche, möglicherweise die Kathedrale des 8. Jahrhunderts, befand sich im Westteil des heutigen Doms. Unklar ist, in welcher Form sie bis zum Einsturz der Stiftskirche 1153 umgebaut worden ist. Kurz nach diesem Unglück fand man 1154 in der Kirche die Gebeine der Heiligen Adolar und Eoban. Dieser Fund erregte großes Aufsehen und leitete auch

oben: Triangelportal, um 1330
links: Ostportal des Triangelportals
unten: Törichte Jungfrauen des Triangelportals

rechts: Westportal des Triangelportals

Ansicht von Südosten

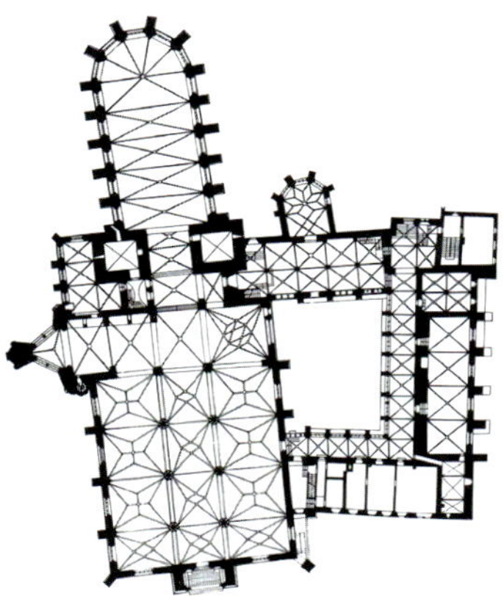

Grundriss (geostet)

rechte Seite: Blick durch das Langhaus zum Chor (1349–72) mit Hochaltar (1697) und 18 Meter hohen Maßwerkfenstern mit Glasmalereien (1100 Scheiben, davon 895 mittelalterlich, 1370er Jahre, einer der am besten erhaltenen Glasfensterzyklen)

unten: Ansicht von Westen

unmittelbar den Neubau der 1182 geweihten Kirche ein, deren Chorflankentürme 1201 (südlicher) bzw. 1237 (nördlicher) vollendet waren. Von der romanischen Basilika mit ausladendem Querhaus und längsrechteckigem Chor ist wenig erhalten. Neben den in den oberen Geschossen erneuerten Türmen sind mehrere Ausstattungsstücke in den gotischen Dom übernommen worden. Die Stuckmadonna (um 1160), seit dem 19. Jahrhundert in der Kapelle im Winkel von Chorhals und südlichem Querschiff, befand sich ursprünglich im ersten Obergeschoss des Nordturms. Dort schmückte sie den Altar einer hochrangigen, in ihrer Nutzung noch nicht geklärten Kapelle. Aus romanischer Zeit stammt außerdem der berühmte sog. Wolfram, eine freistehende Bronzefigur, um 1160 in einer Magdeburger Gießerei geschaffen, die seit dem 15. Jahrhundert als Leuchter im Chor stand.

Um 1300 begann der gotische Umbau der gesamten Kirche. Zunächst setzte man zwischen den romanischen Chorflankentürmen einen Mittelturm, der 1416 einstürzte und 1454 durch einen spätgotischen ersetzt wurde. Vor allem aber kam es nun zu dem höchst ambitionierten Umbau des Chors. Ihm ging die aufwendige Errichtung der Kavaten voraus. Ähnliche Substruktionen waren auch beim gotischen Chorneubau des Meißener Doms (um 1250/70) nötig gewesen. Hinter der Kavatenrückwand befinden sich drei Geschosse mit gewölbten Räumen. Das obere wurde 1353 geweiht und diente als geräumige Krypta, die von einem offenen Chorumgang aus zugänglich ist. Möglicherweise durchschritt man bei Prozessionen zu den hochverehrten Reliquien Adolars und Eobans die Krypta, bekannt ist eine Heilig-Blut-Prozession auf diesem Weg. Seit der Mitte des 20. Jahrhunderts steht in der Krypta die mehrfach veränderte, aber in den ältesten Teilen aus der Zeit um 1360 stammende Sandsteintumba mit den Reliquien der Märtyrer, die sich zuvor in der Hl.-Blut-Kapelle im Querhaus befunden hat. Ein interessantes Detail ist die mittelalterliche Außenkanzel an einem der Kavatenpfeiler über den Graden.

Um 1330 wurde das ungewöhnliche, effektvolle Triangelportal am nördlichen Querhausarm errichtet – eine der großartigsten Architekturen der ersten Hälfte des 14. Jahrhunderts. Infolge der Lage des Doms westlich der Stadt ist der schauwandartige Haupteingang nach Osten ausgerichtet. Um dies zu erreichen, wurde eine einmalige architektonische Lösung gewählt: Auf dreieckigem Grundriss tritt der zweigeschossige Vorbau nach Norden vor und bildet somit zwei Ansichtsseiten, die jeweils mit einem aufwendigen Figurenportal geschmückt sind. Am Nordostportal, in Verlängerung der Graden, befinden sich im Gewände ein Apostelzyklus, am Mittelpfeiler (Trumeau) eine Madonna und im Tympanon eine Kreuzi-

Sog. Wolfram, um 1160, Bronze-Freiplastik eines Leuchterträgers

rechte Seite: Blick durch den Chor mit Chorgestühl (um 1360/70) nach Westen

gungsgruppe. Im Gewände des Nordwestportals stehen die Klugen und Törichten Jungfrauen sowie Ecclesia und Synagoge. Sämtliche Skulpturen sind für ihre Erstehungszeit erstaunlich eng an der Tradition der sächsischen Plastik des 13. Jahrhunderts orientiert. Die Törichten Jungfrauen etwa rezipieren in freilich übersteigerter Form das Vorbild am Magdeburger Dom (um 1250). Über beiden Portalen erheben sich große Wimperge mit Maßwerkrosetten.

Der Bau des lang gestreckten und stark überhöhten Chors erfolgte 1349–70/72. Seine Ostfassade ist geprägt durch dicht gestellte Strebepfeiler mit (im 19. Jahrhundert erneuerten) Figurentabernakeln und hohe Lanzettfenster. Durch seine Höhe und vollständige Durchfensterung knüpft der Erfurter Domchor an architektonische Konzeptionen an, wie sie bereits im 13. Jahrhundert in der Sainte-Chapelle in Paris entwickelt und später im Chor des Aachener Doms rezipiert worden waren. Die hoheitsvolle Wirkung kommt im Innern zur vollen Entfaltung. Dass der Chor durch einen engen Chorhals (das romanische Sanktuarium) vom Querhaus abgetrennt ist, verstärkt den Eindruck einer kostbaren Architektur, eines monumentalen Reliquienschreins. Die bedeutenden Glasmalereien und das umfangreiche, reich geschnitzte Chorgestühl stammen aus der Bauzeit des Chors und ermöglichen das seltene Erlebnis eines authentischen mittelalterlichen Raums. Der gewaltige Hochaltar (um 1700) stört die Atmosphäre des Chors nur geringfügig.

Eher schlicht ist das 1455–65 ausgeführte Langhaus, eine dreischiffige, vierjochige Halle. Ungewöhnlicherweise ist das Mittelschiff deutlich schmaler als die Seitenschiffe, da für die Pfeiler vermutlich die Grundmauern des romanischen Vorgängerbaus genutzt wurden. Der lichte Raum ist von einer dem Chor ganz gegensätzlichen Wirkung. Im südlichen Querhausarm befindet sich die Hl.-Blut-Kapelle, in der im Mittelalter eine 1191 auf wunderbare Weise aufgefundene Hostienreliquie verehrt wurde. An die Langhauspfeiler wurden im frühen 16. Jahrhundert zahlreiche Gemälde auf gebogenen Holztafeln angebracht. Außerdem befindet sich eine stattliche Anzahl qualitätvoller Grabmäler und Epitaphien verschiedener Weihbischöfe, Dompröbste und Scholastiker im Langhaus. Berühmt ist die sog. Gloriosa, eine der größten mittelalterlichen Glocken des Abendlandes (1497 gegossen).

ESSEN

Münster St. Cosmas und Damian

oben: St. Johann („Anbetungskirche"), Fassade
unten: Ansicht von Süden mit St. Johann, Atrium und ehem. Stiftskirche (Münster)

Zwischen mehr oder weniger attraktiven großen Verwaltungsgebäuden versteckt steht die ehrwürdige ehemalige Essener Damenstiftskirche, Kathedrale des erst 1958 gegründeten Bistums. Erste Pläne für eine Gründung gab es bereits in den 1920er Jahren mit der Absicht, die Kirche werde mit der Entstehung einer Diözese im Ruhrgebiet den „arbeitenden Menschen" „näher kommen und tiefer verwurzelt werden". Doch erst 1951 wurde die Idee erneut aufgegriffen. Schließlich entstand 1958 das neue „Ruhrbistum", das sich aus Gebieten, die ursprünglich zu den Diözesen Köln, Münster und Paderborn gehörten, zusammensetzt. Es umfasst das Ruhrgebiet (jedoch ohne die Städte Dortmund und Recklinghausen) und den Kreis Altena-Lüdenscheid.
Die Essener Stiftskirche geht auf die Zeit der Christianisierung Sachsens zurück. Das Stift entstand um das Jahr 845 – unmittelbar an der Grenze von Franken und Sachsen liegend – als ein Damenstift für Mädchen und Frauen des sächsischen Adels und als Grablege ihres Gründers Altfrid. Der sächsische Adelige Altfrid († 874) stammte aus dem Geschlecht der Ludolfinger (zumeist Ottonen genannt) und war ein Berater Kaiser Ludwigs des Deutschen. Er setzte als erste Äbtissin seine Schwester Gerswit ein und ließ ab 852, inzwischen vierter Bischof von Hildesheim, eine erste Stiftskirche bauen, die 870 geweiht wurde. Hauptaufgabe der Stiftsdamen war die ‚memoria', das Gebet für die Seelen Verstorbener. Über Generationen hinweg beteten so die Stiftsdamen für das Seelenheil des Stifters. Stiftsfrauen legten im Gegensatz zu Nonnen kein lebenslanges Gelübde ab und mussten nicht auf Privateigentum verzichten. Daher besaßen einzelne Frauen spätestens seit dem frühen 14. Jahrhundert eigene Häuser.
Nördlich der Kirche schloss sich ein Kreuzgang an, der sich – mehrfach erneuert – noch heute an dieser Stelle befindet und um den sich die Stiftsgebäude gruppierten. Der Kirche wurde zudem im 10. Jahrhundert im Westen eine Taufkirche vorgelagert, die dem hl. Johannes dem Täufer geweiht war und Vorgängerbau der heutigen Johanneskirche ist.
Seine Blütezeit erreichte das Damenstift in der Epoche der ottonischen und salischen Königsherrschaft Ende des 10. und im 11. Jahrhun-

oben links: Atrium, 12. Jahrhundert, Eingang mit Bronzeportal des Salzburger Bildhauers Toni Schneider-Manzell von 1979 (oben) und Innenhof (unten)

oben rechts: Westbau, um 1000

unten: Ansicht von Süden

Goldene Madonna, um 980 gestiftet durch die Äbtissin Mathilde, älteste vollplastische Madonnenfigur, Höhe: 74 cm, Holz, mit dünnen Blechen aus Gold überzogen, Augen von Mutter und Kind blaues, weißes und rotes Email, vom einstigen reichen Schmuck nur Reste auf dem Heiligenschein des Kindes, auf der Weltkugel, dem Buch des Jesuskindes und dem hinteren linken Thronpfosten erhalten. An besonderen Festtagen wurde die Figur in Prozessionen mitgeführt, mit der Krone des Essener Schatzes geschmückt oder inmitten von Reliquiaren auf dem Altar aufgestellt.

unten: Ansicht nach Westen mit Blick in den Westbau

rechte Seite: Westbau, um 1000, Auf- und Grundriss zitieren die Aachener Pfalzkapelle (heute Dom). Mit dem Architekturzitat betonten die Essener Stiftsdamen die Zugehörigkeit zur kaiserlichen (ottonischen) Familie.

dert, als es (neben dem Damenstift in Quedlinburg) bedeutendstes Frauenkloster seiner Zeit war. Damals war die Frauengemeinschaft vom ottonischen Kaiserhaus mit zahlreichen Privilegien und Grundbesitz bedacht worden. Für die Blütezeit des Stifts stehen zwei Äbtissinnen: Mathilde (971–1011), die Enkelin Kaiser Ottos des Großen, und Theophanu (1039–58), die Enkelin Ottos II. und der Kaiserin Theophanu. Mathilde hatte zahlreiche Kunstwerke für das Stift in Auftrag gegeben, die noch heute erhalten sind und zu bedeutendsten Kunstwerken ihrer Zeit gehören: drei kostbare Vortragekreuze, der Siebenarmige Leuchter und die Goldene Madonna, die älteste erhaltene vollplastische Mariendarstellung der Welt.

Um das Essener Stift hatte sich rasch eine Ansiedlung gebildet, die im 13. Jahrhundert Stadtrechte erhielt. Im selben Jahrhundert übernahm die Johanneskirche die Funktion als Kollegiatkirche der Essener Stiftskanoniker, die sich hier zu den Gottesdiensten versammelten und ihren Chordienst leisteten. Am nördlich der Stiftskirche gelegenen Kreuzgang befanden sich im Westflügel die Räume zur Ausbildung der Stiftsdamen, im Ostflügel das gemeinsame Refektorium (Speisesaal) und darüber im Obergeschoss das Dormitorium (Schlafsaal) mit direktem Zugang zum Frauenchor der Kirche. Das Stift umfasste weitere Wirtschafts-, Gäste- und Abteigebäude. Die Residenz der Äbtissin lag östlich der Stiftskirche und des Kreuzgangs. Zur Versorgung des Damenstifts mussten rund 3000 Bauernhöfe in der näheren und weiteren Umgebung bis nach Godesberg Abgaben entrichten.

Anfang des 13. Jahrhunderts stiegen die Essener Äbtissinnen zu Reichsfürstinnen auf und waren damit Landesherrinnen über das Reichsfürstentum Essen und mit einem Sitz im Reichstag vertreten. Ihre Herrschaftsgewalt war der Gewalt männlicher Fürsten vergleichbar – ein für Frauen seltenes und ungewöhnliches Privileg. Die Bedeutung des Damenstifts zeigt sich auch darin, dass in Essen eigene Münzen geprägt werden durften.

Obgleich 1563 in Essen die Reformation eingeführt wurde, blieb das „Fürstliche Stift Essen" katholisch, als Landesherrin die Äbtissin oberste Herrin der Stadt.

Im Zuge der Säkularisation löste man das Stift Essen 1802 auf. Die Kirche wurde Pfarrkirche.

Der Gründungsbau des 9. Jahrhunderts war bereits dreischiffig und besaß ein Querhaus,

Grablege des Meisters der Carbenschen Gedächtnisstiftung, Köln, Anfang des 16. Jahrhunderts; Leichnam Jesu, umgeben von Nikodemus, Josef von Arimatäa, Maria Magdalena, Maria und Johannes sowie zwei Frauen mit Salbgefäßen

Ansicht nach Osten

Siebenarmiger Leuchter, um 1000 gestiftet durch Äbtissin Mathilde, älteste erhaltene, christliche Nachbildung des jüdischen Tempelleuchters, Höhe 2,26 m, bestehend aus 46 gegossenen Bronzeteilen, die ineinander gesteckt sind, Symbol für das Licht der Welt und Zeichen der Hoffnung auf die Auferstehung für die Verstorbenen, derer Seelen die Stiftsdamen im Gebet gedachten

unten links: Adveniatkrypta, neue Westkrypta unter dem Atrium, Grablege der Essener Bischöfe, 1981–83 gestaltet von Emil Wachter
unten rechts: Ostkrypta („Altfridkrypta"), angelegt unter Äbtissin Theophanu (1039 – 58), 1051 geweiht, auf Wandpfeilern der Ostwand vier steinerne Schriftplatten mit Aufzählung der Reliquien und Weihetafel, Hochgrab (um 1300) mit den Gebeinen des hl. Altfrid

einen dreiteiligen Chor und eine Vorhalle im Westen. Nach einem Brand von 946 stellten die Äbtissinnen die Kirche wieder her und erweiterten sie um eine Krypta im Osten. Wahrscheinlich war schon zuvor um 920 ein erster Westbau entstanden, der durch den mächtigen heutigen Westbau unter Äbtissin Mathilde (971–1011) ersetzt wurde. In der Außenansicht wirkt die Dreiturmanlage wie ein Westwerk des 10. und 11. Jahrhunderts. Im Innern dagegen zitiert der Bau jedoch durch den Grundriss eines Teil-Oktogons und die durch Säulen gestützten Bögen im Obergeschoss den Innenraum der bis um 800 erbauten Aachener Pfalzkapelle (dem heutigen Dom) Kaiser Karls des Großen. Äbtissin Mathilde ließ gleichfalls um 1000 Lang- und Querhaus restaurieren. Äbtissin Theophanu (1039–58) schließlich erneuerte den Chor und die östliche Krypta, deren Weihe 1051 stattfand.
Das Atrium, d. h. der Hof zwischen der ehemaligen Taufkirche St. Johann und der Stiftskirche, entstand um 1060. Mitte des 12. Jahrhunderts fügte man an das Südquerhaus eine zweigeschossige Vorhalle an, in der auch das Archiv bzw. die Bibliothek sowie der Stiftsschatz in einem abgetrennten und gut gesicherten Raum aufbewahrt wurde.
1275 lieferte ein Brand, der Kirche und Stiftsgebäude in Mitleidenschaft zog, die Möglichkeit zum Wiederaufbau als gotische Hallenkirche mit einem Hallenchor. Dabei behielt man die ältere Krypta, den Westbau, die Vierung und die untere Mauerzone der Langhauswände bei (Weihe 1316). An der Nordseite der Stiftskirche entstand der Frauen- oder Gräfinnenchor als Empore für die Stiftsfrauen. Den im 15. Jahrhundert entstandenen Vierungsturm entfernte man in den 1880er Jahren, ebenso die barocke Ausstattung, die durch eine neugotische ersetzt wurde. Dem Atrium ist die Johanniskirche („Anbetungskirche") vorgelagert, deren Kern auf das 11. Jahrhundert zurückgeht und im 13. und 14. Jahrhundert umgebaut wurde. Ihr heutiges Ausstehen verdankt sie jedoch maßgeblich der 1471 erfolgten Erweiterung zur dreischiffigen Hallenkirche mit eingebautem Westturm. Die ursprünglich drei parallelen Satteldächer ersetzte man nach den Zerstörungen im 2. Weltkrieg durch ein großes verschiefertes Walmdach, schloss die seitlichen Westportale und schuf zwei neue Zugänge von Süden und Norden. Den Innenraum schmücken zwei

Chor mit fünf Meter hoher Marmorsäule als Triumphsäule (Säulenschaft antik, Kapitell im frühen Mittelalter antiken Vorbildern nachempfunden), bekrönt von einem Kreuz der Fuldaer Benediktinerin Lioba Munz (1913–97); an den Chorpfeilern die Skulpturen der Stiftspatrone Cosmas und Damian von Tilmann Heysacker, genannt Kranendonck, um 1500; Chorgestühl, 18. Jahrhundert

barocke Altäre, die aus der Münsterkirche stammen und von Joseph Ignatius Feil 1770 geschaffen wurden. Das Chorgestühl, gleichfalls aus der Münsterkirche, stammt von 1766, die Kanzel von 1769. Der Taufstein aus dem 15. Jahrhundert gehört zur mittelalterlichen Ausstattung von St. Johann.

Die Bombentreffer im 2. Weltkrieg verursachten schwerste Schäden; große Teile der Kirchenausstattung und der Stiftsbibliothek wurden vernichtet, während die seit 1939 ausgelagerte Schatzkammer den Krieg weitgehend unbeschadet überlebte. Der Wiederaufbau war 1958 abgeschlossen.

FREIBURG IM BREISGAU

Münster Unserer Lieben Frau

Nördliches romanisches Querhaus, um 1200–30, und Chorflankenturm („Hahnenturm“) mit gotischem Turmaufsatz, 1240er Jahre

Freiburg ist erst seit 1821 Bischofssitz. Die Münsterkirche und heutige Kathedrale erweckt jedoch vom Anspruch der Architektur und der Ausstattung den Eindruck, bereits zu ihrer Bauzeit eine Bischofskirche gewesen zu sein. Mit 126 m Länge und 30 m Breite gehört das Freiburger Münster zu den größten Kathedralen Deutschlands. In einer Vortragsreihe beschrieb zudem der erste bedeutende Kunsthistoriker Jacob Burckhardt 1869 den mehr als 116 m hohen Turm des Freiburger Münsters als „schönsten Turm der Erde“. Daraus entwickelte sich das Zitat des „schönsten Turms der Christenheit“. Bis heute gilt das Münster mit dem höchsten im Mittelalter errichten Glockenturm als ein architektonisches Meisterwerk der Gotik. Beachtenswert ist dabei auch, dass er im Zweiten Weltkrieg nicht zerstört wurde, obwohl die gesamte Umgebung durch den Bombenangriff vom 27. November 1944 in Schutt und Asche fiel. Auch blieben die Glasfenster erhalten, da sie gegen Ende des Krieges ausgebaut und ausgelagert worden waren.

Das Erzbistum Freiburg umfasst die früheren Länder Baden und Hohenzollern, die während des Heiligen Römischen Reiches Deutscher Nation zum Bistum Konstanz und in Teilen zu den Diözesen Mainz, Straßburg, Worms und Würzburg gehört hatten. Der Erzbischof von Freiburg ist zugleich Metropolit der Oberrheinischen Kirchenprovinz mit den beiden Suffraganbistümern Mainz und Rottenburg-Stuttgart. Erster Bischof wurde 1827 der Freiburger Münsterpfarrer Bernhard Boll.

Bald nachdem die Zähringer auf dem Schlossberg eine Burg errichtet hatten, verliehen sie 1120 der kleinen vorgelagerten Ansiedlung Freiburg Markt- und Stadtrechte. Zu diesem Zeitpunkt bestand wahrscheinlich bereits eine 60 m lange dreischiffige romanische Pfarrkirche mit Westturm, rechteckigem Chor und halbrunder Apsis sowie Nebenapsiden an den Enden der Seitenschiffe.

Aufgrund der gewachsenen Bedeutung der Stadt und da eine herzogliche Grabeskirche entstehen sollte, entschied man sich um 1200 für einen Neubau, aus dem das heutige Münster hervorging. Die ältesten Bauteile (um 1200–30) sind die Vierung mit der Vierungskuppel (nur im Innern zu sehen) und das Querhaus sowie der Unterbau der Chorflankentürme

es turm,
r 240 voll-
det, Ansicht
n Osten mit
ahnentür-
en" und
or

(gotisch in den 1340er Jahren mit durchbrochenen Helmspitzen vollendet und nach den Wetterhähnen auf ihren Turmspitzen „Hahnentürme“ genannt). Diese romanischen Bauteile sind mit ihren wuchtigen Mauermassen noch heute gut ablesbar. Vorbild war das Basler Münster, von wo vermutlich auch die Baumeister und Steinmetze kamen. Geplant war eine dreischiffige rippengewölbte und kreuzförmige Basilika mit polygonalem Chor, einem Vierungsturm, Chorflankentürmen und Emporenräumen über den Seitenschiffen.

In der Folge setzte sich jedoch die Bauweise der aus Frankreich aufkommenden Gotik durch, die sich durch hohe Innenräume mit großen verglasten Wandflächen auszeichnet. Vorbild wurde nun das nahe gelegene Straßburger Münster, wo der neue Stil bereits um 1220 Eingang gefunden hatte. Der weitere Ausbau des Freiburger Münsters erfolgte mit dem Langhaus (um 1230–80) und der westlichen Eingangsfront mit dem Turm (Vorhalle um 1260–80; Turmobergeschosse um 1280–1330/40). Mehrfach waren bei diesen Bauabschnitten im Westen Meister aus der Straßburger Bauhütte tätig. Ihr Einfluss zeigt sich vor allem in den oberen Partien des Turms, wo der quadratische Aufbau geschickt in ein lichtes, ganz aus Pfeilern gebildetes Oktogon überführt wird, aus dem spitz

rechte Seite: Chor, 1354–1513, nach Plänen des Parlers Hans von Gmünd, der seit 1359 die Freiburger Bauhütte führte; Strebewerk 18. und 19. Jahrhundert

links: Westturm, vor 1240 vollendet, Ansicht von Westen

unten: Ansicht des Inneren des Turmhelms

Marienportal, um 1360, seitlich der hl. Christophorus und Maria (Kopien)

Langhaus (um 1230–1330), Ansicht von Norden

eine Maßwerkpyramide hervorwächst. Dieser erste vollkommen durchbrochene Steinhelm der Kunstgeschichte hat seine Funktion als Dach verloren; er sei daher, so Georg Dehio, „die kühnste Emanzipation des selbstherrlichen Kunstzwecks vom Gebrauchszweck". Mit dieser spätestens um 1340 vollendeten Turmgestaltung war eine neue Form gefunden, die im 14. und 15. Jahrhundert für viele andere Kirchenbauten Orientierung bot, so auch für das Straßburger Münster, auf dessen mehr als hundert Jahre später vollendeten Nordturm die in Freiburg gefundene Lösung zurückwirkte.

Mit der Einturmfassade und der Reduktion der Formen, wie etwa dem Verzicht auf ein Triforium analog zu Köln und Straßburg, hatte sich in Freiburg zudem ein besonderer Bautypus herausgebildet, mit dem man sich von seinen Vorbildern, den Bischofskirchen, absetzte.

Zwischen 1354 und 1510 wurde (mit längeren Unterbrechungen vor allem zwischen 1380 und 1471) um den älteren romanischen Chor der hohe gotische Chor nach einem Entwurf von Johannes von Gmünd, Mitglied der berühmten Baumeisterfamilie Parler, errichtet. Der Chor erhielt einen Umgang mit einem Kranz von 13 Kapellen. Das Strebewerk am Außenbau wurde erst im 18. und 19. Jahrhundert angebracht. Aus der Renaissance stammen der 1579 errichtete, heute an die Stirnwände der Querhausarme versetzte Lettner und die 1620 vor dem Südquerhaus erbaute Vorhalle.

Vorhalle (um 1260–80) mit Westportal (um 1270–80)

oben: Tympanon mit Szenen der Geburt Christi (rechts unten), der Passion Christi (unten), der Kreuzigung und darunter des Jüngsten Gerichts (Seelenwaage und Auferstehung)

links: Gesamtansicht mit Portalmadonna

oben rechts: Heimsuchung, Gewändefigur

rechts: Turmuntergeschoss

unten: Die Heiligen Drei Könige an Gewände

Krönung Marias, Mittelbild des Hochaltars mit Szenen aus dem Leben Mariens, von Hans Baldung Grien, 1512–16, eines der bedeutendsten Altarwerke der Dürerzeit

Heiliges Grab, um 1330, im südlichen Seitenschiff

rechts: Innere Portalmadonna, um 1290

Grundriss

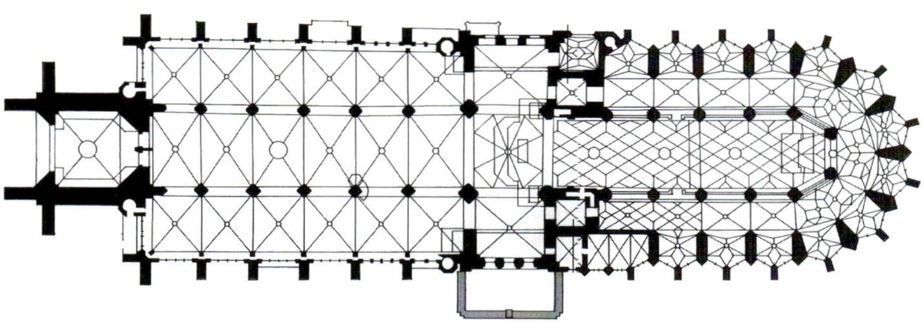

oben: Blick durch das Langhaus (um 1230–1330) und Querhaus (1200 – um 1230) in den Chor (1354–1513)
links: Betender Ritter, Mitte 14. Jahrhundert, im südlichen Seitenschiff
rechts: Maria auf der Mondsichel, Anfang 16. Jahrhundert

Höhepunkt der Ausstattung bildet das von Hans Baldung Grien 1512–16 geschaffene Hochaltarretabel mit der Marienkrönung und Aposteldarstellungen auf den Flügeln. Im geschlossenen Zustand zeigen die Flügel eine Verkündigung, eine Heimsuchung, die Geburt Christi und die Flucht nach Ägypten, während auf der Rückseite der Mitteltafel eine dramatisch inszenierte Kreuzigung zu sehen ist. Hans Baldung Grien lieferte auch Kartons zu Glasmalereien im Chorumgang und in den Kranzkapellen (heute Kopien, Originale im Freiburger Augustinermuseum). Ansonsten gehen die Verglasungen im Münster zu großen Teilen bis ins 13. und 14. Jahrhundert zurück. Ältestes Kunstwerk des Münsters ist das um 1200 gear-

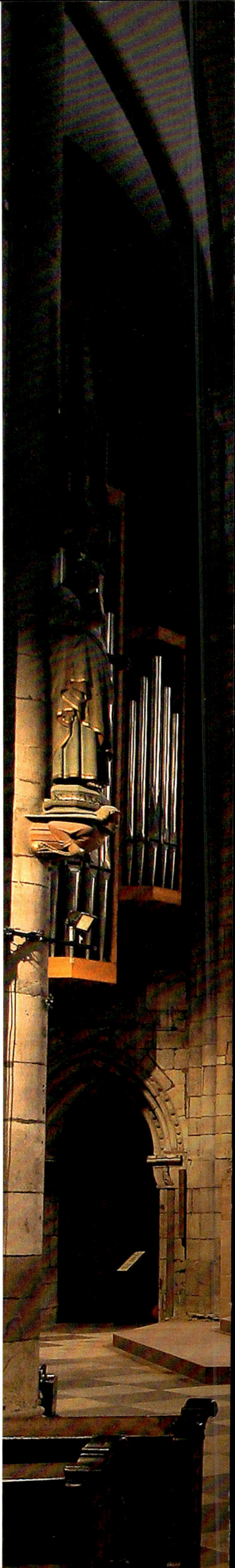

oben links: Verkündigungsengel, um 1290
oben: Bäckerfenster mit Szenen aus dem Leben der hl. Katharina und Wappen der Bäckerzunft, um 1320/30
rechts: Hochchor mit Netzgewölbe
links: Petrusfigur, um 1310, im Langhaus
unten: Nördliches Seitenschiff mit Blick nach Westen

beitete, 2,6 Meter hohe silberne Kruzifix, das ehemals wohl als Triumphkreuz im spätromanischen Chor hing.
Weitere bemerkenswerte Kunstwerke sind die Flügel des Oberried-Altars von Hans Holbein d. J., das Schnitzretabel mit der Königsanbetung von Hans Wyditz 1505, der ungefähr zehn Jahre später entstandene Schnewelin-Altar desselben Künstlers mit gemalter Landschaftskulisse von Hans Baldung und die Schutzmantelmadonna des Hans Sixt von Stauffen von 1521/24.

FREISING

Dom St. Maria und St. Korbinian

oben: Johanneskirche, 1319–21
Mitte: Konsolen in der Johanneskirche
unten links: Grundiss
unten rechts: Kreuzgang, Umgestaltung 1710–16 mit Aufstellung der Grabsteine, Stuckierung und Freskierung Johann Baptist Zimmermann

Bonifatius, der Apostel der Deutschen, gründete 739 im Auftrag Papst Gregors III. und mit Unterstützung Herzog Odilos zeitgleich mit Salzburg, Regensburg und Passau auch das Bistum Freising im bayerischen Stammesgebiet. Bonifatius († 754) traf in Freising – seit etwa 700 Herzogspfalz der Agilolfinger – auf eine christianisierte Bevölkerung. Der bayerische Agilolfingerherzog Theodo war bereits 715 nach Rom gepilgert, wahrscheinlich mit der Bitte um die Einrichtung von Bistümern. Denn ein Jahr später erließ Papst Gregor II. eine Instruktion, die für das bayerische Herzogtum vier Bischofssitze vorsah. Erst Bonifatius setzte dieses Vorhaben um. So musste sich Freising zunächst mit einem „Wanderbischof" begnügen. Denn als geistlicher Vater des Bistums gilt der fränkische Wanderbischof Korbinian († um 728/730), der aus der Gegend um Paris stammte und den Herzog Grimoald um 724 nach Freising holte, um hier in dem bereits bestehenden kirchlichen Zentrum mit zwei Kirchen (auf dem Dom- bzw. Stephansberg) in einer Mönchsgemeinschaft zu wirken.

Als erste Bischofkirche diente über ein Jahrhundert die um 715 durch den Agilolfingerherzog Theodo errichtete und somit bereits vor Korbinian bestehende Kirche neben der Pfalz. Erst Bischof Anno ließ Ende des 9. Jahrhunderts einen Neubau errichten, der dann bereits die Ausmaße der spätromanischen Domkirche aufwies.

Im 8. Jahrhundert beteiligte sich das Bistum an der Missionstätigkeit im Bereich der ostalpenländischen Slawen, zuerst in Innichen (769), dann in Kärnten und in der Krain. Seit der Erhebung Salzburgs zur kirchlichen Metropole im Jahr 798 gehörte das Bistum Freising zur Kirchenprovinz Salzburg.

Eine der herausragenden Gestalten der Bistumsgeschichte ist der als Heiliger verehrte Bischof Lantbert (937–957). Er soll während der leidvollen Ungarnkämpfe Freising aufgrund seines Gebets vor dem Untergang gerettet haben. Bedeutendster Bischof des Mittelalters war Otto I. (1138–58), einer der berühmtesten Geschichtsschreiber des hohen Mittelalters.

Während der Reformation blieb fast der gesamte Bereich des Bistums katholisch, da die bayerischen Herzöge eine Ausbreitung des neuen Bekenntnisses verhinderten. Die Gegenreform vollzog Bischof Veit Adam (1618–51), der als sichtbares Zeichen eine erste Barockisierung des Freisinger Doms vornahm, zu dessen berühmtesten Ausstattungsstücken der Hochaltar mit dem Gemälde von Rubens gehört. Eine zweite Barockiesierungswelle erfolgte unter Bischof Johann Franz Eckher von Kapfing (1696–1727), der die Brüder Asam zur Umgestaltung des Doms nach Freising holte. Als Anlass nahm Bischof Franz Eckher das von dem benediktinischen Hofhistoriker Pater Carl Meichelbeck auf 1724 datierte 1000. Bistumsjubiläum.

Die Säkularisation 1802/03 bedeutete auch das Ende des ehrwürdigen Freisinger Bistums. Denn nach dem Tod des letzten Fürstbischofs Joseph Konrad von Schroffenberg (1789–1803) blieb die Diözese 18 Jahre ohne Oberhirten. 1821 trat das neue Erzbistum München und

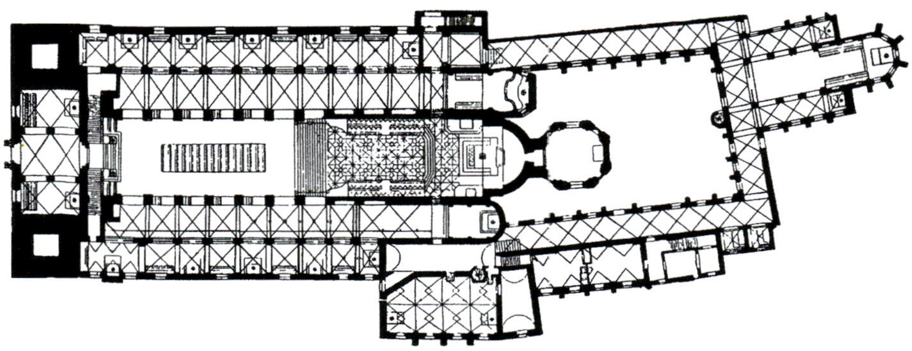

oben: Johanneskirche (links) und Domfassade mit romanischen Türmen und Außenportal von 1681 mit der Nischenfigur des hl. Korbinian
unten links: Benediktuskirche am Kreuzgang, 1710–16
unten rechts: Ansicht von Süden, fünfschiffiges Langhaus mit im 17. Jahrhundert vergrößerten Fenstern, im 19. Jahrhundert verändert

oben links: Romanisches Portal (vor 1090) in der Domvorhalle
oben rechts: Kaiser Friedrich Barbarossa († 1190) am Domportal, nach 1159
unten: Krypta mit Bestiensäule (oben), Ansichten nach Westen (unten)

Freising mit dem Bischofssitz in München die Nachfolge der alten Freisinger Diözese an.
Um Diözesan- und Landesgrenzen in Einklang zu bringen, fielen einige Pfarreien an die Bistümer Brixen und Salzburg, während fast alle im Südosten Bayerns gelegenen Gebiete nun aber zum Erzbistum München und Freising gehören, dessen Bischofsstuhl 1977 bis 1982 von Kardinal Joseph Ratzinger besetzt war, dem späteren Papst Benedikt XVI. Freising spielt eine besondere Rolle im Leben des Papstes: Es ist der Ort, in dem er 1945 ins Priesterseminar eintrat und bis 1951 Theologie studierte. Am 29. Juni 1951 wurde er im Dom zum Priester geweiht. Von Ende 1952 an wirkte Ratzinger als Lehrer in Freising und beendete hier seine Promotion. Im Wintersemester 1953/54 übernahm er mit nur 26 Jahren die Vertretung des Lehrstuhls für Dogmatik und Fundamentaltheologie an der Hochschule. Auf sein Betreiben erhielt der Freisinger Dom, der seit 1821 keine Kathedralkirche mehr war, den Rang einer Konkathedrale für das Erzbistum München und Freising. Am 14. September 2006 besuchte der Papst Freising am Ende seiner Bayern-Reise.
Erste Freisinger Domkirche war die um 715 erbaute Marienkirche, die um 860 unter Bischof Anno (855–875) durch einen neuen dreischiffigen Dom ersetzt wurde. Die heutige Kirche – eine außen schlichte, im Inneren 78 m lange, fünfschiffige, querhauslose Basilika mit Doppelturmfassade – wurde 1159–1205 als dreischiffige Dreiapsiden-Basilika erbaut, nachdem 1159 ein Brand den alten Bau stark beschädigt hatte. Seine romanischen Bauformen sind vor allem am Außenbau trotz zahlreicher Umge-

staltungen im Wesentlichen erhalten. Die ursprünglich hölzerne Flachdecke ersetzte man 1481–83 unter Bischof Sixtus von Tannberg (1473–95) durch das heutige gotische Gewölbe (Netzgewölbe des Mittelschiffs von Jörg von Halsbach). Die Steinmetzarbeiten führte Hans Beuerlein durch. Zudem entstanden ein neuer Lettner und ein Hochaltar von Jakob Kaschauer (zerstört).

Im Zuge der ersten Barockisierung (1621–30) des Doms durch Fürstbischof Veit Adam von Gepeckh (1618–51) entfernte man die gotischen Rippen und ersetzte sie durch Rahmenstuck. Der Lettner wich der monumentalen Chortreppe. Die Kryptenzugänge wurden verlegt. Man errichtete die Westempore und baute die Seitenkapellen zu äußeren Seitenschiffen aus, so dass ein fünfschiffiges Langhaus entstand. Die Emporenöffnungen und Fenster wurden vergrößert und der Dom erhielt seine kunstvolle Kanzel und den heutigen Hochaltar. 1710–16 erfolgte der Anbau der heutigen Maximilians-(Bischofsgrab-)Kapelle an die Ostapsis der Krypta (wohl durch Giovanni Antonio Viscardi, Hans Georg Asam, Johann Andreas Wolff) sowie die Umgestaltung des Kreuzgangs und der daran angeschlossenen Benediktuskirche (Stuck wohl von Nikolaus Liechtenfurtner) sowie die galerieartige Neuaufstellung der aus dem Boden gehobenen Grabsteine. Die Stuckierung und Freskierung nahm der berühmte Johann Baptist Zimmermann vor.

Die zweite, heute ebenso prägende Barockisierungsphase führten in nicht ganz eineinhalb Jahren 1723/24 die Gebrüder Cosmas Damian und Egid Quirin Asam aus, die den Innenraum in ein barockes „Kleid“ hüllten. Zudem erneuerte Cosmas Damian Asam bis 1725 die Turmbemalung. Egid Quirin Asam erhielt zudem den Auftrag, 1737–38 die Südapsis zur Nepomuk-Kapelle umzugestalten.

Die Fassade bestimmen die mächtigen, 56 Meter hohen, schmucklosen, heute weiß gefassten Türme aus Backstein und teilweise Tuff. Ursprünglich besaßen die Türme romanische Bogenfriese und Lisenen, die man 1724 beseitigte, um sie zu bemalen. Das Hauptportal der Fassade von 1681 aus Marmor zeigt als Nischenfigur den hl. Korbinian. Den entsprechenden Barockgiebel der Fassade ersetzte man im 19. Jahrhundert durch einen neugotischen. Dieser wiederum wurde 1960–70 ebenso wie

Blick durch das Langhaus mit der Kanzel von Elias Angermair (1624/25) zum Chor mit dem Hochaltar (1625) und dem Chorgestühl des Augsburgers Ulrich Gruler (1488)

unten: Grabstein des Otto Semoser, um 1200

oben: Deckenmalerei von C. D. Asam 1737 mit der Verherrlichung des hl. Korbinian und mit der Darstellung des hl. König Sigismund (links)
oben rechts: Maximilians-(Bischofsgrab-)Kapelle, 1710, an der Ostapsis der Krypta, wohl von Giovanni Antonio Viscardi, Hans Georg Asam, Johann Andreas Wolff
rechts: Nepomuk-Kapelle von Egid Quirin Asam, 1737/38

der Putz und damit die Asamsche Fassadenmalerei zerstört.
Die dreischiffige Vorhalle ist romanisch und erhielt 1314 seitliche frühgotische Gewölbe und 1483 für das Mittelschiff ein spätgotisches Netzgewölbe. Dominiert wird die Vorhalle mit seinen Grabplatten an den Außenwänden durch das große romanische Hauptportal (vor 1090 entstanden), das vom Vorgängerbau übernommen worden war. Beim Wiederaufbau ab 1159 brachte man zusätzliche Steinplastiken an, links eine Darstellung Kaiser Friedrichs I. Barbarossa zusammen mit dem Freisinger Bischof und Geschichtsschreiber Otto von Freising (seinem Onkel) sowie rechts Friedrichs Ehefrau Beatrix von Burgund. Kaiser Barbarossa war der Schirmherr des Wiederaufbaus nach dem Brand von 1159.
Der Innenraum besteht heute aus einem fünfschiffigen Langhaus mit Emporengeschoss. Das Zentrum bildet der Hochaltar, 1625 von Philipp Dirr geschaffen. Er besaß ein Gemälde von Peter Paul Rubens mit der Darstellung des apokalyptischen Weibs, das 1926 durch eine Kopie von Emil Böhm ersetzt wurde, während man das Original bereits 1804 in die Alte Pinakothek nach München verbrachte.
Bemerkenswert ist die vierschiffige romanische Krypta. Alle Säulen und Kapitelle der Krypta sind individuell gestaltet. Herausragend ist die figurenreiche sog. Bestiensäule aus dem 12. Jahrhundert, die einzige ihrer Art in Deutschland. In der Krypta steht der goldene Reliquienschrein des hl. Korbinian. Zudem liegen dort die hll. Lantbert und Nonnosus.

Nördliche Langhauswand mit Stuck von Egid Quirin Asam und Malereien von Cosmas Damian Asam, 1723/24

FÜRSTENWALDE

Dom St. Marien

Barockisierter Westturm

Das Bistum Lebus war 1124 gegründet worden und unterstand bis 1424 dem Erzbistum Gnesen, danach Magdeburg. Nachdem der schon einmal 1276–1325 verlegte Bischofssitz an der Oder wiederholt Schauplatz von Kämpfen war und zuletzt 1373 durch Truppen des Kaisers Karls IV. zerstört wurde, war eine endgültige Verlegung unumgänglich. Man entschied sich noch im selben Jahr für Fürstenwalde an der Spree, eine Stadt des Markgrafen von Brandenburg, die 1354 an den Bischof und das Kapitel von Lebus verpfändet worden war. Fürstenwalde besaß als stark befestigter Umschlagplatz und Zollstätte für den Warenverkehr zwischen der Doppelstadt Berlin/Cölln und Frankfurt an der Oder einige Bedeutung. Hier mussten die spreeaufwärts geschifften Güter umgeschlagen und auf dem Landweg in die größte märkische Handelsstadt geführt werden. Nachdem die Bischofsresidenz in Fürstenwalde errichtet und die Stadtpfarrkirche zur Kathedrale umgebaut worden war, siedelte auch das Lebuser Kapitel 1385 an die Spree über.

Bis zur Aufhebung des Bistums 1555 war Fürstenwalde bischöfliche Mediatstadt und St. Marien die Hauptkirche des Bistums. Zweifellos die wichtigsten Bischöfe, deren qualitätvolle Grabsteine in der Kirche erhalten sind, waren Johann VII. von Dreher (reg. 1443–55), Initiator des spätgotischen Umbaus der Kathedrale, und Dietrich von Bülow (reg. 1490–1523). Letzterer hatte durch seine Beraterfunktion beim Kurfürsten großen politischen Einfluss und pflegte Kontakte mit Humanisten im ganzen Reich. Seine umfassende Bildung spiegelt sich sowohl in Ausstattungsprogrammen seiner Kirche als auch in der Gründung der brandenburgischen Landesuniversität Viadrina in Frankfurt an der Oder 1506. Bülow wurde erster Kanzler der angesehenen und viel besuchten Universität, die 1810/11 nach Breslau verlegt und 1991 wieder gegründet wurde. Fürstenwalde verlor nach 1555 rasch an Bedeutung. Der Bau des Friedrich-Wilhelm-Kanals, der die Oder mit der Spree verband, hob auch die merkantile Funktion auf.

Vom Feldsteinbau der frühgotischen Stadtpfarrkirche St. Marien sind lediglich das Turmuntergeschoss sowie Fundamentreste bekannt. Darüber errichtete man 1373–85 die neue Kathedrale mit Westturmgruppe auf kreuzförmi-

gem Grundriss. Auch diese wurde durch einen Neubau des 15. Jahrhunderts ersetzt. Reste des Mauerwerks befinden sich an der östlichen Nordseite, angelehnt an die alte, vierjochige Sakristei. Die Marienkirche erhielt als Nebenpatrozinien die Schutzheiligen des Lebuser Bistums, Adalbert und Hedwig. Für die architektonische Gestalt ist es von Belang, dass die Kirche zugleich Kathedrale und Pfarrkirche war. Der spätgotische Neubau, dessen Beginn 1446 inschriftlich belegt ist, trägt dieser Doppelfunktion Rechnung. Die dreischiffige Hallenkirche mit Umgangschor entspricht dem seit dem späten 14. Jahrhundert üblichen Typ der großen Brandenburger Stadtpfarrkirchen. In ihrer Grundrissdisposition orientiert sie sich an der

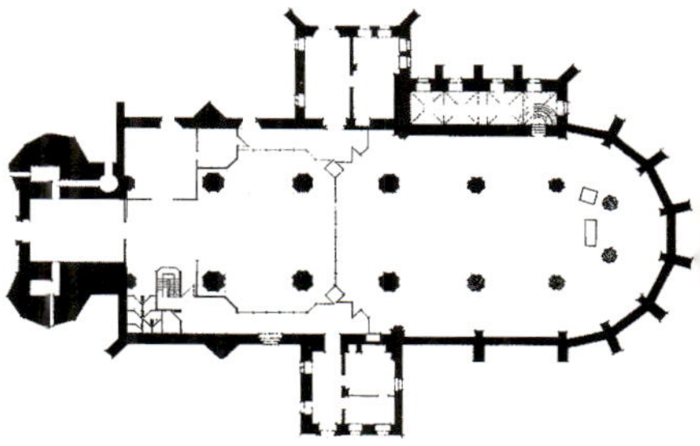

oben: Ansicht von Südwesten und Grundriss

unten links: Chor von Nordosten

unten rechts: Nordostanbau: Alte Sakristei und Bibliothek

Hauptstadtpfarrkirche St. Marien in Frankfurt an der Oder. Neuartig in der Region sind allerdings die ungewöhnlich weiten Arkaden, das Fehlen einer Zäsur zwischen Chor und Langhaus und die schlankeren, unauffälligeren Chorpfeiler. Der Raum wirkt somit großzügig und luftig. Interessant ist auch der eigentümliche Turmbau: eine Dreiturmanlage mit hohem, quadratischem Mittelbau und flankierenden Polygonaltürmen. Mit der Weihe der beiden Kapellen nördlich und südlich in Höhe des dritten westlichen Langhausjochs im Jahre 1475 war die Kirche vollendet. Die beiden Kapellen besaßen ursprünglich die Höhe des Schiffs, wodurch ein Querschiff und somit eine Kathedralbauform suggeriert wurde.

Mehrere Umbaumaßnahmen prägten die Kirche bis zu ihrer weitgehenden Zerstörung 1945. Besonders einschneidend war die spätbarocke Umgestaltung des Turms und Innenraums 1769–71 nach einem Turmbrand und Einsturz der Gewölbe. Nachdem die Kirche bis auf die Außenmauern ausgebrannt war, begann 1949 der Wiederaufbau, der durch den veränderten Innenausbau 1995 abgeschlossen werden konnte.

Während des Krieges waren die bedeutsamsten Ausstattungsstücke der Kirche eingemauert und konnten somit erhalten werden. Zu ihnen zählt die bronzene Grabplatte des Bischofs Johann VII. von Deher, die nach seinem Tode 1455 in der Werkstatt der Nürnberger Gießerfamilie Vischer gegossen wurde. Das Bildnis Dehers taucht auch auf einem bemerkenswerten, wohl ebenfalls posthumen Gedenkstein zum Baubeginn der Kathedrale auf. Die qualitätvollsten Werke stammen jedoch aus der Zeit Dietrich von Bülows. Um ein Hauptwerk sächsischer Kleinarchitektur und Skulptur handelt es sich bei dem Sakramentshaus, das inschriftlich 1517 von Franz Maidburg aus Freiberg aus Cottaer Sandstein gefertigt wurde. Vom selben Bildhauer stammt ein 1525 vom Domkapitel gestiftetes Wandepitaph für Bülow mit der lebensgroßen Relieffigur des Verstorbenen.

links und oben Mitte: Sakramentshaus von Franz Maidburg, 1517

oben rechts: Wandepitaph für Bischof Dietrich von Bülow von Franz Maidburg 1525

rechts: Grabplatte für Bischof Johann von Deher, nach 1455

Ansicht nach Osten (oben) und nach Westen (unten)

FULDA

Dom St. Salvator

Turmeingang (12. Jahrhundert), Rest der ehemaligen Ratgerbasilika (um 800)

Luftbild der ehemaligen Klosteranlage mit Klostergebäuden, Dom und St. Michael

Das Bistum Fulda verdankt seine Existenz den Bemühungen des hl. Bonifatius († 754), der seiner Klostergründung Fulda durch den Papst Unabhängigkeit garantieren ließ. Das Kloster Fulda war 744 durch den Mönch Sturmius, den ersten Abt des Fuldaer Klosters, im Auftrag des hl. Bonifatius als ein Musterkloster nach den Regeln des Benedikt von Nursia gegründet worden. Am 4. November 751 verfügte Papst Zacharias das Privileg, dass die Abtei Fulda unmittelbar der Gerichtsbarkeit des Apostolischen Stuhls und damit keiner bischöflichen Amtsgewalt unterstehe, woraus über Jahrhunderte hinweg Spannungen mit den Bistümern Mainz und Würzburg erwuchsen. Als Bonifatius 754 in Friesland ums Leben kam und man die Gebeine des legendären „Apostels der Deutschen" nach Fulda überführte, entwickelte sich das Kloster zu einem Pilgerziel und nahm raschen Aufschwung. Schon zu Lebzeiten des ersten Abtes Sturmius zählte das Kloster fast 400 Mönche.

Nach Machtansprüchen des Mainzer Bischofs Lul, mit dem Ergebnis, dass Sturmius für zwei Jahre ins Exil nach Jumièges verbannt wurde, setzte König Pippin 765 Sturmius erneut als Fuldaer Abt ein und stellte das Fuldaer Kloster unter königlichen Schutz. Damit begann eine enge Beziehung zwischen der Abtei und den karolingischen Herrschern. Ausdruck dafür sind die Schenkungen Pippins und Karls des Großen sowie die von Karl am 24. September 774 verliehenen Privilegien der Immunität und freien Abtswahl. Zugleich wurde Fulda Königsabtei, Zentrum der Wissenschaft und Schreibkultur sowie mit bis zu 675 Mönchen die größte Abtei des Karolingerreichs. Der Klosterbesitz reichte von Friesland bis nach Italien.

Das Kloster Fulda und sein Umfeld war das einzig „bistumsfreie" Gebiet zwischen den Bistümern Mainz und Würzburg. Um 1500 waren hier die Rechte der Mainzer und Würzburger Bischöfe weitgehend ausgeschaltet, so dass der Abt von Fulda schon 1531–33 in Rom die formelle Erhebung der Abtei zum Bistum versuchte. Zwar scheiterte dies zunächst. In der Praxis aber nahm der Fuldaer Abt bereits jetzt die Stellung eines Bischofs ein. Er gründete 1572 ein eigenes Priesterseminar in Fulda, berief Diözesansynoden ein und visitierte die Pfarreien seines Herrschaftsgebiets. Nachdem 1727 der Fuldaer Abt in Rom erreicht hatte,

dass ein Mönch seines Klosters Weihbischof wurde und dieser 1737 zudem die Abtwürde empfing, war es nur noch eine Formsache, als Papst Benedikt XIV. am 1752 die Abtei Fulda zum Bistum erhob. Das kleine Gebiet der Fürstabtei rund um Fulda wurde damit eine eigenständige Diözese.

Obgleich im Zuge der Säkularisation 1802 das geistliche Fürstentum mit seinen Klöstern und somit auch das Kloster Fulda selbst aufgelöst wurde, blieb das Bistum bestehen. 1827 wurde die Diözese kurhessisches Landesbistum und umfasste damit das ehemalige Kurfürstentum Hessen, was dem heutigen Nord- und Osthessen entspricht. 1857 stellte man auch die Katholiken des Großherzogtums Sachsen-Weimar unter die Oberhoheit des Bistums Fulda. Zwar fielen 1929 die früheren kurhessischen Gebiete in Frankfurt/Main an das Bistum Limburg. Im Gegenzug erhielt die Diözese Fulda vom Bistum Paderborn jedoch das überwiegend katholische Kommissariat Heiligenstadt und das Dekanat Erfurt. Infolge der Teilung Deutschlands nach dem 2. Weltkrieg setzte man ab 1946 für die östlichen Gebiete den Erfurter Dompropst Joseph Freusberg als Generalvikar mit Sitz in Erfurt ein, der 1953 zusätzlich Weihbischof wurde. Sein Nachfolger Hugo Aufderbeck wurde 1968 Bischöflicher Kommissar. 1973 vereinigte man die in der DDR liegenden Gebiete der Bistümer Fulda und Würzburg zum Bischöflichen Amt Erfurt-Meiningen, das 1994 zum Bistum erhoben wurde. Das Dekanat Geisa blieb beim Bistum Fulda.

Die erste Vorgängerkirche des heutigen Doms war auf Betreiben des hl. Bonifatius errichtet

Ansicht von Nordosten mit der Doppelturmfassade und Vierungskuppel, ursprünglich rot geschlämmte Architektur. Die Bauplastik war grau und weiß abgesetzt, damit die unterschiedliche Steinfarbigkeit nicht – wie heute – die Fassadenplastizität stört.

worden. Nach seinem Märtyrertod 754 wurde er – auf seinen Wunsch hin – darin bestattet. Durch das Wachstum des Klosters musste der Bau schon früh der erheblich größeren „Ratgerbasilika" weichen, die zu ihrer Bauzeit bei weitem größte Kirche nördlich der Alpen und eine der ersten Kirchen mit zwei Chören und Krypten. Sie wurde 791 unter Abt Baugulf durch den Baumeister und Mönch Ratger, der 802 selbst Abt wurde, im Osten begonnen und war 819 mit dem Bau der Krypten vollendet. In Analogie zur Peterskirche in Rom war die Kirche – im Gegensatz zur allgemeinen Praxis – gewestet. Wie beim Grab des hl. Petrus lag nun auch das Bonifatius-Grab im Westen. Zudem übernahm Ratger von Alt-St.-Peter das mächtige, im Westen gelegene Querhaus, dessen Ostwand von stattlichen 77 Metern Länge im heutigen Bau erhalten ist. Die Kirche hatte somit die Ausdehnung des heutigen Doms (zuzüglich der Apsiden im Osten und Westen). An der Stelle des heutigen Domplatzes lag zudem im Osten der Kirche vorgelagert – wie bei Alt-St.-Peter – ein Atrium (Paradies) mit einer östlichen, später als Kapelle umgebauten Eingangshalle. Das Atrium wurde um 970 vergrößert. Nach dem Einsturz des südlichen Turms 1120, der auch Teile der Ostkrypta zerstörte, erfolgte 1123–57 der Neubau der Ostkrypta, der Ostapsis und der zwei Türme, die ebenso wie Reste der dreischiffigen und dreijochigen Krypta mit ehemals 16 Säulen erhalten sind. Seitdem blieb die Kirche, die wohl im 15. Jahrhundert eingewölbt wurde, bis ins frühe 18. Jahrhundert fast unverändert.

Erst Abt Adalbert von Schleiffras (reg. 1700–14), dessen Wappen überdimensional über dem Hauptportal des heutigen Doms hängt, ließ die Ratgerbasilika durch den heutigen Bau erset-

links: Vierungskuppel mit Malereien an den Kuppelzwickeln mit der Darstellung der Evangelisten von Luca Antonio Colomba aus Arogno bei Lugano

rechts: Blick durch das Langhaus zum Chor mit dem Hochaltar und dem dahinter liegenden Mönchschor, holzgeschnitzte Himmelfahrtsgruppe am Hochaltar und Prophetenfiguren (David und Jesaias) seitlich des Altars von Johann Neudecker d. Ä.

links unten: Grab des Fürstabtes Adolf von Dalberg am nordwestlichen Vierungspfeiler nach Entwurf von Andreas Gallasini, 1729–33

links: Relief mit der Darstellung des Kaisers Karl dem Großen, 14. Jahrhundert

rechts: Alabasterfigur des hl. Sturmius von Joh. Neudecker d. Ä. im Sturmiusaltar von G. B. Artari (nördliches Querhaus)

rechte Seite: Benediktaltar von G. B. Artari und Joh. Neudecker d. Ä. (südliches Querhaus)

unten: Bonifatiusgrab von Joh. Neudecker d. Ä. mit der Darstellung der Ermordung des Bonifatius durch das Schwert und des Heiligen, wie er sich mit dem Schwert des Martyriums aus dem Grab erhebt

zen. Er beauftragte 1704 (Bauvertrag) den aus Bamberg stammenden Johann Dientzenhofer (1663–1726) mit dem Neubau. Nach mehrfachen Planänderungen – die ersten Entwürfe sahen noch die Erhaltung großer Teile der alten Kirche vor – konnte der Bau 1712 geweiht und die Innenausstattung 1720 abgeschlossen werden. Um 1712 war die Kirche mit einer Länge von 99 m, einer Kuppelhöhe von 39 m und 57 m hohen Türmen der größte barocke Kirchenneubau nördlich der Donau.

Der Barockbau knüpft stilistisch – wie sein Vorgänger – an römische Vorbilder (nun des ausgehenden 16. und 17. Jahrhunderts) an. Am Außenbau gilt dies vor allem für das Motiv der Vierungskuppel. Dientzenhofer hatte sich in Rom aufgehalten und kannte daher die zahlreichen römischen Beispiele. Zudem beschaffte man für die Fuldaer Planung eigens ein Modell der Kuppel von St. Peter in Rom. Auch der Fassadenaufbau erinnert an römische Kirchen, insbesondere an S. Andrea della Valle. Darüber

hinaus besteht mit dem Motiv der Doppelturmfassade, der seitlich der Türme sitzenden Kapellen mit Kuppeldächern, in der Art der Wandgliederung und der gerundeten Ecken eine große Nähe zur Barockarchitektur Böhmens. Dies lässt sich vor allem mit der Herkunft des Architekten erklären, dessen Bruder Christoph und später Christophs Sohn Kilian Ignaz Dientzenhofer die führenden Architekten in Böhmen waren.

Der weiß getönte, in klaren Bauformen ausgeführte Innenraum greift in der Wandgliederung ebenfalls Elemente von St. Peter und des durch Borromini barock umgestalteten Langhauses der Lateransbasilika in Rom auf. Außerdem dürfte der Hauptaltar mit dem Baldachinmotiv, das den Blick auf den dahinter stehenden Altar des Mönchschors freigibt, von Berninis Baldachinaltar unterhalb der Peterskuppel in Rom angeregt sein.

Die qualitätvolle Architektur wird durch die kunstvolle Bauplastik und Ausstattung mit Altären ergänzt. Johann Neudecker d. Ä. schuf den Hochaltar, der in Rom ausgebildete Giovanni Battista Artari die Querschiff-Altäre, Andreas Balthasar Weber und der Franziskanerbruder Georg Blank waren für die meisten übrigen Altäre und die Kanzel (1712–14) zuständig. Darüber hinaus stammen von Weber die Steinfiguren der Fassade.

GREIFSWALD

Dom St. Nikolai

Der Greifswalder Dom ist heute Bischofskirche der Pommerschen Evangelischen Kirche. Schon im Mittelalter war St. Nikolai geistliches Zentrum der Stadt und seit der zweiten Hälfte des 15. Jahrhunderts auch des Landes. An der Probstei- und größten Stadtpfarrkirche Greifswalds wurde 1456/57 ein Kollegiatstift eingerichtet, das in einem engen Zusammenhang stand mit der Gründung der Universität auf Betreiben des städtischen Patriziats um den Bürgermeister Heinrich Rubenow im Jahre 1456. Seitdem wurde St. Nikolai, wie auch andere Stiftskirchen (Freiberg, Nordhausen, Halle), mehrmals als „Domkirche" bezeichnet, was sie aber erst im 20. Jahrhundert wurde. Das mittelalterliche Bistum Pommerns war Kammin (Kamien Pomorski) östlich der Oder. Doch hatte bereits 1308 der Probst von St. Nikolai weitreichende geistliche Gerichtsbefugnisse in Vertretung des Kamminer Bischofs wahrgenommen. Den Klerikern war, wie man weiß, bereits 1395 das Tragen eines Baretts gestattet: ein Privileg der Dom- und Kollegiatstiftsherren.

rechte Seite: Ansicht von Südwesten (Turm: Untergeschos 1360, 2. und 3. Geschoss, Anfang 15. Jahrhundert, 4. Geschoss, um 1460, Oktogon 1480–1500, Spitze 1652

unten rechts: Ansicht von Osten (Ostfassade 1385–1400, Giebel nach 1650 erneuert)
unten Mitte: Westturm von Nordwesten
unten: Hauptportal

Seit 1456 ist die Nikolaikirche räumlich und institutionell eng mit der Universität assoziiert. Die mit der Stiftung an der Kollegiatskirche verbundenen Pfründen wurden als Sold für die Lehrenden verwendet. Die noch vielfach erhaltenen Professorenhäuser – Wohnraum und Unterrichtsstätte zugleich – entstanden rings um St. Nikolai. Die Patronatsrechte über die Greifswalder Kirchen, die bislang beim nahe gelegenen Zisterzienserkloster Eldena gelegen hatten, gingen nun auf die Universität über. Noch heute ist die wohl einmalige, enge Verbindung von Universität und höchster kirchlicher Institution im Stadtbild und an den barocken Grabkapellen in der Kirche nachvollziehbar.

In Pommern führte Johannes Bugenhagen die Reformation nach 1534 mit Billigung der Herzöge ein. Im Jahr darauf wurde eine neue Kirchenordnung für das Land erlassen, was als Geburtsstunde der Pommerschen Landeskirche angesehen wird. Ihr stand zunächst, auch unter schwedischer Herrschaft (1648–1815), ein Generalsuperintendent vor. 1815 wurde Greifswald preußisch. Mit der Provinz Pommern entstand eine eigene Kirchenverwaltungsbehörde (Konsistorium) in Stettin. Oberhaupt der Kirche war nun der König von Preußen als „summus episcopus“. 1817 verfügte Friedrich Wilhelm III. eine Union der lutherischen und reformierten Gemeinden, es entstand die „Evangelische Kirche in Preußen“. Eine ihrer acht Provinzen war Pommern mit eigenem Provinzialkonsistorium mit Sitz in Stettin. Nach dem Wegfall des landesherrlichen Kirchenregiments (1918) gründeten die preußische Landeskirche und deren Provinzialkirchen 1922 die „Evangelische Kirche der Altpreußischen Union“. Die Kirche wurde von mehreren Generalsuperintendenten und dem Präsidenten des Oberkonsistoriums in Berlin verwaltet. Nach 1945 verlegte man das Provinz-Konsistorium nach Greifswald. 1947 wurde die ehemalige Provinzialkirche Pommerns eine selbständige Landeskirche mit einem Bischof an der Spitze.

Die Nikolaikirche mit ihrem gewaltigen Westturm und eindrucksvollen Ostgiebel beherrscht das durch die Ansichten Caspar David Friedrichs berühmte Greifswalder Stadtbild wie kein zweiter Bau. Die aus den unterschiedlichen Blickachsen der Straßenzüge wirksamen Glieder des Backsteinbaus sind das Ergebnis wiederholter Umbauten und somit

links: Turm von Westen
oben: Innenansicht des unteren Turm-
geschosses und Ansicht von Südosten
(Langhaus Anfang 15. Jahrhundert)
unten: Grundriss
unten rechts: Doppelportal an der Südseite
der Langhauswand

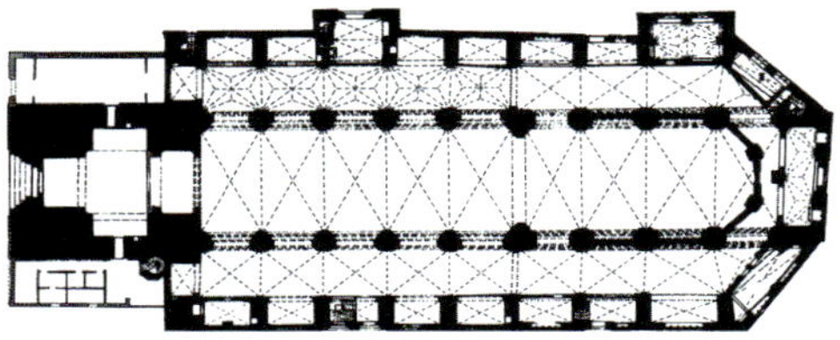

Zeugnis der anhaltenden zentralen Bedeutung der Kirche.

Bald nach der Entstehung der Stadt Greifswald, der Herzog Wartislaw III. im Jahr 1250 das Lübische Recht verliehen hatte, muß eine 1263 erstmals erwähnte Nikolaikirche existiert haben, von der jedoch nichts mehr erhalten ist. Noch vor 1300 wurde ein umfassender Neubau in Angriff genommen, parallel zu anderen sakralen Baumaßnahmen in der Stadt. An St. Nikolai stand der Bau in Verbindung mit dem erwähnten Aufstieg zur Propsteikirche. Von dem einjochigen Chor sind Reste in den spätgotischen Triumphbogenpfeilern zwischen Chor und Langhaus überkommen. Wohl erst Jahrzehnte später, um 1360, entstand ein fünfjochiges und dreischiffiges Hallenlanghaus. Für diese Datierung sprechen die verwendeten Formsteine sowie etliche Kapellenkäufe, Altar- und Messstiftungen, die als Belege für Baumaßnahmen gelten können. In dieser Zeit wuchs das wirtschaftlich prosperierende Greifswald zur zweitgrößten Stadt Pommerns heran. Die Hallenkirche wurde lange Zeit von der Forschung als Inbegriff bürgerlichen Selbstbewusstseins gedeutet. Sie hat sich trotz des Umbaus der Nikolaikirche im 15. Jahrhundert in der Gestalt der achteckigen Pfeiler und den Außenmauern erhalten. Diese besitzen nach innen gezogene Strebepfeiler, wodurch in den Seitenschiffen Kapellenräume, sog. Einsatzkapellen, entstanden. Im 14. Jahrhundert wurde auch das Untergeschoss des mächtigen Westturms gebaut. Ein geplanter Hallenchor wurde jedoch nicht ausgeführt.

Um 1385 kam es zu einem einschneidenden Planwechsel. Der Chor wurde als lang gestreckte, fünfjochige Basilika mit einer ungewöhnlich hoch aufragenden, geraden Ostfassade errichtet. Diese besitzt hohe Lanzettfenster und ein Giebeldreieck, das allerdings nach

Innenansicht nach Osten, zwischen 1823 und 1832 neugotisch umgestaltet

oben: Barocke Familiengruft in spätgotischer Langhauskapelle
oben rechts: Gewölbe im Chorumgang

unten und rechts: Neugotische Kanzel mit Schalldeckel und neugotische Taufe, beide ausgeführt von Christian Adolf Friedrich zwischen 1823 und 1832

einem Einsturz 1650 neu aufgemauert werden musste. Die eindrucksvolle Gestaltung der Ostwand nutzt die Straßenführung der Stadt optimal. Vom Fischmarkt südlich des Rathauses und noch vom östlich anschließenden Hauptmarkt aus ist die Fassade zu sehen; sie bildet den Abschluss der Lappstraße. Dieser Planwechsel zugunsten einer repräsentativen, kathedralartigen Chorlösung wird mit der Absicht der Errichtung eines Kollegiatstifts in Verbindung gebracht. Durch den basilikalen Chor unterschied sich die Nikolaikirche nun überdeutlich von den anderen Pfarrkirchen der Stadt (St. Marien, St. Jakobi), die beide zu diesem Zeitpunkt chorlose Hallen waren. Der Chor wird 1411 als neu bezeichnet, eine Vollendung ist jedoch schon vor 1400 möglich. Im frühen 15. Jahrhundert baute man auch das Langhaus zur Basilika um. Das Mittelschiff wurde auf die Höhe des Hohen Chors gebracht, die Achteckpfeiler wurden ummantelt und die hohen Hallenarkaden teilweise zugemauert. Danach zog man in der gesamten Kirche Gewölbe ein, nachdem die Chorkapellen schon vor 1400 gewölbt worden waren. In den südlichen Kapellen des Chorumgangs haben sich ausgezeichnete Wand- und Gewölbemalereien der Bauzeit erhalten, Stiftungen der jeweiligen Inhaber. Besonders qualitätvoll ist die dritte Chorkapelle von Westen ausgemalt, wobei vor allem die an böhmische Vorbilder der Zeit um 1360 erinnernden Architekturmotive auffallen.

Außerdem errichtete man noch Anfang des 15. Jahrhunderts das zweite und dritte Turmgeschoss. Der breite Turm reichte nun also bis zur Traufhöhe des Mittelschiffs. Nach der Erhebung zur Kollegiatskirche 1457 wurde das charakteristische vierte Turmgeschoss mit den runden Ecktürmen und den Zinnenreihen an der Nord- und Südseite aufgesetzt. Um 1480/1500 erfolgte ein Planwechsel zugunsten des schlanken, doppelgeschossigen Oktogons. Dessen aufwendige Schmuckform korrespondiert mit dem gleichzeitig angelegten Westportal und dem Doppelportal im dritten westlichen Joch der Südseite. Kurz nach 1500 wurde eine hohe Spitze aufgesetzt, die aber in Stürmen der Jahre 1515 und 1650 zweimal herunterkam, bevor der Turm seine heutige barocke Haube erhielt.

Ein Ausstattungsstück von höchstem historischem Wert ist die Rubenow-Tafel, die 1460 als Gedächtnisbild vom Bürgermeister und ersten Rektor der Greifswalder Universität, Heinrich Rubenow (†1462), gestiftet wurde. Sie zeigt ihn mit sechs weiteren Professoren vor der Muttergottes. Anlass war der Tod zweier Gründungsmitglieder, die Rubenow der Fürbitte Marias anempfiehlt. Eine Inschrift beschreibt die Umstände der Universitäts-

gründung, die als eine Übertragung der Studien von der älteren Universität Rostock in Mecklenburg verstanden wurde.

Der heutige Innenraum ist weitgehend ein Werk des 19. Jahrhunderts. Der romantische Eindruck einer Kathedrale entstand durch den Umbau 1823–32 unter der Leitung des Architekten Johann Gottlieb Gieses, mit Beteiligung mehrerer bedeutender Professoren, vor allem Johann Gottfried Quistorps, des Lehrers C. D. Friedrichs. Giese behielt die spätmittelalterliche Struktur bei und vereinheitlichte den Raum durch Verputzung, einen Farbanstrich im hellen Sandsteinton und neuen Baudekor. Außerdem wurden Ausstattungsstücke angeschafft, die den Eindruck wesentlich mitbestimmen. Besonders der Chor wurde nun völlig umgestaltet: Der neue, polygonale Binnenchor zitiert mit seinen filigranen Maßwerkformen und den Wimpergen hochgotische Fassadenarchitektur.

oben links und Mitte: Wandmalereien in der 2. südlichen Chorkapelle (Ende 14. Jahrhundert)
rechts oben und unten: Spätgotische Malerei im südlichen Chorumgang
rechts Mitte: 1. südliche Chorkapelle
unten: Reformationsfenster (Ausschnitt), 1883 anlässlich des 400-jährigen Geburtsjubiläums von Martin Luther von den Bürgern der Stadt gestiftet; dargestellt sind Martin Luther, rechts von ihm Johannes Bugenhagen („Reformator des Nordens" und Beichtvater Luthers) und links Philipp Melanchthon

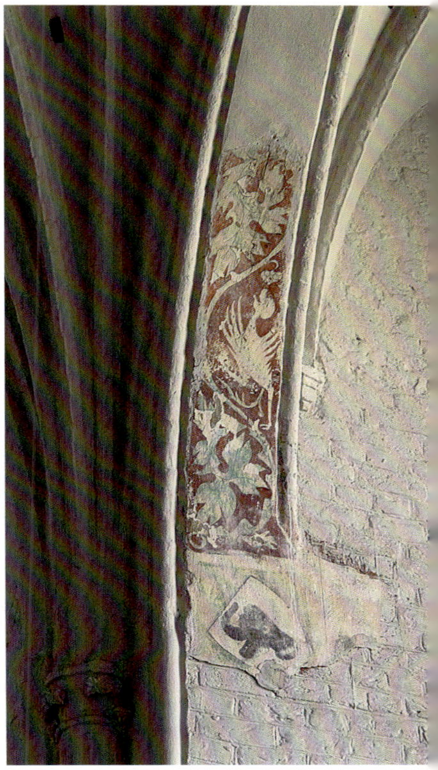

HALBERSTADT

Dom St. Stephanus und St. Sixtus

Ansicht von Südwesten, Turmuntergeschosse 1239–50, Obergeschosse 1882–96 erneuert

Das Bistum Halberstadt ist nach Erfurt die älteste Diözese auf dem Gebiet der neuen Bundesländer. Es ging aus einem Missionsbistum hervor, dessen nicht gesicherte Gründung um 780/81 in Seligenstadt, dem heutigen Osterwieck an der Ilse erfolgte. Die Verlegung muss kurz nach 800, spätestens 809 geschehen sein. Halberstadt war in karolingischer Zeit nicht nur kirchlicher Mittelpunkt im dem Reich inkorporierten Sachsen, sondern auch bald das urbane Zentrum im nördlichen Harzvorland. Diese Bedeutung wurde erst durch die Ausdehnung des Reiches nach Osten, die Gründung des Erzbistums Magdeburg im Jahre 968 und die immense Förderung der neuen Metropole an der Elbe durch Kaiser Otto I. gemindert. Bis dahin hatte Halberstadt beste Aussichten, selbst in den Rang einer Erzdiözese aufzusteigen. Gegen die Konkurrenz Magdeburgs haben sich die Halberstädter Bischöfe, auch in der Architektur des Doms, lange zu behaupten bemüht. Die verschiedenen mittelalterlichen Neubauten der Kathedrale erfolgten stets auch als Reaktion auf neue Bauprojekte in Magdeburg.

Halberstadt besaß mehrere Bischöfe von reichsweiter Bedeutung. Burchard von Nabburg (reg. 1036–59) gründete mehrere Klöster, vor allem das nach ihm benannte St. Burchardi-Kloster in Halberstadt. Er war der Bischof, der am stärksten nach einem Ausgleich und friedlicheren Verhältnis mit Magdeburg strebte. Sein Nachfolger, der seliggesprochene Burchard II. (reg. 1059–88), spielte als einflussreicher Politiker eine wichtige Rolle beim sächsischen Aufstand gegen Kaiser Heinrich IV. Bischof Albrecht III. von Rikmersdorf (reg. 1366–90), unter dem auch wesentlich Ausstattungsstücke des Doms entstanden, gilt als bedeutender Theologe. Er war vor seinem Episkopat am päpstlichen Hof in Avignon und erster Rektor der Wiener Universität.

Seit 1479 wurde das Halberstädter Bistum von der Erzdiözese Magdeburg administrativ mitverwaltet. Der erzwungene Rücktritt des letzten selbständigen Halberstädter Bischofs, Gebhard von Hoym (reg. 1458–79), war eine Folge politischer Entwicklungen und wurde ermöglicht durch die Überschuldung des Domkapitels. Kurfürst Ernst von Sachsen bot diesem einen Erlass an und bestimmte seinen Sohn, den Magdeburger Erzbischof Ernst von Wettin (reg. 1476–1513), als Administrator. Sehr spät, erst 1591, wurde im Domstift durch Bischof Heinrich Julius von Braunschweig (reg. 1564–1613) die Reformation eingeführt, nachdem die Stadt längst protestantisch geworden war. Das Hoch-

Ansicht von Osten mit Marienkapelle im Chorscheitel (1340–50)

stift wurde 1648 endgültig säkularisiert und existierte als weltliches Fürstentum Halberstadt weiter.

Der heutige, hochgotische Dom hatte mehrere, zum Teil bedeutende Vorgänger, über deren Größe und Grundrissdisposition wir durch Grabungskampagnen der 1950er Jahre gut informiert sind. Unmittelbar nach der Bistumsgründung entstand im frühen 9. Jahrhundert der erste, noch relativ bescheidene Bau, der bald durch einen größeren Chor mit Kammerkrypta im Osten erweitert wurde. In den Ausmaßen

weit über diese Anlage hinausgehend, wurde unter Bischof Haymo (reg. 840–53) mit dem Bau einer großen karolingischen Kathedrale begonnen, die 859 von Hildegrim II. (reg. 853–66) geweiht wurde. Es handelte sich um eine dreischiffige Basilika mit Westwerk, Querschiff und großem Chor sowie einer umfangreichen, neuen Kryptenanlage (Ring- und Außenkrypta).

Im Jahre 965 stürzte nach chronikalischer Überlieferung dieser Bau ein. Es wurde wohl nicht zu Unrecht vermutet, dass neben diesem Ereignis auch politische Gründe einen Neubau entscheidend motiviert hätten: Im Jahre 955 war mit dem Bau der Magdeburger Kathedrale „in großartiger Form" (Chronik des Bischofs Thietmar von Merseburg) begonnen worden. Der ottonische Dom in Halberstadt war ein architektonisches Konkurrenzprojekt. Er wurde bereits 992 geweiht, nach einer bemerkenswert kurzen Bauzeit, die den hohen Ehrgeiz der Bauherren bezeugt. Seine enormen Ausmaße sind noch am gotischen Dom ablesbar, der sich im Grundriss weitgehend an dem Vorgänger orientierte. Bereits beim ottonischen Dom waren einige Elemente des karolingischen Baus übernommen bzw. kopiert worden, wie die Ostteile mit der zweigeschossigen Außenkrypta. Die traditionellen Formen könnten das hohe Alter der Diözese gegenüber dem jüngeren Erzbistumssitz Magdeburg betont haben, während das ottonische Langhaus einen modernen sächsischen Stützenwechsel aufwies.

Die Kathedrale des 10. Jahrhunderts wurde mitsamt der Stadt im Jahre 1179 durch den Sachsenherzog Heinrich den Löwen zerstört. Ihre Instandsetzung umfasste nun auch erstmals eine Wölbung wahrscheinlich aller Bauteile und zog sich bis zur Weihe 1220 hin. Aus dieser Zeit hat sich eines der bedeutendsten unter den zahlreichen mittelalterlichen Kunstwerken des Doms erhalten: Die Triumphkreuzgruppe ist eine der frühesten der großen sächsischen Werke des 13. Jahrhunderts. Über einem beidseitig skulptierten Balken mit Apostelbüsten ragt ein Kreuz auf, in das das eigentliche, von Engeln präsentierte Kreuz Christi eingesetzt ist. Zu Füßen des Gekreuzigten befindet sich die eindrucksvolle Figur des erwachenden Adams; seitlich des Kreuzes stehen Maria und Johannes

linke Seite:
oben: Giebel des südlichen Querhauses
Mitte: Strebepfeiler des nördlichen Langhauses
unten: Ansicht von Südosten mit Blick auf die Türme, das Querhaus und den Chor

rechts: Ansicht nach Osten zur Vierung und zum Chor; im Vordergrund der Marmortaufstein aus dem alten Dom

sowie zwei Seraphim. Von großem Interesse ist ein kürzlich entdecktes Reliquiensepulkrum im Kopf Christi, in dem hochrangige Reliquien deponiert waren. Diese waren von Bischof Konrad von Krosigk (reg. 1201–08/09) im Jahre 1205 aus Konstantinopel nach Halberstadt mitgebracht worden. Möglicherweise fällt der Auftrag oder sogar schon die Ausführung der Triumphkreuzgruppe bereits in das Episkopat Konrads, unter dem auch die Einwölbung begonnen wurde.

Der ab 1239 entstehende gotische Dom ist als erneute Reaktion auf den Neubau des Magdeburger Doms seit 1209 gedeutet worden: Dort entstand die erste deutsche Kathedrale in nordfranzösisch-gotischer Gestalt. In der Halberstädter Architektur ist die hochgotische Formensprache konsequenter umgesetzt. Die geschlossene Erscheinungsform ist einmalig in Deutschland und überrascht angesichts der langen Bauzeit bis ins späte 15. Jahrhundert. Sie zeugt letztlich auch von einem starken Traditionsbewusstsein der Halberstädter Bischöfe. Durch die Beibehaltung der ottonischen Schiffsbreiten, die ja eigentlich für Flachdecken konzipiert waren, wirken das Langhaus und besonders die schmalen Seitenschiffe sehr steil und lang – eine einzigartige, viel gerühmte Raumwirkung, die sich etwa deutlich vom geräumigeren Langhaus des Magdeburger Doms mit seinen weiten Arkaden unterscheidet.

Unüblicherweise wurde der Neubau im Westen begonnen. Die erste Bauphase bis zur Mitte des 13. Jahrhunderts umfasste die monumentale Doppelturmanlage mit einer (nicht mehr vorhandenen) dreischiffigen, offenen Vorhalle. Diese Bauteile lagen westlich des ottonischen Doms. Erst nach 1250 wurde in einem zweiten Bauabschnitt der alte Westbau abgerissen und durch die drei westlichen Langhausjoche ersetzt. 1317 ist die Vollendung der beiden westlichen Mittelschiffsgewölbe überliefert. Bis zum Beginn einer dritten Baukampagne ab 1340 wurden das gesamte ottonische Langhaus, das Querhaus und der Chor zusammen mit den neuen, etwa 7 Meter höheren gotischen Westteilen genutzt. Noch im ersten Abschnitt bis zur Mitte des 13. Jahrhunderts errichtete man den gesamten Kreuzgang und etliche Teile der Klausur.

Ab etwa 1340 wurde der Dom nun von Osten aus weitergeführt. Es entstand zunächst die Marienkapelle im Chorscheitel, ein klassisch schlichter Bau, der aufgrund seines filigranen

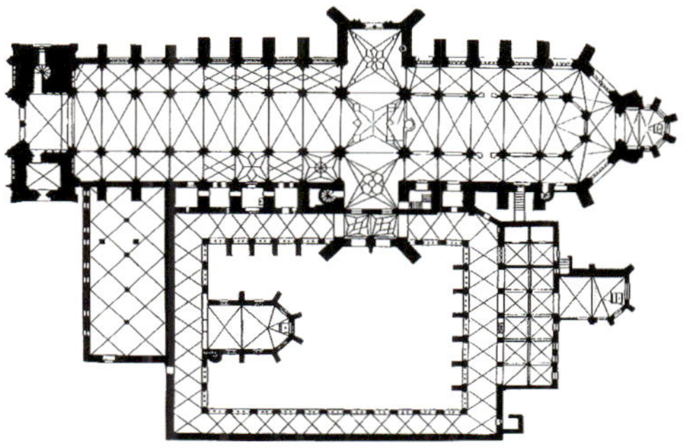

linke Seite: Nördliche Langhauspfeiler

oben links: Nördliche Langhauswand

unten links: Nördliches Seitenschiff nach Osten

oben rechts: Chor nach Osten mit Chorgestühl und an den Pfeilern (von links) Standbilder der Apostel Johannes, Andreas, Jakobus d. Ä. und Petrus, die Stiftspatrone Stephanus und Sixtus sowie die Apostel Paulus, Jakobus d. J., Philippus und Matthäus; Fenster mit Glasmalerei der Erbauungszeit im frühen 15. Jahrhundert

unten rechts: Grundriss

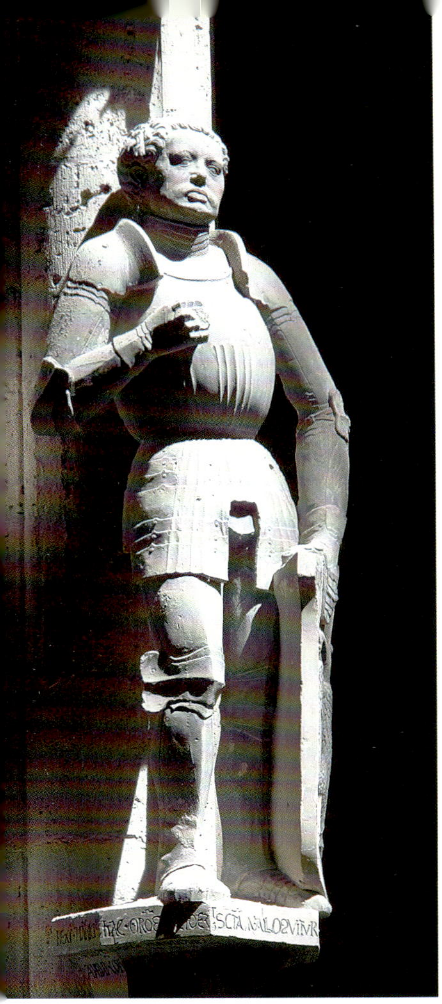

Hl. Mauritius, 1513

Hl. Georg, 1487

Dachreiters und seiner Ausstattung von Bedeutung ist: Neben den großartigen Glasmalereien ist die steinerne Dreikönigsgruppe zwischen den Fenstern zu nennen. Sie entstand um 1350/60 und ist funktionsgeschichtlich bemerkenswert, hat sich doch eine ähnliche Ausstattung von Marienkapellen des 14. und 15. Jahrhunderts selten erhalten. Sie liefert somit einen Anhaltspunkt für die ehemalige Platzierung museal erhaltener Dreikönigsgruppen.
Anschließend wurde der lang gestreckte, vierjochige Chor mit 5/8-Polygon und Umgang errichtet, dessen Weihe 1401 erfolgte. Bis dahin standen noch das ottonische Quer- und Langhaus. Erst in einem letzten Abschnitt wurden diese ersetzt und die gotische Kathedrale bis zur Schlussweihe 1491 vollendet. Es erstaunt, wie unbeirrt – trotz leicht modernisierter Einzelformen – der einmal gefasste Plan über zweieinhalb Jahrhunderte ohne nennenswerte Korrekturen weiterverfolgt wurde. Auch in der Neuzeit erfolgten wenige Umbauten. Nach verheerenden Zerstörungen des Jahres 1945 retteten rasche Instandsetzungsarbeiten eine der eindrucksvollsten gotischen Kirchen des Landes.
Mehrere Ausstattungsstücke des Halberstädter Doms sind von höchstem europäischem Rang. Dazu zählen drei Sandsteinfiguren einer Hl.-Grab-Gruppe (Engel, Magdalena, Maria), heute im nördlichen Chorumgang aufgestellt. Sie sind das Werk eines weit verzweigten, im dritten Viertel des 14. Jahrhunderts am Mittelrhein, in Erfurt, Magdeburg, Braunschweig, Havelberg und Neuruppin tätigen Ateliers, das lange Zeit nach einem Hauptwerk, dem Severi-Sarkophag in Erfurt benannt wurde. Sein Einfluss wird auch in einer Figur des Schmerzensmanns im nördlichen Chorumgang des Halberstädter Doms deutlich. Sehr qualitätvoll sind auch einige der lebensgroßen, an den Chorpfeilern stehenden Figuren der Bistumspatrone Stephan und Sixtus sowie der zwölf Apostel, Stiftungen um die Mitte des 15. Jahrhunderts.
Seinen Weltruhm verdankt der Halberstädter Dom jedoch seinem Kirchenschatz, der einen in Deutschland einmaligen Einblick in die Sammlung von Kleinodien, Reliquiaren und Textilien gewährt. Obgleich auch hier viel verloren ging, besonders durch Kardinal Albrecht von Brandenburg, der als Magdeburger Erzbischof auch den Halberstädter Stuhl innehatte und etliches nach Halle und Mainz überführte, ist der Halberstädter Schatz heute der reichste unter den Deutschen Bistümern.

oben: Triumphkreuzgruppe (vor 1220)

links: Vierungsbereich mit Blick nach Osten, Lettner mit Triumphkreuzgruppe

rechts: Lettner

HALLE

Dom St. Mauritius und Maria Magdalena

Der Hallenser Dom war keine Hauptkirche eines Bistums. Die ehemalige Dominikaner-Klosterkirche erhielt die Bezeichnung in der Zeit zwischen 1520–41, als hier Kardinal Albrecht von Brandenburg in unmittelbarer Nachbarschaft zu seiner Residenz ein Kollegiatstift errichtete. Sie wurde zur Hauskirche des damals neben dem Kaiser mächtigsten deutschen Staatsmanns. Albrecht von Brandenburg (1490–1545) war seit 1513 Erzbischof von Magdeburg und Administrator von Halberstadt, seit 1514 Erzbischof von Mainz und 1518 Kardinal. Anders als die anderen unzutreffend als „Dom" bezeichneten Kirchen (z. B. Freiberg, Stendal, Meldorf) war der Hallenser also sehr eng mit dem Wirken eines Kirchenfürsten und der Geschichte gleich mehrerer Bistümer verbunden.

Ansicht von Südwesten

Als Stadtherr hatte vor allem der Magdeburger Erzbischof Ernst von Wettin (1476–1513) durch die Errichtung der Zwingfeste Moritzburg seit 1484 seine Ansprüche gegenüber der Stadt gesichert. Sein Nachfolger Albrecht forcierte dieses Vorhaben, indem er bald nach Amtsbeginn den Ausbau Halles zu seiner Hauptresidenz betrieb. Auf der Moritzburg installierte er noch 1513 das Neue Stift, für das er einen rasch anwachsenden Reliquienschatz stiftete: das berühmte, verloren gegangene „Hallesche Heiltum" von unermesslichem religiösem, künstlerischem und materiellem Wert. Man weiß, dass es im Jahre 1521 insgesamt 21 441 Reliquienpartikel und 42 vollständige Körper umfasste, die eine irrwitzig hohe Zahl an Ablasstagen versprachen. Für diese Reliquien ließ Albrecht kostbare Behältnisse anfertigen, von denen er zwei reich illustrierte Inventarverzeichnisse, sog. Heiltumsbücher (1520 und 1526) anfertigen ließ. Da die meisten Schätze inzwischen verloren sind, sind diese beiden Bücher von unschätzbarem historischem Wert.

Die Magdalenenkapelle auf der Moritzburg als vorläufiger Sitz des Stifts entsprach keineswegs den hohen Ansprüchen Albrechts. 1519 löste er das alte Augustiner-Chorherrenstift St. Moritz am südwestlichen Stadtrand auf und veranlasste die Hallenser Dominikaner, ihr Kloster mit der Kirche St. Pauli zum Hl. Kreuz zu verlassen, das in unmittelbarer Nähe zur Moritzburg lag, und in das frei gewordene Moritzkloster umzuziehen. Am 15. Juni 1520 wurden die Reliquien aus der Moritzburg in einer feierlichen Prozession in das Neue Stift, das ehemalige Dominikanerkloster, überführt. In kürzester Zeit wurde die hochgotische Bettelordenskirche zu einem prächtigen Renaissancebau umgestaltet und mit bedeutenden

Ausstattungsgegenständen versehen, unter ihnen auch aus Mainz importierte kolossale Steinbildwerke. Dem Stift wurden die Einkünfte verschiedener, von Albrecht aufgelöster Klöster übertragen. Zudem plante der Erzbischof, das Neue Stift in eine Universität nach dem Vorbild Bolognas und als Gegengewicht zu Wittenberg umzuwandeln. Er erwarb deshalb 1530 Baugrund südlich der Anlage und errichtete dort, als die Universitätspläne bald scheiterten, seine Neue Residenz (1531–39).

Die kurze und ehrgeizige Epoche des Neuen Stifts endete 1541, als sich die Reformation auch in Halle durchsetzen konnte und Albrecht die Stadt verlassen musste. Er zog sich nach Mainz zurück. Die bewegliche Ausstattung des Doms, ein Teil des Schatzes sowie des bereits weitgehend fertig gestellte Grabmal des Erzbischofs gelangten in die Stiftskirche in Aschaffenburg. Vieles hatte aber schon zuvor verkauft werden müssen, um den immensen Schuldenberg des Kirchenfürsten

Ansicht von Südosten, Hauptbauphase 1280–1330, Attika 1520–25

Reste des ehemaligen Kreuzgangs

rechts: Südliches Chorgestühl, um 1525

rechte Seite:
oben: Ansicht nach Osten mit Pfeilerfiguren von Peter Schroh, 1525
unten links: Kanzel, vermutl. von Ulrich Creutz, um 1525
unten rechts: Chor mit Chorgestühl, um 1525, und Hochaltar, 1662

unten: Hl. Christopherus, nördliches Chorgestühl, um 1525

abzubauen. Das bis auf die wandfeste Ausstattung leere Kirchengebäude wurde den Dominikanern restituiert, die es bis 1561 nutzten. Im 17. Jahrhundert war es vorübergehend Hofkirche der evangelischen Administratoren des Magdeburger Erzbistums.

Die knapp geschilderten historischen Ereignisse lassen sich gut am Bau ablesen. Die Kirche des 1271 gegründeten Dominikanerklosters wurde 1280–1330 als Hallenbau errichtet – einer der frühesten in Sachsen. Der querschifflose Bau besitzt einen sehr lang gestreckten Grundriss mit acht Jochen im Langhaus sowie einen polygonal schließenden Chor mit Vorjoch in Verlängerung des breiten Mittelschiffs. Der auffallend kurze Chor entspricht den Baugewohnheiten des Predigerordens, ebenso das schlichte Mauerwerk. Sicher bereits im frühen 14. Jahrhundert vollendet waren die kräftig profilierten Kreuzrippengewölbe und die vegetabile Ornamentik an Konsolen und Kämpfern. Von der Ausstattung hat sich lediglich ein interessanter und qualitätvoller Grabstein der Zeit um 1370/80 erhalten, der eine Frau mit gewickeltem Kind im Arm zeigt.

Unter der Leitung des zuvor am Magdeburger Dom tätigen Bastian Binder erfolgte 1520–25 der Umbau zur Stiftskirche. Der Außenbau wurde durch eine dem gotischen Traufgesims aufgesetzte Attika erhöht, die von rundbogigen, ursprünglich verputzten und mit vergoldeten Kugeln besetzten Zwerchhäusern bekrönt wird. Es handelt sich um das früheste Beispiel der wenig später in der Schlossarchitektur so beliebten Rundbogengiebel in Mitteldeutschland. Im Innern zog man zunächst Emporen für den Kardinal und die Kanoniker ein, die durch elegante Wendeltreppen im Kirchenraum erreicht werden können. Ein besonderes Kleinod früher Renaissancearchitektur ist das 1523 fertig gestellte Sakristeiportal mit reicher Rahmung und einem Gottvater-Relief in der Lünette.

Von der einst überreichen und höchst bedeutenden Ausstattung (z. B. Grünewalds Erasmus-Mauritius-Tafel, heute in München, Alte Pinakothek) sind im Dom nur die steinernen Bildwerke erhalten. Zwei Weihetafeln wurden 1523 angefertigt: Die sog. kleine Weihetafel stammt von Loy Hering und ist eleganter und zurückhaltender im Gesamtaufbau; die andere wurde in der Werkstatt Peter Schrohs ausgeführt. Beide zeigen die Stiftspatrone als plastische Figuren, das Wappen des Kardinals flankierend. Die 1525 aufgestellten, insgesamt 17 überlebensgroßen Pfeilerfiguren mit Konsolen und Baldachinen aus rheinischem Tuff sind Hauptwerke der mittelrheinischen Skulptur an der Wende zur Neuzeit. Sie stammen von Peter Schroh, einem Schüler des Mainzer Bildhauers Hans Backofen. Im selben Jahr wurde die vermutlich von Ulrich Creutz geschaffene Kanzel aufgestellt, bei der die Renaissance-Ornamentik überwiegt. Von der frühbarocken Ausstattung als Hofkirche haben sich vor allem die hohe, 1662 von Herzog August von Sachsen gestiftete Altarschauwand im Chor und zahlreiche, zum Teil bedeutende Grabmäler und Epitaphien erhalten.

HAMBURG

Hauptkirche St. Michaelis

Nach Einführung der Reformation 1529 war Hamburg bis weit ins 19. Jahrhundert hinein nahezu rein evangelisch-lutherisch. Die Kirche der seit 1510 reichsunmittelbaren Stadt wurde bis 1918 vom Senat als Kollegium verwaltet. An der Spitze stand zunächst ein Superintendent, der jedoch bald den Titel eines Seniors führte. Dieser Aufbau ist typisch für lutherische Kirchen in den Stadtstaaten der frühen Neuzeit (z. B. Augsburg). In Hamburg konnten verschiedene Hoheitsansprüche dänischer Könige auf die vor allem im 17. Jahrhundert enorm anwachsende Metropole und damit eine Eingliederung in die dortige Landeskirche abgewiesen werden. 1923 wurde das Kollegium der Evangelisch-Lutherischen Kirche im Hamburgischen Staate durch eine Landessynode ersetzt, der Senior hieß seit 1933 Landesbischof. 1977 wurde die Hamburgische Kirche mit drei weiteren selbständigen Landeskirchen (Lübeck, Schleswig-Holstein, Eutin) und dem Kirchenkreis Harburg der Landeskirche Hannovers zur „Nordelbischen Evangelisch-Lutherischen Kirche" mit Verwaltungssitz in Kiel vereint. Die Hauptkirche St. Michaelis in Hamburg ist eine von drei Bischofskirchen.

rechte Seite: Ansicht von Süden, Kirche 1751–62, Turm 1777–86
unten: Turm von Südwesten

Die Michaeliskirche, deren kolossaler Turm als „Michel" stadtsymbolische Bedeutung besitzt, gilt hinsichtlich ihrer Größe, der konstruktiven Leistung und strukturellen Erscheinung als wichtigster Bau des nordeuropäischen protestantischen Barocks. Innerhalb Deutschlands steht sie gleichrangig neben der wenig älteren Dresdener Frauenkirche. Sie besitzt eine komplizierte Baugeschichte und ist heute durch Wiederherstellungen nach einem Brand im Jahre 1906 und dem Bombenangriff 1943 geprägt. Einem Feuer verdankt sie auch ihre Entstehung: Die erste Michaeliskirche, 1648–73 von Christoph Corbinus und Peter Marquard als Pfarrkirche der Neustadt errichtet, wurde auf diese Weise am 10. März 1750 zerstört. Es handelte sich um eine dreischiffige Backsteinhalle mit fünfseitigem Chor und quadratischem Westturm, die zwar von stattlichen Ausmaßen war, doch inzwischen den baukünstlerischen Ansprüchen der mächtigen Stadt nicht mehr genügte.

Die sogleich nach 1750 einsetzenden Werbekampagnen für einen Neubau sind ebenso ausführlich dokumentiert wie die Diskussionen um die Gestalt der zu errichtenden Kirche. Der führende Hamburger Architekt der Zeit, Johann Leonhard Prey, hatte sich durch den Bau der Dreieinigkeitskirche in St. Georg (1743–47) nachhaltig empfohlen. Gemeinsam mit ihm beauftragte das Kirchenkollegium den Mechaniker Ernst Georg Sonnin aus Mecklenburg als technischen Berater. Sie legten 1751 gemeinsame Pläne vor, die noch im selben Jahr umgesetzt wurden. Bereits 1753 – die Außenmauern waren bis zum Hauptgesims aufgeführt – holte

Stadtrundfahrt

Michael als Drachentöter, Bronzestatue von August Vogel über dem Hauptportal, 1907

rechte Seite: Innenraum nach Osten

das Kollegium Verbesserungsvorschläge für Dachkonstruktion und Gewölbe ein. Der hannoversche Oberhofbaumeister Johann Paul Heumann entwickelte die bis 1757 ausgeführte Lösung. Im selben Jahr verstarb Prey, und Sonnin vollendete als alleiniger Bauleiter die Kirche bis 1762. Er entwarf auch den kühnen Turm, der 1777–86 – nach seinen eigenen Worten – „nach dem reineren Geschmacke der Alten" errichtet wurde. In der Tat weist der Michel frühklassizistische Züge auf.

Die Michaeliskirche von Prey/Sonnin/Heumann wurde über den Fundamenten des Vorgängerbaus errichtet, erweiterte diesen jedoch um die Querarme, so dass sich insgesamt ein Grundriss in Form eines griechischen Kreuzes ergab. Vor allem nach außen tritt die Kirche als Zentralbau in Erscheinung. Über hohem Sockel erhebt sich das mächtige Hauptgeschoss, das durch Kolossalpilaster strukturiert wird. Diese stützen das vorkragende Gesims und das flache Mansarddach. Die unterschiedlichen Materialien des kupfergedeckten Backsteinrohbaus, dessen Zierformen aus Sandstein gebildet sind, bestimmen seine Wirkung. Die dreiachsigen Querhausfronten sind durch prächtige Sandsteinportale mit darüber aufsteigendem Rundbogenfenster und Giebel aufwendig gestaltet. Die ungewöhnliche Kombination von gemeinsam in einer Nische vertieftem Portal und Fenster fällt ebenso ins Auge wie die Doppelfenster am Chor und Längsschiff, die durch Schweifung der Bögen wie zusammengezogen erscheinen – ein Motiv, das man auch bei Doppelportalen von Hamburger Bürgerhäusern der Zeit findet.

Nicht nur wegen seines Rangs als Wahrzeichen der Stadt gilt der Turm als bedeutendster Bauteil. Während die Kirche zum Teil unter etwas disharmonierenden Baudetails leidet, an denen die zähen Streitereien zwischen Prey und Sonnin ablesbar sind, war der letztere für den „Michel" allein verantwortlich. Der Turm muss als Solitär bezeichnet werden, da er die Dimensionen der Kirche sprengt und deren Dachfirst allein mit seinem ersten Geschoss überragt. Er ist in seiner Monumentalität von städtebaulich einzigartiger Wirkung. Der klar gegliederte Aufbau wird durch einen offenen Rundtempel mit Spitzhaube bekrönt. Der von Sonnin in Holz und Bronze ausgeführte Aufbau wurde 1907 mit feuerfesten Materialien erneuert. Das ursprünglich schlichte Turmportal erhielt damals seine aufwendige Gestalt und die von August Vogel in Berlin gegossene Bronzestatue des hl. Michael.

Der zentralisierte Innenraum beeindruckt durch seine Helligkeit und eine – vor allem durch das Querhaus bedingte – enorme Weite, die durch das notwendige Einstellen wandnaher Pfeiler kaum beeinträchtigt wird. Dieser gewaltigen Breitenwirkung des Raums wirkt die von Heumann gegen Sonnin durchgesetzte Gewölbekonstruktion entgegen: Die Längsachse ist durch ein Muldengewölbe zusammengefasst und gegenüber den Querarmen erhöht. Verbunden wird dieser spannungsreiche Raum durch eine geschwungene Empore. Die ursprüngliche Innendekoration, die nicht immer als gelungen bezeichnet wurde, stammt vom Fayencenmaler Cord Michael Möller, einem Freund Sonnins. Sie wurde nach der Zerstörung 1906 in reicherer Form erneuert. Unter der gesamten Kirche befindet sich ein ausgedehnter, gewölbter Gruftkeller, in dem auch Sonnin beigesetzt wurde.

Auch musikgeschichtlich ist die Hamburger Michaeliskirche von großer Bedeutung. Mit den verschiedenen Orgeln, die auf einer zweiten Empore an der Westseite aufgestellt waren, lassen sich die großen Namen barocker Komponisten und Musikdirektoren der Stadt in Zusammenhang bringen. In der alten Michaeliskirche befand sich eine 1673 vollendete Orgel, die u. a. von Matthias Weckmann, dem Organisten von St. Jakobi, abgenommen wurde. 1715 fertigte der berühmte Orgelbauer Arp Schnitger, dessen Hauptwerk sich in der Jakobikirche erhalten hat, ein neues Instrument. Für die neue Michaeliskirche wurde eine gewaltige Orgel bei dem aus der Silbermann-Schule stammenden Orgelbauer Johann Gottfried Hildebrand in Dresden bestellt, die sofort nach ihrer Vollendung 1769 durch den enormen Aufwand an Material und ihre Klangqualität große Berühmtheit erlangte. Sie war eine Stiftung des bekannten Musiktheoretikers, Kapellmeisters und Komponisten Johann Mattheson († 1764), der – ebenso wie der spätere Musikdirektor der Hamburger Hauptkirchen Philipp Emanuel Bach (†1798) – in der Gruft von St. Michaelis beigesetzt wurde. Zu der Zeit wirkte Georg Philipp Telemann als Kantor an der Kirche. Die einmalige Orgel ging im Brand 1906 unter und wurde 1908–12 durch einen in seiner Epoche ähnlich bedeutsamen Neubau von E. F. Walcker & Cie ersetzt, der seinerseits 1943 zerstört wurde. Das heutige Instrument ist seit 1962 in Betrieb.

Innenraum vor 1906

HAMBURG

Domkirche St. Marien

Apsismosaik mit der Darstellung der Krönung Mariens von Eduard Goldkuhl, Kopie des berühmten Apsismosaiks in Santa Maria Maggiore in Rom

Triumphkreuz von H. G. Bücker, 1993

Das 1995 neu gegründete Erzbistum Hamburg knüpft an eine große, doch weit zurückliegende Geschichte an, von der sich nur wenige gegenständliche Zeugnisse erhalten haben. Das Missionsbistum Hamburg wurde unter Ludwig dem Frommen wohl 831 aus Gebieten der bereits bestehenden Diözesen Bremen und Verden gegründet. Erster Bischof war der „Apostel des Nordens", der Corveyer Benediktiner Ansgar († 865), der seit 834 das Pallium als Zeichen der Erzbischofswürde trug, formal aber noch Mainz unterstand. Doch bereits 845 wurde Hamburg von Wikingern zerstört – ein Unglück, das sich in den ersten Jahrhunderten der Stadt häufig wiederholen sollte. 848 wurden die Bistümer Bremen und Hamburg unter Ansgar vereint. Er erlangte 864 die endgültige Bestätigung des Doppelerzbistums, dessen wichtigste Aufgabe die Mission Nord- und Nordosteuropas war. Bis zur Gründung der skandinavischen Erzbistümer Lund, Trondheim und Uppsala im 12. Jahrhundert war es das flächenmäßig größte Erzbistum der Christenheit. Dennoch entwickelte es sich kaum in dem dünn besiedelten Gebiet. Erst während der Slawenmission unter Erzbischof Adaldag (937–88) änderte sich dies. In Schleswig, Ribe und Aarhus (948) sowie in Oldenburg/Holstein (968, später nach Lübeck verlegt) entstanden die ersten Suffraganbistümer. 983 wurde Hamburg erneut zerstört.

Unter Erzbischof Unwan (1013–29) wurde das Hamburger Domkapitel wieder hergestellt. Sein Nachfolger Bezelin (1035–43) begann mit dem ersten steinernen Dombau – zuvor hatte nicht zuletzt auch die gefährliche Lage der Stadt einen solchen Aufwand verboten, die älteren Domkirchen waren Holzbauten. Das Episkopat des politisch sehr einflussreichen Adalbert von Goseck (1043–72) bezeichnet den Zenith des Hamburger Erzbischofsitzes. Er verfolgte den Plan, das Erzbistum zu einem Patriarchat des gesamten Nordens zu erheben. Allerdings scheiterte dieses Vorhaben und Hamburg ging in zwei Überfällen durch die Obodriten 1066 und 1072 wiederum zugrunde. Die Erzbischöfe zogen sich nun endgültig aus Hamburg zurück, am dortigen Dom verblieb allerdings bis zur Reformation ein eigenes Domkapitel. Seit 1223 wurde das Erzbistum nur noch unter dem Namen Bremen geführt, der Namenszusatz Hamburg entfiel.

Die Reformation wurde in der Hansestadt besonders konsequent durchgesetzt, die ohnehin nicht sehr geliebte geistliche Macht des Erzbischofs und Kapitels wurde noch vor Schließung des Bremer Doms (1532) gebrochen. 1529 wurden auch im Hamburger Dom öffentliche Messen verboten. Für Jahrhunderte blieb dieses Verbot wirksam, 1785 gestattete man katholische Gottesdienste wenigstens in privatem Rahmen. Gegen Ende des 19. Jahrhunderts nahm der katholische Bevölkerungsanteil zu und man errichtete die Marienkirche, den heutigen Dom. Hamburg gehörte zur Diözese Osnabrück und war seit 1960 Sitz eines Weihbischofs. Die Bemühungen um Neugründung eines eigenen Bistums des Nordens wurden erst nach der Wiedervereinigung belohnt: Seit 1995 wurde das neue Erzbistum Hamburg unter dem Patronat des hl. Ansgar errichtet; es umfasst die Landesteile Hamburg, Schleswig-Holstein und Mecklenburg.

Nachdem der Besitz des Domkapitels infolge des Reichsdeputationshauptschlusses von 1802 Eigentum der Stadt Hamburg geworden war, ordnete der Senat den 1804–07 ausgeführten Abriss des mittelalterlichen Doms an. Unsere Kenntnisse dieses bedeutenden Baus beziehen wir in erster Linie aus den zahlrei-

rechts: Fassade mit 64 m hohen Türmen
unten: Marienbilder des ehemaligen Hochaltars mit der Verkündigung, Heimsuchung, Geburt Christi und Darstellung im Tempel

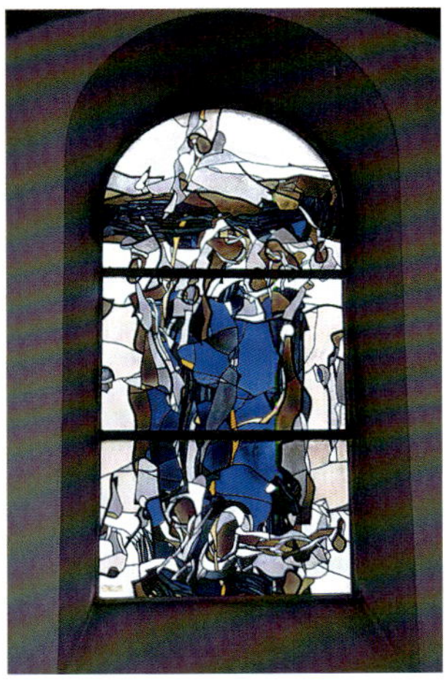

oben: Fenster von Johannes Schreiter
unten: Langhauswand

chen bildlichen, zum Teil sehr exakten Darstellungen, die vor dem oder als Dokumentation während des Abrisses (Aquarelle von Jeß Bundsen) entstanden.
Der ehrgeizige Erzbischof Bezelin errichtete wohl innerhalb seiner Amtszeit (1035–43), also in einer sehr kurzen Zeitspanne, den salischen Dom. Dieser wurde Vorbild des Neubaus des 1041 abgebrannten Bremer Doms. Es ist unklar, wie weit der Hamburger Bau vollendet war, sicher wurde er 1066 und 1072 stark zerstört, da Erzbischof Adalbert nicht in ihm bestattet werden konnte. Seine Gestalt kann lediglich aus seiner Verwandtschaft mit dem Bremer Dom und der Tatsache rekonstruiert werden, dass der Bau des 13. Jahrhunderts auf seinen Fundamenten errichtet wurde. Demnach handelte es sich um eine flachgedeckte Basilika mit Querhaus, quadratischem Chor und Ostkrypta. Die Ostteile sind einem etwa gleichzeitigen Plan für den Kaiserdom in Speyer verwandt und konkurrieren in den Ausmaßen mit dem karolingisch-ottonischen Dom in Köln, der Kirche des Reichskanzlers. Eine solche politische Absicht ist für den Bau des Bremer Doms durch eine Aussage des zeitgenössischen Chronisten Adam von Bremen überliefert.
Bis 1248 bestand der Dom Bezelins mit zahlreichen Reparaturen. Nun wurde er auf altem Grundriss mit neuem Material (Backstein) sowie Einzelformen (Sockel, Basen, Kapitelle, Kämpfer) aus Haustein neu errichtet. Die Dimensionen waren offenbar mit dem gleichfalls im 13. Jahrhundert erneuerten Bremer Dom vergleichbar. Die basilikale Anlage wurde jedoch nie fertig und durch einen Stadtbrand 1284 beschädigt. Anschließend, bis zur Schlussweihe 1329, wurde das Langhaus zu einer Stufenhalle umgebaut. Man nimmt an, dass die an den Dom Bezelins angelehnten, sehr konservativen Ostteile einem bestimmten historischen Anspruch des Kapitels entsprachen. Sie bildeten einen deutlichen Kontrast zur Gestalt des von der Laiengemeinde genutzten Hallenlanghauses und des einzelnen Westturms, die sich so auch an den Hamburger Pfarrkirchen finden.
Der heutige Dom St. Marien wurde 1890–93 als Pfarrkirche der katholischen Gemeinde Hamburgs nach Plänen des Paderborner Architekten Arno Güldenpfennig errichtet. Mit der romanisierenden Architektur und besonders der Doppelturmfassade wurde ausdrücklich an den Bremer Dom angeknüpft. Die relativ kurze, dreischiffige Basilika mit leicht vorkragendem Querhaus erinnert besonders in Details wie den gestaffelten Arkaden der Emporen an spätromanische Bauten am Nieder- und Mittelrhein. Um 1920 wurde die Marienkirche von Eduard Goldkuhl ausgemalt, den Höhepunkt stellte die an Mosaiken des 12. Jahrhunderts angelehnte Marienkrönung in der Apsis dar. Sie wurde nach 1948 durch ein Mosaik ersetzt. Die Ausstattung der Bauzeit, vor allem der ehem. Hochaltar, wurde gemäß der Beschlüsse des 2. Vatikanischen Konzils vom Berliner Architekten Reinhard Hofbauer 1962/63 umgestellt. Ab 2007 beginnt eine notwendige Innensanierung.

Blick zum Hochaltar

HANNOVER

Marktkirche St. Jakobi und Georgii

rechte Seite: Ansicht von Norden
unten links: Westturm
unten rechts: Chor

Die 1922 gegründete Evangelisch-Lutherische Landeskirche Hannovers hat mehrere Vorgängerinstitutionen, die Teil der Geschichte der Leinestadt als herzogliche, kurfürstliche und seit 1815 königliche Residenz sind. Herzog Georg von Braunschweig-Lüneburg wählte 1636 Hannover zum Sitz seiner Herrschaft. Er baute die mittelalterliche Kaufmannsstadt vor allem am linken Leineufer aus und errichtete 1666–70 unter der Leitung Brand Westermanns die evangelische Neustädter Hofkirche als neuen sakralen Mittelpunkt. 1692 erlangte Herzog Ernst August die Kurwürde, 1705 erfolgte ein Zusammenschluss mit dem Fürstentum Lüneburg. Die Personalunion mit der englischen Königskrone bestand seit 1714. Dieser politische Aufstieg beförderte die Bedeutung Hannovers als kurfürstliche Residenzstadt. 1815 wurde Hannover zum Königreich erhoben, was erneut mit einer erheblichen Gebietserweiterung (v. a. die Stifte Osnabrück und Hildesheim) verbunden war.
Nachdem zuvor der Kurfürst Oberhaupt einer evangelisch-lutherischen Kirche gewesen war, unterstanden dem König von Hannover durch die neuen Gebiete in Ostfriesland nun auch reformierte Gemeinden. Die Landeskirche gliederte sich in fünf Provinzialkonsistorien (Hannover, Stade, Aurich, Osnabrück, Otterndorf) mit großer Selbständigkeit. 1866 wurde Hannover durch Annexion preußische Provinz. Der preußische König war nun Ober-

Ansicht nach Osten

Bronzetaufe mit zehn Heiligendarstellungen, Anfang 16. Jahrhundert, Hildesheimer Werkstatt, aus der nicht wiederaufgebauten St. Ägidienkirche

haupt der Landeskirche Hannovers. Allerdings integrierte man die Landeskirche nicht in die unierte „Evangelische Landeskirche von Preußen“. Unter eigenen Generalsuperintendenten konnte sie ihre Autonomie bewahren. In der Folgezeit wurden aber die Landeskonsistorien mit Ausnahme Aurichs, das paritätisch besetzt war, aufgelöst. Aus dieser Konsistorialprovinz ging die heutige „Synode evangelisch-reformierter Kirchen in Bayern und Nordwestdeutschland“ mit Sitz in Leer hervor. Durch die Gründung des Freistaates Hannover nach dem Ende des Ersten Weltkriegs entstand wieder eine selbständige Evangelisch-Lutherische Landeskirche (Verfassung 1922) mit einem 1925 erstmals eingesetzten Bischof.

Hauptkirche der Hannoveraner Landeskirche ist die mächtige Markt- und Hauptpfarrkirche, ein bedeutender Backsteinbau des 14. Jahrhunderts. Der Gründungsbau der Georgenkirche konnte 1952 und 1989 ergraben werden: Es handelte sich um eine wahrscheinlich querschifflose, dreischiffige Kirche mir drei Apsiden. Ihre Datierung in die zweite Hälfte des 12. Jahrhunderts wird durch verschiedene, zum Teil herausragende Sandsteinwerkstücke gestützt, die in den Pfeilerfundamenten der gotischen Kirche vermauert worden sind. Außerdem konnte im nördlichen Seitenschiff ein Ziegelmauerwerk mit Natursteinsockel aufgedeckt werden, das von einem möglichen Umbau nach dem verheerenden Stadtbrand von 1189 stammen könnte. Unter der heutigen Kirche wurde 1946–52 ein Gemeindesaal (Bödekersaal) eingerichtet, in dem die Vermauerung der romanischen Steine in den gotischen Pfeilern gut nachvollzogen werden kann.

In der Zeit großer wirtschaftlicher Blüte zu Beginn des 14. Jahrhunderts entstand seit 1333 eine dritte Hannoveraner Pfarrkirche (St. Crucis) und erfolgte der Umbau der zweiten (St. Ägidien). Auch die Marktkirche wurde nun durch den repräsentativen Bau einer dreischiffigen, fünfjochigen Hallenkirche ersetzt. Der Baubeginn im Osten könnte mit einem 1319 ausgestellten päpstlichen Ablassbrief für Kirche und Ausstattung in Verbindung stehen. In den nächsten Jahrzehnten zeugen Spendenaufrufe

seitens des Stadtrates und Stiftungen der Landesherren, der Herzöge Otto I. und Wilhelm, vom raschen Voranschreiten des Baus. In dieser Zeit erhält die Marktkirche erstmals das Jakobspatrozinium, Georg ist an die zweite Stelle gerückt. 1340 konnten bereits zwei Chorfenster gestiftet werden, Altäre werden 1341 und 1347 erwähnt. 1349 erteilte der Bischof von Minden die Genehmigung, die romanische Kirche endgültig abzureißen, was die weitgehende Fertigstellung der neuen voraussetzt. Stiftungen für die Wölbung erfolgten 1352/53. Für den Westturm, dessen Fundamentierung seit 1347 im Gange war, wurden 1358 weitere Gelder freigesetzt; erst nach 1366 konnte er vollendet werden. Eine Schlussweihe ist nicht überliefert. Allerdings dürfte der Dachstuhl nach dendrochronologischen Untersuchungen spätestens 1390 aufgesetzt worden sein.
Angesichts der im 14. Jahrhundert – im Vergleich zu anderen mitteldeutschen Städten – eher bescheidenen Größe Hannovers überrascht der enorme Anspruch der Marktkirche. Der Backstein ist in der Gegend nicht unbedingt üblich, die Kirche gilt als die südlichste der großen norddeutschen Backsteinkirchen. Für den Bauschmuck (Sockel, Gesimse, Westportal und Mauerecken des Turms) verwendete man jedoch auch Sand- und Kalkstein. Auffällig ist die Chorlösung mit breiter Hauptapsis als hufeisenförmiges 7/10-Polygon, an das die Nebenapsiden (5/10-Polygone) unmittelbar anschließen. Im Innern erhält die Hauptapsis somit die Wirkung eines Zentralraums. Diese Form geht vermutlich auf die 1314 begonnene Wiesenkirche in Soest zurück. Nach außen ist der gesamte Bau durch den Wechsel hoher Strebepfeiler und Lanzettfenster geprägt. Im Langhaus tragen Rundpfeiler und halbrunde Wandvorlagen ein Kreuzrippengewölbe. Die größte Besonderheit ist der charakteristische Einturm im Westen, mit seinen 96 m Höhe ein Wahrzeichen der Stadt. Er besitzt vier hohe Geschosse, die durch schmale Gesimse voneinander getrennt werden. Bekrönt wird er von vier Giebeln und einem über der Schnittstelle der beiden Satteldächer aufsteigenden Dachreiter, der 1704–05 und nach 1943 erneuert werden musste.
Die mittelalterliche Ausstattung war ebenso reich wie die der frühen Neuzeit. Nach Einführung der Reformation 1533 waren die meisten Stücke entfernt worden, nicht aber das sehr qualitätvolle Hochaltarretabel von 1480. Es stand noch lange an seinem ursprünglichen Platz, bevor es einem barocken Aufbau weichen musste und in die Ägidienkirche und 1856 in das Welfenmuseum gebracht wurde. Seit 1951 steht es wieder auf dem Hochaltar. Es handelte sich um ein vierflügliges Retabel, dessen äußeres Flügelpaar nur fragmentiert im Landesmuseum erhalten ist. Im geöffneten Zustand sind großartige Passionsreliefs, einige nach Stichen von Martin Schongauer, zu sehen. Der größte Teil der barocken Ausstattung der Marktkirche wurde 1825 versteigert. 1852–55 richtete Ludwig Droste den Innenraum neu ein. 1943 wurde die neugotische Ausstattung fast gänzlich vernichtet. Beim Wiederaufbau legte man das Backsteinmauerwerk völlig frei und schuf somit einen unhistorischen, äußerst strengen Innenraum.

Hochaltarretabel, um 1480

Mittleres Chorfenster, Ausschnitt, um 1400 und 19. Jahrhundert, Szenen aus dem Leben Jesu und von Heiligen insbesondere des hl. Jakobus (rechte Bahn)

HAVELBERG

Dom St. Marien

rechts: Ansicht über die Havel von Südwesten mit Westturm und mittelalterlichen Giebeln der Stiftsgebäude
unten: Ansicht von Nordwesten mit Westwerk (untere Geschosse 1150–70, Läutegeschoss um 1200, Obergeschoss 1907/08)

Kaiser Otto I. gründete 948 gemeinsam mit Brandenburg das Bistum Havelberg, das zunächst Mainz und seit 968 dem neuen Erzbistum Magdeburg unterstellt war. Wie Brandenburg ging auch Havelberg durch den großen Wendenaufstand 983 dem Reich verloren und konnte erst beim Wendenkreuzzug des Markgrafen Albrecht des Bären 1147 zurückerobert und das Bistum wiederhergestellt werden. Das Bischofsamt war jedoch seit 948 kontinuierlich besetzt gewesen, die Bischöfe residierten im Exil. Anselm (reg. 1129–1155) nahm selbst am Kriegsgeschehen um sein Bistum teil. Er war Prämonstratenser, wie auch der Bischof des wiederhergestellten Brandenburger Stuhls. Das Havelberger Domkapitel rekrutierte sich aus dem 1144 gegründeten, 40 km südlich gelegenen Prämonstratenserstift Jerichow. Es war auch besitzrechtlich vom Bischof getrennt und wählte einen eigenen Dompropst sowie einen Prior. Erst 1506 wurde das Stift in ein Kapitel von Weltgeistlichen umgewandelt.

Chor, Ende 13. Jahrhundert

Südflügel des Kreuzgangs, Innen- und Außenansicht

Die eindrucksvolle, weithin die Landschaft beherrschende Lage des Dombezirks auf einer steilen Anhöhe über der Havel verrät die frühe Bedeutung des Ortes als Kultstätte. Bis zur Wiederherstellung des Bistums verehrten hier die heidnischen Wenden eines ihrer Hauptheiligtümer. Der gewaltige Westriegel des Doms erinnert wie kaum ein zweiter Kathedralturm an einen Wehrbau und ist als Signum des christlichen Sieges über die Heiden gedeutet worden. Seit 1270 residierten die Bischöfe von Havelberg, wie seit dem hohen Mittelalter weithin üblich, abseits des Dombezirks in einer anderen Stadt: Wittstock an der Dosse befand sich im Zentrum eines bischöflichen Landbezirks, der heutigen Prignitz. Die Kunstpatronage der Bischöfe wirkte sich in beiden Städten gleichermaßen aus. Eine bedeutende Einnahmequelle und Grundlage der qualitätvollen spätmittelalterlichen Ausstattung des Havelberger Doms war die Verehrung der Heilig-Blut-Reliquie in Bad Wilsnack. Dieser wichtigste Wallfahrtsort Brandenburgs entstand nach einem Hostienwunder bei einem Brand 1383 und wurde von dem Havelberger Bischof Johann III. Wöpelitz (reg. 1385–1401) massiv gefördert. Die hohen Ausgaben für den riesigen Bau der Wallfahrtskirche, der 1400 in den wesentlichen Teilen bereits stand, wurden durch die enormen Einnahmen der Wallfahrt gedeckt. Durch eine bischöfliche Verfügung von 1396 flossen zwei Drittel der Gelder direkt an das Domstift. Die Einnahmen reichten auch für die Errichtung des berühmten Lettners im Havelberger Dom. Die Einführung der Reformation erfolgte in den 1540er Jahren; nach dem Tod des letzten Bischofs 1548 wurden ausschließlich Söhne der Brandenburger Kurfürsten gewählt. Das Kapitel existierte als evangelisches Domherrenstift weiter, das Bistum wurde 1598 aufgelöst.

Das mächtige Bauensemble aus Dom und Stiftsgebäude hat sein mittelalterliches Aussehen weitgehend bewahrt. Der um 1150 begonnene und 1170 geweihte Dom aus Grauwacke-Bruchstein weist nur einige mittelalterliche Veränderungen auf. Sehr altertümlich wirken die ungewöhnliche Länge von zehn Jochen, das Fehlen eines Querhauses, die breiten Seitenschiffe und die beiden turmartigen Anbauten seitlich des Chors mit jeweils zwei zweigeschossigen Kapellen. Diese Elemente gehen tatsächlich auf ein vorromanisches Konzept zurück und orientieren sich möglicherweise an den in der ersten Hälfte des 11. Jahrhunderts umgebauten Ostteilen des Magdeburger Doms. Der 30 Meter breite Westriegel enthält im ersten Geschoss die ursprünglich zum Kirchenschiff hin durch drei Arkaden geöffnete Bischofsempore, die auch nach Westen hin drei Rundbogenöffnungen besitzt. Der Turm wurde um 1200 um ein in Backstein aufgeführtes Läutegeschoss erhöht.

Nach einem Brand 1279 wurde der Dom unter Bischof Heinrich II. von Strenberg (reg. 1270–1290) in gotischen Formen umgebaut. Nun wurden Kreuzrippengewölbe in die ursprünglich vollständig flach gedeckte Basilika eingezogen, die Mittelschiffwände entsprechend erhöht und dem romanischen Mauerwerk ein System aus gegliederten Backsteinpfeilern mit Diensten und Blendarkaden vorgelegt. Unter dieser gotischen Hülle sind die alten Rundbögen der Langhausarkaden gut erkennbar. Auch sonst blieb der romanische Bau in seinen Dimensionen erhalten. Lediglich die halbkreisförmige Apsis wurde durch ein hochgotisches Chorpolygon mit hohen, schlanken Fenstern ersetzt. Aus der Zeit des hochgotischen Umbaus haben sich einige bemerkenswerte Ausstattungsstücke erhalten: die vollplastische Triumphkreuzgruppe; drei große Sandsteinleuchter mit figürlichem Schmuck, die einst zum Vorgänger des spätgotischen Lettners gehörten und nun am Chorjoch angebracht sind und ein Chorgestühl mit zweimal sechs Sitzen und Dorsale.

Von europäischem Rang ist die Neuausstattung des Doms um 1400, die unter Johann

Innenansicht nach Osten mit Lettner (um 1400) und Triumphkreuzgruppe (2. Hälfte 13. Jahrhundert)

Sandsteinleuchter, Bestandteil einer älteren Chorschranke, um 1300

Chor nach Westen mit Blick zum Lettner, Chorgestühl und Doppelsitz sowie dem Grabmal für Bischof Johann von Wöpelitz

von Wöpelitz begann und in ihren wichtigsten Werken noch im frühen 15. Jahrhundert abgeschlossen werden konnte. Der großartige Lettner mit seinem reichen Skulpturenprogramm und den verschiedenen Altären war wohl spätestens zur Hochaltarweihe 1411 vollendet. Er ist zwischen das siebte westliche Pfeilerpaar des Langhausjochs gespannt und schloss ehemals den Stiftsherrenchor vom Laienraum ab. In der Achse des Mittelschiffs befinden sich der Kreuzaltar und darüber ein Ambo (Kanzel). Seitlich der Chorschranke sind Wangen nach Westen vorgeschoben, die das Mittelschiffsjoch von den Seitenschiffen abtrennen. An der Schaufront des Lettners und zu beiden Seiten der Schranken entfaltet sich ein reiches Programm mit insgesamt 14 Heiligenfiguren und 20 Passionsreliefs. Verschiedene Bildhauer, zum Teil aus dem böhmischen Kunstkreis stammend, sind deutlich zu unterscheiden. Auch die Altarretabel seitlich des Lettners sind hochrangige Bildhauerarbeiten dieser Zeit. Etwas älter ist die um 1370 entstandene Marienfigur, die an die südliche Innenseite des Lettners versetzt wurde – ein Hauptwerk der im dritten Viertel des 14. Jahrhunderts an mehreren bedeutenden Kirchen Mitteldeutschlands (Erfurt, Halberstadt, Magdeburg, Neuruppin, Braunschweig) und auch in Hessen tätigen Werkstatt. Auch im Kreuzgang des Havelberger Doms und am Krugtor befinden sich wichtige Reliefs der Zeit um 1400. Die Glasmalereien des frühen 15. Jahrhunderts haben sich ebenfalls in großer Zahl erhalten.

Von der Bedeutung und posthumen Wertschätzung des Bischofs Johann von Wöpelitz zeugt sein Grabmal im Havelberger Dom. Nach seinem Tod 1401 wurde östlich des von ihm gestifteten Lettners eine Grabplatte mit Ritzzeichnung in der Tradition der älteren Bischofsgräber in den Boden eingelassen. Die schlichte Form kann als Bescheidenheitsgeste verstanden werden. Kurz darauf wurde jedoch ein weit aufwendigeres Grabmal gestiftet und über die Platte eine Sandsteintumba mit der Alabasterfigur des Bischofs errichtet.

Südlich der Kirche liegen die Stiftsgebäude mit dem dreiflügligen Kreuzgang, alle in Backstein errichtet. Der Ostflügel mit Kapitelsaal und Dormitorium könnte bereits zur Domweihe 1170 fertig gewesen sein, der Südflügel wenig später, der Westteil wohl erst um die Mitte des 13. Jahrhunderts. Der zweigeschossige Kreuzgang entstand sukzessive im Laufe des 13. Jahrhunderts, sämtliche Gewölbe der Klausur sind spätmittelalterlich. Mehrere große, im Kern meist mittelalterliche Gebäude umgeben die Kirche innerhalb des einst befestigten Dombezirks: die Dechanei hinter dem Chor (1748), daneben die Superintendentur (1664) sowie die Domschule im Westen (1803–1813).

oben: Triumphkreuzgruppe, 2. Hälfte 13. Jahrhundert
oben rechts: Chor mit Hochaltar von 1700

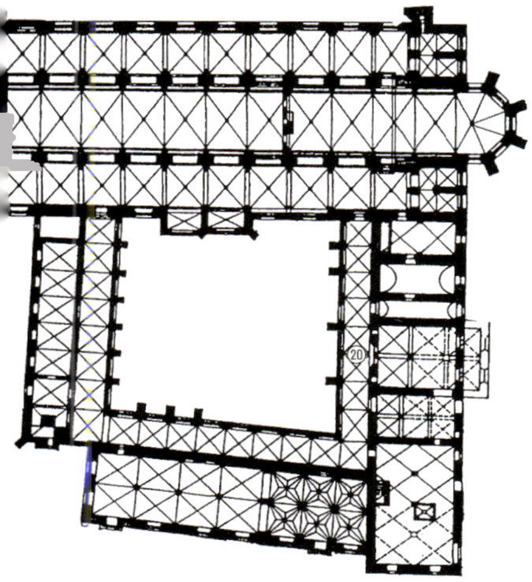

links: Grundriss
unten links: Seitenschiff
unten rechts: Lettner-Chorschranken-Ensemble

HILDESHEIM

Dom St. Marien

Als Stützpunkte für die Sachsenmission plante Karl der Große nach der Errichtung der Bistümer Bremen, Verden, Minden, Osnabrück, Paderborn und Münster ein weiteres ostfälisches Bistum mit Sitz in Elze an der Leine, heute 16 Kilometer östlich von Hildesheim gelegen. Deshalb ließ hier Karl der Große eine Kirche und einen Missionsposten auf dem Königsgut errichten, von dem aus ein Missionsbischof, wahrscheinlich der aus Reims stammende spätere Hildesheimer Bischof Gunthar tätig war. Doch erst ein Jahr nach dem Tod Karls des Großen wurde das geplante Bistum durch Karls Sohn Ludwig den Frommen 815 auf der Reichsversammlung in Paderborn konstituiert und der Sitz Hildesheim festgelegt. Man entschied sich damit für den verkehrsgünstigeren Ort. Erster Bischof des Bistums Hildesheim war von 815 bis wahrscheinlich 834 der bereits von Karl geförderte Gunthar, der wie seine Nachfolger aus dem Erzbistum Reims – der „Mutterdiözese" von Hildesheim – stammte.

Ansicht von Nordwesten mit Westturm

Erster herausragender Bischof war Altfrid (reg. 851–872) aus dem sächsischen Geschlecht der Liudolfinger (Ottonen), der im Benediktinerkloster Corvey ausgebildet worden war und das Stift Essen (heute Dom) zur Erziehung des weiblichen sächsischen Hochadels stiftete. Er errichtete darüber hinaus die Kanonissenstifte Brunshausen-Gandersheim und Lamspringe sowie den zweiten Hildesheimer Dom.

Auch in der Folge blieben enge Bindungen des Bistums mit den Ottonen bestehen, für die Hildesheim die Heimatdiözese war. Davon profitierten der kunstsinnige Bischof Bernward (reg. 993–1022) und Godehard (reg. 1022–38). Vor allem Otto III. stattete die Hildesheimer Kirche reich mit Gütern und königlichen Rechten aus. Die Hildesheimer Domschule erreichte in dieser Zeit eine überregionale Bedeutung. Hier fanden unter anderem Kaiser Heinrich II. und Bischof Bernward ihre Ausbildung. Da aus dem Hildesheimer Domkapitel zwischen 919 und 1024 zudem 27 Reichsbischöfe hervorgingen, sprach man von Hildesheim als der „Pflanzschule des Reichsepiskopats".

Berühmtheit erlangte Bischof Bernward von Hildesheim, der Erzieher und Lehrer des späteren Kaisers Otto III. Als wichtiges Mittel der Seelsorge sah er die Förderung des Klosterlebens und die Herstellung von Kunstwerken an, die ihm besonderen Ruhm einbrachten. Seine wichtigste Gründung war die ehemalige Benediktinerabtei St. Michael in Hildesheim. Die doppelchörige Basilika ist eines der außergewöhnlichsten und innovativsten Bauwerke seiner Zeit.

Sein Nachfolger Godehard war gleichfalls von großem Schaffensdrang. Auch er sah seine Aufgabe in der Föderung der Klosterkultur. Er ließ

Ansicht von Süden zum Westturm

über dreißig Kirchen erbauen oder erneuern. Ihm folgten Dithmar (reg. 1038–44), Azelin (reg. 1044–54) und Hezilo (reg. 1054–79) auf den Bischofsstuhl. Bekannt ist Hezilo durch den eindrucksvollen Radleuchter im Dom, der seinen Namen trägt. Hezilo ist der Auftraggeber des heutigen Doms.

Von 1235 bis 1802 waren die Hildesheimer Bischöfe auch Landesherren des flächenmäßig kleinen Hochstifts Hildesheim, dessen Gebiet zwischen der mittleren Leine und der Oker lag. Da das Hochstift vollständig vom welfischen Stammland umgeben war, bestanden mit den welfischen Herzögen häufig Konflikte, die in der Hildesheimer Stiftsfehde (1519–23) kulminierten. Als Folge musste der Hildesheimer Bischof den größten Teil seines Territoriums abtreten. Darüber hinaus gab es – wie in anderen größeren Städten – Auseinandersetzungen mit dem Hildesheimer Bürgertum. Diese konnten sich gegen Ende des Mittelalters weitgehend der bischöflichen Landesherrschaft entziehen, ohne aber den Status einer freien Reichsstadt zu erlangen. Als Konsequenz wählten die Bischöfe seit Ende des 14. Jahrhunderts die Burgen Steuerwald und Marienburg zu ihrer Residenz.

Hezilo-Leuchter, um 1061, Auftrag Bischof Hezilos (1054–79) für den von ihm wiederaufgebauten Dom, mit sechs Metern Durchmesser der größte der vier im deutschsprachigen Raum erhaltenen mittelalterlichen Radleuchter (neben Barbarossa-Leuchter in Aachen, Hartwig-Leuchter auf der Großcomburg, Azelin-Leuchter in Hildesheim). Der von 72 Kerzen beleuchtete Radleuchter symbolisiert die endzeitliche Vision der aus dem Himmel Gottes herabkommenden heiligen Stadt, das himmlische Jerusalem mit seinen 12 Toren (Offenbarung des Johannes).

rechte Seite: Bernwardsäule, um 1022, Höhe mit Basis ohne Kapitel 3,79 m, Bronze, Gewicht ca. 6000 kg (bis 1497 schwerstes Gussstück), Szenen von der Taufe Christi bis zum Einzug in Jerusalem, spiralförmig aufsteigende Bilderfolge analog zur Siegessäule römischer Kaiser, Vorbild in ein christliches Siegeszeichen umgedeutet

unten: Südansicht mit Seitenkapellen und Vierungsturm

Die Reformation (ab 1520) traf die Diözese schwer, da sich mit Ausnahme einiger Klöster und Stifte in der Stadt und Umgebung von Hildesheim die protestantische Konfession durchsetzte. Bischof und Domkapitel hatten damit an Einfluss deutlich eingebüßt.

1802 verlor das Fürstbistum Hildesheim im Zuge der Säkularisation seine politische Eigenständigkeit und fiel an Preußen. Damit endete die Landesherrschaft des Bischofs und trennte die politische und die kirchliche Gewalt, die bis dahin im geistlichen Fürsten vereint war. Hildesheim aber blieb Bischofssitz und damit der Mittelpunkt einer Diözese, die zwar nur wenige Katholiken zählte, jedoch flächenmäßig in den folgenden Jahrzehnten noch vergrößert wurde: 1824 um den östlich der Weser gelegenen Teil des Königreichs Hannover und 1834 um das Herzogtum Braunschweig. Katholische Pfarreien bestanden allerdings 1824/34 lediglich noch im Stift Hildesheim, im Untereichsfeld, in Hannover, Göttingen und Celle sowie in Braunschweig, Helmstedt und Wolfenbüttel. Die Zahl der Katholiken stieg infolge der Industrialisierung ab Mitte des 19. Jahrhunderts und erreichte im Jahr 1939 die Zahl von 265 000. Nach dem Zweiten Weltkrieg (1950) waren es durch den Zuzug katholischer Heimatvertriebener und Flüchtlinge knapp 670 000 Katholiken.

Um 815 ließ Kaiser Ludwig der Fromme auf dem Domhügel eine erst kleine Kirche, die sog. Kaiserkapelle, bauen. Fünf Jahre später legte der erste Hildesheimer Bischof Gunthar südlich der Kaiserkapelle den Grundstein für den ersten Dombau, eine dreischiffige, doppelchörige Kirche mit Westquerhaus und Chorapsis im Osten sowie Westtürmen. Ein besonderes Merkmal waren zwei sehr hohe Rundtürme, die auch archivalisch überliefert sind.

Über der Kaiserkapelle errichtete der dritte Hildesheimer Bischof Altfrid (852–874) einen stattlichen dreischiffigen Neubau, der 872 geweiht werden konnte. Er war mit ca. 60 Metern Länge der erste große Steinbau in Ostsachsen. Die Eingänge zur karolingischen Umgangskrypta mit figürlich gestalteten und farbig gefassten Bogenfeldern aus Stuck sind erhalten.

Sog. Irminsäule, 11. Jahrhundert

Um 1015 ließ Bischof Bernward zwei monumentale Bronzegüsse – die Bernwardtür und die Bernwardsäule – anfertigen, die heute zu den herausragenden Ausstattungsstücken des Doms gehören. Während die Bernwardtür sehr wahrscheinlich für den Dom geschaffen wurde, gelangte die Bernwardsäule erst 1895, aus St. Michael stammend, in den Dom. Die Türflügel der Bernwardtür sind von fast fünf Metern Höhe und wurden aus jeweils einem Stück gegossen. Sie stellen schon aus diesem Grund eine technische Meisterleistung dar. Außerordentlich qualitätvoll sind darüber hinaus die Kompositionen und psychologisierenden Gesten der Figuren. Die Tür zeigt auf dem linken Flügel alttestamentliche Szenen aus dem Buch Genesis, von der Erschaffung Adams bis zum Mord Kains an seinen Bruder Abel. Der rechte Flügel schildert die Verkündigung der Geburt Christi, die Kindheitsgeschichte, Passion und Auferstehung bis zur Erscheinung Christi vor Maria Magdalena. Für den Dom stiftete Bernward zudem die Goldene Madonna, eine hölzerene Statue der thronenden Muttergottes, die mit Goldblech überzogen und mit edelsteinbesetzten Schmuckbändern verziert ist. Sein Nachfolger Godehard errichtete südlich des Doms ein 1026 geweihtes Kollegiatstift, baute bis 1035 den Westteil der Bischofskirche in Form eines Westriegels vollständig neu und fügte im Westen ein Paradies (Atrium) an.

Bronzenes Taufbecken des Wilbernus, um 1225

1046 brannte der Dom nieder. Bischof Azelin stellte den Altfriddom nur notdürftig her bzw. ließ das Mittelschiff der Ruine abbrechen. Sein Domneubau wies jedoch statische Probleme auf, weshalb sein Nachfolger Bischof Hezilo die Arbeiten am Azelindom einstellen ließ und auf den Fundamenten des Altfriddoms unter Beibehaltung des Ostchors und des Westriegels bis 1061 eine neue Kirche mit großer Ostkrypta erbaute. Für die Neuausstattung des 1061 geweihten neuen Doms stiftete Hezilo den nach ihm benannten Hezilo-Leuchter, der heute im Hochchor über dem Hauptaltar hängt. Er stellt das himmlische Jerusalem nach dem Text der Geheimen Offenbarung des Johannes dar und war ursprünglich im Mittelschiff aufgehängt, da im Chor ein zweiter, etwas kleinerer Leuchter, der sog. Azelinleuchter, hing, den Bischof Thietmar gestiftet hatte und der – um 1400 stark überarbeitet – heute in der Antoniuskirche hängt. Hezilo ist wohl auch für die Aufstellung einer monumentalen Leuchtersäule, die sog. Irminsäule, in der Mitte des Doms vor dem Kreuzaltar verantwortlich (heute nördliche Querhausempore). Ein fast zwei Meter hoher Säulenschaft aus Kalksinter trug urspünglich wohl eine Osterkerze. Seit 1741 bekrönt die Säule eine silberne Marienstatue.

Während der Hezilobau noch die karolingische Apsis beibehielt, ersetzte man diese 100 Jahre später durch den heutigen Chorabschluss.

In der 1. Hälfte des 12. Jahrhunderts wurde die Dom-Ausstattung um zwei große Reliquienschreine ergänzt, den Schrein der Dompatrone, auch Epiphaniusschrein genannt, und den Schrein des hl. Godehard. Zur kostbaren Ausstattung dieser Zeit gehören darüber hinaus drei Scheibenkreuze (heute im Dom-Museum). Weitere hochrangige Kunstwerke stammen aus der Zeit um 1220/30, wie das Taufbecken und das Adlerpult.

Im 12. Jahrhundert war zudem der doppelstöckige Kreuzgang mit den Nebengebäuen für die Domschule und die Schlafräume der Domkapitulare errichtet worden. Die romanischen Bauten blieben ebenso erhalten wie die 1321 erbaute gotische Kapelle St. Anna, die man in der Mitte des Kreuzgangs errichtete.

Im Gegensatz zu den benachbarten Bistümern, in denen die romanischen Bischofskirchen im 14. und 15. Jahrhundert durch einen gotischen Neubau ersetzt wurden (Halberstadt, Verden, Paderborn), blieb der Hildesheimer Dom fast unverändert und erhielt lediglich zusätzliche

Bernwardstür, um 1015, 4,72 m hohe Bronzetürflügel mit Reliefdarstellungen des Alten und Neuen Testaments, Gesamtansicht (rechts) und Einzelszenen (Ausschnitte, von oben nach unten): Zuführung Evas, Sündenfall, Verurteilung und Vertreibung aus dem Paradies

Tintenfassmadonna, um 1430

oben rechts: Azelinleuchter, Radleuchter des Bischofs Thietmar, 11. und 15. Jahrhundert

rechts: Kruzifixus vom Triumphkreuz, um 1250

gotische Kapellen an den Seitenschiffen und Anfang des 14. Jahrhunderts das doppelgeschossige Nordparadies von Lippold von Steinberg als neuen Zugang zur Stadt.
1546 ließ der Domkanoniker Arnold Fridag als wichtigste Änderung der Innenausstattung des 16. und 17. Jahrhunderts einen großen Lettner der Münsteraner Bildhauerwerkstatt der Brüder Johann und Franz Brabender errichten. In ihm war an zentraler Stelle die Kanzel integriert. Der Lettner steht heute in der Antoniuskirche.

Das heutige Aussehen des Doms ist maßgeblich durch den Wiederaufbau nach der fast vollständigen Zerstörung im Zweiten Weltkrieg geprägt. Denn im Zuge des Wiederaufbaus in den Jahren von 1950 bis 1960 verzichtete man auf die Erhaltung der Stuck- und Malereireste, die von der Barockisierung des Innenraums ab 1718 stammten. Lediglich der um 1720 errichtete barocke hölzerne Vierungsturm, der einen baufälligen steinernen mittelalterlichen Vorgänger ersetzte, wurde rekonstruiert. Auch die Doppelturmgestaltung von 1850, die zu großen Teilen den Krieg überstanden hatte, stellte man nicht her, sondern entschied sich für eine vermeintlich frühromanische Formsprache, die in ihrer Schmucklosigkeit nicht zuletzt auch dem Geschmack der 1950er Jahre entsprach.
Der weltbekannte „Tausendjährige Rosenstock“, der sich an der Außenwand der Ostapsis im Innenhof des Kreuzgangs befindet, geht auf die Rosenstock-Legende zur Bistumsgründung zurück. Die Legende ist seit 400 Jahren belegt. Danach habe Kaiser Ludwig der Fromme 815 auf der Jagd im Wald eine Messe lesen lassen, wobei das mitgeführte Marien-Reliquiar am Zweig einer Wildrose aufgehängt wurde. Das Reliquiar sei nach der Messe nicht mehr vom Zweig zu lösen gewesen. Der Kaiser habe dies als das Zeichen gedeutet, hier – und nicht, wie geplant, in Elze – das neue Bistum zu gründen. Die Diözese weihte er der Gottesmutter Maria, deren Symbol die Rose ist.

'hemaliger
Domlettner,
or 1546,
viederauf-
ebaut in
er Anto-
iuskirche

KASSEL

St. Martin

Grabmal der Landgräfin Christina († 1549)

Die Evangelische Kirche von Kurhessen-Waldeck entstand 1934 durch den Zusammenschluss der Evangelischen Landeskirche in Hessen-Kassel mit der Evangelischen Landeskirche in Waldeck. Sie umfasst den nördlichen Teil des Bundeslandes Hessen sowie Schmalkalden in Thüringen, was dem bis 1866 bestehenden Kurfürstentum Hessen (einschließlich dessen Exklave Schmalkalden) und dem ehemaligen Fürstentum bzw. Freistaat Waldeck entspricht. An der Spitze der Evangelischen Kirche von Kurhessen-Waldeck steht der Bischof, der von der Landessynode auf Lebenszeit gewählt wird. Er vertritt die Landeskirche in der Öffentlichkeit und trägt zusammen mit der Landessynode die oberste Verantwortung in der Landeskirche.

Bereits 1524 führte Philipp der Großmütige (1504–67) – von 1509 bis 1567 Landgraf der Landgrafschaft Hessen und einer der bedeutendsten Landesfürsten und politischen Führer seiner Zeit – die Reformation lutherischen Bekenntnisses in seiner Landgrafschaft ein. Nach der Teilung der Landgrafschaft Hessen 1567 bestimmte Landgraf Moritz in der Landgrafschaft Hessen-Kassel das reformierte Bekenntnis. Marburg und Umgebung blieb lutherisch, die Universität wurde jedoch reformiert. Oberhaupt der Kirche in Hessen-Kassel war bis 1866 der jeweilige Kurfürst, danach der König von Preußen.

In den Fürstentümern Waldeck und Pyrmont wurde 1525 unter dem Theologen und Reformator Johannes Hefentreger (um 1497–1542)

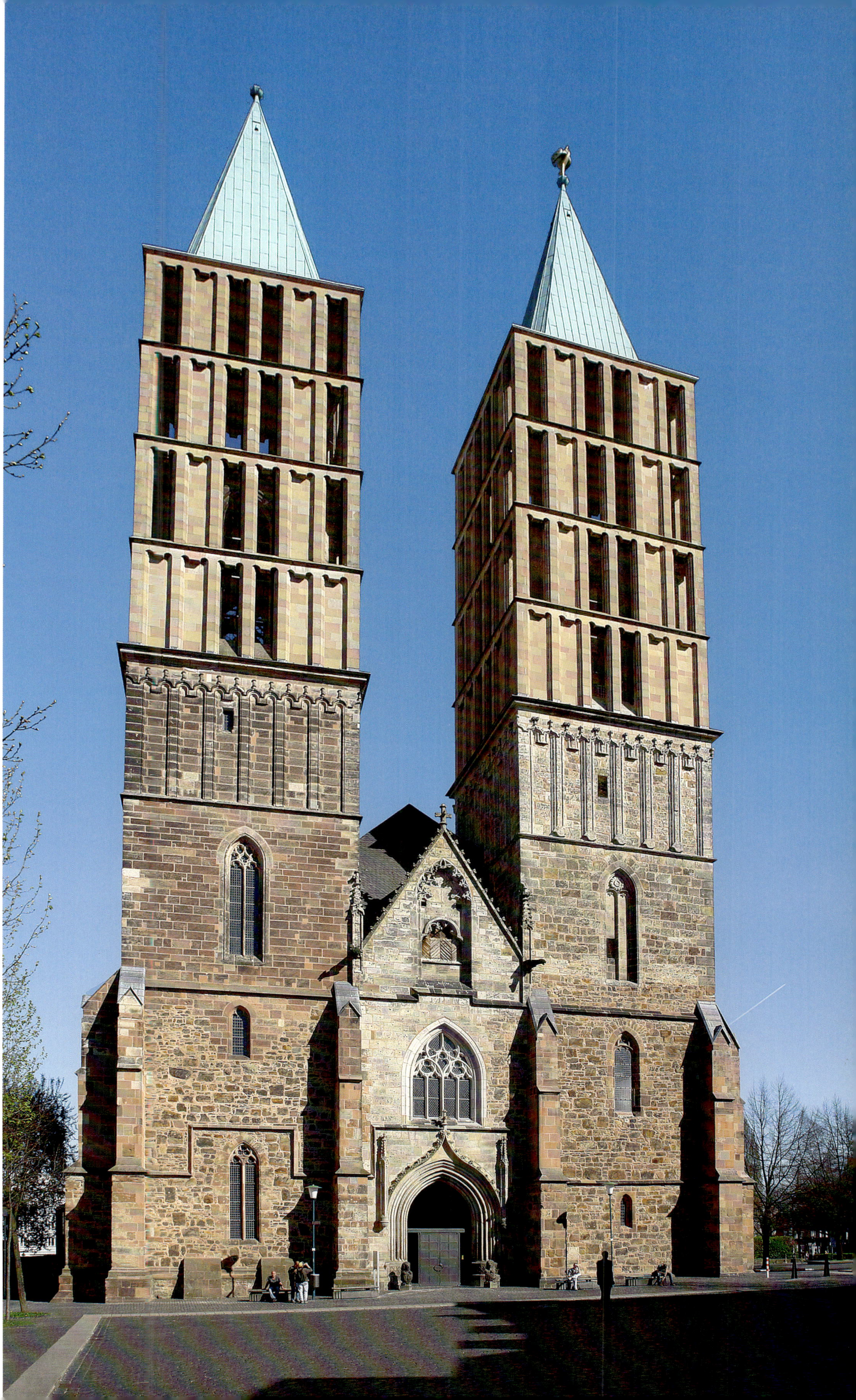

links: Ansicht von Südosten mit Chor (1364–67) und Langhaus (bis 1462)
rechts: Fassade, untere Geschosse bis 1462, 3. Geschoss des Südturms 1483–87, 3. Geschoss des Nordturms 1889–92, oberste Geschosse 1954–60

12 m hohes figurenreiches Marmor- und Alabastergrabmal für Landgraf Philipp den Großmütigen († 1567) und seine Gemahlin Landgräfin Christina († 1549), heute im nördlichen Seitenschiff, früher als Blickfang der Kirche an der Ostwand des Chorpolygons, von Elias Godefroy aus Cambrai 1567 begonnen und seinem Schüler Adam Liquir Beaumont 1572 vollendet

die Reformation lutherischer Prägung eingeführt. Dabei bestanden lutherische und reformierte Gemeinden nebeneinander, die 1821 zu einer Union zusammengeschlossen wurden. Da dies von einigen Lutheranern nicht akzeptiert wurde, entstanden eigene Gemeinden, die später die Bezeichnung „Altlutheraner" erhielten, und 1864 aus der Landeskirche austraten. Oberhaupt der Landeskirche war der jeweilige Fürst von Waldeck und Pyrmont.

1922 wurde der Teil Pyrmont vom Freistaat Waldeck und Pyrmont abgetrennt und der preußischen Provinz Hannover angeschlossen. Der waldeckische Teil fiel 1929 an die preußische Provinz Hessen-Kassel.

Hauptkirche der Evangelischen Kirche von Kurhessen-Waldeck ist die ehemalige Stiftskirche St. Martin (jetzt Pfarrkiche) in Kassel. Sie wurde als Mittelpunkt der um 1330 gegründeten Kasseler Vorstadt „Freiheit" vor 1364 begonnen und sollte als die größte Kirche Kassels nach der Vorstellung des Landgrafen Heinrich II. (1328–76), dem Gründer des Stadtteils, ein „Hessischer Dom" werden, d. h. der Mittelpunkt eines gegen Kurmainz gerichteten Bistums Hessen, das aber nicht zustandekam. Immerhin aber erhob er 1366 die sich im Bau befindliche stattliche dreischiffige Hallenkirche mit sechs Jochen und Doppelturmfassade (in der Tradition der mächtigen Marburger Elisabethkirche) zur Stiftskirche mit zwölf Stiftsherren. Nach Einführung der Reformation 1526 bestimmte Philipp der Großmütige die Kirche zur Grablege seines hessischen Fürstenhauses.

Der Chor der Kirche war 1367, das Langhaus wohl erst 1462 vollendet und konnte geweiht werden. Die Westtürme blieben zunächst noch zweigeschossig und unvollendet. Lediglich der Südturm erhielt 1483–87 ein drittes, durch Hans von Ulm 1564/65 auch noch ein viertes Geschoss. 1889–92 wurde der Renaissanceaufsatz abgebrochen und durch ein neugotisches fünftes Geschoss und einen Spitzhelm ersetzt und der Nordturm in gleicher Form und Höhe ausgebaut. Im Oktober 1943 verbrannte das spätmittelalterliche Dachwerk und die Ausstattung. Die Schiffsgewölbe stürzten ein. Es blieben lediglich die Turmstümpfe, Langhauswände und der Chor einschließlich der Wölbung, wenn auch stark beschädigt, erhalten.

Der Wiederaufbau erfolgte 1954–60 unter Leitung von Heinrich Otto Vogel aus Trier. Damit die Kirche ihre stadtbestimmende Außenwirkung auch in der neugestalteten Umgebung wiedergewinnen konnte, wurden vier moderne Turmobergeschosse errichtet. Die im 2. Weltkrieg unzerstörten neugotischen Turmgeschosse brach man jedoch ab. Beibehalten wurden die erhaltenen Außenmauern. So entstand wieder eine dreischiffige Halle, jedoch mit einem reizvollen neuen Faltgewölbe auf sehr dünnen, wenig raumtrennenden Säulen. Da ein kleiner gottesdienstlicher Raum für die Gemeinde erwünscht war, der mit dem Großraum der Kirche für Konzerte vereint werden sollte, entwarf der Architekt zwischen Chor und Langhaus eine trennende und zugleich verbindende Glaswand in Betonrahmen, der heute den Innenraum prägt.

›icht
h Osten,
tengewöl-
1954–60,
sfenster
Chor von
ns-Gott-
d von
kheusen
twurf
1960)

KÖLN

Hohe Domkirche St. Petrus und Maria zu Köln

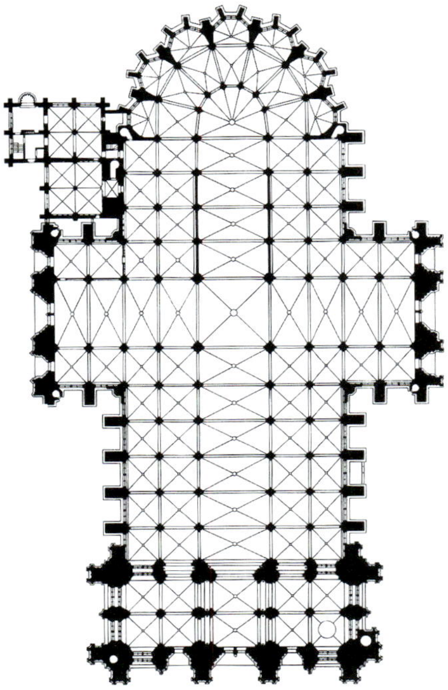

Grundriss

rechte Seite: Ansicht von Nordwesten um 1900
unten: Blick in die maßwerkverzierte Turmspitze des Südturms

Die Römerstadt Köln ist wohl neben Trier der älteste Bischofssitz in Deutschland. Denn bereits 313 – im Jahr des Mailänder Edikts, das die Religionsfreiheit garantierte – ist ein erster Bischof von Köln, der hl. Maternus († um 328), in den Quellen belegbar. Maternus nahm als Vertrauter des römischen Kaisers Konstantin des Großen an einem Schiedsgericht in Rom und 314 an der Synode in Arles teil. Er besaß offenkundig über die germanischen Provinzen hinaus Bedeutung. Sein Nachfolger Bischof Euphrates nahm gleichfalls an einer überregionalen Synode 343/44 (in Serdica) teil. Es ist daher wahrscheinlich, dass spätestens seit diesem Zeitpunkt in der größten deutschen Stadt des Mittelalters und der Frühen Neuzeit eine kontinuierliche Besetzung des Bischofsstuhls stattfand, da Köln trotz der Unruhen der Völkerwanderungszeit den Übergang von der Antike zum Mittelalter ohne erkennbaren Bruch erlebte. Allerdings ist nach Bischof Severin († um 400) erst wieder mit Bischof Carentius (565–67) ein weiterer Oberhirte namentlich überliefert. In den Jahrzehnten dazwischen war die Stadt Aufenthaltsort und zeitweilige Residenz der merowingischen Könige, von denen sich Chlodwig († 511) 481 in Köln zum König hatte ausrufen lassen. Chlodwig ließ sich vor 500 taufen und machte damit das Christentum zur Staatsreligion. Die spätantike Kölner Gereonkirche (4. Jahrhundert) war Hofkirche und Begräbnisstätte des fränkischen Adels, ebenso wie der Dom. Erster Kölner Bischof mit fränkischem Namen war der hl. Evergisil (Evergislus, um † 593).

Unter Bischof Hildebold (vor 787– 818) wurde Köln um 795/800 zum Erzbistum erhoben, dessen Gebiet die Bistümer Utrecht, Lüttich sowie Münster, Osnabrück und Minden umfasste. Bis heute ist der Kölner Erzbischof Metropolit der Rheinischen Kirchenprovinz. Weitere Titel bezeugen die Bedeutung des Kölner Erzbischofs. So trägt er seit dem 13. Jahrhundert den Titel eines geborenen apostolischen Legaten. Er gehört dem Kardinalskollegium an und ist der erste der deutschen Bischöfe, wenngleich der Salzburger Erzbischof Primas Germaniae ist. Der Kölner Erzbischof war zudem bis 1803 in Personalunion Kurfürst von Köln und (seit 1180) Herzog von Westfalen. Als einer der Kurfürsten im Heiligen Römischen Reich Deutscher Nation hatte er unter anderem das Recht der Königswahl.

1164 überführte Erzbischof Rainald von Dassel – Kanzler Friedrich Barbarossas – die mutmaßlichen Gebeine der Heiligen Drei Könige von Mailand nach Köln. Damit erfuhr Köln eine weitere Steigerung seiner kirchlichen Bedeutung, indem der Dom nun zu einem der großen Wallfahrtsziele in Europa aufstieg.

Im Kampf der Kölner Bürgerschaft um Unabhängigkeit gegenüber ihrem tradierten Stadtherrn, dem Bischof, siegten in der Schlacht von Worringen 1288 die Bürger. Den Kölner Erzbischöfen verblieb lediglich die Hochgerichtsbarkeit. Der Erzbischof residierte fortan bis zu seiner Rückkehr 1825 in Bonn und Brühl.

Die Reformation im 16. Jahrhundert hatte für das Erzbistum Köln vergleichsweise geringe Auswirkungen, da nur rund ein Zehntel der Pfarreien vom katholischen zum evangelischen Bekenntnis wechselten. Vor allem, nachdem die Wittelsbacher seit 1583 für fast zwei Jahrhunderte den Bischofsstuhl besetzten, wurde Köln zu einem Hort der Gegenreformation.

rechte Seite: Rheinansicht, Ansicht von Osten
unten: Ansicht von Südosten um 1900

Dagegen führte die Besetzung des gesamten linksrheinischen Raums durch französische Truppen bis zum Oktober 1794 und ihr weiteres Ausgreifen auf den rechtsrheinischen Raum für den Zeitraum zwischen 1795 bis 1799 zu einer Unterdrückung des katholischen Glaubens in den besetzten Gebieten – vergleichbar der radikalen jakobinischen Phase der Französischen Revolution. Erst Napoléon Bonaparte setzte der Bekämpfung des Christentums ein Ende.
Napoléon war es allerdings auch, der nach dem Frieden von Lunéville am 9. März 1801 das linksrheinische Gebiet staatsrechtlich Frankreich eingliederte und das Erzbistum Köln im Zuge einer Neuordnung der Bistumsstruktur in Frankreich auflöste, womit eine tausendfünfhundertjährige Tradition ein Ende fand. Als Ersatz gründete Napoléon das Bistum Aachen, das dem Erzbistum Mechelen als Suffragan unterstellt wurde.
Nach dem Ende der napoleonischen Herrschaft 1814/1815 wurden um 1821 die alten Verhältnisse tendenziell wiederhergestellt, d. h. das Bistum Aachen aufgelöst und Köln wiederbelebt. Dabei fiel allerdings der nördliche Niederrhein mit den kölnischen Traditionsorten Xanten und Kempen an das Bistum Münster. Wei-

oben: Südliches Querschiff
Mitte: Wasserspeier am Chor
unten: Mittleres Südportal

tere Gebiete mussten 1930 durch die Wiederbegründung des Bistums Aachen und 1957 durch die Einrichtung des Bistums Essen abgetreten werden. Dennoch gilt das Kölner Erzbistum mit dem größten Haushaltsvolumen bis heute als eines der reichsten in der Welt.
Im Jahr 2005 fand im Erzbistum Köln der 20. Weltjugendtag statt, aus dessen Anlass hunderttausende Jugendliche aus der ganzen Welt und Papst Benedikt XVI. anreisten.

Der Kölner Dom, weithin sichtbares Wahrzeichen der Metropole am Rhein, gehört zu den imposantesten Denkmälern der deutschen Baukunst, ist Teil des UNESCO-Weltkulturerbes und das am meisten besuchte Bauwerk Deutschlands. Er ist mit einer Länge von 144,58 m, einer Breite von 86,25 m und einer Innenhöhe der Mittelschiffe von 43,35 m die größte Kirche Deutschlands. Die Türme sind mit 157 m nach dem Turm des Ulmer Münsters die höchsten

Europas. In der Länge übertrifft der Dom die Größe französischer Kathedralen. Die Fensterfläche beträgt ca. 10 000 qm.
Bereits in spätrömischer Zeit diente der Platz den ersten Christen als Versammlungsstätte. Mehrere, im Laufe der Jahrhunderte immer größer werdende Vorgängerbauten des heutigen Doms konnten ergraben werden. Kenntnisse hat man vom Aussehen des karolingischen Domneubaus, der um 873 geweiht wurde. Er besaß an beiden Enden des Langhauses je ein Querhaus und einen Chor. Wenig später erweiterte man die Kirche zu einer fünfschiffigen Anlage.
Nachdem am 23. Juli 1164 die Gebeine der Heiligen Drei Könige nach Köln gelangt waren, beschäftigte man sich mit Umbauplänen, die ab 1225 konkretisiert wurden. Für den gotischen Neubau mussten große Teile des alten Doms niedergelegt werden, auf denen am

Chor, Querschiff und Türme von Osten

oben links: Nordwand des Chores und Ostwand des nördlichen Querhauses, Architektur 1248 – um 1300, Königsfenster im Chor um 1300–10, Engel in den Zwickeln der Erdgeschossarkaden von Edward von Steinle 1843–46, Verglasung des Triforiums 19./20. Jh.
oben rechts: Blick in das südliche Querhaus
rechte Seite: Ansicht nach Osten

15. August 1248 durch Erzbischof Konrad von Hochstaden (1248–61) die Grundsteinlegung des Neubaus nach dem Vorbild der großen französischen Kathedralen erfolgte. Mit Amiens verbindet das Kölner Bauwerk insbesondere die Konzeption von fünfschiffiger Choranlage, dreischiffigem Querhaus und die Gestaltung des Maßwerks oder mit St. Denis die Planung von Aufriss und Raumgestaltung. Die Bauarbeiten am Kölner Dom begannen im Osten mit dem Chor, der zunächst um einen Kapellenkranz erweitert wurde. 1322 waren die Arbeiten soweit abgeschlossen, dass der neue Chorraum geweiht und seiner Bestimmung übergeben werden konnte. Danach begab man sich an die Seitenschiffe des Langhauses sowie die beiden

ersten Stockwerke des Südturms. 1388 waren sowohl das südliche Querhaus als auch die südlichen Seitenschiffe zur Benutzung verfügbar, 1448/49 konnten im Südturm Glocken aufgehängt werden.
Aus Mangel an Geld und Desinteresse gerieten die weiteren Bauarbeiten immer weiter ins Stocken und wurden 1560 endgültig eingestellt. Zu diesem Zeitpunkt waren der Chor fertiggestellt, der durch eine Stützmauer gegen den Westteil des unvollendeten Bauwerks abgeschlossen war, die Außenwände der Seitenschiffe, die beiden ersten Geschosse des Südturms bis zu einer Höhe von ca. 50 Metern sowie die Grundmauern des Nordturms. Um den Betrieb im Gotteshaus aufrechterhalten zu können, wurde das Langhaus mit einem Notdach versehen. Auf dem Südturm blieb ein hölzerner Baukran stehen, der drei Jahrhunderte lang die historischen Ansichten der Stadt Köln prägen sollte.
Als 1794 die französischen Revolutionstruppen in Köln einzogen, wurde der Sitz des Bistums zeitweise nach Aachen verlegt, der Gottesdienst im Dom eingestellt und das Gebäude als Lagerraum genutzt. Seit 1801 wieder als Pfarrkirche eingesetzt, wurde der Dom 1821 erneut zur Metropolitankirche erhoben.
Im Zuge der Romantik, die die Gotik zum „deutschen Stil" erklärte, und auf Betreiben von Vertretern wie Sulpiz Boisserée, Friedrich Schlegel, Joseph Görres und nicht zuletzt Johann Wolfgang von Goethe mobilisierten sich Kräfte, die sich für die Vollendung des Dombaus einsetzten. 1842 erfolgte durch König Friedrich Wilhelm IV. von Preußen und Erzbischof Johannes von Geissel die Grundsteinlegung für den Weiterbau. Unter Leitung des Dombaumeisters Ernst Friedrich Zwirner (1802–61) wurden die Baumaßnahmen fortgeführt. Dabei orientierte man sich an den mittelalterlichen Bauteilen sowie unter anderem an dem erst im 19. Jahrhundert wiedergefundenen, auf Pergament ausgeführten sog. Fassadenplan (F), der dem 3. Dombaumeister Johannes (1296–1330) zugeschrieben wird. Am 15. Oktober 1880 feierte man nach über 600-jähriger Bauzeit mit dem Aufsetzen der Kreuzblume auf dem Südturm die feierliche Vollendung des Kölner Dombaus.
Im Mittelpunkt der Ausstattung im Inneren steht der Schrein der Heiligen Drei Könige. Um 1181 von Nikolaus von Verdun konzipiert und begonnen, ist das Meisterwerk rheinischer

links: Chor, Gesamtansicht

rechts: Chor, Chorhaupt mit dem um 1300–1310 eingesetzten Königsfenstern, Achsfenster mit den Heiligen Drei Königen vor Maria und dem Christusknaben niederkniend, über der Szene abwechselnd königliche Vorfahren Christi und Propheten des Alten Bundes, gleichsam als Repräsentanten der geistlichen Würde und weltlichen Macht

Querschiffgewölbe (oben) und rechte Seitenschiffe nach Osten (unten)

Goldschmiedekunst in Form einer dreischiffigen Basilika angelegt, die an den Langhauswänden in den unteren Zonen die Propheten des Alten Bundes und oben die Apostel zeigt. Zur gotischen Ausstattung gehören neben den zahlreichen, teilweise in den Chorumgang verlegten Grabmälern unter anderem die Fenster in der Dreikönigenkapelle, die 1304–11 eingesetzten Königsfenster im Obergaden des Hochchors, das 1308–11 aufgestellte Chorgestühl aus Eichenholz, die um 1320 angelegten Chorpfeilerfiguren sowie die monumentalen Chorschrankenmalereien aus der Zeit um 1330. 1322 wurde aus dem Alten Dom das um 970 von Erzbischof Gero gestiftete Gerokreuz über-

Chorumgangsgewölbe (oben) und Blick vom rechten Querhaus in den Chor (unten)

tragen, das heute in einen barocken Altaraufbau eingegliedert ist. Der Kruzifixus, dessen Fassung mehrfach erneuert wurde, gehört zu den frühesten und bedeutendsten Werken mittelalterlicher Großplastik. Um 1507/09 wurden die Fenster im Nordseitenschiff eingesetzt. Nicht zur ursprünglichen mittelalterlichen Ausstattung gehören hingegen der im Nordseitenschiff aufgestellte Klarenaltar aus der Zeit um 1350 sowie der Altar der Stadtpatrone (Dombild) von Stefan Lochner in der Marienkapelle. Das um 1445 entstandene Altarwerk mit der Anbetung der Könige auf der Mitteltafel wurde erst 1809 von der Kölner Ratskapelle in den Dom überführt.

„Mailänder Madonna“, um 1280/90, Holzfigur, Werk der Kölner Dombauhütte, Zepter und Krone um 1900

oben: Christopherus, von Tilman van der Burch, um 1470, Tuffstein, 3,73 Meter hoch

links: „Schöne Madonna“, um 1420, Kalkstein

rechts: Klarenaltar, um 1350, aus der Franziskanerinnenklosterkirche St. Clara in Köln stammend, Schreinkasten mit vorkragendem Mittelschrein und doppeltem Flügelpaar, so dass drei unterschiedliche Öffnungen möglich sind; Fotos mit dem Zustand nach der ersten Öffnung mit 24 Szenen aus dem Leben Jesu, auf der Tabernakeltür die legendäre Messe des hl. Martin, Malereien um 1400

Hochgrab des Erzbischofs Walram von Jülich (1332–49) in der Michelskapelle, kurz nach 1349, weißer und schwarzer Marmor, ursprünglich befanden sich Figuren von Trauernden in den Arkaden der Tumbenwand

Hochgrab des Grafen Gottfried von Arnsberg († 1372), der seine Grafschaft dem Kölner Erzstift vererbte und deshalb neben den Erzbischöfen im Chor bestattet ist

Grabmal für Erzbischof Philipp von Heinsberg (1167–91), um 1300, Tumba in Form einer zinnenbekrönten Festungsarchitektur mit Türmen und Toren, da in Philipps Amtszeit die Erweiterung der Kölner Stadtmauer fiel

Schrein der Heiligen Drei Könige, um 1190–1220, Werkstatt des Nikolaus von Verdun und nachfolgenden Kölner und maasländischen Werkstätten, Gold und Silber getriebene, feuervergoldete Figuren, Filigranplatten mit Steinbesatz (Edelsteine, Halbedelsteine, antike geschnittene Gemmen und Kameen) und Emailschmelz an Säulen, Bögen und Profilen; größtes und künstlerisch bedeutendstes Reliquiar des Mittelalters, für die 1164 aus Mailand nach Köln gebrachten Gebeine der Könige gefertigt, Bildprogramm umfasst die Heilsgeschichte von den Anfängen bis zum Weltgericht

rechts: Gerokreuz, monumentales Holzkreuz, gestiftet von Erzbischof Gero († 976)

unten: Altar der Stadtpatrone (Anbetung der Könige, flankiert von den Kölner Stadtheiligen Ursula und Gereon), von Stephan Lochner, um 1442, bedeutendstes Werk der spätgotischen Malerei in Köln

KONSTANZ

Münster Unserer Lieben Frau, St. Pelagius und Konrad

Ansicht von Süden, Westturm mit neugotischem Turmaufsatz von 1853, romanisches Mittel- und gotisches Seitenschiff, spätmittelalterlichem Querhaus mit filigranem gotischem Maßwerkgiebel von 1432/36

Aufgrund seiner exponierten Lage am Übergang über den Rhein am Bodensee bestand in Konstanz bereits eine bedeutende Römersiedlung, die 525 als Constantia – benannt nach Kaiser Constantius II. (317–61), dem Sohn Konstantins des Großen – erwähnt wird. Den Römern folgten die Alemannen, die nach der Eroberung durch die Franken den christlichen Glauben annehmen sollten. Unter dem Schutz der Franken begannen deshalb im 6. Jahrhundert iro-schottische Mönche wie Fridolin, Landolin, Trudpert und Gallus, später Kolumban und Pirmin, das alemannische Gebiet zu missionieren. Sie gründeten Klosternie-

Turm von Nordwesten und Welserkapelle (aufwendiges Zier- und Stabwerk, Ende 15. Jahrhundert) an der Nordseite des Turms

derlassungen, aus denen sich kulturelle Zentren und Bildungsstätten für den Adel bildeten.
Konstanz wurde um 585 für die alemannische Region des Frankenreichs Bischofssitz. Die neue Diözese trat die Nachfolge des Bistums in der römischen Siedung in Vindonissa (Windisch) bei Brugg in der Schweiz an und war die flächenmäßig größte Diözese im Heiligen Römischen Reich Deutscher Nation. Sie reichte vom Gotthardmassiv bis zum mittleren Neckar, vom Rhein bis an die Iller. Mit dem Churräter Johannes ist für 612/13 ein erster Konstanzer Bischof namentlich bekannt. Ein Marienmünster wird als bischöfliche Kirche erstmals 615 erwähnt.
Das Bistum gelangte vor allem in karolingischer und ottonischer Zeit zu großer Bedeutung, vornehmlich durch die ruhmreichen Abteien in St. Gallen (612 durch den hl. Gallus als Einsiedlerklause gegründet) und auf der Reichenau (um 724 durch den hl. Wanderbischof Pirmin gegründet). Ihre Äbte waren im 8. und 9. Jahrhundert häufig in Personalunion gleichzeitig Konstanzer Bischöfe und unterhielten zum Herrscherhaus enge Kontakte.
1414–18 rückte die Bischofsstadt durch das Konstanzer Konzil in den Blickpunkt der christlichen Welt. Es war von Kaiser Sigismund einberufen worden, um nach der Rückkehr der Päpste aus Avignon die umstrittene Frage nach dem rechtmäßigen Papst zu klären. Dabei fiel die Wahl auf Kardinal Colonna, der sich Papst Martin V. nannte. Mit dem Konzil sollte die Einheit der Kirche wiederhergestellt und die Spaltung überwunden werden.
Nach der Einführung der Reformation in Konstanz wurden 1527 der Bischof und das Domkapitel zum Rückzug nach Meersburg am

oben: Westturm mit neugotischem Turmaufsatz von 1853
rechts: Sterngewölbe der Turmhalle, 1518, von Lorenz Reder

Grundriss

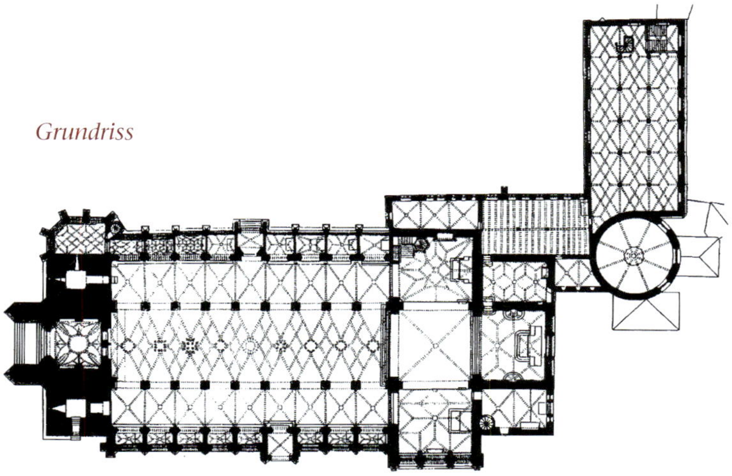

Blick durch das Langhaus (11. Jahrhundert) mit Kanzel von 1680 zum Chor

oben links: Detail der Orgelempore, 1517–20
oben Mitte: Langhaus nach Westen mit Orgel und Kanzel (1680)
oben rechts: Südflügel des Hauptportals, Ausschnitt, Nussbaumholz, Reliefs mit Szenen aus dem Leben Jesu, 1470, von Symon Haider
unten: Chorgestühl, 1470, Wangenrelief mit der Darstellung der Opferung Isaaks

Bodensee gezwungen. Zahlreiche Kunstwerke in den Kirchen fielen in dieser Zeit dem Bildersturm zum Opfer. 1548 konnte der katholische Glaube mit Waffengewalt wieder eingeführt werden, aber die staatliche Oberhoheit der Stadt ging auf das habsburgische Vorderösterreich über. Konstanz blieb damit zwar für die folgenden Jahrhunderte Domstadt. Die religiöse und territoriale Macht aber wurden getrennt, der Bischof war nicht mehr weltlicher Herr seiner Domkirche und beließ deshalb seinen Sitz in der Kleinstadt Meersburg. Seit der Verlegung der bischöflichen Residenz – das Kapitel siedelte zeitweise nach Radolfzell über – erfuhr das Münster nicht mehr die künstlerische Zuwendung wie in jenen Städten, in denen der Domklerus noch täglich gemeinsam in seiner Kirche die Horen betete und Messe feierte.

Als Folge der Napoleonischen Kriege und der Säkularisation wurde 1802 das Hochstift Konstanz aufgelöst und der Markgrafschaft Baden inkorporiert. So wie Freising den Bischofsrang an die Hauptstadt des neugegründeten bayerischen Königreichs abtreten musste, wurde das alte Konstanzer Diözesangebiet um 1821 zwischen den neuen napoleonischen Staaten Baden (Erzbistum Freiburg), Württemberg (Bistum Rottenburg-Stuttgart), Bayern und der

Schweiz (zunächst provisorisch vom Abt von Beromünster verwaltet und später den Bistümern Basel und Chur unterstellt) aufgeteilt. Die offizielle Auflösung der Konstanzer Diözese erfolgte 1827.

Durch den Verlust des Domkirchenstatus 1821 blieben dem Münster tiefgreifende Purifizierungen, d. h. „stilreinigende Restaurierungen" wie etwa in Bamberg, Regensburg, Speyer, Eichstätt oder Augsburg erspart, so dass die Ausstattungen aus der Zeit zwischen Reformation und Säkularisation erhalten sind.

Das heutige Konstanzer Münsters steht auf dem Münsterhügel, der höchsten Erhebung im heutigen Konstanzer Stadtgebiet, etwa 6–7 m über dem Wasserspiegel des Bodensees. Von den ersten Bischofskirchen, die innerhalb einer spätrömischen Befestigung des 4. Jahrhunderts erbaut wurden, besitzen wir keine Kenntnisse. Bekannt ist lediglich, dass sich im Süden des Doms im 8. Jahrhundert die Bauten des Bischofs (Pfalz) und im Norden die Häuser des Domkapitels anschlossen.

Die ältesten erhaltenen Bauteile gehören zum Karolingerbau der 2. Hälfte des 8. Jahrhunderts, von dem die langen seitlichen Zugangsstollen der Krypta erhalten sind. Diese Kryptenreste lassen auf einen dreischiffigen Kirchenbau in der Breite des heutigen Münsters schließen. Wahrscheinlich wurde im 9., nach älterer Forschungsmeinung im 10. Jahrhundert die Krypta erweitert, indem man die Stollen nach Osten verlängerte und eine zentral gelegene, gewölbte Hallenkrypta mit vier Säulen erbaute, die über gerundete Nebenräume und Querstollen erschlossen wurde. Als unter Bischof Salomo III. (890–919) 904 die Gebeine des Katakombenheiligen Pelagius von Rom nach Konstanz gelangten, konnten die Reliquien in dieser Krypta aufbewahrt werden.

Besonderes Vertrauen der ottonischen Herrscher erwarb sich Bischof Konrad I. (934–75), der spätere Bistumspatron. Er hatte drei Reisen nach Jerusalem unternommen und war häufig in Rom, u. a. als Begleiter Ottos I. bei seinem Romzug 961/62. Aus dieser Erfahrung heraus ließ Bischof Konrad einen Kranz von Kirchen (St. Johann, St. Lorenz, 983 folgte St. Peter jenseits des Rheins) um das Marienmünster anlegen. Mit den neu gegründeten Kirchen sollte das System der fünf Patriarchalkirchen in Rom nachgebildet werden und somit das Abbild einer heilgen Stadt entstehen. Dabei nehmen die außerhalb der Stadt gelegenen Kirchen St. Lorenz und St. Paul unmittelbar Bezug auf die römischen Kirchen S. Lorenzo fuori le mura und S. Paolo fuori le mura. Zudem ließ Bischof Konrad nördlich des Münsterchors einen Rundbau

oben links: Thomasaltar von Christoph Daniel Schenck (um 1633–91), Altarumbau 1779
oben Mitte: Tod Mariens und ihre Beweinung durch die Jünger, 15. Jh.
oben rechts: Sog. „Schnegg", Wendeltreppenaufgang, ab 1438
unten: Bockstorfer Altar, 1524

oben: Hallenkrypta (um 1000) mit Maiestas Domini (große Kupferscheibe, um 1000)
Mitte links: Silvesterkapelle mit Wandmalerei (Passionszyklus von 1472)
Mitte rechts: Goldscheibe mit dem Adlermotiv (Symbol des Evangelisten Johannes, 12. Jh.) und Blick in den karolingischen Zugangsstollen

unten: Steinsarkophag mit den Reliquien des hl. Pelagius, um 900

mit einer Nachbildung des Heiligen Grabes errichten, der dem hl. Mauritius geweiht war und damit dem Heiligen, der nach dem Erwerb der Heiligen Lanze durch Heinrich I. im Jahr 922 und der Überführung der Körperreliquie in den Magdeburger Dom in den Rang eines Reichsheiligen aufgestiegen war. Die Mauritiusrotunde wurde um 1300 hochgotisch umgebaut, das Heilige Grab um 1260 neu errichtet.

Um 1000 oder wenig später erneuerte man die Hallenkrypta und erweiterte sie nach Westen um ein weiteres Stützenpaar. Die Kapitelle des neuen westlichen Stützenpaares sind zweitverwendet und stammen wohl von der karolingischen Hallenkrypta. Im Westen schuf man zusätzlich eine kleine Kammer für den Steinsarkophag als Reliquiengrab des hl. Pelagius. Die Erweiterung der Kryptenhalle wird zumeist mit Bischof Lamberts (995–1018), der um 1000 die Ostteile des Münsters erneuerte und an das bestehende Langhaus ein Querschiff anfügen ließ, in Verbindung gebracht. Die Maiestas-Domini-Scheibe, eine Kupferplatte mit Feuervergoldung über Holzunterlage, in der Krypta wird ebenfalls um 1000 datiert.

Der Einsturz des spätkarolingisch-frühottonischen Baus 1052 zwang Bischof Rumolds (reg. 1051–69) zu einem Neubau, der noch heute als eine der größten romanischen Kirchen Südwestdeutschlands besteht (Länge 63,7 m, Breite 32 m, Firsthöhe 28 m). Zunächst begann man mit der Wiederherstellung der liturgisch wichtigen Ostteile, d. h. mit dem flach abschließenden Chor und dem Querhaus unter Verwendung von ottonischen Bauteilen. Länger zog sich die Vollendung des Langhauses hin. Die flach gedeckte dreischiffige romanische Säulenbasilika konnte 1089 durch Bischof Gebhard III. von Zähringen (reg. 1084–1110) geweiht werden. Im Laufe des 12. Jahrhunderts wurde zusätzlich ein Vierungsturm errichtet.

Der Bau der Westfassade zog sich länger hin. Zunächst begann man mit dem Bau eines Nordturms, der nach seinem Teileinsturz 1128 zügig vollendet werden konnte. Der Südturm war jedoch erst 1378 fertiggestellt. Schließlich fügte man die Zweiturmfassade zur heutigen blockhaften, dreiteiligen Front mit mächtig vorkragenden Strebepfeilern zusammen. Ab 1497 wurde ein oktogonaler Turm aufgesetzt, der nach einem Brand 1511 in den oberen Partien erneuert wurde. Seit 1853 bekrönt ein Maßwerkhelm nach Entwurf von Heinrich Hübsch den Westturm.

Ab 1423 wurden neue Maßwerkfenster und steinerne Gewölbe eingebaut. Spätgotische Zutaten sind zudem die Seitenkapellen, ausgeführt unter der Ägide des Berner Baumeisters Vinzenz Ensinger als Leiter der Bauhütte (tätig 1453–89), sowie die Welserkapelle und die Franz-Xaver-Kapelle, unter Lux Böblinger aus Esslingen (tätig 1490–1502) errichtet.

Das Heilige Grab in der heutigen, um 1300 erneuerten Mauritius-Rotunde wurde um 1260 auf den Grundmauern des ottonischen Vorgängers erbaut. Es handelt sich um einen 4,65 Meter hohen zwölfseitigen, mit Maßwerk durchbrochenen zweigeschossigen Zentralbau, der von dreieckigen Wimperggiebeln und 12 Apostel-Figuren bekrönt wird.

Die ehemals reiche gotische Ausstattung ging bereits beim Bildersturm der Reformationszeit zum Teil verloren. Darunter ist der Verlust des Jahres 1529 besonders zu beklagen, als der 1466 vollendete Hochaltar des in Straßburg tätigen Bildhauers Nikolaus Gerhaerts von Leyden zerstört wurde. Der Altar war wegweisend für die spätgotische Schnitzkunst in Süddeutschland.

Erhalten haben sich dagegen unter anderem das Chorgestühl von 1467–71 und die Schnitzereien mit Szenen der Kindheit und der Passion Christi von 1470 in den Türflügeln des Hauptportals. Diese Werke schuf Simon Haider, der sich im Rahmen des Türflügels verewigt hat. Nach Rückgabe des Münsters 1551 an den Bischof und das Domkapitel entstanden neue Ausstattungsstücke, insbesondere Altäre. Ab 1776 wurden der Chor und das Querhaus mit klassizistischen Stuckdekorationen von Pierre Michel d'Ixnard aus Straßburg – bedeutendster Vertreter des südwestdeutschen Klassizimus und Architekt der Abteikirchen von St. Blasien sowie Bad Buchau – und im Querschiff durch Carlo Pozzi und Johann Ferdinand Bickel modern umgestaltet.

oben rechts: Heiliges Grab (um 1260) in der Mauritius-Rotunde (um 1300)
oben links: Heiliges Grab, Detail, um 1260
links Mitte und unten: Südlicher Kreuzgangflügel, 1294–1320

LIMBURG

Dom St. Georg

rechts: Ansicht von Nordwesten
unten: Luftaufnahme und Ansicht von Nordosten

Obgleich der Limburger Dom durch seine außergewöhnliche Lage und die Monumentalität seiner spätromanisch-frühgotischen Architektur mit mächtiger Doppelturmfassade der Vorstellung einer deutschen Kathedrale wie kaum ein anderer Bau entspricht – man vergleiche die Gemälde Schinkels mit den Idealansichten gotischer Dome –, wurde die Kirche erst 600 Jahre nach seiner Erbauung Bischofssitz. Denn die Diözese Limburg ist erst das Ergebnis der Napoleonischen Kriege, nachdem durch den Reichsdeputationshauptschluss 1803 die Gebiete der alten geistlichen Kurfürstentümer Mainz und Trier den nassauischen Herzogtümern zugeschlagen wurden. Diese vereinigten sich 1806 zum Herzogtum Nassau mit Regierungssitz in Wiesbaden. Schließlich entstand auf dem Gebiet des Herzogtums Nassau und der freien Reichsstadt Frankfurt 1827 das neue Bistum Limburg, in dem die Katholiken gegenüber den Protestanten deutlich die Minderzahl bilden.

Der heutige Dom hat jedoch eine längere Geschichte. So ließ 910 Konrad Kurzbold († 948), Gaugraf des Niederlahngaus, auf dem

Langhaus von Süden (oben) und Fassade (rechts)

oben: Ansicht von Osten
rechts: Grundriss
unten: Blick von der Lahn

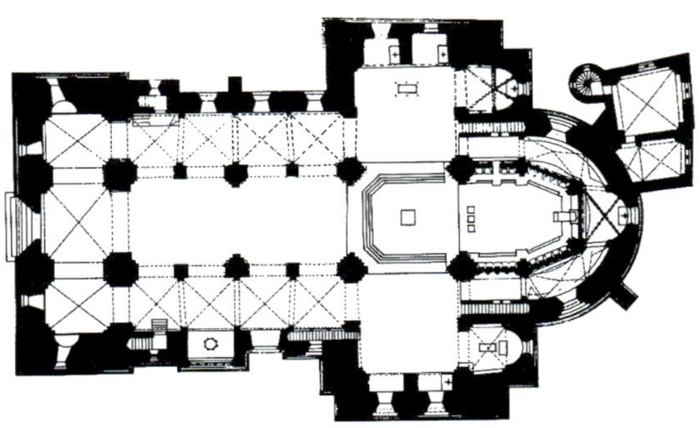

exponierten Hügel an der Lahn eine Kirche errichten, zu deren Betreuung er ein Stift gründete, deren Geistliche für sein Seelenheil als Stifter beten sollten. Konrad stammte aus dem Geschlecht der Konradiner und war Neffe König Konrads I., der von 911 bis 918 erster König in der Nachfolge der Karolinger war. Als loyaler Berater der ostfränkischen Könige erhielt Kurzbold von den Königen Ludwig dem Kind (893–911), der die Gründungsurkunde für das Stift Limburg ausstellte, und Otto dem Großen (reg. 936–973) als Zeichen der Anerkennung Güter geschenkt, die ihm den Bau und den Unterhalt des Stifts ermöglichten. So erhielt das Stift als Gegenleistung dafür, dass Graf Konrad Kurzbold entscheidend für den Sieg Ottos in der Schlacht bei Andernach vom 2.10.939 gesorgt hatte, die Schenkung von Niederzeuzheim. 942 nahm zudem Otto auf Bitten Kurzbolds das Stift in Königsschutz.

Die Stiftskirche des frühen 10. Jahrhunderts war eine dreischiffige Pfeilerbasilika mit Rechteckchor und Krypta. Möglicherweise gab es im 11. Jahrhundert einen Um- oder Neubau, da für 1058 ein Weihedatum für die Stiftskirche überliefert ist. Archäologisch konnte ein Neubau allerdings nicht nachgewiesen werden.

Das Stiftskapitel bestand aus bis zu 16 Kanonikern, denen ein Propst vorstand, der vom Mainzer Bischof eingesetzt wurde. Die Kanoniker versammelten sich – wie die Mönche – zum täglichen Chorgebet und feierten die Heilige Messe. Die geistliche Leitung des Kanonikerkollegiums hatte der Dekan inne, der von den Kanonikern gewählt wurde. An das Stift war eine Schule angeschlossen, dessen Leiter, der Scholastikus, für die Ausbildung der Novizen zu sorgen hatte. Der Kantor war für die Musik im Stift, die musikalische Ausbildung des Nachwuchses und die Leitung des Chores zuständig, der Kustos für die liturgischen Gegenstände und Gewänder.

Im frühen Mittelalter lebten die Geistlichen wie Ordensleute in den Klöstern zusammen im Stift gemäß der auf der Basis der Kanonikerregel des Metzer Erzbischofs Chrodegang (um 700–766) 816 erneuerten Aachener Regel. Seit dem 11. Jahrhundert änderte sich die Form des Zusammenlebens, da die Stiftsgeistlichen nun innerhalb des alten Stiftsberings, der Immunität, eigene Häuser bezogen.

Im hohen Mittelalter blühte Limburg als Handelszentrum auf. Einzigartig in Deutschland

ist die große Zahl von Fachwerkhäusern, die sich aus dem 13. und 14. Jahrhundert erhalten haben und von außergewöhnlicher Größe sind, wie z. B. das Gebäude Römer 2/4/6 aus dem Jahr 1289 belegt. Durch den Reichtum der Stadt wurde dem Stift und den Limburger Bürgern Ende des 12. Jahrhunderts möglich, den heutigen so außergewöhnlich anspruchsvollen Neubau der Stiftskirche zu finanzieren, der als Stifts- und Pfarrkirche genutzt wurde. Gleichzeitig veranschaulicht die Architektur die Bedeutung des Stifts, das im Zuge der Säkularisation 1802 aufgelöst wurde. Da die Kirche 1827 Bischofssitz wurde, folgte auf das Stiftskapitel das Domkapitel und somit eine angemessene sakrale Nutzung.

Der Limburger Dom, nach seinem Patrozinium St. Georg auch Georgsdom genannt, thront oberhalb der Altstadt neben der Burg Limburg. Durch die erhöhte Lage auf den Felsen oberhalb der Lahn ist er weithin sichtbar. Seine Architektur gilt als eine der vollendetsten Schöpfungen spätromanischer Baukunst, wobei Elemente der Frühgotik Eingang fanden.

Der Dom ist eine dreischiffige Basilika mit westlicher Vorhalle und halbrundem Chor mit Chorgang. Zwar besitzt er nur eine Länge von 54,5 m und eine Breite von 35,4 m. Die Kathedrale tritt jedoch mächtiger in Erscheinung, bedingt durch seine reiche Gliederung, durch die Farbigkeit der Fassung, die 1968 bis 1972 nach Befunden rekonstruiert wurde, und durch die sieben Türme, d. h. die Ecktürme der Querhäuser – die südlichen wurden erst 1863 vollendet –, den 66 m hohen Vierungsturm und die 37 m hohe Doppelturmfassade, wie sie im Rheinland in dieser Zeit häufig, z. B. in Koblenz, Xanten oder Andernach, erbaut wurden. Die Verspieltheit und der Variatenreichtum an Formen und Bauelementen, wie z. B. Rund- und Spitzbogenfriese, Säulchen, Kapitelle, Triforien, Laufgänge, Gesimse, Lisenen, Gurtbögen, Radfenster, Rosetten, Archivolten und Blendbögen, ist zwar typisch für die sogenannte rheinische Spätromanik, in dieser Reichhaltigkeit, Größe, Harmonie und Einheitlichkeit jedoch einzigartig. Das hohe Mittelschiff – gegliedert durch ein Arkaden-, Emporen-, Triforien- und Obergadengeschoss – hat in seiner Viergeschossigkeit und Steilheit nur in der wesentlich kleineren Kirche in Bacharach eine Entsprechung.

Als Baubeginn wird für die heutige Kirche die Zeit um 1190 angenommen. In einer ersten Bauphase entstanden sind die Fassade, das süd-

Ansicht nach Osten (links), Blick in die Vierungskuppel und ins Querhaus (oben) und Obergeschosse der nördlichen Langhauswand (unten)

unten: Taufbecken, um 1235

oben: Vierung und Chor

Langhausgewölbe und Blick ins nördliche Querschiff

liche Seitenschiff, der Chor und das Querhaus bis zur Empore. Als zweiter Abschnitt erfolgte der Einbau der Innenpfeiler des südlichen Langhauses, als dritte Bauphase die Errichtung der südlichen Langhausempore. Die vierte Bauphase zeigt deutlich den Einfluss der französischen Gotik (vgl. Laon, Châlons-sur-Marne), als die Nordseite des Querhauses und die Chorempore errichtet wurden. Eine große Nähe besteht zur Kirche Maria Himmelfahrt in Andernach, so dass ein Austausch zwischen beiden Bauhütten angenommen wird. Die Stiftskirche war um 1235 vollendet und konnte zu diesem Zeitpunkt durch den Trierer Erzbischof Theoderich von Wied geweiht werden.

Als Stiftskirche besaß die Kirche zahlreiche Altäre – für das Jahr 1749 sind 28 Altäre belegt –, damit die Geistlichen die zahlreichen Stiftungen betreuen konnten. Die Altäre waren sowohl im Erdgeschoss als auch auf der Empore – das obere Stockwerk ist rundum begehbar – aufgestellt.

unten: Grabmal des Stifters der ursprünglichen Stiftskirche Konrad Kurzbold († 948); Grabunterbau und die sechs Säulen mit Skulpturen (vier betende Kanoniker, die symbolisch das Totenoffizium beten und ihre lebenden Mitkanoniker an deren Gedächtnispflichten erinnern, ein Bär und ein Löwe), Mitte 11. Jahrhundert, aus der Vorgängerkirche; Grabplatte um 1235, als man das Grabmal in der neuen Kirche aufstellte

oben: Obergeschosse des südlichen Querhauses

rechts: 9,30 Meter hohes Sakramentshaus von 1496 an einem Pfeiler im Langhaus

unten: Spätgotisches Epitaph des Ehepaares Mudersbach († 1461 bzw. 1477)

LÜBECK

Dom St. Maria, Johannes d. T. und Nikolaus

In wenigen Städten spiegelt sich die Rivalität zwischen Domkapitel und Bürgerschaft so ausgeprägt in der Architektur und Ausstattung der Hauptkirchen wie in Lübeck. Die historische Situation war hier wohl einzigartig: Weder waren, wie in Ratzeburg oder Schwerin, die Städte im Schatten des Bischofssitzes entstanden, noch hatten Bischof und Domkapitel durch ihre lange Geschichte als Missionsbistum, wie in Bremen, umfangreiche weltliche Rechte innerhalb der Stadtgrenzen inne. Die Diözese Lübeck entstand zugleich und Seite an Seite mit der Bürgerstadt, die nach ihrer Neugründung durch den Sachsenherzog Heinrich den Löwen 1158/59 innerhalb kürzester Zeit zum wirtschaftlich und politisch bedeutendsten Handelsort des Nordens sowie zur zweitgrößten Stadt Deutschlands (nach Köln) aufstieg. Seit 1226 war Lübeck reichsfreie Stadtrepublik – in dieser Zeit ein einmaliger Fall im Norden. Schon zuvor hatten die Bischöfe eine umfangreiche Grundherrschaft erhalten, vor allem um ihre spätere Residenzstadt Eutin in Ostholstein. Im Laufe des 13. Jahrhunderts war auch dieses Gebiet zu einem reichsunmittelbaren Territorium geworden.

Doppelturmfassade, ab 1173

Bischof Gerold (1154–63) hatte seinen Sitz 1160 von Oldenburg/Holstein nach Lübeck verlegt. Dieser Schritt war politisch motiviert, lag doch der neue Bistumssitz in einer Stadt, die vom Herzog unmittelbar gefördert wurde. Dieser hatte kurz zuvor seinen Vasallen Graf Adolf II. von Schauenburg, den er nach 1138 mit dem neu eroberten Wagrien belehnt hatte, zur Abtretung der von ihm 1143 gegründeten Hafensiedlung Alt-Lübeck gezwungen. Oldenburg lag noch auf gräflichem Gebiet. Heinrich der Löwe förderte nicht nur die Ansiedlung rheinisch-westfälischer Kaufleute durch enorme Handelsprivilegien im Ostseeraum, sondern auch das Bistum und in den 1170er Jahren sehr massiv den Bau des Doms. Nachfolger Gerolds wurde sein Bruder, der Zisterzienserabt Konrad I. von Riddagshausen (1164–72), der sich dem politischen Einfluss des Welfenherzogs nicht entziehen konnte. Er begleitete Heinrich auf seiner Palästinareise und verstarb dort. Den Grundstein des romanischen Doms legte der Herzog anlässlich der Weihe des neuen Bischofs Heinrich I. von Brüssel (1172–82), zuvor Abt des Benediktinerklosters St. Aegidien in Braunschweig. Durch den Sturz Heinrich des Löwen 1180 geriet diese Entwicklung ins Stocken. Nachdem die Stadt dem Kaiser Friedrich I. gehuldigt hatte, wurde sie auch von ihm mit umfangreichen Rechten ausgestattet, der Dombau konnte aber erst um 1220 fortgeführt werden.

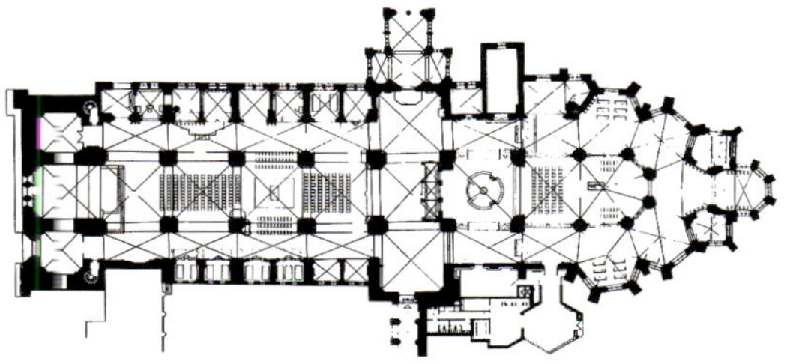

oben: Ansicht von Südosten mit Chor, 1329–41
unten links: Ansicht von Süden
unten rechts: Ansicht von Westen

Der beispiellose wirtschaftliche Aufschwung Lübecks führte immer häufiger zu Interessenskonflikten zwischen Bischof, Domkapitel und dem mächtigen Rat der Stadt. Sie erreichten unter Burckard von Serkem (1276–1317) ihren Höhepunkt. Zweimal (1277–82 und 1299–1317) musste der Bischof im Zuge der Auseinandersetzungen die Stadt verlassen. Er floh in den schon 1156 von Gerold angelegten, seit 1270 zur Residenz ausgebauten Bischofshof in Eutin. Sein Vorgänger, Johannes III. von Tralau (1260–76), hatte 1266 mit dem Neubau eines gewaltigen Domchors in Konkurrenz zu der seit 1261 errichteten Lübecker Hauptpfarrkirche St. Marien begonnen. Dieses Vorhaben musste wegen der schweren Konflikte mit der Bürgerschaft 1277 eingestellt werden. Als Vollender des um 1329/30 weitergeführten Domchors und Initiator des Langhausumbaus erlangte Bischof Heinrich II. von Bocholt (1317–41) Berühmtheit. Eine ebenso große Bedeutung für die Kunstgeschichte besitzt Albert II. Krummenick (1466–89). Er stiftete aus eigenen Mitteln die Triumphkreuzanlage des Doms, ein Hauptwerk Bernt Notkes.

Nachdem die Reformation schon 1530/31 in der Stadt eingeführt worden war, wurden im Gebiet des Hochstifts 1542 protestantische Kirchenordnungen erlassen und das Bistum kurz danach aufgelöst. Allerdings bestand das evangelische Hochstift als Territorium weiter, das deckungsgleich mit den Liegenschaften von

oben: Ansicht von Norden mit Paradies
unten links: Paradies mit nördlichem Querhausportal, 1254–59
unten rechts: Südquerhaus und Teile des Kreuzgangs

Bischof und Domkapitel war. Lübeck wurde zum einzigen rein protestantischen Fürstbistum des Reichs. Diese Sonderreglung sicherte sich das Kapitel durch die 1586 getroffene Vereinbarung, den Fürstbischof stets aus dem Haus Hollstein-Gottorp zu wählen. Die Konstruktion überstand den Dreißigjährigen Krieg und die Neuordnungen des Westfälischen Friedens von 1648. Als Residenz wurde die alte Bischofsstadt Eutin prächtig ausgebaut, für das Schloss gewann Fürstbischof Christian August (1705–26) den Architekten Rudolf Matthias Dallin. Friedrich August (1750–85) wurde 1773 zusätzlich Herzog von Oldenburg. Erst 1803 wurde das Fürstbistum aufgelöst und als Fürstentum Lübeck dem Herzogtum und späteren Großherzogtum Oldenburg eingegliedert.

Im 20. Jahrhundert konstituierte sich die „Evangelisch-lutherische Kirche in Lübeck“ als Landeskirche des Deutschen Reichs. 1977 kam es zu einer Vereinigung mit den Landeskirchen in Hamburg, Schleswig-Holstein und Eutin sowie des Kirchenkreises Harburg aus der weiterhin selbständigen Landeskirche Hannover zur „Nordelbischen Evangelisch-lutherischen Kirche“. Der Lübecker Dom ist seitdem eine von drei Bischofskirchen innerhalb dieser Landeskirche.

Die Lage des Doms am südlichen Rand der Altstadt, abseits der großen Patrizierhäuser, Pfarrkirchen und urbanen Anziehungspunkte, vermittelt noch heute die geschilderte historische Situation. Klausur und Domkurien haben sich nur in geringen Resten erhalten, so dass die für die mittelalterliche Backsteinarchitektur des Ostseeraums so bedeutende, in den Ausmaßen gewaltige (Länge 125 m) Kathedrale den Eindruck eines Solitärs vermittelt. In dieser Hinsicht kontrastiert sie mit dem mittelalterlichen Konkurrenzbau, der bürgerlichen Hauptpfarrkirche St. Marien unmittelbar nördlich von Markt und Rathaus.

Die Architektur lässt sich in zwei große Bauphasen einteilen: Der romanische Dom wurde 1173/74 begonnen und nach einer Unterbrechung in den 1180er Jahren erst um 1220 weitergeführt; eine Weihe erfolgte 1247. In den 1250er Jahren entstand das Paradies, die Vorhalle des nördlichen Querhausarms. Die zweite Phase begann um 1266 und sah einen großartigen gotischen Umbau vor, der jedoch bereits 1277 durch die erwähnten innerstädtischen Konflikte unterbrochen werden musste. Der angefangene Hallenumgangschor wurde erst 1329/30 weitergeführt und 1335 vollendet, anschließend nahm Bischof Heinrich II. Bocholt den Umbau des Langhauses zur Halle in Angriff, der 1341 geweiht werden konnte. Im 15. Jahrhundert erfolgten lediglich Anbauten von Kapellen.

Der romanische Dom ersetzte einen provisorischen, 1163 geweihten und sicher aus Holz errichteten Bau, von dem nichts bekannt ist. Nach der Stiftskirche in Segeberg (1156 beg.) und dem Dom in Ratzeburg (nach 1160) ist der Lübecker der dritte und größte frühe Backstein-

oben: Westchor

rechts: Madonna mit der Sternenkrone, Sandstein, um 1450/60

Gotischer Löwe, um 1335, vergoldet

Taufbecken, 1455

rechte Seite: Ansicht nach Osten
unten: Ansicht nach Westen
unten rechts: Südlicher Chorumgang, 1329–41

bau im Einflussbereich Heinrichs des Löwen. Zur selben Zeit begann im benachbarten Dänemark eine ähnlich bedeutsame Bauperiode, die vom herrschenden Königsgeschlecht der Hvide gefördert wurde (Benediktinerkirche Ringsted, Zisterzienserkirche Sorø, Domkirchen in Roskilde und Aarhus). Wie in Segeberg und Ratzeburg war der Lübecker Dom eine Gewölbebasilika in gebundenem System, mit dreijochigem Querhaus, quadratischem Chorraum und leicht eingezogener, halbrunder Apsis. Erhalten haben sich Querhaus, Chorgewölbe, Hauptpfeiler und Gewölbe des vierjochigen Mittelschiffs sowie vor allem der Westbau mit seiner wuchtigen Doppelturmfassade. Man begann 1173 zugleich im Osten und Westen, so dass nach der fast 40-jährigen Bauunterbrechung die vorgegebenen Strukturen eingehalten werden mussten und ein einheitliches Gefüge entstand. Dennoch sind die beiden romanischen Bauphasen im Detail deutlich zu unterscheiden. Bemerkenswert sind die ins 12. Jahrhundert zu datierenden Kämpfer und Konsolen aus Stuck in den Ostteilen, die durch Schnitte und Modellierungen die hausteinspezifische Ornamentik sächsischer Bauten nachahmen. Nach 1220 wurde für das Langhaus kein Stuck mehr verwendet. Vom westlichen Vierungspfeilerpaar an bestehen Sockel, Kämpfer und Konsolen aus gebrannten Formsteinen. Nun tritt auch die sog. lübische Kante auf, eine Auflösung der Pfeilerecken durch eingebettete Halbrundstäbe zwischen Stegen – eine bis zur Mitte des 13. Jahrhunderts charakteristische Schmuckform im südwestlichen Ostseeraum. Die einzelnen Joche des eindrucksvollen Hauptgewölbes mit Kreuzgraten wirken durch ihre gekuppelte Überhöhung und die trennenden, breiten Gurtbögen wie eigenständige Gebilde. Die Backsteinfriese des romanischen Außenbaus haben sich teilweise unter dem Dach erhalten.

Ihre unverjüngte, gerade aufsteigende Form und die unregelmäßige Gliederung durch Fenster, Friese und Gesimse verleihen den Westtürmen ihre archaisch anmutende, unverwechselbare Erscheinung. An der Westseite gelangte man durch zwei jeweils unter den Türmen liegende Portale, von denen nur das südliche in veränderter Gestalt erhalten ist, in die Vorhallen. Diese sind zu den Seitenschiffen und zum Mittelraum hin geöffnet, über dem sich eine Empore, wahrscheinlich für den Herzog, erhob. Im Untergeschoss dieses Mittelraums zwischen den Türmen befand sich die Dompfarrkirche St. Nikolai, die durch die emporentragenden Stützen in einen dreischiffigen und dreijochigen Raum unterteilt wurde.

Ein Anbau von ganz eigenwilliger und innerhalb Lübeck neuartiger Form ist das Paradies, eine offene Vorhalle vor dem Nordquerarm. Sie wurde, so nimmt man an, von rheinischen Bauleuten in der Amtszeit des Bischofs Johann II. von Diest (1254–59) errichtet. Die über T-förmigem Grundriss errichtete Anlage ist geprägt von einem reichen Arkaden-, Vorlagen- und Blendsystem sowie einer besonders reichen Ausschmückung des Hauptportals mit gestuftem Gewände und skulptiertem Tympanon. Das Kleinod spätromanischer Architektur ist allerdings durch die stark eingreifenden Restaurierungen der Jahre 1873 und 1886/87 sowie eine Rekonstruktion von 1975–82 gezeichnet.

440
364 1-3
398
406 1-4
320 1-5+7

Altar der kanonischen Tageszeiten, 1. Drittel des 15. Jahrhunderts, mit den Stationen des Kreuzwegs Jesu, die den sieben Tageszeiten zugeordnet sind

oben: Altar der Maria-Magdalena-Brüderschaft der Stecknitzfahrer, 1422, im Mittelschrein Maria mit Kind, begleitet von den hll. Katharina und Barbara, Seitenflügel mit der Verkündigung, Maria bei ihrer Verwandten Elisabeth („Heimsuchung"), Geburt Jesu und Verehrung der Heiligen Drei Könige

unten links: Lettner, 2. Viertel 14. Jahrhundert, mit Uhr von 1627/28 des Uhrmachers Andreas Polleke und dem Tischler Michael Sommer

unten rechts: Marienaltar, 1506, Mittelschrein mit einer Schnitzerei der Ankündigung der Geburt Jesu in Gestalt der Einhornjagd

Der gotische Umbau begann mit einer erheblichen Erweiterung des schlichten romanischen Chors um zwei Joche sowie einem gewaltigen Umgang. Es ist unklar, ob bereits 1266, als man die nördliche und südliche Wand des Chorquadrats für das erste Joch des Umgangs ausbrach, die Hallenform bereits feststand. Beim Weiterbau 1329–35 wurden die Außenwände jedenfalls erhöht. Die Marienkirche – der Bau also, an dem man sich maß – besitzt einen basilikalen Umgangschor. Unter Heinrich II. Bocholt entstand nun der durch gestelzte, reich profilierte Arkaden luftig wirkende hochgotische Raum. Im Chorhaupt befindet sich ein hölzerner Schlussstein mit dem Wappen des Bauherrn. Die Marienzeitenkapelle im Scheitel des Umgangs wurde nach 1440 angebaut. Solche Kapellen zur besonderen Verehrung der Muttergottes sind ein Charakteristikum spätgotischer Kirchen in Norddeutschland. Durch den Umbau des Langhauses zur Halle glich Bocholt diesen Teil der neuen Chorform an. Dies geschah unter Beibehaltung von Hochwand und Gewölbe des Mittelschiffs durch die Erhöhung der südlichen und Neuerrichtung der nördlichen Außenwand.

Ebenso bedeutend wie die Architektur ist die überkommene Ausstattung. Einige hochrangige Bischofsgrabmäler haben sich erhalten, allen voran der Bronzeguss mit der Figur Heinrichs II. von Bocholt auf einer reich verzierten Grabplatte im Chorhaupt, ein Hauptwerk lübischer Goldschmiedearbeit und wohl um 1341 von

oben und unten: Triumphkreuzgruppe von Bernt Notke, 1470–77

Johann Apengeter geschaffen. Der Bischof hält in seiner Linken ein Modell des von ihm vollendeten Chors. Eine sehr qualitätvolle Steinskulptur der Mitte des 15. Jahrhunderts ist die sog. Madonna mit Sternenkrone. Dem Bildhauer werden Figuren in der Marienkirche und der Hamburger Petrikirche zugeschrieben. Die spätgotische Triumphkreuzanlage kann als eine der umfangreichsten und künstlerisch bedeutendsten des Abendlandes angesehen werden. Albert II. Krummedick gab sie bei Bernt Notke in Auftrag, der das Werk 1470–77 ausführte. Innerhalb des aufwendigen ikonographischen Programms fällt besonders die kniende Figur des Stifters unter dem Kreuz auf, der unter dem auch als Grabmal zu verstehenden Triumphkreuz nach seinem Tod 1489 bestattet wurde. Krummedick betraute Notke darüber hinaus auch mit der hölzernen Verkleidung des steinernen Lettners des 14. Jahrhunderts. Im St. Annen-Museum wird der 1491 von Hans Memling in Brügge für die Familie Grevenade gemalte Passionsaltar aufbewahrt, der zu den wertvollsten Kunstwerken des Doms zählte.

Die zahlreichen neuzeitlichen Grabkapellen sind von z. T. hoher Qualität. Die Fürstbischöfliche Grabkapelle wurde 1687 in der Marienseitenkapelle eingerichtet. Hier befindet sich das Grabmal des Fürstbischofs August Friedrich († 1705) und seiner Gemahlin, das Thomas Quellinus 1699/1700 ausführte. Derselbe Künstler entwarf 1706/07 die westlichste Kapelle im südlichen Seitenschiff für den Kanzler von Lente, von der besonders die aufwendige Gruftportalwand mit bedeutendem Figurenschmuck prägend war für spätere Anlagen.

MAGDEBURG

Kathedrale St. Sebastian

oben und unten Mitte: Bronzetüre des Westportals von Jürgen Suberg (geb. 1944), 1987/88, Außenseite mit der Darstellung von Adam und Eva unter dem Paradiesbaum und Innenseite mit der Kreuzigung Christi, umgeben von der Geburt Christi (mit Ochs und Esel), Weinwunder (Hochzeit zu Kana), Frauen am offenen Grab und thronender Weltenrichter
unten links: Nordportal mit Taustabdekor
unten rechts: Langhaus nach Westen

Das 1994 neu gegründete katholische Bistum Magdeburg geht auf eine der historisch bedeutsamsten und mächtigsten Erzdiözesen des deutschen Mittelalters zurück. Magdeburgs Aufstieg im 10. Jahrhundert hängt eng mit der Person König Ottos I. zusammen, der die Stadt 929 seiner Gattin Editha übereignete, eine ausgedehnte Burganlage sowie Klöster errichten ließ und 968 (nun als Kaiser) das Erzbistum gründete. Suffraganbistümer waren das weit ältere Halberstadt sowie die kurz zuvor (Brandenburg, Havelberg) bzw. ebenfalls 968 errichteten Bistümer Merseburg, Zeitz (1028 nach Naumburg verlegt) und Meißen. Die Bestimmung Magdeburgs als Metropole des Ostens geschah gegen den Widerstand Halberstadts und des Erzbischofs von Mainz, dem zuvor Brandenburg und Havelberg unterstanden. Der große Umfang der Kirchenprovinz wurde durch den Verlust der ostelbischen Bistümer Havelberg und Brandenburg im Slawenaufstand 983 für anderthalb Jahrhunderte reduziert. Patrone des Erzstifts waren zunächst neben Mauritius noch Petrus, Paulus und Innozenz, seit dem 12. Jahrhundert wird Mauritius als einziger Schutzheiliger genannt. Er wurde in der gesamten Erzdiözese bis zum späten Mittelalter hoch verehrt.

Mehrere Magdeburger Erzbischöfe des hohen Mittelalters erlangten große historische sowie kunsthistorische Bedeutung durch ihre Stiftungen im Dom, dem heutigen Sitz der Evangelischen Landeskirche Sachsens. Norbert von Xanten (reg. 1126–34), im 16. Jahrhundert kanonisiert, war Gründer des Prämonstratenser-Ordens und entscheidend für dessen Ausbreitung östlich der Elbe verantwortlich. Auf sein Betreiben wurde den Prämonstratensern 1129 das Magdeburger Kollegiatsstift Unser Lieben Frauen übergeben, in dem Norbert bestattet wurde. Das Liebfrauenstift wurde zum Missionszentrum und Mutterkloster etlicher Gründungen (Leitzkau, Jerichow). Aus seinem Konvent ging das Brandenburger Domkapitel hervor. Von größter Wichtigkeit für die Christianisierung, die Entwicklung der sächsischen und brandenbur-

gischen Städte sowie die Machtzunahme des Erzbistums war Wichmann von Seeburg (reg. 1152–92), zuvor Bischof in Naumburg. Er beteiligte sich als treuer Parteigänger der Staufer aktiv an den großen politischen Auseinandersetzungen seiner Zeit. In seinem langen Episkopat entstand in Magdeburg eine Atmosphäre hoher geistiger Bildung an den verschiedenen Stiften, aus der bedeutende Theologen hervorgingen, wie etwa der Mystiker Wichmann von Arnstein, auf dessen Betreiben 1228 die frühe Gründung eines Dominikanerklosters in Magdeburg erfolgte. Unter Erzbischof Albrecht II. von Käfernburg (reg. 1205–32) entfaltete sich eine rege Bautätigkeit in der ganzen Stadt, zu der vor allem der Beginn des gotischen Domneubaus gehörte.

Seit dem Episkopat Ernst von Wettins (reg. 1476–1513), eines Sohnes des sächsischen Kurfürsten, geriet das Erzbistum in zunehmende Abhängigkeit säkularer Mächte. Es folgte mit

Ansicht von Osten auf den Chor (1315–30) und die Türme (Turmuntergeschosse Mitte 12. Jh., Glockengeschoss nach 1207, Helme um 1660/70)

Hauptaltar, um 1510/20, aus Polleben (Lk Eisleben), mit der hl. Barbara, dem hl. Stephanus, Maria mit Christuskind, einem Bischof und auf den Seitenflügeln die hll. Margaretha, Jakobus, Katharina und ein Diakon, in der Predella zwischen den gemalten hll. Katharina und Barbara ein Relief mit Anbetung der Hl. Drei Könige

Albrecht IV. (reg. 1513–45) ein Hohenzoller, unter dem die Erzdiözese an die Brandenburger Kurfürsten fiel. Seit 1567 stand sie unter der Aufsicht protestantischer Administratoren.

Im Dreißigjährigen Krieg war Magdeburg stark umkämpft. Für wenige Jahre (1631–38) amtierte mit Leopold Wilhelm von Österreich noch einmal ein katholischer Erzbischof im Dom. 1680 wurde das Erzstift Magdeburg säkularisiert und dem Kurfürstentum Brandenburg inkorporiert.

Erst im 20. Jahrhundert wurde das katholische Bistum erneuert. Der katholische Bevölkerungsanteil im Magdeburger Land gehörte zum Erzbistum Paderborn. Da aber eine Verwaltung des in der DDR liegenden Gebietes von dort aus nicht möglich war, wurde 1949 ein Erzbischöfliches Kommissariat mit Weihbischof in Magdeburg errichtet, das 1973 Bischöfliches Amt wurde und sich bald zu einem faktisch eigenständigen Bistum entwickelte. Zur offiziellen Gründung konnte es erst 1994 kommen. Magdeburg ist Suffraganbistum der Erzdiözese Paderborn.

Der alte Dom war seit Jahrhunderten evangelisch. Zur Kathedrale erhoben wurde St. Sebastian, eine mittelalterliche Stiftskirche in unmittelbarer Nachbarschaft zum Dom. Das Stift war 1573 evangelisch und 1810 aufgehoben worden. Nach vorübergehender Säkularisierung wurde die Kirche 1873 wieder katholische Pfarrkirche.

Die 1015 den heiligen Sebastian und Johannes dem Evangelisten geweihte Kollegiats-Stiftskirche war neben dem Liebfrauenstift eine der beiden wichtigsten Gründungen des Erzbischofs

Chor-Mittelfenster: Christus beim letzten Abendmahl, Auferstehung Christi, Lamm Gottes mit den vier Evangelistensymbolen, 1993, von Alois Plumm (Mainz, Entwurf) und Glasatelier Hans-Georg Losert (Halberstadt)

rechts: Schnitzaltar, um 1500, aus Thielbeer (Lk Osterburg), Maria mit Kind und Szenen aus dem Marienleben (Verlobung von Maria und Josef, Verkündigung, Geburt Christi, Anbetung der Könige)

Gero (reg. 1012–22). Er wurde im Chor der Sebastianskirche bestattet. Ihr Aussehen ist nicht überliefert, da sie im 12. Jahrhundert einer kreuzförmigen, flachgedeckten Basilika weichen musste, die 1169 geweiht wurde. Von dieser romanischen Kirche haben sich die Doppelturmfront im Westen, das Querhaus sowie die Vierungspfeiler mit Palmettenkämpfern erhalten. Ansonsten ist St. Sebastian geprägt durch spätgotische Umbauten, vor allem des Langhauses als vierjochige Halle (1489 geweiht).

Nach Zerstörungen im Dreißigjährigen Krieg stand die Kirche lange Zeit als Ruine und wurde erst allmählich erneuert: 1663 zog man hölzerne Gewölbe ein, die bei der Restaurierung 1876–78 durch steinerne ersetzt wurden; um 1660/70 wurden die Zwiebelhelme auf die Türme gesetzt.

Beim Bombenangriff auf Magdeburg am 16. Januar 1945 wurde auch die Sebastianskirche schwer beschädigt, der Wiederaufbau war 1959 abgeschlossen. An die bestehende Sakristei fügte man 2002 nach Plänen von Gisbert Hülsmann (Bonn-Niederbachem) einen Erweiterungsbau mit vielfältiger Nutzung für den Konvent und die Kirchengemeinde an. Der neu entstandene Innenhof dient als Friedhof des Domkapitels. Neben einigen aus anderen Kirchen erworbenen mittelalterlichen Werken stammt die Ausstattung überwiegend aus dem 20. Jahrhundert, wie die bemerkenswerte Bronzetür von Jürgen Suberg (1987/88).

Innenansicht nach Osten

MAGDEBURG

Dom St. Mauritius und St. Katharina

rechts: Ansicht von Südwesten
unten: Ansicht von Süden

Es ist durchaus bezeichnend für die konfessionellen Konflikte des 16. und 17. Jahrhunderts, dass heute die mächtige Kirche des mittelalterlichen Erzbistums Magdeburg als evangelischer Dom in Sichtweite der im 20. Jahrhundert zur Kathedrale des neu begründeten katholischen Bistums erhobenen Sebastianskirche liegt. In Magdeburg waren die Auseinandersetzungen zwischen Katholiken und Lutheranern bis zum Ende des Dreißigjährigen Krieges ebenso heftig wie in den freien Reichsstädten Augsburg und Regensburg. Nachdem die Reformation schon 1524 in den Pfarrkirchen durchgeführt worden war, hob der Rat der Stadt 1546/47 auch alle katholisch gebliebenen Stifte und Klöster auf. Magdeburg stand besonders im Schmalkaldischen Krieg konsequent auf der Seite der Reformation. Für Anhänger des Luthertums wurde die Stadt zum Zufluchtsort; nach ihrer Widersetzung einer Rekatholisierung 1548 wurde über sie die Reichsacht verhängt.

In diesen Jahren war das Domstift neben einigen wenigen Klöstern das einzige Bollwerk des Katholizismus. Seit langem schwelende Gegensätze zwischen Stift und Stadt sowie die mögliche Aufhebung des Stifts im Falle der Annahme der Reformation verstärkten diese Haltung. Die

Kathedrale, seit 1546 geschlossen, wurde 1558 – zum Ärger des Rates – mit altem Ritus wieder geöffnet. Dennoch zog die Reformation auch im Stift ein. Erzbischof Sigismund (reg. 1553–66), Sohn des protestantischen Kurfürsten Joachim von Brandenburg, war wohl nur noch nominell aus gewissen staatspolitischen Gründen katholisch geblieben. Sein Neffe und Nachfolger, Joachim Friedrich (reg. 1566–98), hatte sich aber schon vorher offiziell zum Luthertum bekannt und wurde nun erster evangelischer Administrator. Das Domkapitel nahm 1567 endgültig den protestantischen Glauben an. Die letzten konfessionellen Kämpfe fanden im Dreißigjährigen Krieg statt, als die Stadt mehrfach belagert und vorübergehend (1631–38) das katholische Erzbistum rekonstituiert wurde. Das evangelische Domstift wurde 1680 säkularisiert und 1810 durch die Regierung des napoleonischen Königreichs Westphalen aufgehoben.

Nach den Befreiungskriegen (1813–15) wurde im Zuge der Neuordnung der preußischen Territorial- auch die kirchliche Verwaltung neu geregelt. Die „Kirchenprovinz Sachsen“ mit Sitz des Konsistoriums in Magdeburg gehörte zur „Evangelischen Kirche der altpreußischen Union“. Eine selbständige Landeskirche wurde sie erst 1946. Die Beibehaltung des alten Namens „Kirchenprovinz“ diente als Abgrenzung zur „Evangelisch-Lutherischen Landeskirche Sachsens“ mit Sitz in Meißen.

Der trotz mehrerer Kriege erhaltene gotische Dom ist die zweitgrößte Kathedrale Deutschlands. Seine bedeutende Architektur und Ausstattung machen ihn zu einem der berühmtes-

oben: Ansicht von Süden
unten links: Nördliches Langhaus und Querhaus
unten rechts: Westportal, 1363 fertig gestellt, Figur Ottos des Großen am Mittelpfeiler

Ansicht von Südosten vor 1900, Chor 1209–50

ten Bauwerke des europäischen Mittelalters. Bereits sein Vorgänger zeugte vom hohen Anspruch der Bauherrn: Ab 955 hatte König Otto I. die von ihm 937 gegründete und mit Mönchen aus St. Maximin in Trier besiedelte Benediktiner-Klosterkirche St. Mauritius, die als königliche Grablege ausersehen war, durch einen sehr großen Neubau ersetzen lassen. Wie Grabungen der Jahre 1959–65 zeigten, wurde zunächst ein dreischiffiges, basilikales Langhaus errichtet. Eine große Ostkrypta konnte 1009 vom Erzbischof Tagino (reg. 1004–12) geweiht werden. Den neuen Chor und die westliche Verlängerung der Krypta weihte Erzbischof Hunfried (reg. 1023–51).

Der ottonische Dom wurde 1207 durch einen Brand schwer beschädigt. Eine Instandsetzung war noch möglich, wurde aber trotz massiver Proteste zugunsten eines vollständigen Neubaus verworfen. Dieser Widerstand spiegelt den hohen historischen Symbolwert des Doms Ottos I. für Erzstift und Stadt wider. Von einmaligem Memorialcharakter ist die ostentative Wiederverwendung einiger Spolien des alten Doms im Neubau des 13. Jahrhunderts: Otto hatte für seinen Dom mehrere kostbare Porphyr-, Marmor- und Granitsäulen aus Italien importiert. Zwölf dieser Säulenschafte wurden im gotischen Chor, andere im Klausurbereich (Remter und anschließende Marienkapelle) auf-

oben: Kanzel von Christoph Capup, 1595–97, und sechzehneckige Heilig-Grab-Kapelle, um 1250, Teil der ehemaligen Chorschranke

rechts: Sitzfiguren des Weltenherrschers und der Ecclesia, um 1250, in der Heilig-Grab-Kapelle

links: Drei der fünf Törichten Jungfrauen, um 1250, am Nordquerhausportal

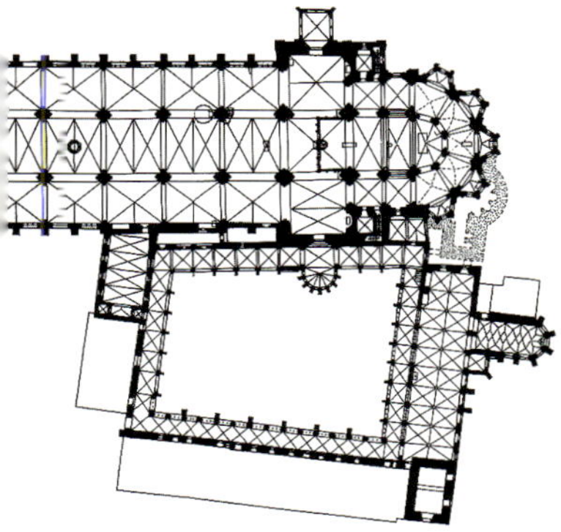

Grundriss

Ansicht durch das Mittel-
schiff zum Chor

gestellt. Außerdem übernahm man den Sarkophag Ottos I. mit antikem Marmordeckel in den Hohen Chor sowie mehrere Grabplatten, besonders die künstlerisch einzigartigen Bronzegüsse für die Erzbischöfe Friedrich von Wettin (reg. 1142–52) und Wichmann von Seeburg (reg. 1152–92). Von der lang anhaltenden Verehrung Ottos I. und seiner ersten Gattin Editha, die 946 noch im Moritzkloster bestattet worden war, zeugt ihr aufwendiger Sandsteinkenotaph im Scheitel des Chorumgangs aus dem frühen 16. Jahrhundert.

Der 1209 unter Erzbischof Albrecht II. von Käfernburg (reg. 1205–32) begonnene Dom ist der früheste deutsche Großbau, der dem nordfranzösischen Grund- und Aufrisssystem der Gotik folgt. Anders als in Halberstadt wurden die Pläne in Magdeburg bis zur Schlussweihe 1363 mehrfach verändert und der Bau beträchtlich vergrößert. Die damals noch unfertige Westfassade wurde 1477–1520 vollendet. Nach mehreren kleineren Um- und Einbauten des 16. bis 18. Jahrhunderts wurde der Magdeburger Dom 1826–34 restauriert und regotisiert, d. h. die barocken Gestühle und Logen entfernt. An der Planung war in der Frühphase Karl Friedrich Schinkel beteiligt.

Begonnen wurde der gotische Neubau im Osten. Allerdings verfolgte Albrecht II. mit der Arbeit am Bau in seiner ganzen Ausdehnung und der ständigen Erweiterung ein beispiellos ambitioniertes Großprojekt. Noch vor seinem Tod 1232 musste jedoch der Bau des Langhauses unterbrochen werden, um sich auf die Errichtung der Ostteile zu konzentrieren. Von diesen wurden bis 1232 nur der Chorumgang mit Kapellen, die drei unteren Geschosse der Osttürme sowie das Querhaus bis zum Kaffgesims fertig. Der breite Chorumgang mit seinen fünf Kapellen folgt teilweise dem Aufriss- und Wölbungssystem französischer Kathedralen (Aufriss der Kapellenwände wie in Chartres). Einzelformen wie die hängenden Schlusssteine und einige der berühmten Kapitelle sind von rheinischen Bauten beeinflusst. Offenbar ließ Albrecht II. die umfangreiche Bauskulptur von verschiedenen Ateliers auf Vorrat anfertigen, um die einzelnen Stücke dann nach Bedarf anzuordnen. So erklären sich die starken Unterschiede im Stil und Dekor sowie die kaum zu entschlüsselnde Ikonographie der Figurenkapitelle. Nach 1232 wurde das Obergeschoss des Chorumgangs, der sog. Bischofsgang, errichtet, ein Meisterwerk frühgotischer Architektur. Er öff-

links oben: Hl. Katharina, Mitte 13. Jahrhundert

links unten: Lettner, 1445–51

rechts: Chor mit dem Kaisergrabmal Ottos des Großen im Vordergrund

net sich zum Sanktuarium durch gedrückt spitzbogige Arkaden, zwischen denen große Figuren der Bistumsheiligen Petrus, Paulus, Mauritius und Innozenz sowie von Andreas und Johannes dem Täufer stehen. Nun wurden auch die Säulenspolien des ottonischen Doms und mehrere Sandsteinreliefs in den Binnenchor eingesetzt. Letztere zeigen die Klugen und Törichten Jungfrauen, Laster und Tugenden sowie Engel und wurden schon in den 1220er Jahren für einen anderen Zusammenhang (Portal?) geschaffen. Von hohem künstlerischem Rang ist zudem der Evangelistenschlussstein im Bischofsgang mit der Darstellung des Matthäusengels. Um 1230 entstand eine bemerkenswerte Marmorfigur der stehenden Muttergottes mit antikisierenden Gewandfalten nach französischem Vorbild, heute im Nordquerhaus aufgestellt.

Um die Mitte des 13. Jahrhunderts waren der Chor und kurz darauf, spätestens 1274 das Querhaus mit Wölbung vollendet. Die östlichen Joche des Langhauses waren nun ebenfalls errichtet. In der Zeit um 1250 entstanden mehrere Bildwerke von höchstem Rang: Im Gewände des Nordquerhausportals befinden sich die großartigen Figuren der Klugen und Törichten Jungfrauen sowie Ecclesia und Synagoge. Die Frauenfiguren mit ihrer expressiv-emotionalen Gestik und Mimik sind in ihrer charakteristischen Darstellung den anderen Portalskulpturen dieses Themas (Straßburg, Erfurt) überlegen. Im Zuge der Errichtung einer Paradies-Vorhalle mit Tympanonrelief (Himmelfahrt Mariae) um 1310/20 wurden Portal und Figuren leicht verändert aufgestellt.

oben: Sog. wundertätige Madonna, um 1270

rechts: Chorumgang von innen, um 1220

unten: Bronzegrabplatte des Erzbischofs Friedrich von Wettin († 1152)

Rätselhaft ist ein sitzendes Herrscherpaar in der sog. Sechzehneckigen Kapelle, eine heute frei im Langhaus stehende Miniaturarchitektur, deren ursprünglicher Aufstellungsort ungeklärt ist. Es könnte sich um Christus als Weltenherrscher und Ecclesia, das Brautpaar des Hohenliedes, handeln, aber auch um Otto I. und Edith. Im Chor befinden sich die eindrucksvollen Standfiguren des Erzbistumsheiligen Mauritius und der hl. Katharina, im Umgang eine sehr qualitätvolle Verkündigungsgruppe. Im südlichen Querhaus steht die überlebensgroße sog. wundertätige Madonna, die bereits kurz nach ihrer Entstehung um 1270 hoch verehrt wurde. Das eindrucksvolle Langhaus mit seinen lichten, weiten Arkaden ist überwiegend ein Werk des 14. Jahrhunderts. Der westliche Gewölbeschlussstein zeigt das Brustbild des Erzbischofs Otto von Hessen (reg. 1327/31–61), der gesamte Bau wurde 1363 geweiht. Zu diesem Anlass entstanden der erhaltene monumentale Hochaltar aus böhmischem Marmor und das fein geschnitzte Chorgestühl. In diesen Jahren setzte eine umfangreiche und anspruchsvolle Kunstproduktion in der Metropole ein, von der einige Hauptwerke im Dom erhalten sind: Das Elisabethretabel aus Sandstein (Marienkapelle), das Grabmal des Erzbischofs Otto von Hessen und ein Marienrelief (Eingang der Marienkapelle) entstanden um 1360/70. Die beiden ersten Werke sind zentrale Arbeiten eines auch in Erfurt, Halberstadt, Braunschweig, Havelberg und am Mittelrhein tätigen Ateliers.

Im Laufe des 15. und frühen 16. Jahrhunderts erhielt der Dom wichtige Einbauten: 1445–51 wurde ein neuer Lettner errichtet, in der Forschung bislang kaum gewürdigt, doch in seiner reichen Architektur und bewussten Reduktion körperlichen Ausdrucks der zahlreichen Standbilder höchst bemerkenswert. Erzbischof Ernst von Wettin (reg. 1476–1513) vollendete die oberen Turmgeschosse und gestaltete die westliche Vorhalle zu seiner monumentalen Grabkapelle um. Er bestellte die Bronzetumba seines Grabmals schon zu Lebzeiten bei der berühmten Nürnberger Gießhütte Peter Vischers d. Ä. (1495) und ließ die Kapelle mit einem kunstvoll geschmiedeten Gitter zum Langhaus hin abtrennen (1498).

Trotz der Regotisierung des 19. Jahrhunderts sind etliche Werke der frühen Neuzeit überliefert: Arbeiten der bedeutenden Magdeburger Bildhauerwerkstätten vor allem um 1600. Die Kanzel mit qualitätvollen Alabasterfiguren, ein Hauptwerk der sächsischen Spätrenaissance, wurde 1595–97 von Christoph Capup geschaffen. Vom selben Künstler stammt auch eines der zahlreichen Epitaphien protestantischer Stiftsherren im Lang- und Querhaus. Die drei großartigsten Epitaphien sind jedoch Schöpfungen von Christoph Dehme, dem wohl wichtigsten Magdeburger Künstler des ersten Drittels des 17. Jahrhunderts. Er entwarf geradezu atemberaubende Architekturkulissen für seine erfindungsreichen, manieristisch-frühbarocken Figuren. Viele seiner Werke befinden sich noch in Patronatskirchen der Umgebung und im westlichen Brandenburg.

Im stimmungsvollen Kreuzgang aus dem 3. Viertel des 12. Jahrhunderts sowie in den früh- und hochgotischen Klausurgebäuden haben sich gleichfalls bedeutende Kunstwerke erhalten. Ein seltener Befund sind die Putzritzungen zwischen den Fenstern des Ostflügels, die vom Kreuzhof aus sichtbar sind (Mitte des 13. Jahrhunderts). Dargestellt sind Otto I. zwischen seinen beiden Gemahlinnen Edith und Adelheid sowie die 19 bis dahin amtierenden Erzbischöfe.

oben: Tonsurkapelle
unten: Hl. Mauritius, um 1250

MAINZ

Dom St. Martin und Stephan

Das Mainzer Erzbistum war einst die größte Erzdiözese des Abendlandes, der im 8. Jahrhundert die Bistümer Worms, Speyer, Straßburg, Konstanz, Chur, Augsburg, Eichstätt, Würzburg, Paderborn, Hildesheim, Halberstadt und Verden (später z. B. auch Prag) zugeordnet waren.

Johanniskirche, vermutlich erste Domkirche von Mainz, um 900 und 1320–25

Seinen Ursprung hat die Stadt Mainz in einer römischen Gründung, die 13 v. Chr. von Drusus, Stiefsohn des Kaisers Augustus, erfolgt war. Die Errichtung einer Rheinbrücke ließ die Ansiedlung zur Hauptstadt der neuen Provinz Germania Superior (Obergermanien) aufsteigen, in der spätestens seit dem 2. Jahrhundert erste christliche Gemeinden bestanden. Als überregionales Zentrum etablierten hier die Christen wohl schon im 3. Jahrhundert einen Bischofssitz, wenngleich ein erster Mainzer Bischof urkundlich erst für das Jahr 346 genannt wird.

Auch nach dem Niedergang des Römischen Reichs und der Eroberung von Mainz durch die germanischen Stämme Anfang des 5. Jahrhunderts blieb das Christentum ein stadtprägender Faktor. Ab dem 6. Jahrhundert entstanden zahlreiche Kirchen, von denen jedoch nur St. Alban nachweisbar ist. Seit Bischof Sidonius (um 560), dem „Wiederhersteller der zerstörten

Ansicht von Süden

Gotteshäuser", besteht eine fast lückenlose Bischofsliste.
Bonifatius (672/73–754), der Apostel der Deutschen, erhielt 747 vom Papst die Erzbischofswürde und das Bistum Mainz zugeteilt. Der Erzbischofstitel konnte unter seinem Nachfolger Lullus (754–786) 780 fest an Mainz gebunden werden. Mainz wurde damit Erzbistum. Wenig später stellte Karl der Große die bereits in der Römerzeit eingeführte, zwischenzeitlich aber in Verfall geratene Metropolitanverfassung wieder her, d. h. die Zusammenfassung mehrerer Bistümer zu einer Kirchenprovinz mit einem Erzbischof als Metropoliten an der Spitze. Dies führte dazu, dass unter Bischof Lullus – Nachfolger und Schüler des Bonifatius – Mainz mit bis zu 15 Suffraganbistümern (s. o.) zur größten Kirchenprovinz des Christentums aufstieg.

Eine der prägendsten und einflussreichsten Persönlichkeiten der Bistumsgeschichte war Erzbischof Willigis (975–1011). Er war Berater dreier Könige bzw. Kaiser und Verwalter des Reichs während der Minderjährigkeit Kaiser Ottos III. Willigis besaß den ehrgeizigen Plan zur Errichtung eines monumentalen Domneu-

Ansicht von Nordwesten

Rheinansicht mit Rathaus im Vordergrund und Dom

Ansicht von Osten

rechte Seite: Ansicht von Nordosten

baus, der bereits die Ausmaße des heutigen Doms besaß. 975 sicherte er sich vom Papst das Recht, den römischen König krönen zu dürfen (1002 Krönung Heinrichs II.). Unter Erzbischof Willigis, der zugleich Erzkanzler des Deutschen Reiches sowie Rangerster unter den sieben Kurfürsten war, kam es zu einer großen Machtentfaltung, die zeitgenössische Chronisten dazu veranlasste, Mainz schon im 11. Jahrhundert als „goldenes Haupt der Städte“, als „Aurea Moguntia“ zu preisen.

Seit Willigis war das Amt des Mainzer Erzbischofs mit dem des Erzkanzlers des Heiligen Römischen Reichs Deutscher Nation verbunden, das in den Wirren der Napoleonischen Kriege 1806 unterging. Der Mainzer Erzbischof war damit der erste der sieben Kurfürsten des Reiches und besaß wesentlichen Einfluss auf die Königswahl.

Im Zuge der Napoleonischen Kriege besetzten französische Revolutionstruppen 1792 und 1797 bis 1814 die Stadt Mainz. In dieser Zeit (1798) erfolgte die Auflösung der Erzdiözese Mainz und ihres Metropolitanverbands. 1801 und 1821 wurde das Gebiet der Diözese neu bestimmt und stark verkleinert.

Die ursprünglich dem hl. Martin geweihte Johanniskirche westlich des heutigen Doms war vermutlich die erste Bischofskirche der Stadt. Im römischen Vorgängerbau wurde daher wahrscheinlich 754 der Leichnam des hl. Bonifatius, erster Erzbischof von Mainz, nach seinem Märtyrertod in Dokkum bei Groningen in den Niederlanden bis zu seiner Überführung nach Fulda aufgebahrt. Den heutigen Bau ließ Erzbischof Hatto I. (893–913) um 900 errichten. Um 1320–25 wurde anstelle der Westapsis der heutige Westchor angefügt. Die dreischiffige Basilika war bis zum 18. Jahrhundert durch ein Paradies mit dem heutigen Dom verbunden.

Der heutige Dom zu Mainz zählt mit Worms und Speyer zu den drei rheinischen Kaiserdomen. Seine Funktion als Haupt- und Krönungskirche des alten Reiches (insgesamt sieben Königskrönungen) sowie als Kathedrale der Erzbischöfe von Mainz verlieh ihm große Bedeutung, die sich auch in den Bauausmaßen äußert: Länge des Außenbaus 113 m; Mittelschiffbreite 13,50 m; Scheitelhöhe der Mittelschiffgewölbe 29 m; innere Höhe der Ostkuppel 38 m; innere Höhe der Westkuppel 44 m; Höhe des Westturms 82,50 m, Höhe der östlichen Treppentürme 55,50 m.

Der erste frühchristliche Dombezirk aus der Zeit Kaiser Konstantins († 337) befand sich unter dem Westteil des heutigen Doms und der westlich gelegenen Johanniskirche (siehe oben). Unmittelbar nach seiner Ernennung 975 durch

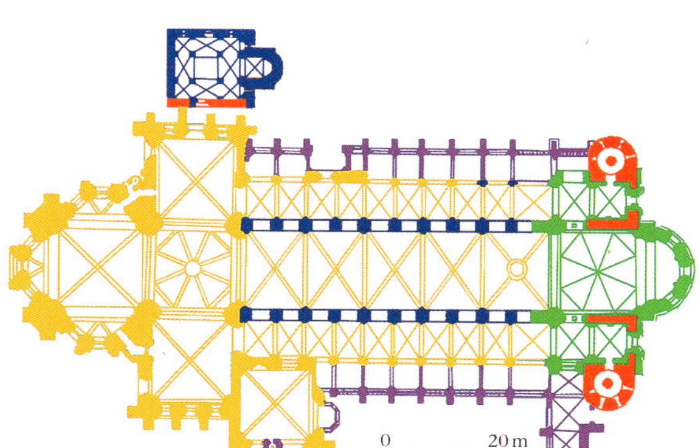

Mainz, Dom, Grundriss (nach Winterfeld)
rot = um 1009
grün = um 1100–25
blau = um 1137
gelb = 1190–1239
violett = gotisch

Blick vom Kreuzgang zum westlichen Vierungsturm, um 1200–39, 1480–90, 1769–74

Domkreuzgang, 1397–1410

Kaiser Otto II. begann Erzbischof Willigis (975–1011) mit dem Bau einer großen neuen Domkirche. Einen Tag vor der Weihe 1009 brannte die Kathedrale jedoch ab. Vom Gründungsbau haben sich die beiden Treppentürme und Teile des alten Westquerhauses erhalten. Die Grundmaße des ottonischen Baus blieben beim Wiederaufbau bestimmend, da der 1036 unter Erzbischof Bardo (1031–51) geweihte Dom auf den alten Grundmauern errichtet wurde.

Nach einem weiteren Brand 1081 wurde auch diese Kirche sukzessive durch einen noch prächtigeren romanischen Bau ersetzt, beginnend mit dem Langhaus und dem Ostchor. Die Baumaßnahme zog sich bis 1137 hin, die Bardo-Krypta wurde sogar erst 1872–76 ausgebaut. Das Langhaus erhielt statt der damals noch üblichen flachen Holzdecke eine steinerne Wölbung. Damit ist der Mainzer Dom neben dem Dom zu Speyer der älteste Gewölbebau Deutschlands. Unter Erzbischof Konrad I. von Wittelsbach (1183–1200) begann eine weitere Bauphase, die jedoch erst 1239 (Weihe) unter Erzbischof Siegfried III. von Eppstein

ks: Markt-
tal mit den
nzenen
lligis-Tür-
geln von
3 (Detail
o. unten)

k durch
Langhaus,
1137,
n Westchor,
le 12.,
fang
Jahrhun-

Denkmal des Erzbischofs Diether von Isenburg († 1482) mit den hll. Martin und Bonifatius

rechts: Blick durch das Langhaus zum Ostchor, um 1100, und Kanzel, 1834 von J. Scholl neugotisch umgestaltet, im Kern älter

(1230–49) zur Vollendung kam: der Bau der Memorie 1210 sowie die Erneuerung der Außenwände der Seitenschiffe und des Westbaus nach dem Vorbild des Kölner Doms mit einer Dreikonchenanlage. Ab 1279 wurden Erweiterungen im Norden und Süden durch gotische Stifterkapellen vorgenommen. 1418 stiftete Erzbischof Johann II. von Nassau (1397–1419) eine teilweise noch erhaltene Doppelkapelle im östlichen Bereich des Mittelschiffs. Zwischen 1480 und 1490 wurde der romanische Westturm durch eine spätgotische Glockenstube erhöht, kurz danach, vor 1498, erfolgte der Einbau der Marienkapelle.

Von großer Bedeutung für die Baugestalt waren die Brände in den Jahren 1767 und 1793. Ingenieurhauptmann Franz Ignaz Michael Neumann (1733–85), Sohn des Würzburger Baumeisters Balthasar Neumann, errichtete 1769–74 über dem gotischen Turmgeschoss eine steinerne barocke Turmbekrönung; des Weiteren entstanden auf dem Dachfirst 1767 ein Bildnis des hl. Martin mit dem Bettler (Kopie) und die Bekrönung der Osttürme.

Der Aufhebung des Erzbischofstuhls 1798 ging die Profanierung des Domes voraus, wobei Ausstattung und große Teile des Domschatzes verloren gingen. Der Abbruch des Doms wurde durch den 1802 von Napoleon eingesetzten Bischof Joseph Ludwig Colmar (1802–18) gerade noch verhindert, so dass die Kathedrale schon 1804 ihrer ursprünglichen Bestimmung zurückgegeben werden konnte. 1813/14 wurde der Sakralbau kurzzeitig erneut entfremdet und diente napoleonischen Truppen als Lazarett, Kaserne und Viehstall.

1828 erhielt der 1361 erhöhte Ostturm nach den Plänen Georg Mollers eine eiförmige Eisenkuppel, die mit dem gesamten Turmgeschoss jedoch 1870–79 durch Petrus Cuypers (1827–1921) aufgrund von Einsturzgefahr abgetragen und neu rekonstruiert werden musste. Zeitgleich rekonstruierte man die seitlichen Treppentürme in den oberen Geschossen und die Ostkrypta nach den romanischen Plänen.

Neben dem großen romanischen Holzkruzifixus aus Udenheim (8. Jahrhundert (?), später überarbeitet) in der Gotthardkapelle bilden die bronzenen Willigis-Türflügel am Marktportal (Hauptportal) die ältesten Ausstattungsstücke des Doms. Meister Berenger hatte sie – so die Inschrift – für Erzbischof Willigis 988 gegossen. Die Türflügel sind nach den Bronzetüren des Aachener Doms, die Karl der Große

Bonifatius-Epitaph, 1357, ehem. in der Seitenkapelle der Johanniskirche über dem Grab der Eingeweide des Bonifatius, seit 1823 im Mainzer Dom

dort Ende des 8. Jahrhunderts hatte anbringen lassen, die ältesten erhaltenen in Deutschland. In die Rahmenfüllungen wurden 1135 die den Mainzer Bürgern 1119 von Erzbischof Adalbert v. Saarbrücken geschenkten Freiheitsprivilegien eingelassen. Die Portalrahmung und das Tympanon mit der Darstellung des thronenden Christus gehören in die Zeit um 1200.

Der Innenraum beeindruckt durch seine Größe und die imposante, erhöht gelegene Doppelchoranlage (d. h. jeweils einem Chor im Osten und Westen) in Verbindung mit jeweils einer Vierungskuppel. Das Mittelschiff mit seinen eng stehenden Pfeilerarkaden und seiner dreigeschossigen Gliederung wirkt steil und hoch. Ursprünglich schloss ein 1239 geschaffener Lettner des Naumburger Meisters – Teile der Figuren sind im Dommuseum ausgestellt – den Altarraum ab. Dieser wurde 1682 durch die frühbarocken Chorbühnen ersetzt.

An das nördliche Westquerhaus schließt sich die Gotthardkapelle an, ein doppelgeschossiger, ehemals turmbekrönter Zentralbau, den Erzbischof Adalbert I. von Saarbrücken (1111–37) 1137 als bischöfliche und eigene Grabes- und Palastkapelle errichten ließ. An sie schloss sich der erste bischöfliche Hof vor dem Bau der Martinsburg 1481 an. Die rot-gelb-blaue Ausmalung von 1985 entspricht dem Zustand zur Stauferzeit. Eine weite Öffnung verbindet beide Geschosse, in denen der Bischof oben und sein Gefolge unten die Messe gemeinsam hörten.

Seit Bonifatius († 754) regierten 84 Erzbischöfe in Mainz, von denen 45 im Dom bestattet wurden. Der Dom besitzt deshalb eine beachtliche Zahl mittelalterlicher und frühneuzeitlicher Grabdenkmäler, an denen sich fast ausnahmslos die Abfolge der Erzbischöfe und Bischöfe von Siegfried III. († 1249) bis v. Ketteler († 1874) nachvollziehen lässt. Bis 1390 waren die Grabmäler als Tumben angelegt. Als der Platz dafür im Inneren der Kirche aufgebraucht war, schuf man Grabdenkmäler mit stehender Bildnisfigur, wobei der Leichnam unweit unter einer einfacheren Platte beigesetzt wurde.

An der Südseite des Domes erstreckt sich der dreiflügelige, doppelgeschossige Kreuzgang, der 1397–1410 anstelle seines romanischen Vorgängers unter Leitung von Madern Gerthener erbaut wurde. Im Obergeschoss war ehemals die Dombibliothek untergebracht. In den Räumen rund um den Kreuzgang des Doms befand sich unter anderem der ehem. Kapitelsaal (heute das Bischöfliche Dom- und Diözesanmuseum).

rechts: Gotthard-Kapelle, 1137 geweiht, mit Udenheimer Kruzifixus (8. Jahrhundert, später überarbeitet), ursprünglich erzbischöfliche Privatkapelle

MEISSEN

Dom St. Johannes Evangelista und Donatus

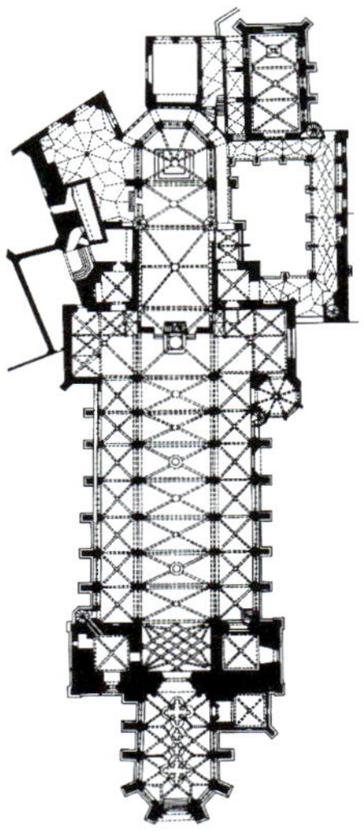

oben: Grundriss (geostet)
unten: Dom und Albrechtsburg von Südosten

Kaiser Otto I. gründete das Bistum Meißen 968 gemeinsam mit Merseburg und Zeitz als Suffragane der Metropole Magdeburg. Der hohe Burgberg am Elbufer, auf dem der Dom errichtet wurde, war bereits seit 929 ein Vorposten des Reichs und der Missionierung der heidnischen Slawen gewesen. Er entwickelte sich in den folgenden Jahrhunderten auch zur wichtigsten Landesburg der Markgrafen von Meißen. Unmittelbar nördlich des Doms entstand ihre Festung, aus der die erhaltene, spätgotische Albrechtsburg hervorging. Auf dem Bergplateau residierten bis um 1400 noch die Burggrafen mit eigener Burg im Westen, die allerdings um 1500 zugunsten eines großen Vorplatzes beseitigt wurde. Die nachbarschaftliche Konkurrenz von Landesherrschaft, Bischof und Domkapitel prägte auch die mittelalterliche Geschichte des Bistums und den Bau des Doms. Dieser wurde besonders im 14. und 15. Jahrhundert zum bevorzugten Ort markgräflicher, seit 1423 kurfürstlicher und später herzoglicher Memoria. Eine Vielzahl von Kapellen und Altäre zeugt noch heute von hochrangigen fürstlichen Stiftungen bis zur Einführung der Reformation 1539.

Meißen hatte mehrere Bischöfe von großer Bedeutung, vor allem die beiden als Missionsbischöfe bekannt gewordenen Eido (reg. 992–1015) und Benno (reg. 1066–1106). Die historische Wertschätzung und Verehrung des letztgenannten spiegelt das für Meißen typische

Fassade mit Fürstenkapelle, 1415–30, und Westtürmen 1330–90, 3. Geschoss um 1470/80, Obergeschoss 1904–08

Achteckkapelle mit der Marienfigur
unten: Engel und Johannes der Täufer, 13. Jahrhundert

Zusammenwirken von weltlicher und geistlicher Macht im späten Mittelalter. Bennos Gebeine waren in den 1280er Jahren von Bischof Withego I. umgebettet worden. In der Folgezeit wuchs der Kult um den Missionsbischof. Schließlich bemühten sich das Domkapitel und besonders Herzog Georg der Bärtige um die Heiligsprechung Bennos, die 1523 erfolgte und die heftige Polemik Martin Luthers erregte. 1580 wurden die Gebeine in die Münchener Frauenkirche überführt.

Nach Annahme der lutherischen Konfession bestand das Stift weiter. Der letzte Bischof Johann IX. von Haugwitz trat erst 1581 zurück und das Domkapitel bestimmte den sächsischen Kurfürsten August (reg. 1553–86) zum Administrator. Der Domberg verlor nun endgültig seine zentrale Stellung als Ort der kirchlichen und weltlichen Macht an der mittleren Elbe. Schon um 1500 war die Residenz der albertinischen Linie der Wettiner nach Dresden verlegt worden. Die politischen und konfessionellen Entwicklungen sicherten jedoch den einmaligen Bestand der mittelalterlichen Burg mit dem turmreichen Ensemble aus Dom, Kapellen, Burgen und Stiftsgebäuden. Die katholische Diözese Meißen wurde erst 1921 wieder gegründet, nun mit Sitz in Bautzen, der 1980 unter dem Namen Bistum Dresden-Meißen nach Dresden verlegt wurde.

Der Dom ist heute Sitz des Hochstifts Meißen und Bischofskirche der 1922 konstituierten Evangelisch-Lutherischen Landeskirche Sachsens. Der erste Bischof, Ludwig Ihmels (amt. 1922–33), konnte in ein Amt eingeführt werden, das teilweise auf das seit 1613 bestehende des sächsischen Oberhofpredigers zurückging. Inhaber der landesherrlichen Kirchengewalt war der Kurfürst. Nach dem Übertritt des wettinischen Herrscherhauses zur römisch-katholischen Kirche 1697 waren die kirchenaufsichtlichen Funktionen des Kurfürsten auf die „in Evangelicis“ beauftragten Geheimen Räte, später Staatsminister übergegangen. Neben der landesherrlichen Kirchenhoheit bestand zunächst eine Kirchenbehörde, die 1873 in ein Landeskonsistorium mit erweiterten Befugnissen umgewandelt wurde. Nach dem Thronverzicht des Königs Friedrich August III. (1918) wurde eine neue Kirchenverfassung ausgearbeitet. Seitdem leitet der Landesbischof gemeinsam mit dem Landeskonsistorium, der Landessynode und dem Landeskirchenausschuss die Evangelisch-Lutherische Landeskirche Sachsens.

Mindestens zwei Vorgängerbauten gingen dem heutigen Dom voraus. Über die Gestalt der nach Bistumsgründung erbauten ottonischen Kathedrale ist nichts bekannt. Von einem zweiten, unter Bischof Godebold (reg. 1122–40) entstandenen Bau kennen wir nach den 1909/10 durchgeführten Grabungen immerhin den Grundriss: Es handelte sich um eine kreuzför-

rechts: Innenansicht des Langhauses (1300–90) von Westen zum Lettner und Chor

links: Blick zur Achteckkapelle, dem südlichen Querhaus und dem „höckrigen" Turm (Südostturm, Erdgeschoss um 1260, Maßwerkhelm frühes 15. Jahrhundert)

Blick vom Mittelschiff des Langhauses (1300–90) in das südliche Seitenschiff

mige Basilika mit Doppelturmfront im Westen und Türmen über den östlichen Enden der Seitenschiffe. Die Vorhalle an der Südseite des Langhauses spricht gegen einen Haupteingang im Westbau. Unter Chor und Vierung befand sich eine dreischiffige Krypta. Auch nach Baubeginn der gotischen Kathedrale wurde der romanische Dom weiterbenutzt. Der neue Chor reichte viel weiter nach Osten und ummantelte den älteren; zuletzt wurde im zweiten Viertel des 14. Jahrhunderts die romanische Ostpartie abgebrochen.

Der gotische Dom gilt zu Recht als bedeutendstes mittelalterliches Bauwerk in Sachsen. Begonnen wurde er um 1250 unter Bischof Konrad (reg. 1240–58), doch die entscheidenden Baumaßnahmen geschahen auf Betreiben Withegos I. (reg. 1266–93). Zunächst wurden gewaltige Substruktionen für den neuen Chor geschaffen, der weit über den Elbhang reichen sollte. Anschließend führte man das Chorpolygon und das erste Chorjoch hoch, das wegen der hier an den Wänden stehenden, höchst bedeutenden Skulpturen des Stifterpaars (Otto I. und Adelheid) und Bistumsheiligen (Johannes Ev. und Donatus) als „Stifterjoch" bekannt ist. Die um 1260/70 für den heutigen Ort geschaffenen, weit überlebensgroßen Figuren aus dem Umkreis des „Naumburger Meisters" gehören zu den bedeutendsten bildhauerischen Arbeiten des 13. Jahrhunderts. Sie zeigen eindrucksvoll, mit welchen Intentionen die künstlerische Leistung einer individuellen Charakterisierung verbunden war: Adelheids intensive, gestisch unterstützte Blickbeziehung mit ihrem kaiserlichen Gatten ist als Aufforderung zur Bistumsgründung zu verstehen. Die beiden Bistumsheiligen hingegen suchen den direkten Blickkontakt zu den Domherren.

Der Chor war 1268 gewölbt und benutzbar. Zur selben Zeit wurden ein doppelgeschossiger äußerer Chorumgang, Chorflankentürme sowie der Kreuzgang angelegt. Außerdem entstanden das weite Chorjoch mit der kunstvollen Blendgalerie an der Rückseite des Chorgestühls, der Lettner, das Querhaus und das „basilikale Joch" – das östliche Joch des südlichen Seitenschiffes. Diese Bezeichnung leitet sich aus der hier noch erkennbaren Planung eines basilikalen Langhauses (mit niedrigen Seitenschiffen) ab, das dann ab 1275 als dreischiffige Halle ausgeführt wurde. Südlich an das „basilikale Joch" schließt eine zweigeschossige, achteckige Kapelle an, in der drei weitere Skulpturen aus dem Umkreis des „Naumburger Meisters" (Engel, Madonna, Johannes d. T.) stehen. Nach dem Tod Withegos I. 1293 wurden die Arbeiten am unvollendeten Domlanghaus unterbrochen, um die dreijochige Allerheiligenkapelle am Ostflügel des Kreuzganges zu vollenden (1296), die auch als Kapitelsaal genutzt wurde. Der streng wirkende Raum besitzt in den Schlusssteinen und Gewölbebaldachinen weitere Höhepunkte der sächsischen Skulptur.

oben: Langhausgewölbe

links: Chor (1250–68) nach Westen mit dem Chorgestühl und der Chorseite des Lettners

rechts: Innenansicht des Chors (1250–68) von Westen mit Hochaltarretabel (um 1500, urspr. in der Fürstenkapelle) und Stifterfiguren

links: Lettner, 13. Jahrhundert und 1357, und Retabel des Kreuzaltars mit dem Gemälde der Kreuzigung Christi, typologischen Szenen zur Kreuzigung und der Kreuzlegende, 1526, Cranach-Werkstatt

Fürstenkapelle, 1415–30, Übergang zum Gewölbe

unten rechts: Bistumsheilige Johannes der Evangelist und Bischof Donatus, um 1260/70

Portal zur Grabkapelle Herzog Georgs, 1524

Nach 1300 wurde das Langhaus als siebenjochige Halle weitergeführt. Wichtigste Bauherrn waren die Bischöfe Withego II. (reg. 1312–42) und Johann von Eisenberg (reg. 1342–70). Unter Letzterem wurde um 1357 der Lettner des 13. Jahrhunderts entscheidend umgebaut und wohl auch das Westportal um 1370 mit seinem reichen Skulpturenprogramm errichtet. Als Vollender des Doms (nach 1390) gilt aber Markgraf Wilhelm I., der alle Maßnahmen im Westteil des Doms und die Erhöhung des Südostturms („höckriger Turm") vorantrieb. 1407 wurde er im „Stifterjoch" vor dem Hochaltar bestattet.

Von nun an war der Meißener Dom bevorzugte Grabstätte der Landesherren. Markgraf Friedrich IV., seit 1423 als Kurfürst Friedrich I. (der Streitbare), ließ ab 1415 vor die Westfront eine den Hl. Drei Königen geweihte Kapelle als Grablege errichten. 1428 wurde er hier bestattet und erhielt um 1435 eine sehr qualitätvolle Bronzetumba. Die vor allem in der Innenarchitektur erfindungsreiche Kapelle wurde bis 1445 mit einem Figurenprogramm ausgestattet. In der Fürstenkapelle richteten die Söhne Friedrichs eine eigene Kommunität zum Seelengedächtnis ein. Zahlreiche bedeutende Grabplatten verschiedener Mitglieder der Wettiner Dynastie zeugen von ihrem Rang im späten Mittelalter. Höhepunkt der Ausstattung war aber das gemalte Triptychon mit der Anbetung des Kindes durch die Hl. Drei Könige (um 1500), das heute auf dem Hochalter steht. Wahrscheinlich gehörte es ursprünglich zu einem Altar vor dem Westportal. Eine Erneuerung der Kapelle unter Wolf Caspar von Klengel um 1670 wurde durch eine Regotisierung im 19. Jahrhundert weitgehend beseitigt.

Das späteste Zeugnis landesherrlichen Stiftungswesens ist die kleine Grabkapelle Georgs, des letzten katholischen Herzogs der albertinischen Linie. Sie schließt südlich an die Fürstenkapelle an und ist von dieser aus durch ein qualitätvolles Renaissanceportal (1524) zu erreichen. Das Marmorrelief der Beweinung Christi (1521) über dem Eingang stammt aus der Augsburger Werkstatt Adolf Dauchers. Im Innern der 1670 mit Stuckgewölbe versehenen Kapelle befindet sich ein bedeutendes Triptychon Lukas Cranachs d. Ä. (1534), das wiederum den Schmerzensmann sowie das herzogliche Stifterpaar Georg und Barbara zeigt.

Der Meißener Dom ist von Goethe wegen der Reinheit des „durch keine Monumente verdüsterten" Innenraums als Inbegriff reinster Gotik gerühmt worden. Diesem Urteil schlossen sich die Pläne zur Vollendung der noch unfertigen Westtürme an. Bis dahin bildete die ausgefallene Architektur des dritten Geschosses von Arnold von Westfalen (1470/80) den Abschluss. Doch erst der 1896 gegründete Dombauverein konnte die Vollendung der Doppelturmanlage 1904–08 nach Entwürfen Carl Schäfers vorantreiben.

oben: Fürstenkapelle, 1415–30, Blick zum Gewölbe

unten: Kaiserin Adelheid und Kaiser Otto I., Figuren im „Stifterjoch" des Hohen Chors, um 1260/70

Westportal (um 1370, „Aposteltreppe" mit Weltgericht und Szenen aus dem Marienleben im Tympanon) und Bronzetumba des Kurfürsten Friedrich I. (1435) in der Mitte der Fürstenkapelle

MERSEBURG

Dom St. Johannes Bapt. und Laurentius

rechte Seite: Fassade, Ansicht von Westen (Türme 1015–24, Obergeschosse 2. Hälfte 12. Jahrhundert, Vorhalle 1225–40 mit Portal von 1515)

Dom und Schloss von Südosten, Blick über die Saale

Merseburg war eines der drei Suffraganbistümer, die 968 durch Kaiser Otto I. gemeinsam mit der Erzdiözese Magdeburg gegründet wurden. Hier hatte auf einem lang gestreckten Bergrücken am Saaleufer bereits im 8. Jahrhundert eine fränkische Burg bestanden, die im frühen 10. Jahrhundert Mittelpunkt eines umfangreichen Königsguts wurde. Heinrich I., der Vater Ottos I., errichtete in Merseburg eine Pfalz und stiftete eine 931 geweihte Kirche. Die Königspfalz zählte in den beiden folgenden Jahrhunderten zu den meist besuchten im Reich (69 Königsaufenthalte, 26 Hoftage bezeugt). Das Bistum wurde nach nur wenigen Jahren 981 durch Otto II. aufgehoben, doch schon 1004 durch König Heinrich II. wiederhergestellt. Die folgenden Jahrzehnte sahen das Bistum in einer großen Blüte – eine Folge der massiven Förderung seitens des Königs und der Tätigkeit des wohl berühmtesten Merseburger Bischofs Thietmar (reg. 1009–18). Seine Chronik zählt zu den bedeutendsten Geschichtswer-

oben: Ansicht von Südwesten mit dem Langhaus, 1510–17 und dem Querhaus, 1225–40
oben rechts: Kreuzgang
unten: Krypta, um 1040

ken des deutschen Mittelalters. Unter ihm wurde 1015 ein vollständiger Neubau des Doms begonnen, dessen erstaunlich kurze Bauzeit bis zur Weihe 1021 die enorme finanzielle und administrative Kraft des jungen, wieder gegründeten Bistums verrät.

Nur wenige Merseburger Bischofsgestalten lassen sich mit dem Rang Thietmars vergleichen. Zwei haben vor allem in künstlerischer Hinsicht bis heute ihre Spuren hinterlassen: Friedrich II. von Hoym (reg. 1357–82) war eine der einflussreichsten Persönlichkeiten seiner Zeit im mittleren Deutschland; er wurde in seinem Todesjahr zum Magdeburger Erzbischof ernannt. Sein Grabstein im Merseburger Dom ist eines der bedeutendsten Bildwerke der zweiten Hälfte des 14. Jahrhunderts und wurde wahrscheinlich von einer Magdeburger Werkstatt ausgeführt. Vor allem aber hat Thilo von Trotha (reg. 1466–1514) die Geschichte, Architektur und Ausstattung des Doms nachhaltig geprägt. Unter ihm erfolgten der Neubau des Langhauses und des mächtigen Schlosses, die Stiftung zahlreicher neuer Altarbildwerke sowie seiner umfangreichen Grabkapelle im Nordquerhaus. Die beteiligten Künstler (Gießerfamilie Vischer in Nürnberg) bezeugen den hohen Anspruch Trothas.

Ähnlich den Vorgängen im benachbarten Naumburg wurde das Bistum, nachdem die Reformation schon früher in Merseburg Fuß gefasst hatte, erst nach dem Tod Bischofs Sigismund von Lindenau (reg. 1535–44) Herzog August von Sachsen als evangelischem Administrator unterstellt. Doch nach der Niederlage der Protestanten im Schmalkaldischen Krieg 1547 wurde das katholische Bistum kurzzeitig restituiert. Letzter Bischof war Michael Sidonius Helding (1550–61). Danach unterstand es wieder evangelischen Administratoren der sächsischen Kurfürsten.

Nach den Verheerungen des Dreißigjährigen Krieges wurde Merseburg zum letzten Mal Ort einer intensiven Kunstpflege als Hauptstadt des 1656 neu gegründeten, selbständigen Herzogtums Sachsen-Merseburg, das bis 1738 bestand. Damals wurde die große Bischofsburg von Trothas zum Barockschloss mit Gartenanlagen umgebaut. Das reizvolle Zusammenspiel von

Bauten des 11. bis 18. Jahrhunderts macht die Merseburger Dom- und Schlossanlage noch heute zu einem einzigartigen, kaum überschaubaren Ensemble. 1815 wurde Merseburg preußische Provinzhauptstadt.

Vom ersten Merseburger Dom, der wohl ein Umbau der Stiftskirche König Heinrichs I. gewesen und 977 vollendet worden ist, ist kaum etwas bekannt. Er dürfte sich südlich des heutigen Baus, also im Bereich der späteren Klausur, befunden haben und wurde während der Bauarbeiten im 11. Jahrhundert weiter benutzt. Der zwischen 1015–21 entstandene Neubau war eine mächtige Kirche von bedeutenden Ausmaßen, die sich trotz der späteren Umbauten im Wesentlichen rekonstruieren lässt bzw. noch erhalten hat. Es war eine dreischiffige Basilika mit doppeltürmigem Westbau, Querschiff und Nebenapsiden. Bereits unter Bischof Hunold (reg. 1036–50) stürzten die Ostteile zweimal ein, so dass er diese völlig neu, nun mit flankierenden Rundtürmen, hochziehen ließ (Weihe 1042). Diese erfüllten in erster Linie statische und nicht liturgische Zwecke. Zugleich entstand die ausgezeichnet erhaltene Hallenkrypta, eine der frühesten in Mitteldeutschland. Das Gewölbe des dreischiffigen und vierjochigen, edlen

Ansicht durch das Langhaus nach Osten mit dem Kruzifix der ehem. Kreuzigungsgruppe über dem Lettner, um 1240

Nördliche Chorschranke

Fünfsitz, Anfang 15. Jahrhundert

Chorgestühl, 1446

unten links: Segnende Hand am Westportal der Krypta, 12. Jahrhundert
unten rechts: Grabmal des Gegenkönigs Rudolf von Rheinfelden, kurz nach 1080

Raums wird von fein gegliederten Pfeilern gestützt. Weitere erhaltene Bauteile des 11. Jahrhunderts sind die Chorapsis (bis zum Fenstergesims), die Osttürme, das südliche Querschiff und die Untergeschosse der Westtürme.

Unter Bischof Eckehard (reg. 1216–40) kam es zu einigen wichtigen Maßnahmen. Zwischen 1225–40 entstand eine basilikale Vorhalle in Verlängerung des Langhauses westlich der Westtürme. Diese wurden um ein Geschoss erhöht, was man an der Fensterform noch heute gut nachvollziehen kann. Außerdem ließ Eckehard die Chorapsis vom Fenstergesims aufwärts und den nördlichen Querhausarm von Grund auf neu errichten sowie die gesamten Ostteile einwölben. Zugleich wurde auch der Innenraum neu gestaltet, wovon noch die beiden steinernen Chorschranken zu den Querhausarmen, vor allem aber das bedeutende Triumphkreuz zeugen.

Die entscheidenden Veränderungen von Bau und Ausstattung erfolgten jedoch unter Thilo von Trotha. Zunächst ließ er den nördlichen Querhausarm zu seiner Grabkapelle umgestalten. Er bestellte bereits um 1470/80 in der Nürnberger Gießerwerkstatt Hermann Vischers d. Ä. die Deckplatte seines Grabmals, das nach seinem Tod 1514 durch Seitenwände ebenfalls in der Vischer-Werkstatt ergänzt wurde. Um 1490 entstand das künstlerisch höchst bedeutsame Epitaph (Peter Vischer d. Ä. zugeschrieben), das den betenden Bischof vor dem Gnadenstuhl zeigt. Die Blendnischen der Chorschranke ließ Thilo mit Phantasieporträts seiner Amtsvorgänger ausmalen, schuf also eine Bischofsgalerie, deren Abschluss sein Bildnis war. Die späteren Bischöfe ergänzten diese Reihe dann sukzessive. Thilo initiierte auch den Neubau des Hallenlanghauses 1510–17. Außerdem entstanden unter ihm die besonders schönen Portale am Nordquerhausportal (um 1500) und an der Westseite (um 1515). Viele der erhaltenen Altarausstattungen gehen auf ihn zurück. Ein wichtiges Werk ist außerdem die kurz nach seinem Tod um 1520 entstandene, höchst virtuos geschnitzte Kanzel.

Der Merseburger Dom ist ausgesprochen reich an bedeutenden Grabmälern. Das berühmteste ist sicher die bronzene Grabplatte Rudolfs von Schwaben (†1080), des Gegenkönigs Heinrichs IV., in der Vierung. Es ist das älteste datierbare Bildnisgrabmal Deutschlands und zugleich aufgrund der politisch brisanten Rolle, auf die eine polemische Inschrift Bezug nimmt, von hohem historischem Wert. Herausgehoben werden muss ferner die steinerne Grabfigur des nach 1256 verstorbenen Ritters Hermann von Hagen, die mit Werken des „Naumburger Meisters" verglichen worden ist. Interessant ist auch der Umbau der basilikalen Vorhalle zur Grabkapelle durch Sigismund von Lindenau in den Jahren 1535–37. Nachdem Thilo von Trothas Nachfolger Adolf von Anhalt (reg. 1514–26) und Vinzenz von Schleinitz (reg. 1526–35) im Nordquerhaus bestattet worden waren, entschied sich Sigismund für eine Umfunktionierung der Vorhalle, darin vielleicht dem Vorbild am Meißener Dom folgend. Die Wölbung des spätromanischen Raums geschah sehr wahrscheinlich in diesem Zusammenhang. Sigismunds Grab befindet sich, wie das des Kurfürsten Friedrich von Sachsen in der Westkapelle des Meißner Doms, in der Mitte der Vorhalle.

Nachdem der Merseburger Dom 1656 Hofkirche der Herzöge zu Sachsen-Merseburg geworden war, erfuhr er eine entsprechende barocke Umgestaltung. Von dieser hat sich nur wenig erhalten: vor allem der 1668 datierte Hochaltar und die beeindruckende Portalarchitektur der Fürstengruft (1670), die die gesamte Ostwand des südlichen Querhauses einnimmt. Hinter dieser monumentalen Schauwand mit reichem plastischem Schmuck stehen mehrere Prunksarkophage der Herzogsfamilie. Das meiste aber fiel mehreren purifizierenden Restaurierungen des 19. Jahrhunderts zum Opfer.

Ansicht vom Chor nach Westen zur von Friedrich Ladegast 1853–55 errichteten Domorgel, im Vordergrund das Grabmal Rudolfs von Rheinfelden

MINDEN

Dom St. Peter und Gorgonius

oben und rechts: Westwerk
unten: Ansicht von Norden

Karl der Große wies 777 auf dem Reichstag von Paderborn einen großen Teil des sächsischen Siedlungsgebiets als Missionsland aus und beauftragte das Kloster Fulda, das 744 im Auftrag des hl. Bonifatius als benediktinisches Musterkloster gegründet worden war, mit der Missionierung. Erste Christianisierungsversuche im Gebiet zwischen Oberweser und Leine lassen sich spätestens seit den 780er-Jahren nachweisen. Das Missionszentrum bildete zunächst Hameln. Von hier aus wirkte als erster namentlich bekannter Missionsbischof seit etwa 790 der aus dem Fuldaer Kloster stammende Mönch Erkanbert († 830), Bruder des Fuldaer Abtes Baugulf. Erkanbert wurde schließlich 803 erster Bischof von Minden. Minden hatte somit als Bischofssitz den Vorzug vor Hameln erhalten. Das neue Bistum wurde dem Kölner Metropolitanverband zugeschlagen und umfasste den Raum zwischen Osnabrück und Hannover sowie zwischen Verden an der Aller und Holzminden an der Weser.

In der Frühzeit bestanden weiterhin enge personelle Verbindungen zum Kloster Fulda, das im 9. Jahrhundert auch Bischöfe für die Mindener Diözese stellte. Weiterhin erfreuten sich die Mindener Bischöfe engster Kontakte mit den karolingischen und ottonischen Herrschern. So begleitete etwa Bischof Landwart König Otto I. zu seiner Kaiserkrönung nach Rom. Minden wurde durch die engen Beziehungen zu einem beliebten Aufenthaltsort deutscher Könige und Kaiser. Dies galt vor allem für das 11. Jahrhundert.

In der Reformation nahmen die Mindener Bürger die lutherische Lehre an. Geistliche und Mönche wurden vertrieben. Nach einem Vergleich zwischen dem Rat der Stadt Minden und Bischof Franz von Waldeck aus dem Jahr 1535 konnten zumindest der Dom und das Domkapitel katholisch bleiben – inmitten der sonst lutherisch gewordenen Stadt. Für das Domkapitel, das schon um 1550 zahlreiche evangelisch gesinnte Mitglieder besaß, bedeu-

oben: Gotischer Chor und romanisches Querhaus
unten: Grundriss

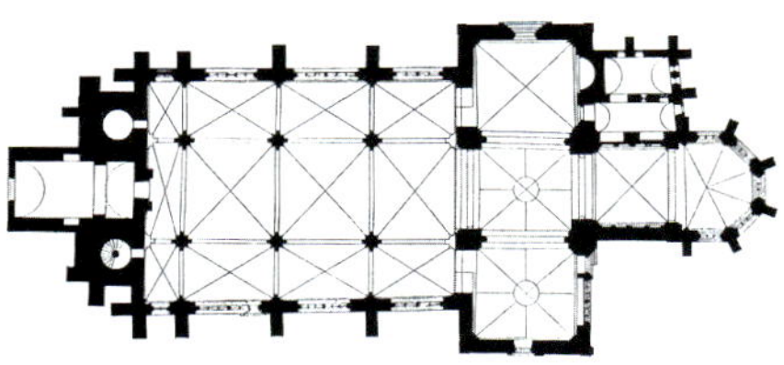

rechts: Gotisches Langhaus
unten: Romanisches Eingangsportal im Westwerk

tete dieser Zustand jedoch einen wirschaftlichen Niedergang. Außerdem besaß mit dem Augsburger Religionsfrieden der Mindener Bischof keine geistlichen Rechte mehr, so dass das Bistum im Grunde aufgehoben war. Offiziell bestand das Fürstbistum als säkularer Staat noch bis 1648. Seine Regenten nannten sich weiterhin Fürstbischöfe. Infolge des Westfälischen Friedens wurde 1648 das Hochstift säkularisiert und fiel an die Kurfürsten von Brandenburg. Letzter Bischof von Minden war deshalb Franz Wilhelm Reichsgraf von Wartenberg (1593–1661), zugleich Fürstbischof von Osnabrück, Verden und Regensburg. Der Dom blieb seitdem katholische Pfarrkirche und wurde Stiftskirche. 1810 hob man das Stiftskapitel auf. In den 1820er Jahren fiel das Gebiet der alten Diözese Minden westlich der Weser zum Erzbistum Paderborn, das Gebiet östlich der Weser zum Bistum Hildesheim.

Der Mindener Dom wurde auf einem profan genutzten Gelände errichtet. Älteste Kirche war ein Saalbau (mit Rechteckchor), der vielleicht schon vor Errichtung des Bistums als Missionskirche bestand und ab 803 als Bischofskirche genutzt wurde. Wohl noch in karolingischer Zeit (9. Jahrhundert) dürfte ein 70 Meter langer und 30 Meter breiter Neubau in Form einer dreischiffigen Basilika mit Ostquerhaus, polygonalem Chor und Außenkrypta als erste große Bischofskirche errichtet worden sein.

Für das Jahr 952 ist die Weihe eines Doms durch Bischof Helmward bezeugt. Damit wird ein ottonischer Neu- oder Umbau in etwa gleichen Ausmaßen als dreischiffige Basilika, jedoch mit dem heutigen Westbau, in Verbindung gebracht. Vom großen turmartigen, 22,7 m breiten und nur 6,5 m tiefen Westbau ist die ottonische Bausubstanz bis in 20 m Höhe erhalten. Türen in den oberen Teilen der Türme und zwei Reihen vermauerter Fenster in der Emporenwand erlauben die Rekonstruktion von zwei Emporengeschossen über der quadratischen dreischiffigen Eingangshalle, an die sich seitlich schmale, längsrechteckige Nebenräume anfügen. Das Westportal wurde von seitlichen, weit vorspringenden quadratischen Türmen flankiert, zwischen denen ein Tonnengewölbe gespannt war. Ein hölzerner rundbogiger Fensterrahmen aus dem Westwerk konnte dendrochronologisch auf „um 934 oder kurz

oben: Ansicht nach Osten

links: Ansicht nach Westen

rechts: Mindener Kreuz (Original, Domschatzkammer)

oben links: Heiliggeistaltar, von Dompropst Johannes von Schorlemer († 1622)

oben Mitte: Wandmalerei um 1290 am südl. Vierungspfeiler

oben rechts: Traubenmadonna, um 1470

unten: Epitaph Hieronymus von Grappendorf, 1629

danach", ein größerer, aus mehreren Teilen zusammengesetzter Rundbogen-Fensterrahmen aus Holz auf nach 1037, um 1069 und um 1068 datiert werden. Ersteres Fenster bestätigt die Errichtung des Westwerks vor 952 und letzteres den Umbau, bei dem die Vorhalle errichtet wurde, die dem Westbau vorgelagert ist. Sie bildet den unteren Teil des heutigen Paradieses.

Tatsächlich hatte der Brand vom 19. Mai 1062 den Umbau des Westwerks und einen Neubau zur Folge, der mit Hinweis auf seinen Bauherrn „Eilbert-Dom" genannt wird. 1152 erhielt das Westwerk zwischen den beiden niedrigeren Treppentürmen das heutige höhere Glockenhaus. Auch das Paradies wurde um 1160/70 um ein Geschoss erhöht und das hochromanische Chorjoch errichtet. Die aus derselben Bauphase stammenden Chorflankentürme und eine Ringkrypta sind durch den Bau des hochgotischen Chorpolygons nicht erhalten.

Anfang des 13. Jahrhunderts entschied sich das Domkapitel für den Bau des heutigen Langhauses und Chors. Dabei plante man zunächst ein basilikales Langhaus mit Querhaus, von dem das spätromanische Querhaus und das Sakristei-Obergeschoss ausgeführt wurden. Dann setzte ein Planwechsel zugunsten der heutigen gotischen Hallenkirche ein. Mitte des 13. Jahrhunderts wurden dann das heutige Chorpolygon, die Fensterrose im Nordquerhaus und das Maßwerkfenster im südlichen Querhaus vollendet. In den folgenden fast 600 Jahren blieb der Dom fast unverändert.

Im 2. Weltkrieg wurde am 28. März 1945 die Altstadt von Minden bombardiert und dabei der Dom fast völlig zerstört. In den 1950er Jahren erfolgte der Wiederaufbau, bei dem die Vorhalle des Westwerks romanisierend umgebaut wurde. Die Ausstattung ist heute reduziert. Die Lettnerreliefs und mittelalterliche Skulpturen sind die herausragenden Stücke.

Der Mindener Dom besitzt zudem einen bedeutenden Domschatz mit herausragenden Werken der Romanik, darunter das Mindener Kreuz, ein Bronzekruzifixus – aus sechs Teilen gegossen und wohl um 1070/80 entstanden –, das als Kopie im Dominneren hängt. Die „Goldene Tafel" – 1656 aus dem Hochchor des Doms entfernt und seit 1909 im Bodemuseum in Berlin – steht als Kopie, angefertigt durch die Firma Ochsenfarth in Paderborn, seit 2002 im Chor des Doms. Das Original ist ein geschnitzter und überwiegend golden gefasster Flügelaltar mit romanischer Predella (um 1220) und gotischem Retabel (1420), in dessen Mitte eine Marienkrönung, umgeben von einem Kranz musizierender Engel sowie zahlreichen Aposteln und Heiligen zu sehen ist.

oben links: Chor mit Mindener Kreuz
rechts: Ansicht nach Osten
unten links: Langhausfenster
unten rechts: Apostelfries, Detail mit Christus, Maria und einem Apostel, Mitte 13. Jahrhundert, Teil des ehem. Lettners

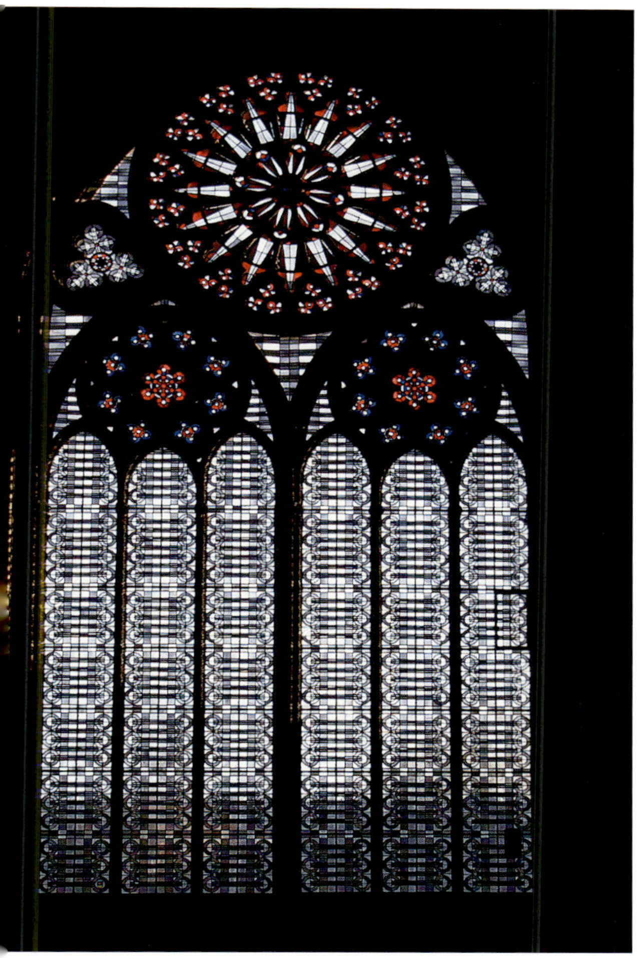

MÜNCHEN

Dom Zu Unserer Lieben Frau

München ist erst seit dem 19. Jahrhundert Sitz eines Erzbischofs. Bis zum Ende des Heiligen Römischen Reiches Deutscher Nation 1803 gehörte das Gebiet des heutigen Erzbistums München und Freising zu ca. zwei Dritteln zum ehemaligen Bistum Freising und zu einem Drittel zum Erzbistum Salzburg bzw. zu dessen Eigenbistum Chiemsee. Nach 1803 blieb der Bischofsstuhl des ehemaligen Fürstbistums Freising 18 Jahre lang unbesetzt, ehe das Bistum im Rahmen eines Konkordats mit dem bayerischen Staat von 1817 und der Diözesen-Reform von 1821 in das Erzbistum München und Freising mit Bischofssitz in München überging. Die Münchener Frauenkirche, ursprünglich als Bürgerkirche errichtet, dient seitdem als Kathedrale. Der Freisinger Dom genießt den Rang einer Konkathedrale.
Bedeutendster Münchner Erzbischof war Kardinal Joseph Ratzinger, der von 1977 bis 1982 den Bischofsstuhl innehatte. Seit dem 19. April 2005 ist er als Papst Benedikt XVI. Bischof von Rom.
Die Frauenkirche, wie der Dom zu Unserer Lieben Frau zumeist genannt wird, ist mit ihren eigentümlichen Zwiebeltürmen ein Wahrzeichen der bayerischen Landeshauptstadt. Die gewaltige aus Backstein errichtete, dreischiffige spätgotische Hallenkirche mit hohem Dachwerk und umlaufendem Kapellenkranz (bestehend aus 21 Kapellen) misst 109 m Länge, 40 m Breite und erreicht eine Innenraumhöhe von

Seite 276: Ansicht der Türme von Süden

Seite 277: Blick durch das Langhaus nach Osten zum Chor

links: Südportal

rechts: Fassade mit den 98,5 m hohen Türmen, 1493 vollendet

unten: Ansicht von Südosten, Langhaus 1468–88

37 m. Die markanten Türme besitzen eine Höhe von etwa 98,50 m. Das Sterngewölbe des Innenraums tragen 22 zweireihig angeordnete hohe Achteckpfeiler. Es handelt sich um die letzte und gleichzeitig größte Hallenkirche, die in den Residenzstädten der Wittelsbacher errichtet wurde. Die Außengestalt wirkt relativ schlicht, da das sonst an gotischen Kirchen übliche Strebewerk durch den Baumeister Jörg von Halsbach in den Innenraum verlegt wurde.

Der Vorgängerbau der heutigen Kathedrale war eine um 1240 errichtete spätromanische dreischiffige Kirche mit Doppelturmfassade und Vorhalle. Diese entsprach im 15. Jahrhundert nicht mehr den repräsentativen Ansprüchen der zu Bedeutung gekommenen Münchner Bürgerschaft, so dass diese den Maurermeister Jörg von Halsbach, der gleichzeitig um 1470 das alte Münchner Rathaus errichtete, mit dem Bau einer großen Bürgerkirche beauftragte. Grundsteinlegung war 1468. In nur 20 Jahren konnte die Kirche einschließlich der Türme (jedoch ohne Turmspitze) vollendet werden. Die Gesamtweihe fand 1494 statt. Die Türme erhielten um 1525 ihre charakteristischen Welschen Hauben. Die Form der Zwiebelhauben findet ihre Entsprechung im Felsendom in Jerusalem, den man zu dieser Zeit für den antiken Tempel Salomos hielt und der durch Holzschnitte im Buch „Peregrinatio in terram sanctam" von Breydenbach aus dem Jahr 1486 und durch die Schedelsche Weltchronik von 1493 bekannt war. Indem man diese Dachform kopierte, beabsichtigte man, den Gläubigen einen Hinweis auf das Himmlische Jerusalem zu geben.

Als Baumaterial wählte man aus Kosten- und Materialgründen den Ziegelstein. Zimmermeister Heinrich von Straubing errichtet das Dachwerk, für das 147 Bauholzflöße mit zusammen etwa 630 Festmetern Rundholz benötigt wurden. Die Innenausstattung wurde durch Stiftungen und die Gewährung von Ablässen finanziert. Zu den herausragenden Ausstattungsstücken zählte das 1495 bis 1502 durch Erasmus Grasser gefertigte Chorgestühl für das Domkapitel mit dem Propst, dem Dekan und 12 Chorherren zur Verrichtung der täglichen Chorgebete. Das mit Büsten von Aposteln und Propheten sowie kleineren Statuetten gestaltete Gestühl verbrannte im Zweiten Weltkrieg; die ausgelagerten Figuren blieben erhalten und wurden am neuen Chorgestühl wiederverwendet.

links: Ansicht der Türme von Süden
rechte Seite: Langhaus nach Osten

links: nördliches Seitenschiff nach Osten

rechts: Der Kenotaph für den 1347 gestorbenen Kaiser Ludwig den Bayern mit der Bronzestatue Albrechts V. im Vordergrund; Gedächtnismonument als Hinweis auf die Kaiserwürdigkeit der Wittelsbacher und deren Taten für den katholischen Glauben, fertiggestellt 1622 von Hans Krumper; im Innern des Marmorgehäuses befindet sich die bedeutende spätgotische Gedächtnisplatte für Kaiser Ludwig, Ende 15. Jahrhundert

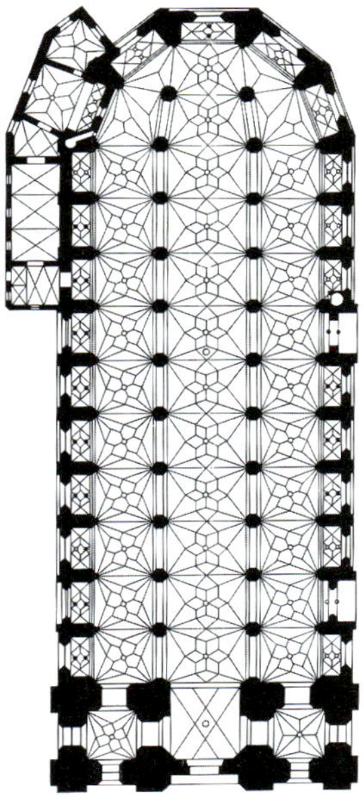

Grundriss

rechts Mitte: Krypta mit Passions-Tryptichon (1916/17) von Karl Caspar (1879–1956)

links: Figuren der Anna selbdritt von Stephan Rottaler, um 1515/20, des hl. Rasso des Meisters von Rabenden und des hl. Georg von Hans Leinberger, um 1520

unten rechts: Rückseite des Chorabschlusses mit spätgotischen Skulpturen und Tafelgemälden des Memminger Altars, ein Flügelretabel aus der Werkstatt der Brüder Ivo Strigel und Hans Strigel d. J., 1500

Zur Unterstützung des Gottesdienstes und zur Betreuung der Stiftung seiner Familie gründete Herzog Albrecht V. 1492/95 das Kollegiatstift Zu Unserer Lieben Frau durch die Vereinigung der Stifte Ilmünster und Schliersee. Es hatte bis zu seiner Auflösung 1803 Bestand.
Da 1576 die Reliquien des im Jahr 1523 heiliggesprochenen Benno von Meißen nach München und 1580 in die Frauenkirche kamen, entschieden sich die Wittelsbacher aufgrund der großen Verehrung des Heiligen für eine Neuausstattung des Innenraums. Markant und den Innenraum maßgeblich prägend stellte 1604 Bildhauer Hans Krumper den sog. Bennobogen, einen Triumphbogen mit Triumphkreuz, als eine Art Lettner am Eingang zum Chor auf. Der Bogen überspannte fünf Altäre, darunter den des hl. Benno. 1620 stellte man zudem einen neuen monumentalen Hochaltar mit dem Gemälde einer Himmelfahrt Mariens von Peter Candid und zwei Jahre später das Kenotaph für Ludwig den Bayern aus Resten eines nicht realisierten Grabmals für Albrecht V. von 1622 (heute im westlichen Teil des südlichen Seitenschiffs) auf. Zudem entstanden im Laufe des 17. und 18. Jahrhunderts weitere barocke Altäre.

Während der Säkularisierung wurden Teile der Ausstattung zerstört. Die neuzeitlichen Ausstattungsstücke, insbesondere der Bennobogen, die Kanzel mit der Schalldeckelfigur von Roman Anton Boos aus dem Jahr 1780 und der Hochaltar von Peter Candid wurden 1858 im Rahmen der Purifizierung des Doms, die bis 1870 dauerte, entfernt und durch eine neugotische Ausstattung ersetzt. Das Gewölbe erhielt eine Malerei in Form eines Sternenhimmels, der 1932 wieder entfernt wurde.
1944 stürzte infolge der Luftangriffe das Hallengewölbe ein und zerstörte einen großen Teil der Einrichtung. Der Wiederaufbau erfolgte in schmucklosen Formen. Von der ehemaligen Ausstattung blieben die Glasgemälde der Chorfenster sowie einige Gemälde und Skulpturen erhalten, die man durch andere Stücke, die nach der Purifizierung im Diözesanmuseum Freising gelandet waren, ergänzte.
An der Außenmauer sind heute zahlreiche Epitaphien angebracht. Sie gehörten zum ehemaligen Friedhof, der um die Kirche lag und um 1800 aufgegeben wurde. Die Epitaphien stammen von bedeutenden Bürgern, wie der Grabstein von Cosmas Damian Asam.

oben: Sternengewölbe
unten: Schmerzensmann, um 1320

MÜNSTER

St.-Paulus-Dom

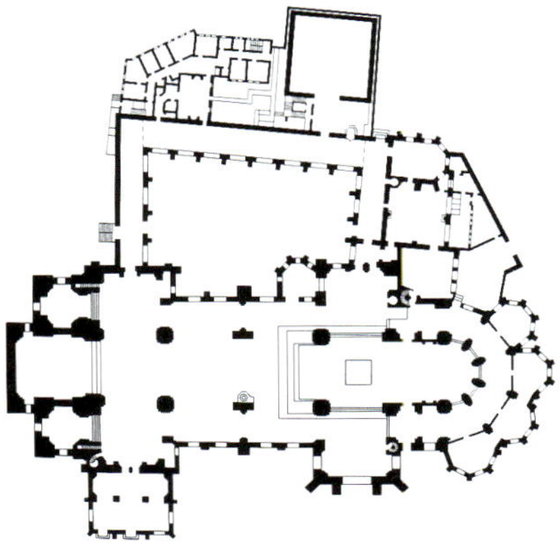

oben: Grundriss
unten und rechts: Ansicht von Westen und von Süden

Karl der Große entsandte 792/93 den Missionar Liudger zur Christianisierung in das heutige Westfalen. Mit der Bischofsweihe Liudgers 805 in Köln war die Einrichtung eines Bischofsstuhls in Münster als Seelsorgestützpunkt für die neue Diözese vollzogen. Dabei hatte sich Karl über die synodalen und konziliaren Entscheidungen hinweggesetzt, nach denen nur solche Orte als Bischofssitze ausgesucht werden sollten, die durch ihre Einwohnerzahl und ihre Bedeutung als Sitz eines Bischofs geeignet seien. Münster war jedoch 805 nur eine kleine Ansiedlung, bestehend aus einer bescheidenen klosterähnlichen Anlage auf dem Domhügel, sehr vereinzelten sächsischen Hofanlagen und wahrscheinlich einer Häusergruppierung um eine frühe Kirche (um 785?) am westlichen Aa-Ufer. Offenbar war auch die erste Bischofskirche in nur kleinen Ausmaßen erbaut worden, weshalb die Frühmittelalterarchäologie noch keine näheren Angaben zum ersten Dombau machen kann. Karl der Große hatte Münster wohl im Hinblick auf seine gute Verkehrsanbindung nach Friesland, an den Rhein und nach Norden ausgewählt. Erst mit der Ernennung zum Bischofssitz folgte ein planmäßiger Stadtausbau mit Befestigung.

Der erste Bischof von Münster, der adelige Westfriese Liudger (um 740–809), wurde im Martins-

klosters in Utrecht bei Abt Gregor, einem Schüler des Bonifatius, und später bei Alkuin im angelsächsischen York ausgebildet. Karl der Große wies Liudger zunächst 787 das östliche Friesland als Missionsland zu, 792/93 Westfalen, wo er in „Mimigernaford", dessen Bewohner sich nach der Taufe des Sachsenherzogs Widukind 785 zum Christentum bekehren ließen, ein „Monasterium" gründete, was zum Namenswechsel „Münster" führte. Um 800 begründete Liudger auch das Kloster Werden an der Ruhr, in dem er auf seinen Wunsch hin begraben liegt.

Seine Blütezeit erlebte das Bistum Münster im 12. und 13. Jahrhundert, als auch der heutige Dom errichtet wurde. Im späteren Mittelalter wurden die Bischöfe zu Landesherren des Hochstifts Münster (Gebiet zwischen der Lippe und Rheine) und des flächenmäßig ebenso großen Niederstifts Münster (Gebiet zwischen Meppen, Aschedorf und Vechta).

oben: Domansicht vom Kreuzgang aus
Mitte: Domherrenfriedhof (Kreuzganginnenhof) mit Totenleuchte, Ende 14. Jahrhundert
rechte Seite: Südturm, Westquerhaus mit Radfenster (um 1230/40) und erweiterte Paradiesvorhalle (13./15. Jahrhundert)
unten: Kreuzgang, bis 1395

1530 wandte sich Bernhard Rothmann, Kaplan von St. Mauritz vor den Toren von Münster, mit den reformatorischen Gedanken Martin Luthers an die Öffentlichkeit und fand in den Handwerkergilden und im Stadtrat Anhänger. 1533 wurde der Rat evangelisch. Zu diesem Zeitpunkt gelangte mit den Täufern eine weitere Reformationsbewegung nach Münster. Rothmann, der vom Rat mit der Ausarbeitung einer neuen Gottesdienstordnung beauftragt worden war und der sich – inzwischen radikalisiert – der Täuferbewegung angeschlossen hatte, forderte nun über die Reformen Luthers hinaus auch die Erwachsenentaufe. An dieser Forderung spaltete sich die evangelische Bewegung. Die Täuferbewegung war jedoch so stark, dass die meisten verbliebenen Katholiken und viele nicht-täuferische Protestanten die Stadt verließen. Im Januar 1533 begann durch Jan van Leiden die Erwachsenentaufe in Münster. Am 23. Februar 1534 setzten sich bei der turnusmäßigen Ratswahl die Täufer durch, die damit Münster beherrschten. Alle „Nicht-Täufer" hatten sich zu taufen oder Münster zu verlassen. Es folgte ein radikaler Umbau der Stadtstrukturen, unter anderem die Einführung der Gütergemeinschaft und die Zerstörung zahlreicher Kunstwerke in den Kirchen. In ihrem Endzeitwahn verkündete Jan Mathys, der wichtigste „Prophet" der niederländischen Täuferbewegung, für Ostern 1534 sogar das Erscheinen Jesu Christi in Münster. Zu diesem Zeitpunkt hatte Fürstbischof Franz von Waldeck, seit 1532 Bischof von Münster und Osnabrück, einen Belagerungsring um die Stadt geschlossen. Als das Erscheinen Christi ausblieb, zog Jan Mathys mit einigen Getreuen vor die Stadt und wurde dort am Ostertag getötet. Unter dem neuen Anführer Jan van Leiden, der sich „König Johannes I." nannte und die Polygamie einführte (er nahm sich 16 Ehefrauen), radikalisierte sich die Wiedertäuferbewegung weiter. Die Belagerung der Stadt führte bald zur Hungersnot. Schließlich wurde Münster am 24. Juni 1535 eingenommen und somit rekatholisiert, wobei 650 Verteidiger starben. Die obersten Täufer, darunter van Leiden, richtete man am 22. Januar 1536 auf dem Prinzipalmarkt öffentlich hin und hängte ihre Leichen in eigens angefertigten eisernen Körben an den Turm der Lambertikirche.

Fürstbischof Franz von Waldeck (1491–1553), der nicht zuletzt aus eigennützigem Interesse mit der Lehre Luthers sympathisierte, versuchte in der Folge allerdings, das Hochstift Münster zu reformieren. Dies gelang aber nur in wenigen Gebieten. Auf Grund des Widerstands des Domkapitels blieb Münster katholisch.

Der heutige St.-Paulus-Dom ist das bedeutendste Bauwerk des Bistums (Länge: 109 Meter; Breite (mit Paradiesvorhalle): 52,85 Meter; Höhe des Nordturms: 57,7 Meter; Höhe des Hauptschiffs: 22,5 Meter). Die Kathedrale besaß mehrere Vorgängerbauten, von denen jedoch die frühmittelalterlichen Kirchen architektonisch nicht fassbar sind. Der unmittelbare Vorgängerbau – eine fast 80 Meter lange Basilika mit Westquerhaus und Schiffen, die im Osten in Apsiden endeten – wurde durch Bischof Erpho 1090 geweiht. Vom salischen Bau haben sich Kapitelle und Gesimsfragmente sowie Mauerreste, insbesondere die Westwand des Westquerhauses und Teile der Südwand, erhalten.

Um 1192/1200 ließ Bischof Hermann II. von Katzenelnbogen (reg. 1174–1203) den noch heute bestehenden, 1202 geweihten großen romanischen Westbau mit seinen mächtigen Chorflankentürmen errichten (Turmkapellen 1194 geweiht).

oben: Detail des Ornamentfrieses der Paradiesvorhalle rechts und unten rechts: Paradiesvorhalle, 1225/35, Doppelportal mit den überlebensgroßen Steinfiguren der zwölf Apostel und dem thronenden Christus über den Eingängen, um 1230, Mittelstütze des Portals mit der Figur des Apostels Paulus von Johann Brabender (um 1540). In der ursprünglich eingeschossigen Vorhalle wurden das Sendgericht und kirchliche Rechtssprechungen gehalten.
rechts Mitte: Statue des Fürstbischofs Dietrich III., Graf von Isenburg († 1226), Gründer des heutigen Doms, und hl. Laurentius, um 1240/50, Ostwand der Paradiesvorhalle

unten: Statue Kaiser Karls des Großen, 1627, von Johann von Bocholt

Die Grundsteinlegung zum heutigen Dom erfolgte 1225. 1264 konnte die gewölbte spätromanische Basilika mit zwei Querschiffen und Chorumgang durch Bischof Gerhard von der Mark (1261–72) geweiht werden. Die Architektur steht am Übergang von der Romanik zur Gotik. Dies zeigt sich an den hoch aufragenden spitzbogigen Scheidbögen zwischen den Seitenschiffen und dem Mittelschiff sowie dem permanenten Wechsel von Rundbogenformen und Spitzbögen. Einzelformen, z. B. die Kapitelle und Gesimse sowie die Skulpturen des Paradieses entsprechen bereits der modernen gotischen Formensprache. Eine besondere figürliche Ausgestaltung erhielt das Westquerhaus mit seinem sechsteiligen Radfenster und dem Pauluskopf (Hinweis auf den Hauptpatron des Doms) sowie der vorgelagerten, zunächst eingeschossigen Paradiesvorhalle. Der Ostchor war ursprünglich durch einen Lettner vom übrigen Raum getrennt. Hier fand das Chorgebet der 40 adeligen Domherren statt. Der sich im Norden anschließende gotische Kreuzgang wurde zwischen 1390 und 1395 erbaut.
Um 1480 erhöhte man die Vorhalle (Paradies) um ein Geschoss und erweiterte sie nach Süden. Die dekorative Schaufassade des Ostquerhauses wurde um 1500/10, die der Westfassade um

Blick vom Westchor durch das Langhaus zum Ostchor; am Nordwestpfeiler der Westvierung die Monumentalstatue des hl. Christophorus von Johann von Bocholt, 1627

Chorumgang mit astronomischer Uhr, 1540–43, Gemeinschaftswerk des Mathematikers und Buchdruckers Dietrich Tzwyvel, des Minoriten und Dompredigers Johannes von Aachen, des Malers Ludger tom Ring d. Ä., des Bildhauers Johann Brabender und des Schmieds Nikolaus Windemaker

oben: Ansicht in die Ostvierung mit Triumphkreuz (1270/80), Monumentalstatue des Evangelisten Matthäus (um 1240) und des Apostel Paulus (um 1360) an der nördlichen Chorwand

unten: Epitaph des Domherrn Johann Wilhelm von Bürgen, um 1680, von Wilhelm Heinrich Kocks

Stephanusaltar, Epitaphaltar des Domdechanten Heidenreich von Letmathe, 1625/30, von Gerhard Gröninger

Laurentiusaltar, Epitaphaltar des Dompropstes Bernhard von Münster mit der Darstellung des Martyriums des hl. Laurentius, 1555, von Albert Reining

1512/16 mit Skulpturen, Maßwerkschmuck und Fialen neu gestaltet. Die hochwertigen Skulpturen des Heinrich Brabender am Westbau überstanden als einzige Figuren in Münster den Bildersturm der Täufer, die 1534/35 Gemälde, Figuren und die astronomische Uhr von 1408 zerstörten. Unmittelbar nach 1535 begann die Neuausstattung des Doms, z. B. des Lettners.

Im 2. Weltkrieg wurde der Dom nahezu vollständig zerstört. Die Ausstattung war ausgelagert und konnte so gerettet werden. Wand- und Deckenmalereien gingen verloren. Der Wiederaufbau war 1956 abgeschlossen. Der Innenraum wurde rekonstruiert. Lediglich anstelle des spätgotischen Westportals entstand eine schlichte Wand aus Sandstein mit 16 kleinen Rundfenstern.

Westchor, um 1192, mit dem ehemaligen Hochaltar des Doms (1619–22 von Gerhard Gröninger und Adrian van Bogart)

Bronzenes Taufbecken, um 1320

oben: Ansicht von Süden mit Kreuzgang und Westtürmen
rechte Seite: Ansicht von Westen (Chor um 1250/60, Nordwestturm: Untergeschoss um 1220/30, Obergeschosse um 1260, 14. und 15. Jahrhundert, Südwestturm 19. Jahrhundert)
unten: Ansicht von Südwesten

NAUMBURG

Dom St. Peter und Paul

Treibende Kraft der Verlegung des 968 gegründeten Zeitzer Bistums nach Naumburg im Jahre 1028 war das markgräfliche Geschlecht der Ekkehardinger. Die Brüder Hermann († 1032) und Ekkehard II. († 1046) hatten bereits kurz nach der Jahrtausendwende das Stift St. Moritz an der von ihrem Vater Ekkehard I. († 1002) errichteten Naumburg gegründet. Mit der Verlegung des Bistums nach Naumburg beginnt auch die Geschichte des Naumburger Domes.

Nach dem Tod des Markgrafen Ekkehard II. übernahmen die Bischöfe als Stadtherren deren Burg und setzten auch die ekkehardingische Förderung Naumburgs fort. Schon unter Bischof Cadalus (reg. 1032–45), unter dem vermutlich der erste Dombau geweiht wurde, waren durch Privilegien etliche Kaufleute in die Stadt gezogen worden. Die beiden noch von den Markgrafen gegründeten Klöster (Georgen- und Moritzkloster) wurden auch von den Bischöfen gefördert. 1119 siedelte Bischof Dietrich I. (reg. 1111–23) am Moritzkloster ein Augustiner-Chorherrenstift an. Der für die Stadt und den Dombau wohl bedeutendste Naumburger Bischof war Engelhard (1206–42). Ihm gelang es, sich gegen die territorialen Ambitionen der wettinischen Landesherrn, besonders des Meißener Markgrafen Dietrich des Bedrängten (reg. 1190/97–1221) und sei-

Ansicht von Südosten

Grundriss

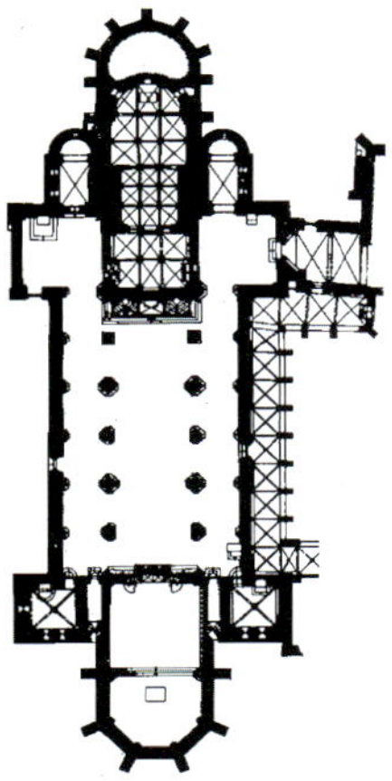

nes Sohnes Heinrich des Erlauchten (reg. 1221/30–88), zu behaupten. Unter ihm stand Naumburg in größter wirtschaftlicher Blüte. Die beträchtlichen Einnahmen flossen in den großen, vor 1213 begonnen Neubau des Doms ein.

Neben der immer stärker werdenden wettinischen Landesherrschaft zeichnete sich im 13. Jahrhundert aber auch eine weitere Konkurrenzsituation ab, die die Geschichte Naumburgs langfristig beeinflussen sollte: Das Domkapitel hatte eine zunehmend die Handlungsfreiheit des Bischofs beeinträchtigende Selbständigkeit erlangt. Dieser erwog daher die Verlegung seines Wohnsitzes nach Zeitz auf die alte Bischofsburg. Schon Dietrich II. von Wettin (reg. 1243–72) hatte in „unserem neuen Palast in Zeitz" Urkunden ausgestellt. Bruno von Langenbogen (reg. 1285–1304) vollzog schließlich 1286 die Übersiedlung. Mit ihm gingen weite Teile der Administration (Bibliothek, Archiv, Kanzlei, Kämmerei). Die Naumburger Bischofsresidenz – die alte Burg der Ekkehardinger – wurde an den Dompropst verkauft. Dass die Residenz des 1656–1718 bestehenden Herzogtums Sachsen-Zeitz nicht in Naumburg errichtet wurde, mochte auch daran liegen, dass die im späten Mittelalter stark ausgebaute und für das Barockschloss nutzbare Bischofsburg in Zeitz lag.

Nach dem frühen Übertritt der Bevölkerung zur Reformation emigrierte Bischof Philipp von Wittelsbach (reg. 1517–41) nach Freising. Seine Versuche, der Stadt mit dem Verbot der für den Handel lebenswichtigen Peter-Pauls-Messe zu drohen, wenn sie nicht zum alten Glau-

ben zurückkehrte, schlugen fehl. Nach seinem Tod wählte das katholisch gebliebene Domkapitel Julius von Pflug zum neuen Bischof, der aber durch die Intervention des evangelischen Kurfürsten Johann Friedrich von Sachsen sein Amt nicht antreten konnte. Stattdessen wurde Nikolaus von Amsdorf erster evangelischer Bischof. 1547 musste er nach der Niederlage der protestantischen Fürsten im Schmalkaldischen Krieg wieder zurücktreten. Julius von Pflug (reg. 1547–64) wurde nun eingesetzt, konnte aber die endgültige Einführung der Reformation nicht verhindern. Das Naumburger Bistum und das Stiftsgebiet wurden säkularisiert und einem kursächsischen Administratoren unterstellt.

Der Dom des 11. Jahrhunderts war eine dreischiffige Basilika mit sog. sächsischen Ostteilen: durchlaufendes Querhaus, zwei Nebenapsiden und apsidial geschlossener Chor. Im Westen befanden sich zwei quadratische Türme, die eine kleine Krypta sowie einen innen halbrund geschlossenen Chor flankierten, der nach außen als gerade Mauer in Erscheinung trat. Die wohl relativ kurze Bauzeit erstreckte sich von 1028 bis in die 1040er Jahre. Um 1160/70 erhielt auch der Ostchor eine dreischiffige, dreijochige Krypta. Sie hat sich als mittlerer Raum der im frühen 13. Jahrhundert nach Osten und Westen erweiterten Krypta erhalten. Die sechs Freisäulen mit abwechslungsreich ornamentierten Schäften tragen qualitätvolle Kapitelle. Auch nach Westen wurde der Dom in dieser Zeit erweitert.

Vor 1213 begann unter Bischof Engelhard ein Neubau von hohem architektonischem Anspruch. Von anfänglichen Plänen einer Beibehaltung der Ostteile wurde bald nach Baubeginn abgesehen und ein vollständiger Neubau hochgezogen. Anders als beim Bau der Metropolitankirche in Magdeburg (seit 1209) wurde kein gotisches Kathedralschema angewandt, sondern eine an rheinisch-westfälischen Vorbildern orientierte spätromanische Basilika errichtet. Bei der Gesamtweihe im Juni 1242 waren der Ostchor mit Apsis und Kryptenerweiterung, ein dreijochiges Querhaus mit ausgeschiedener Vierung, Osttürme in den

Ansicht von Südosten (Kirche 1213–42, Obergeschoss der Osttürme um 1500, Chorverlängerung um 1330, Dreikönigskapelle um 1416)

Hauptportal, um 1220

Winkeln zwischen Querhaus und Chor mit Apsiden im Erdgeschoss, ein basilikales Langhaus im gebundenen System und die Untergeschosse der beiden seitlich weit ausspringenden Westtürme vollendet. Am Außenbau wird die spätromanische Architektur durch Lisenen und Rundbogenfriese deutlich. Im Innern fällt der qualitätvolle Baudekor auf, etwa das Rankentympanon mit Gotteslamm am Portal zum Nordostturm. Eine ausgezeichnete Kleinarchitektur ist der Ostlettner, der älteste erhaltene Krypten-Hallenlettner. Der Ostchor wurde um 1330 um ein hochgotisches Polygon verlängert.

Um 1243 begann man mit der Errichtung des hinsichtlich der Architektur und Ausstattung bedeutendsten Teils, der den Ruhm des Naumburger Doms ausmacht: des Westchors. Die Motive für diesen Bau sind nicht geklärt, ebenso wenig die genauen Hintergründe für die jedes bis dahin bekannte Maß übersteigende, eindringliche Inszenierung der Stifter im Chor. Vermutlich sollte damit der Naumburger Standpunkt gegen die Zeitzer Ansprüche auf den Bischofssitz verdeutlicht werden.

Wohl gegen 1250 war der Westchor vollendet. Die ausführende Bauhütte zog nach der Errichtung des ersten frei stehenden Geschosses des Nordwestturms weiter nach Meißen zum Bau des dortigen Doms. Der Leiter der Bauhütte, der von der Forschung als „Naumburger Meister“ bezeichnet wird, war nicht nur der Architekt des Westchors, sondern gleichzeitig der leitende Bildhauer. Obwohl sein Name unbekannt ist, lässt sich sein Schaffensweg anhand seiner charakteristischen Werke nachvollziehen. Beeinflusst von der gotischen Kathe-

Ostchor nach Osten (oben), Ostchor mit Chorgestühl und Grabplatte Bischof Dietrichs († 1272) (unten links), Krypta, um 1170–1230 (unten) und Innenansicht nach Osten mit Lettner um 1230/40 (rechts)

oben links: Ansicht nach Westen mit Westlettner, um 1250/60

oben rechts: Ansicht vom Westchor nach Osten mit der Choransicht des Westlettners

unten: Reliefs des Westlettners, um 1250/60 und 1747

dralbaukunst Frankreichs schuf er mit dem Westlettner im Dom zu Mainz sein erstes Hauptwerk, das, im Unterschied zum Naumburger Lettner, jedoch nur fragmentarisch erhalten ist. Im Naumburger Dom war der Künstler für die Planung, Ausstattung und Ausführung des Westchors verantwortlich. Der zweijochige Chor ist auch von außen ein Meisterwerk: Die schlichten Strebepfeiler enden in tabernakelartigen Bekrönungen und besitzen jeweils drei Wasserspeier von hoher Qualität. Es ist jedoch die Innenausstattung, die Kunsthistoriker des 19. und 20. Jahrhunderts veranlasste, der Persönlichkeit des „Naumburger Meisters" nachzuspüren. Der Westlettner ist in seinem Zusammenwirken von Architektur, Ornament und figürlicher Plastik und in der Ausführung jedes Details von einzigartiger Qualität. Es handelt sich um einen Mauerlettner mit übergiebeltem Mittelportal, das von einer Kreuzigungsgruppe geschmückt wird. Seitlich davon sind die emotionsgeladenen Passionsreliefs platziert, die in acht Einzelbildern das biblische Geschehen vom Gründonnerstag bis zur Kreuztragung Christi schildern. Tritt man durch den Eingang am Lettner in den Westchor hinein erblickt man in Höhe des Laufgangs die zwölf lebensgroßen Stifterfiguren. Sie zeigen eine bis dahin nie erreichte unvergleichliche Wirklichkeitsnähe und individuelle Ausdruckskraft. Besonders die Paare Hermann und Reglindis sowie Ekkehard II. und Uta vor den Dienstbündeln zwischen Chorquadrat und Polygon dürften zu den bekanntesten mittelalterlichen Bildwerken des Abendlandes gehören. Außerdem hat sich im Westchor ein Großteil der nicht minder wertvollen, ursprünglichen Glasmalereien erhalten. Der Werkstatt des „Naumburger Meisters" zugeschrieben wird außerdem die Grabplatte eines Bischofs im Ostchor, sehr wahrscheinlich Dietrichs II. von Wettin.

Ein besonderes Kleinod ist die zweigeschossige Dreikönigskapelle südöstlich der Domvorhalle. Sie ist eine private Stiftung des Bischofs Gerhard II. von Goch (reg. 1409–22). Der wohl bereits 1416 vollendete Bau ersetzte einen Vorgänger des 11. Jahrhunderts, von dem er vermutlich auch die Patrozinien beider Geschosse (unten Nikolaus, oben Hl. Drei Köni-

ge) übernahm. Beide Kapellen sind zweijochig und besitzen von schlanken Wandsäulen getragene spätgotische Gewölbe. Das qualitätvolle Altarretabel mit der gemalten Anbetung der Könige stammt ebenso aus der Erbauungszeit wie die bemerkenswerten Steinfiguren dieses Themas an der äußeren Ostwand. Die Kapelle und ihre Ausstattung gehören zu einer bedeutenden Kunstproduktion der Zeit um 1400.

oben: Westchor, Standbilder (um 1250/60) des Markgrafen Hermann und seiner Gemahlin Reglindis (links oben) und des Markgrafen Ekkehard II. und seiner Gemahlin Uta (oben rechts)

unten links: Nordwand des Westchors mit den Stifterfiguren und dem Chorgestühl

OLDENBURG IN HOLSTEIN

Dom St. Johannis d. T.

Der heute recht unscheinbare Ort Oldenburg in Ostholstein war einst ein slawisches Hauptzentrum von größter Bedeutung. Hier existierte wohl seit dem 7. Jahrhundert eine Fürstenburg, die aufgrund der damals noch bestehenden schiffbaren Ostseeverbindung zu einem wichtigen Handelsplatz und zum Mittelpunkt Wagriens avancierte. Als unter Erzbischof Adaldag von Hamburg-Bremen und dem Schutz des Königs Ottos I. der Ausbau der Missionsgebiete im Norden vorangetrieben werden konnte, wurden 948 die ersten Suffraganbistümer eingerichtet. Neben den dänischen Schleswig, Ribe und Aarhus plante man bereits die Gründung eines Missionsbistums in Wagrien. Erst nach der Eroberung des slawischen Zentrums Oldenburg durch Hermann Billung 966/67 konnte dieses Vorhaben umgesetzt werden. 968 erfolgte die Gründung des Bistums Oldenburg, erster Bischof war Ekward (968–74). Doch bereits 983 wurde das Bistum in einem großen Slawenaufstand praktisch zerstört und erlosch dann in einem zweiten des Jahres 1066. Der letzte Bischof, Ehrenfried (1051–66), musste fliehen, sein Stuhl wurde vorerst nicht wieder besetzt. Zu einer Neugründung kam es erst 1149. König Sven Grathe von Dänemark hatte zuvor das slawische Oldenburg zerstört, das nahezu entvölkerte Wagrien wurde nun von deutschen, vor allem sächsischen Kolonisatoren besiedelt. Der damals schon sehr alte Bischof Vizelin (1149–54) errichtete sogleich ein hölzernes, 1150 geweihtes Bethaus. Unter seinem Nachfolger Gerold (1155–63) wurde der bestehende, steinerne Dom begonnen und die Wiederbesiedlung der Stadt vorangetrieben. Er war es aber auch, der die Verlegung des Bistumssitzes in das junge, weit südlich gelegene Lübeck veranlasste. Der Wechsel nach Lübeck hatte neben wirtschaftlichen auch politische Gründe: Während Oldenburg nach wie vor im Besitz des Grafen Adolf II. von Schauenburg war, hatte dieser die von ihm 1143 gegründete, rasch aufblühende Hansestadt inzwischen an seinen Lehnsherrn, den Sachsenherzog Heinrich den Löwen, abtreten müssen. Dieser hatte natürlich ein großes Interesse, die von ihm 1158/59 neu gegründete und massiv geförderte Stadt an der Trave durch einen Bischofssitz aufzuwerten. Die Verlegung erfolgte bereits 1160, drei Jahre später konnte Gerold im Chor der hölzernen Domkirche in Lübeck bestattet werden.

Trotz dieses unwiderruflichen Bedeutungsverlustes blieb Oldenburg in der Folgezeit Mittel-

unten links: Ansicht von Westen mit Westportal, um 1230
unten rechts: Turm, 1778/79 z. T. neu aufgeführt

punkt des Umlandes und erhielt 1235 lübisches Stadtrecht. Auf dem alten slawischen Burgwall errichteten die Schauenburger Grafen eine Residenz, die 1420 zerstört, doch danach wieder aufgebaut wurde. In der Neuzeit verlor Oldenburg jedoch endgültig die einstige Bedeutung, ein Stadtbrand zerstörte 1773 auch Teile der ev. Stadtkirche, die aus dem alten Dom hervorgegangen war.

Der häufig erneuerten Kirche ist ihr einstiger Rang als Dom und wohl frühester großer Backsteinbau Norddeutschlands kaum noch anzusehen. Von der Hauptkirche des Missionsbistums des 10. Jahrhunderts ist ebenso wenig erhalten wie von dem gewiss in Holz errichteten Bau Vizelins. Unklar ist, wie weit der Dom Gerolds bis zur Bistumsverlegung nach Lübeck 1160 gediehen war. Eigentlich können nicht viel mehr als die Grundmauern des Chors und Langhauses gestanden haben. Dennoch wirkt

oben: Ansicht von Süden
unten: Gotischer Chor

noch der Kernbau der heutigen Kirche sehr altertümlich, was darauf schließen lässt, dass auch nach 1160 rasch weitergebaut wurde: Es handelt sich um eine fast vollkommen schmucklose Basilika mit auffallend breitem Mittelschiff, das sich mit jeweils sechs Arkaden zu den schmalen Seitenschiffen öffnet. Der Chor schloss in Fortsetzung des Mittelschiffs nach Osten an. Von ihm haben sich der Chorbogen sowie die Seitenmauern mit Außensockel und zugemauerten Rundbogenfenstern erhalten. Im 14. Jahrhundert wurde der Chor nach Osten verlängert, mit einem 5/8-Schluss versehen und erhöht. Dass sich der Bau der romanischen Kirche mindestens bis 1230 hingezogen hat, zeigt die Gestalt des reich gegliederten Westportals.
Nach dem Stadtbrand von 1773 wurde auch die Kirche durchgreifend erneuert. Johann Adam Richter, einer der bedeutendsten spätbarock-frühklassizistischen Architekten Schleswig-Holsteins, führte 1774–76 die nördliche Seitenschiffswand und die Langhauspfeiler

neu auf. Statt des in einem Plan überlieferten Stützenwechsels waren nun alle Pfeiler gleichförmig und nahezu quadratisch. 1777/78 schuf der Kopenhagener Bildhauer Nike Hollm die Holzkanzel und den prächtigen Altaraufbau, zur selben Zeit entstand auch die kleine Gutsloge. Der obere Teil des Westturms wurde 1778/79 durch den bedeutenden Eutiner Hofbaumeister Georg Greggenhofer neu aufgeführt sowie mit Zeltdach und Laterne abgeschlossen. Maßnahmen der Jahre 1913–16 umfassten vor allem den Wiederaufbau des südlichen Seitenschiffs, eine neue Durchfensterung des Chors und Erhöhung der gotischen Sakristei an der Südseite.

oben links: Taufengel
oben rechts: Ansicht nach Westen
links: Kanzel, 1777/78
unten: Grundriss

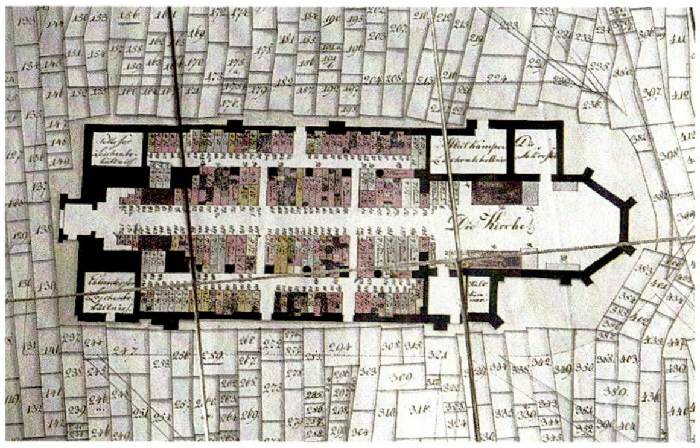

Seite 298
oben: Innenansicht nach Osten, Langhauspfeiler 1774–76 erneuert
unten: Gotischer Chor mit Hochaltar 1777/78

OLDENBURG

Ev.-luth. St. Lamberti-Kirche

Ansicht von Norden (Kirche 1882–87, Westturm 1873–74, Helm 1889–93 erneuert)

rechts: Innenraum mit stuckierter Kuppel, 1795

Ansicht von Südosten

Die Geschichte der Evangelisch-lutherischen St. Lamberti-Kirche ist eng mit der Entwicklung der Grafschaft und des späteren Herzogtums verbunden. Obwohl in Oldenburg die Reformation bereits unter Graf Anton I. (reg. 1529–73) eingeführt worden war, herrschte noch längere Zeit eine gewisse „Verwilderung" der kirchlichen Verhältnisse vor. Dies änderte sich erst mit der relativ späten Kirchenordnung von 1573, die Graf Johann VII. (reg. 1573–1603) veranlasst hatte. Es folgte eine erste wirtschaftliche und künstlerische Blüte der Grafschaft. Besonders in der langen Regierungszeit des Grafen Anton Günther (reg. 1603–67) entwickelte sich das Bildungswesen, die Grafschaft war nun flächendeckend mit Schulen versehen. Oldenburg wurde 1667 dänisch und blieb es bis 1773. Die Stadt verlor ihre Residenzfunktion und war nun lediglich Sitz eines Statthalters.

Die eigentliche Glanzzeit Oldenburgs begann nach 1773, als die alte Grafschaft wieder selbständig, 1774 sogar zum Herzogtum erhoben und die Stadt Residenz des Hauses Holstein-Gottorp unter Friedrich August wurde. Ab 1785 verwaltete Peter Friedrich Ludwig das Herzogtum als Administrator für seinen geisteskranken Vetter Peter Friedrich Wilhelm. Bis zum Ende seiner Regierungszeit (1829) entstand eine neue, klassizistisch geprägte Stadt, und auch das Kirchenwesen wurde grundlegend verändert. Wichtig war das Wirken des Generalsuperintendenten Esdras Heinrich Mutzenbecher (1789–1801) – zuvor war das Amt des Generalsuperintendenten mit dem des Hauptpastors an St. Lamberti vereint –, der strukturelle Reformen durchführte, gründliche Visitationen unternahm und neue liturgische und katechetische Werke herausgab. Sein Nachfolger Anton Georg Hollmann (1801–31) führte die Reformen weiter.

Im Oldenburger Staatsgrundgesetz von 1849 wurde die Selbständigkeit der Kirche gegenüber dem Landesherrn gesichert, der jedoch als Summus episcopus ihr Oberhaupt blieb. Nach 1918 endete – wie in allen evangelischen Ländern Deutschlands – das landesherrliche Kirchenregiment. In der Oldenburger Kirchenverfassung von 1920 wurde die Leitung dem Oberkirchenrat mit Präsidenten und der Landessynode übertragen.

Die Lambertikirche stand von Anfang an im Zentrum der Grafschaft Oldenburg. Sie wurde von den Grafen wohl im 12. Jahrhundert gestiftet und als Grablege bestimmt. Fundamente eines einfachen Baus aus dieser Zeit sind ergraben. 1374 wurde in Oldenburg ein Kollegiatkapitel gegründet und St. Lambert in den Rang einer Stiftskirche erhoben. Möglicherweise erfolgte in diesem Zusammenhang ein Umbau zur fünfjochigen Hallenkirche mit Chorumgang, ähnlich dem Bau des Verdener Doms. Das Aussehen dieser Kirche ist in zeitgenössischen Ansichten überliefert. Die spätmittelalterliche Kirche war reich mit Grabmälern und Epitaphien der Grafenfamilie ausgestattet. Vollständig erhalten haben sich nur die Grabplatten von Anton I. († 1573) und seiner Gattin Sophia, Herzogin von Sachsen-Lauenburg († 1571), aus dunklem belgischem Marmor aus der Werkstatt des Gellinius Gardon. Die Oldenburgische Chronik des Historiogra-

phen Johann Just Winkelmann von 1671 zeigt zwei weitgehend verlorene Epitaphien: Das ältere stiftete Graf Johann VII. († 1603) im Jahre 1600; das jüngere für den Grafen Anton Günther († 1667) wurde 1660 frei im Chor aufgestellt. Für dieses bedeutende Werk nach einem Entwurf des Baumeisters Otto Schwertfeger lieferten die berühmten, damals in Köln tätigen Bildhauer Jeremias Geisselbrunn und Johann Heinrich Neuß Skulpturen. Das beim Umbau der Kirche 1791 schwer beschädigte Epitaph besaß die Form eines zweigeschossigen Triumphbogens, in dessen Zentrum unten ein vollplastisches Kruzifix stand, flankiert von dem knienden Grafenpaar. Aus derselben Zeit stammt eine ausgezeichnete Marmorstatue des Ecce homo, die heute in der Taufkapelle aufgestellt ist.

Im späten 18. Jahrhundert befand sich die Lambertikirche in einem bedenklichen Zustand. Der als Gutachter gerufene Hamburger Architekt und Lüneburger Stadtbaumeister Ernst Georg Sonnin stellte neben etlichen Schäden fest, dass durch die Pfeiler der Blick auf die Kanzel erschwert und somit die Anforderungen eines evangelischen Gottesdienstes nicht erfüllt würden, und empfahl den Abriss. Joseph Bernhard Winck, Schüler des Münsteraner Oberbaudirektors Wilhelm Ferdinand Lipper, schlug hingegen einen wesentlich kostengünstigeren Umbau unter Beibehaltung der älteren Umfassungsmauern vor; er erhielt den Zuschlag. Die nach dem Ostergottesdienst 1790 begonnene Umgestaltung war 1795 vollendet. Der Herzog hatte wesentlich den Grundriss bestimmt, der in das alte Mauerquadrat des Langhauses einen Kreis einschrieb. Es handelte sich um einen klassizistischen Zentralbau, der – trotz mittelalterlicher Mauersubstanz – in seiner Gesamterscheinung an einen antiken Tempel erinnerte. Anstelle des Chors wurde dem Hauptraum eine Vorhalle mit Giebeldreieck und Pilastern angefügt, an der Westseite befand sich eine ähnliche, schlichtere Portalanlage. Der erhaltene Innenraum – eine Rotunde nach dem Vorbild des Pantheons – stand in einem bewussten Kontrast zum schlicht rechteckigen Außenbau. Die kreisförmige innere Raumschale wird von zwölf Pfeilern getragen, die sich in der Emporenzone in Säulen fortsetzt und in den ursprünglich farbig hervorgehobenen Kuppelbändern endet. Ein Höhepunkt der Ausstattung waren die Kenotaphe des letzten Grafen Anton Günther und des ersten Herzogs Friedrich August in der Vorhalle, geplant von Herzog Peter Friedrich Ludwig. Die römischen Bildhauer Luigi Acquisti und Christopher Hewetsen lieferten 1794 die großartigen klassizistischen Arbeiten mit den bedeutenden Marmorbüsten, die nach späteren Umbauten und der Umnutzung der Eingangshalle als Kapelle in die östlichen Treppentürme versetzt wurden.

Der klassizistische Außenbau wurde im späten 19. Jahrhundert durch den Architekten Ludwig Klingenberg einer vollständigen Gotisierung unterzogen. Bereits 1873/74 war der spätgotische, ursprünglich freistehende und 1807 abgerissene Glockenturm durch einen hohen, neugotischen Westturm ersetzt worden. Von 1882 bis 1887 wurden der Außenbau der Kirche mit dunkelroten und schwarzen Klinkern ummantelt, die ehemalige östliche Vorhalle von einem Chorpolygon umbaut und an den vier Ecken mächtige Polygonaltürme errichtet. Die turmreiche Kirche mit ihrer dem historisch gewachsenen Bau völlig fremden, kathedralhaften Wirkung prägt das Stadtbild auf eindrucksvolle Weise.

Kirche vom Schlossplatz aus gesehen

Grundriss

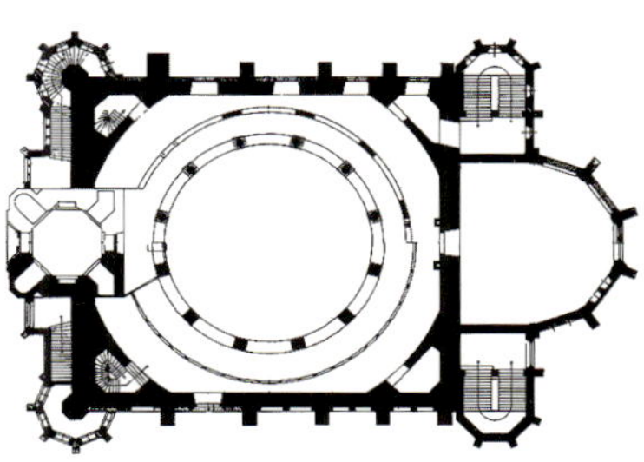

OSNABRÜCK

Dom St. Petrus

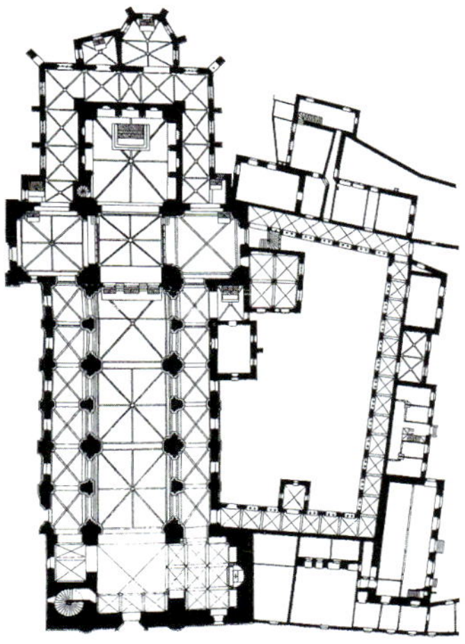

Grundriss (geostet) vor 1895

rechts: Ansicht von Westen (Westwerk bis zu den 4 Arkaden im Mittelgeschoss 11. Jh., Nordturm um 1140, Südturm 1509–44, Fensterrose 1305, Portal 1531)
unten: Ansicht von Norden

Die Gründung des Bistums Osnabrück erfolgte im Zusammenhang mit den Sachsenkriegen Karls des Großen. 780 war in Osnabrück eine Missionszelle installiert worden, die zunächst vom Bistum Lüttich aus betreut wurde. Bereits 785/86 konnte der Lütticher Bischof Agilfred die erste Kirche weihen, aus der der spätere Dom hervorging. Zur eigentlichen Gründung des Bistums kam es wohl erst einige Jahre später, doch nicht nach 800. Erster Bischof von Osnabrück war der Utrechter Benediktiner Wiho (reg. bis 804). Anlässlich der Gründung hatte Karl der Große dem Bistum die Gebeine der Märtyrer Crispin und Crispinian aus Soissons geschenkt, für die im 13. Jahrhundert kostbare Schreine geschaffen wurden. Die beiden Heiligen sind Nebenpatrone des Doms.

Neben dem Bischof konnte sich eine relativ unabhängige Kaufmannschaft in der Stadt behaupten, die ein bedeutendes Mitglied der Hanse und als wichtiger Warenumschlagplatz am nordwesteuropäischen Fernhandel beteiligt war. 1543 konvertierte der größte Teil der Bevölkerung zum Protestantismus, das Domkapitel konnte sich jedoch zunächst als katholische Macht behaupten. Die Bischöfe hingegen waren seit 1574 evangelisch. Im Dreißigjährigen Krieg wechselten die Konfessionen, 1625 bis 1634 regierte mit Franz Wilhelm, Graf von Wartenberg, ein Katholik, es folgte mit Gustav Gustavson, Graf von Wasaburg, bis 1648 ein Protestant. Nach den Bestimmungen des Westfälischen Friedens, der im Osnabrücker Rathaus geschlossen wurde, sollte das Bistum abwechselnd von einem vom Domkapitel gewählten katholischen Fürstbischof und einem evangelischen Bischof aus dem Hause der Herzöge von Braunschweig-Lüneburg geführt werden. Es begann die zweite Amtszeit Franz Wilhelms (1648–61), gefolgt vom Herzog Ernst August I. (1662–98). Dieser Wechsel endete erst mit der Säkularisie-

Zusammen auf einem Weg
Domgemeinde
St. Petrus
Osnabrück

Romanischer Kreuzgang, 12. und 13. Jahrhundert

linke Seite: Querhaus und Vierungsturm (um 1100, Giebelaufsätze 13. Jahrhundert) von Nordwesten

rung des Fürstbistums 1802 und seiner Eingliederung in das Kurfürstentum Hannover. Von Bedeutung war der Kanzler Justus Möser (1768–94), der unter dem letzten Fürstbischof Friedrich (reg. 1764–1802) Wirtschaft und Kunst bedeutend förderte. Nach der Aufhebung des landesherrlichen Fürstbistums 1802 bestand die katholische Diözese jedoch bis heute weiter. Die evangelische Bevölkerung Osnabrücks gehört seitdem zur Evangelischen Landeskirche Hannovers.

Die 785/86 geweihte Kirche, aus der der spätere Dom hervorging, war ein 11 x 20 Meter (oder mehr) großer einschiffiger Saalbau mit halbrunder Apsis. Der Kirche schloss sich wohl bereits ein Kreuzgang an. Kurz nach der Bistumsgründung ersetzte man – nach Uwe Lobbedey (in: Der Dom als Anfang, hg. v. Queckenstadt/Zehm, 2005) – vermutlich um 800/05 die Kirche durch eine große Basilika mit Querhaus, Chorquadrat und Chorapsis. Auch dieser Kathedralbau entsprach noch nicht der Würde des bedeutenden Bischofssitzes, so dass auch er einem noch größeren weichen musste, einer mächtigen Querhausbasilika mit Krypta, deren Gänge wohl um die Apsis verliefen und in der die Reliquien der Hll. Crispin und Crispinian aufbewahrt und verehrt wurden. Dieser Domneubau erreichte bereits fast die Ausmaße des heutigen Baus. Es war die größte Kirche in Sachsen und eine der größten des Karolingerreichs. Erst im 11. Jahrhundert erfuhr dieser Bau durch den Umbau von Chor und Vierung eine nachweisbare we-

unten links: Südgiebel des Querschiffs, 11. Jahrhundert, um 1230, Fenster 1453

unten rechts: Kreuzgang, Ostflügel, frühes 12. Jahrhundert

Nordportal, um 1230

Blick durch die Vierung ins nördliche Querhaus

sentliche Veränderung. Sehr wahrscheinlich ist, dass die Baumaßnahme unter dem bedeutenden Bischof Benno II. (reg. 1067–88) erfolgte, einem engen Vertrauten Kaiser Heinrichs IV.

Die ältesten noch heute das Bauwerk prägenden Bauteile bilden die Turmuntergeschosse und die Fassade. Früher gleichfalls in die Amtszeit Bennos II. datiert hält Uwe Lobbedey nach neueren Forschungen dagegen eine Bauzeit nach dem Dombrand von 1100 für wahrscheinlich. Die Kirche der Zeit um 1100 ist noch bis knapp oberhalb der gotischen Fensterrose und einschließlich der Rundbogenfenster des Mittelteils erhalten. Sie hebt sich durch ihre ungegliederten Wandflächen aus sorgfältig gearbeiteten Quadern gegenüber den jüngeren Bauphasen ab. Ursprünglich handelte es sich wohl um eine Fassade mit hohem Riegel zwischen den Türmen, wie bei den Domen in Hildesheim und Minden. Der Fassade war ursprünglich eine kleine Vorhalle angebaut. Im Zwischenriegel war über der Westempore ein überwölbter, etwa 7 Meter hoher Raum eingebaut. Er dürfte profanen Zwecken gedient haben, da er keine Sichtverbindung zum Kirchenraum, sondern nur nach Westen Fensteröffnungen besaß, d. h. die vier noch sichtbaren, gekuppelten Doppelarkaden. Unter Bischof Udo, Graf von Steinfurth (reg. 1137–41), wurde die Westempore zugunsten eines quadratischen Westchors entfernt. Zudem erhöhte man die Türme und ersetzte den quadratischen Vierungsturm durch einen achteckigen Turm, der im 13. Jahrhundert die zusätzlichen heutigen Giebelaufsätze erhielt.

Das heutige Aussehen des Doms geht wesentlich auf den Um- und Neubau des Lang- und Querhauses unter dem Zisterzienserbischof Adolf von Tecklenburg (reg. 1216–24) ab den Jahren 1218 zurück. Aufgrund der stilistischen Nähe zu den zeitgenössischen Zisterzienserkirchen von Marienfeld (1222 geweiht) und Loccum (seit 1230 im Bau) werden als Baumeister westfälisch-zisterziensische Bauleute angenommen. Urkundlich gesichert ist der Name des Architekten der Loccumer Kirche: Bodo. Ihn möchte man mit dem Konversen B. identifizieren, den der Marienfelder Abt aus Osnabrück in sein Kloster zurückrief. Lang- und Querhaus des Osnabrücker Doms waren um die Mitte des 13. Jahrhunderts vollendet. Es entstand eine dreischiffige Gewölbebasilika mit Querhaus und großem Chorquadrat, deren äußere Abmessungen dem Bau des 11. Jahrhunderts entsprachen. Die wesentliche Neuerung war das großzügige Langhaus mit seiner reich mit Rundbogenfriesen und Blendarkaden gegliederten Nordfassade und der großzügigen, weit gespannten Wölbung. Trotz des Neubaus hielt das Domkapitel am Westchor mit Taufkapelle aus dem 12. Jahrhundert fest. Deshalb diente das qualitätvolle dreifach gestufte Nordportal im westlichsten Joch des nördlichen Seitenschiffs als Haupteingang des Doms. In der ersten Hälfte des 13. Jahrhunderts ließ das Domkapitel die ursprünglich quadratische, im 19. Jahrhundert nach Westen erweiterte Sakristei an dem südlichen Querhausarm errichten. Bedeutsam ist der virtuos gestaltete Kapitellschmuck des Mittelpfeilers. Nach einem Brand von 1254 begann die Umgestaltung der Vierung und des Chorquadrats. Die Weihe des Choraltars 1277 unter Bischof Konrad II. (reg. 1269–97) dürfte den Abschluss der Baumaßnahme datieren. Das Chorquadrat gilt als architektonischer Höhepunkt des spätromanischen Doms. Es wird von einem achtteiligen Gewölbe mit Zierscheiben auf den Rippen überspannt. Die Konsole mit dem Kopf eines Mönchs unter der nördlichen Scheitelrippe gilt als Indiz für die zisterziensische Bauleitung. An der Ostwand steigt über drei tiefen Nischen im Untergeschoss eine reich gegliederte Wand mit gestaffelter Dreifenstergruppe empor, die den Raumeindruck der Kirche bestimmt.

Erst im späten Mittelalter kam es zu einer weiteren bedeutenden Baumaßnahme am Dom. Von 1434 bis 1444 entstand um den Hochchor ein insgesamt elfjochiger, rechteckiger Chorumgang, der an der Ostseite durch die seit 1440 nachweisbare polygonale Hieronymuskapelle (heute Marienkapelle) und um 1483 durch die trapezförmige Kreuzkapelle ergänzt wurde. Die Hieronymuskapelle baute 1475 der bedeutendste Osnabrücker Bischof des späten Mittelalters, Konrad III. von Diepholz (reg. 1455–82), zu seiner Grabkapelle um. Von der prächtigen Ausstattung blieb die dem Meister des Bentlager Sippenreliefs zugeschriebene steinerne Liegefigur des Bischofs erhalten, die seit 2008 im Diözesanmuseum aufgestellt ist. In der Hieronymuskapelle werden seit 1827 die Osnabrücker Bischöfe beigesetzt.

Eine das heutige Erscheinungsbild des Doms stark prägende Maßnahme betraf die Westfassade, die bereits 1305 ihre gotische Fensterrose erhalten hatte. Von 1509 bis 1544 vergrößerte man den Südwestturm, um das umfangreiche neue Geläut aufzunehmen. Der hohe spätgotische Helm wurde 1769 durch eine mächtige

Innenansicht nach Osten (Hochchor nach 1254)

Taufbecken, um 1220

Grabfigur des Bischofs Konrad III. von Diepholz († 1482) vom Meister des Bentlager Sippenreliefs, ehem. Marienkapelle, heute Nikolaikapelle

unten: Hl. Jakobus, 1525, eine der Apostelfiguren an den Mittelschiffpfeilern

Barockhaube ersetzt, die bis zu ihrer Zerstörung 1944 Wahrzeichen Osnabrücks war. 1531 legte Bischof Erich II. die dem Westbau vorgelagerte Taufkapelle nieder und errichtete das heutige Portal: Damit besaß der Dom erstmals seit 1140 wieder ein Westportal, das 1840 erneuert wurde. Seit dem späten Mittelalter blieb der Dom im Wesentlichen fast unverändert. Umbauten betrafen vor allem den Innenraum, um den liturgischen und modischen Neuerungen Rechnung zu tragen. Dazu zählt die Umgestaltung und Restaurierung von 1651 bis 1664, in deren Zuge man den liturgisch nun störenden, aber im Mittelalter notwendigen Lettner entfernte – Reste der Skulpturen befinden sich im Diözesanmuseum – und durch Gitter ersetzte, die sich heute zu beiden Seiten des Chorumgangs befinden. Vor allem von 1748 bis 1753 wurde die Ausstattung barockisiert. Dabei entfernte man die alten, z. T. noch gotischen Altäre und insbesondere den Hochaltar des 13. Jahrhunderts. Die Barockausstattung ihrerseits beseitigte man 1856 bis 1870 bzw. 1882 bis 1910 und ersetzte sie um 1900 durch romanisierende Werke des Bildhauers Heinrich Seling (1842–1912), der auch den heutigen Hochaltar schuf. Diese gingen wiederum 1944 teilweise durch Kriegszerstörung verloren.

Zählte man im 14. Jahrhundert im Dom 36 Altäre, so zeigt er heute eine sparsame Ausstattung. Durch das weithin sichtbare monumentale, mehrfach neu bemalte Triumphkreuz (um 1180) am Übergang vom Langhaus zur Vierung und durch die lebensgroßen Aposteldarstellungen an den Mittelschiffpfeilern (Sandstein, um 1525, ursprünglich für den Chor geschaffen und dort aufgestellt) wirkt der Innenraum jedoch keinesfalls leer und kalt, sondern festlich und elegant. Das spätromanische Triumphkreuz zählt mit einer Höhe von fast 6 Metern und dem Korpus von 3,80 Metern Länge zu den größten seiner Art in Europa. Ein weiteres bedeutendes Ausstattungsstück ist das Taufbecken, das wahrscheinlich von Bischof Wilbrand von Paderborn gestiftet wurde, der 1226 Verweser des Osnabrücker Bistums war.

In der Kreuzkapelle steht der Passionsaltar, eines der qualitätvollsten westfälischen Retabel des ausgehenden Mittelalters. Es wurde 1517 vom Domdechanten Lambert von Snetlage als Epitaph gestiftet und von einem bedeutenden Werkstattmitglied des sog. Meisters von Osnabrück ausgeführt. Die gemalten Flügel des steinernen Altaraufsatzes wurden wohl kurz nach

dem Tod des unter dem Kreuz dargestellten Stifters 1529 hinzugefügt.

Südlich an den Dom schließt sich schiefwinklig der ein unregelmäßiges Viereck beschreibende Kreuzgang an. Er öffnet sich mit dreiteiligen Säulenarkaden zum Hof. Der Ostflügel stammt z. T. noch aus der Zeit kurz nach 1100; Süd- und Westflügel wurden im 13. Jahrhundert neu errichtet.

oben links: Mittelschiffwand

links: Nördliche Chorwand

Chor mit Triumphkreuz (um 1180), Hochaltar und Chorgestühl (beide von Hermann Seling, um 1900)

PADERBORN

Dom St. Maria, Kilian und Liborius

Ansicht von Südosten mit Chor, Querhaus und Westturm, um 1225–80

Wenige Jahre nach Beginn der Sachsenkriege ließ Karl der Große 776/777 über den Quellen der Pader im Nordosten seines Reiches eine befestigte Pfalz erbauten, die seinen Namen trug: „urbs Karoli“ (Karlsburg). Der Ort besaß strategische Bedeutung, da er am Hellweg lag, dem wichtigen Handelsweg von Köln ins Sachsenland, und an der Strecke von Frankfurt nach Minden/Bremen. Gleichzeitig entstand eine Pfalzkapelle (wohl zugleich Pfarr- und Missionskirche). Schon ein Jahr später wurde die „Karlsburg“ von den Sachsen zerstört. Danach entschied man sich für den sächsischen Ortsnamen Patrisbrunna (Paderborn) und begann

mit dem Wiederaufbau und der Errichtung eines Klosters. 794 erfolgte nach nochmaliger Zerstörung die Planung zu einer Bischofskirche. Im Juli 799 fand in Paderborn die Begegnung von Papst Leo III. mit Karl dem Großen statt, bei dem der Papst den Frankenkönig um Unterstützung in Rom bat und diesem im Gegenzug die Kaiserkrönung zusagte. In diesem Zusammenhang genehmigte der Papst die Gründung des Bistums Paderborn; die Gründung wurde 806 vollzogen. Leo III. brachte zudem Reliquien des Erzmärtyrers St. Stephanus zur Verehrung nach Paderborn, damit die Kirche unter dessen Schutz stehe. Paderborn ist damit der einzige sächsische Diözesansitz, bei dem bereits vor der Gründung des Bistums ein Zentrum politischer Macht bestand.

1217 erhielten die Paderborner Bischöfe den Titel „Reichsfürsten“. Während des Reformationszeitalters war das Domkapitel zeitweise mehrheitlich evangelisch. Den seit 1580 in Paderborn tätigen Jesuiten und Fürstbischof Dietrich von Fürstenberg (reg. 1585–1618) gelang jedoch die Festigung des katholischen Glaubens. Mit der Säkularisation 1802/03 wurde das Fürstbistum, das in seiner Ausdehnung

oben: Ansicht von Norden mit Kaiserpfalz und Paderquellen
unten: Bartholomäuskapelle, 1014–17

rechts: Rote Pforte, Nordportal des Dom, Stufenportal, um 1225–35

unten: Paradiesportal, 1230/40, Haupteingang, spätromanisches Säulenportal, am Mittelpfosten Maria (als neue Eva, die die Paradiespforte wieder geöffnet hat), seitlich die Holzskulpturen der hll. Bischöfe Liborius (mit Buch, † 397) und Kilian († um 689) – Haupt- und Mitpatron des Doms, am Gewände jeweils drei Apostelfiguren (darunter links Petrus und Jakobus, rechts Paulus und Johannes) sowie ein heiliger Bischof (vielleicht Julian von Le Mans, † vor 350) und die hl. Katharina von Alexandrien († Anfang 4. Jahrhundert)

dem heutigen Kreis Paderborn entsprach, aufgehoben und dem preußischen Staat einverleibt. Das Bistum blieb bestehen und erhielt 1821 weitere Gebiete, insbesondere Teile der Bistümer Minden, Halberstadt und Magdeburg. 1929 wurde Paderborn Erzbistum, hatte aber die Thüringer Gebiete an das Bistum Fulda sowie Barmen-Langerfeld und Essen-Kupferdreh an das Erzbistum Köln abzutreten, ebenso 1958 Teile des Ruhrgebiets an das neue Bistum Essen und 1994 die Gebiete in Ost-

deutschland an das neue Bistum Magdeburg. Der erste Vorgängerbau des heutigen Doms wurde ab 799 als Basilika von 49 Metern Länge mit östlichen Apsiden errichtet. Als 836 die aus Le Mans überführten Gebeine des hl. Liborius nach Paderborn kamen, erbaute Bischof Badurad (reg. 815–62) für die Reliquien einen zusätzlichen Westchor und ein ausladendes Westquerhaus. Damit war eine Doppelchoranlage mit liturgischem Zentrum (wie in St. Peter in Rom oder in Fulda) entstanden, bei dem die Pilger über eine Ringkrypta die zentrale Confessio mit den Reliquien erreichen konnten. Bischof Rethar (reg. 983–1009) gab jedoch den Westchor wieder zugunsten einer fünfschiffigen Vorkirche mit vortretender Doppelturmfassade mit Portal auf. Sein Nachfolger Bischof Meinwerk (reg. 1009–36) errichtete schließlich einen völligen Neubau – eine Basilika mit Westwerk und Querschiff im Osten. Zum radikalen Umbau Paderborns unter Meinwerk gehört auch der Ersatz der karolingischen Kaiserpfalz durch einen

Ansicht von Süden mit Langhaus, um 1225–80, und Vorhalle (Paradies), 12. Jahrhundert (Giebel 1859)

oben links: Doppelmadonna, um 1480
oben rechts: Hasenfenster (drei springende, kreisförmig angeordnete Hasen) im Innenhof des Domkreuzgangs, frühes 16. Jahrhundert

neuen Palast, die Errichtung neuer Klausurteile mit der erhaltenen Brigidenkapelle und die Errichtung der durch byzantinische Bauleute errichteten, noch bestehenden Batholomäuskirche (1014–17) neben dem Dom. Meinwerk plante zudem die Anlage einer Paderborner Sakrallandschaft in Form eines Kirchenkreuzes, wie z. B. in Bamberg, Hildesheim, Fulda oder Konstanz. Realisiert wurden nur die Bauten auf der Längsachse des Doms.

Auch der neue Dombau hatte keinen langen Bestand, da er 1058 – wie die Stadt – niederbrannte. Deshalb errichtete Bischof Imad (reg. 1058–76) einen Neubau. Er war deutlich größer und besaß einen langen, gerade schließenden Ostchor und zusätzlich einen Westchor mit Querhaus. Damit hatte man sich erneut zu einer Doppelchoranlage entschlossen. Unter Bischof Heinrich II. (1084–1127) erfolgte der Neubau des Ostchors und der Krypta, nach einem Brand 1133 die Einwölbung des gesamten Doms. Die 36 Meter lange dreischiffige Krypta – eine der größten in Deutschland – ist erhalten, ebenso die ehemals aus zwei Jochen bestehende, vor dem Südportal im 12. Jahrhundert errichtete Vorhalle (Paradies; vgl. Münster). Das Gewände und die Skulpturen des Südportals stammen aus der Zeit um 1230/40. In der Vorhalle, die 1859 um ein Joch gekürzt wurde (Giebel daher neoromanisch), fanden Verhandlungen des geistlichen Gerichts statt. Zudem versammelten sich hier die Jakobspilger vor dem Aufbruch nach Santiago de Compostela.

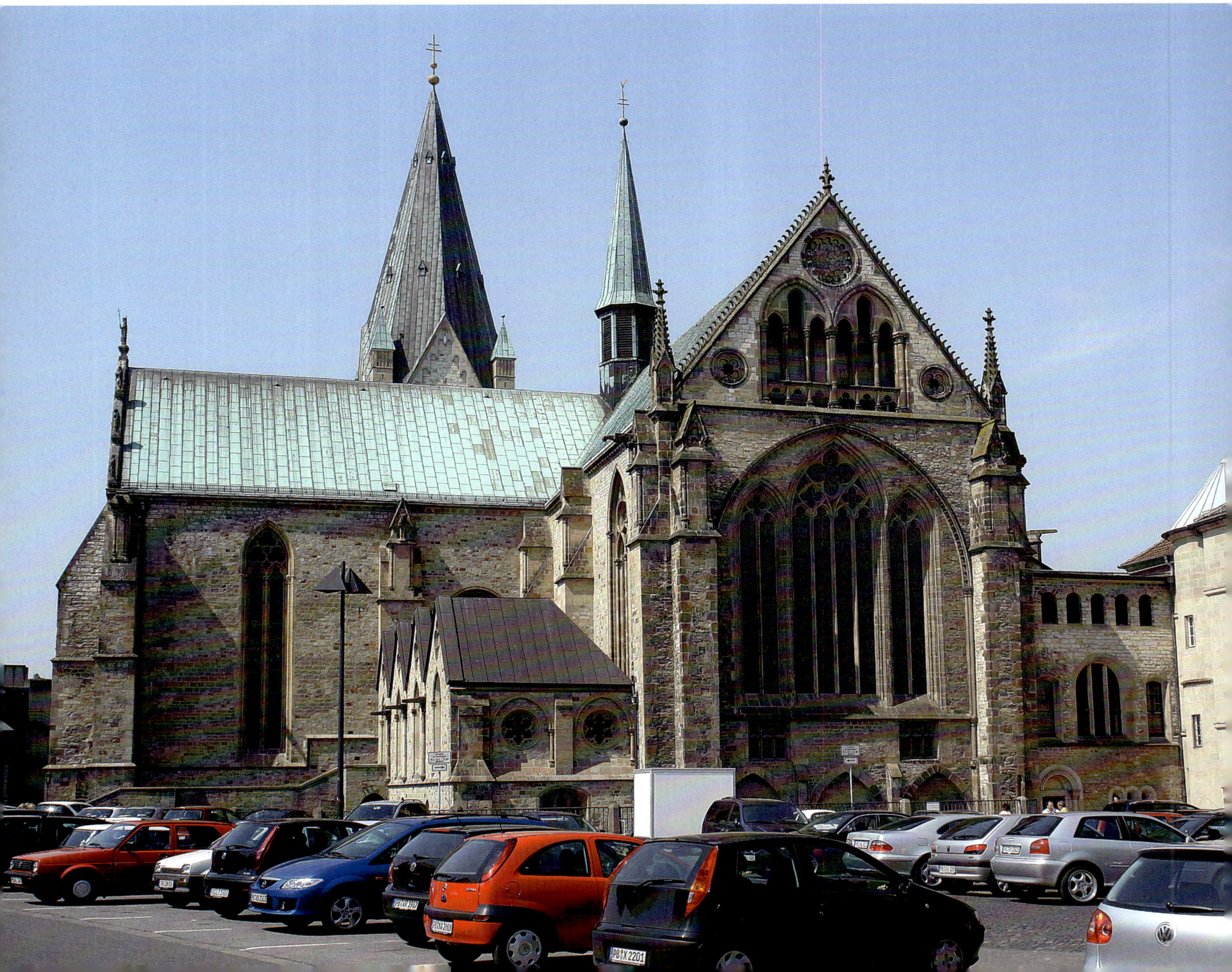

links: Chor, um 1225–60 und Querhaus, um 1260–80

rechts: Blick durch das Langhaus (Gewölbe 1255–70) zum Chor, um 1225–60

oben: Grabmal für Fürstbischof Dietrich (Theodor) von Fürstenberg (1585–1622), 1616–22, von Heinrich Gröninger, Höhe: 17,87 Meter

links: Südliches Seitenschiff nach Osten, an der Südwand barocke Portale der Seitenkapellen

rechte Seite, unten links: Taufstein (1924) und Taufschranke (1626) von Gerhard und Dietrich Gröninger mit Darstellungen der zwölf Apostel

unten: Krypta nach Osten, um 1100

Der heutige Dombau wurde um 1225 begonnen. Es entstand eine doppelchörige, dreischiffige gotische Hallenkirche mit Querhaus im Osten und romanischem Chorturm im Westen (Länge: 104 m; Breite des Ostquerhauses: 49,3 m; Breite mit Seitenkapellen: 37 m; Höhe des Mittelschiffs: 19,2 m; Höhe des Turms 93 m). Offenkundig wollte man den benachbarten Bischofsstädten Münster und Osnabrück nicht nachstehen, die ebenfalls in dieser Zeit mit ehrgeizigen Neubauprojekten begonnen hatten.
Zunächst vollendete man den basilikalen romanischen Westchor mit seinem mächtigen Chorturm, der von zwei runden Treppentürmen flankiert wird. Zeitgleich wurde mit dem Ostchor begonnen. Es folgte die Errichtung des neuen vierjochigen Langhauses als gotische Hallenkirche – nach dem Münster in Herford die zweite große Halle in Westfalen. Der bereits vollendete östliche Vierungsturm stürzte kurz vor 1241 ein. Es folgte dadurch ein Planwechsel. Die Vierung wurde anschließend ohne Vierungsturm realisiert. Bis 1260 war der Ostchor vollendet. Die Arbeiten am Langhaus und am Querschiff konnten bis 1280 abgeschlossen werden. Der Nordteil des Querschiffs ist eine Nachbildung einer der drei Konchen des kleeblattförmigen Chors der 1235 begonnen Elisabethkirche in Marburg. Seit Vollendung des romanisch-gotischen Doms 1280 blieb die Kathedrale im Wesentlichen unverändert. Lediglich während der Barockisierung im 17. und 18. Jahrhundert gab man unter anderem den Westchor auf und schuf so eine eindeutige liturgische Ausrichtung auf den Ostchor.
1945 wurde der Dom stark beschädigt und brannte aus. Der Wiederaufbau erfolgte bis 1949. Der Innenraum, durch Kriegsverlust um wesentliche Teile der Barockausstattung reduziert, zeigt heute die Gelb-Fassung des 13. Jahrhunderts.

oben: Ansicht nach Osten

unten: Rotho-Grabmal, um 1450 gestiftet

PASSAU

St. Stephansdom

Das Bistum Passau gehört zwar heute zu den kleineren katholischen Bistümern in Deutschland, war jedoch im Heiligen Römischen Reich Deutscher Nation neben Konstanz das flächenmäßig größte Bistum, das über das heutige bayerische Gebiet bis 1783 auch das heutige Oberösterreich, große Teile Niederösterreichs, das Gebiet um Mattsee, Stift Mondsee, das Ausseer Land und bis 1468 auch Wien umfasste. Das heutige Bistum Passau wurde lediglich 1821 um Altöttingen-Burghausen erweitert. Von der einstigen Größe des Bistums legt der groß dimensionierte Stephansdom bis heute Zeugnis ab.

Das Römische Reich erstreckte sich bis zur Donau. Dadurch breitete sich das Christentum bis in das Gebiet des heutigen Passau schon in frühchristlicher Zeit aus. Erste Kirchen wurden errichtet. Der hl. Severin von Norikum († 482) war als Priester, Diplomat und Mönch in der Gegend um Passau tätig und gründete ein Kloster. Sein Schüler Eugippius schrieb dessen Vita, in der er ihn als Mittler zwischen den germanischen Stämmen und der römischen Bevölkerung in den Jahren der Völkerwanderungszeit beschrieb.

Das Bistum Passau geht – wie die meisten bayerischen Bistümer – auf die kirchliche Neu-

Ansicht von Südosten mit Doppelturmfassade, Langhaus, spätgotischem Vierungsturm und spätgotischem Chor

Westfassade

ordnung unter Bonifatius zurück. Zu dieser Zeit bestand bereits eine Stephanskirche, die mit der Ernennung des ersten Passauer Bischofs Vivilo (reg. 739–746/47) zur Bischofskirche aufstieg. Spätestens nachdem Herzog Tassilo III. (741–796) um 764 aus Mais-Meran in Südtirol die Gebeine und somit Reliquien des hl. Bischofs Valentin in die Passauer Domkirche überführt hatte, dürften bauliche Veränderungen vorgenommen worden sein.

Im frühen Mittelalter wurde Passau für die Mission des Donauraums, von Mähren, Ungarn und Pannonien von Bedeutung. Dadurch und aufgrund seiner Lage an der Donau konnte

Ansicht auf Passau von der Wallfahrtskirche Mariahilf aus

oben: Inschrift von 1407 über den Baubeginn des spätgotischen Chors
unten: Chor (1407– um 1450)
rechts: Vierungsturm, 16. Jahrhundert
rechte Seite: Ansicht nach Osten

seit dem ausgehenden 10. Jahrhundert unter den Bischöfen Pilgrim und Christian die kirchliche Organisation des Bistums konsequent ausgebaut werden, wodurch das Bistum nun von der Mündung der Isar in die Donau bis zur ungarischen Grenze reichte. Der Bedeutung des Bistums trug ein großer Domneubau unter Bischof Pilgrim (um 977–991) Rechnung, der um 985 die Reliquien des hl. Maximilian aus dem damals zum Erzbistum Salzburg gehörenden Altöttingen in den Passauer Dom transferieren ließ. Der Heilige wurde neben dem hl. Valentin zum Bistumspatron erhoben.

Während das Bistum Passau noch im 12. Jahrhundert einen wichtigen Platz in der Reichs-

politik einnahm, geriet die Diözese seit dem 13. Jahrhundert unter den zunehmenden Einfluss der territorialen Interessen der Habsburger, in deren Herrschaftsbereich der größte Bistumsteil lag. Die Bischöfe Otto von Lonsdorf (reg. 1254–65) und Peter (reg. 1265–80) versuchten noch, die Unabhängigkeit zu wahren. Doch führte die Konsolidierung der habsburgischen Macht im Herzogtum Österreich seit dem ausgehenden 13. Jahrhundert zu einer Dominanz über die Passauer Bischöfe. In der Folge wurde der Passauer Bischofsstuhl mit Pro-Habsburger-Kandidaten besetzt. Darüber hinaus hatten bereits die Babenberger um 1200 unter Bischof Manegold versucht, ein eigenes Landesbistum Wien zu gründen. Während diese noch scheiterten, gelang dies 1469 den Habsburgern mit der Errichtung einer zunächst auf die Stadt Wien begrenzten Diözese. Damit ging dem Passauer Bistum seine größte Stadt mit ihrem Umland verloren.

Der ottonische Passauer Dom blieb über Jahrhunderte hinweg kaum verändert. Selbst Bischof Bernhard von Prambach (1285–1313), der große Geldmittel für den Dom zur Verfügung stellte, beließ die Ostteile und versah sie lediglich mit einer neuen Ausmalung. Anschließend ließ er das Langhaus frühgotisch erneuern und die Westtürme um ein Ge-

schoss erhöhen. Die Baumaßnahmen waren bis um 1320 abgeschlossen.
Mit Bischof Georg von Hohenlohe (reg. 1390–1423) leitete eine durchsetzungsfähige und einflussreiche Persönlichkeit das Passauer Bistum. Er war Kanzler des Kaisers Sigismund und wurde 1421 zum Adminstrator des ungarischen Metropolitansitzes Gran ernannt. Von ihm ging der Impuls zur Errichtung eines spätgotischen Doms aus. Die Grundsteinlegung von 1407 ist in einer großen Inschrifttafel zwischen zwei Strebepfeilern festgehalten. Sie beginnt mit dem Lieblingswort des Bischofs „O Welt" und nennt als Anwesende Bischof Hohenlohe, Otto von Layming als Leiter der Dombauhütte und den Domdekan Wenceslav. Unerwähnt ist der Baumeister und Entwerfer des Chors, Hans Krumenauer († um 1435), der zugleich an der Landshuter Martinskirche tätig war und 1414 auch das Erasmuschörchen der Herrenkapelle im Passauer Domkreuzgang errichtete. Der mit Blendmaßwerk, Fialen, Krabben und Kreuzblumen reich und dekorativ gestaltete Chor, in der Tradition der Bauten von Peter Parler stehend, wurde erst um 1450 vollendet. Die Arbeiten am Querhaus zogen sich bis etwa 1490 hin. Die Vierungskuppel, deren Entwurf wohl auf Hans Lindorfer († 1505) zurückgeht, konnte im Außenbereich um 1530 abgeschlossen werden. Die Einwölbung erfolgte erst im letzten Drittel des 16. Jahrhunderts. Auch das frühgotische Langhaus erfuhr eine wesentliche Umgestaltung, die um 1490 begonnen und gleichfalls erst unter Fürstbischof Trenbach (1561–98) mit der neuen Einwölbung abgeschlossen war.
Dachstuhl, Turmaufbauten, Fenster und die Ausstattung des Doms zerstörte am 27. April 1662 der große Brand, von dem die gesamte Stadt betroffen war. Nur die Außenmauern blieben in mehr oder weniger schlechtem Zustand erhalten. Aufgrund der zu hohen Baukosten für einen vollständigen Neubau entschied sich der erst 35 Jahre alte, ehrgeizige Fürstbischof Wenzeslaus von Thun (reg. 1664–73) für einen Wiederaufbau, der die Wiederherstellung der Ostteile und den Neubau des Langhauses und der Westfassade. Vorbild für die Fassade bildete der von Santino Solari erbaute Salzburger Dom, den der Bischof als ehemaliger Dompropst in Salzburg gut kannte. Den Auftrag für den Wiederaufbau bzw. Neubau des Passauer Doms erhielt der aus Oberitalien stammende Baumeister Carlo Lurago (1615 in Pellio Superiore nahe des Comer Sees

oben: Domkruzifixus, kurz nach 1500

rechts: Blick in den Chor und die Vierung

rechte Seite: Mittelschiffdecke

unten: Kanzel, 1722, Entwurf von Lukas von Hildebrandt, Modelle von Raphael Donner, Schnitzarbeiten durch die Wiener Högenwaldwerkstatt, Auftrag erging an den Wiener Hoftischler Johann Georg Series

– 1684 in Passau). Dieser hatte sich in seiner Wahlheimat Prag, der Heimatstadt des Fürstbischofs, durch Festungs-, Kirchen- und Palastbauten bewährt und ein straff organisiertes und leistungsstarkes Bauunternehmen aufgebaut, mit dem der Auftraggeber als Pauschale, die im Falle des Passauer Doms 29500 Gulden betrug, alle Bauleistungen für den Rohbau einkaufte. Für die ornamentale Ausgestaltung berief Fürstbischof Sebastian von Pötting (reg. 1673–89) 1677 den aus derselben Gegend Oberitaliens stammenden Stuckator Giovanni Battista Carlone aus Scaria und seine 16 Mitarbeiter nach Passau. Die Arbeiten waren bereits erstaunlich weit fortgeschritten, als 1679 ein weiterer Brand die Innenstadt von Passau heimsuchte. Die Brandschäden waren deutlich geringer als der Brand von 1662. Die Schäden wurden in kurzer Zeit behoben, so dass im Sommer 1683 die Stuckarbeiten des Doms vollendet waren. Dazu hatte Giov. Batt. Carlone auch die Altäre und deren Stuckfiguren ausgeführt. Die Steinmetzarbeiten hatte der Oberitaliener Francesco Torres, der zuvor in Prag tätig war, ausgeführt. Die qualitätvollen Deckenmalereien im Chor, in der Kuppel, im Querhaus und im Mittelschiff führte der aus Bissone im Kanton Tessin gebürtige Freskomaler Carpoforo Tenncalla (1623–85) aus. Nach dessen Tod übernahmen der Wiener Hofmaler Matthias Rauchmiller und nach dessen Tod Carlo Antonio Bussi, der Schwiegersohn Tencallas (geb. 1648 in Bissone, † 1690 in Vöcklabruck), die Aufgabe, für die Seitenschiffe die Malereien auszuführen.

1707 ersetzte man die gotische Spitzhaube des Vierungsturms in eine geschweifte barocke Kuppel. Durch den Baumeister Jakob Pawagner wurde zudem die Westfassade nach Norden verbreitert. 1896 erhielten die Türme, die bis dahin eine Flachpyramide besaßen, ihre nach dem Salzburger Dom ausgeführten Kuppeln. Die Westfassade erhielt zudem neubarocken Figurenschmuck.

Der Dom war spätestens seit dem 15. Jahrhundert farbig gefasst. Auch der Barockbau war nach dem Stadtbrand von 1680 im Gesamten in mehreren Schichten kalkweiß getüncht. Am südlichen Obergaden brachte man zudem eine Weißfassung mit freskal aufgemalten schwarzen Schattenstrichen an. Im 19. Jahrhundert gelb, im 20. Jahrhundert steinsichtig, erhielt der Dom seit 2004 eine weiße Kalkschlämmung in Anlehnung an die barocke Fassung.

oben: Vierungskuppel

rechts: Fresko „Gottvater, umgeben von musizierenden und anbetenden Engelschören“ von Carpoforo Tencalla im Deckenspiegel der Vierungskuppel

linke Seite: Südliches Seitenschiff und Ansicht nach Westen mit Orgel von Johann Ignaz Egedacher (Orgelmacher) und Joseph Mathias Götz (Bildhauer/Orgelprospekt), 1731–34, erweitert 1886–89, 1924–28 und 1978–80, mit fünf Orgelwerken größte Domorgel der Welt

RATZEBURG

Dom St. Maria und Johannes Ev.

oben: Abguss des Braunschweiger Löwen, 1881 (Original 1158)

unten: Blick über den Ratzeburger See auf den Dombezirk

Ein erster Versuch der Errichtung eines Bistums Ratzeburg durch den Bremer Erzbischof Adalbert in den 1060er Jahren ging im Slawenaufstand von 1066 unter. Das soeben erst eingerichtete Kloster auf dem St. Georgsberg wurde zerstört, der später heiliggesprochene Abt Ansver und 18 seiner Mitbrüder erlitten den Märtyrertod. Erst die Ostkolonisation des sächsischen Herzogs Heinrich dem Löwen und seine Konstituierung einer Grafschaft Ratzeburg 1143 ermöglichte die Wiederherstellung des Bistums. Sie wurde vom Bremer Metropoliten Hartwig 1149 vorgenommen, gemeinsam mit den ebenfalls im 11. Jahrhundert untergegangenen Oldenburg/Holstein und Mecklenburg. Heinrich der Löwe jedoch forderte die ansonsten dem Kaiser zustehende Investitur in seinem Gebiet der wendischen Grenzmarken. Erst nachdem Friedrich I. Barbarossa ihm dieses Recht 1154 übertragen hatte, konnte ein Ratzeburger Bischof ernannt werden.

Im selben Jahr berief der Herzog den Propst des Magdeburger Prämonstratenserstifts Liebfrauen, Evermod von Cambrai (1158–78), der 1158 vom Papst bestätigt wurde. Der für die Mission des Ostens so bedeutsame Prämonstratenserorden steht hier ein weiteres Mal in Verbindung mit der Wiederbelebung eines Bistums im wendischen Raum: Wie in Havelberg und Brandenburg (Neugründungen 1147 und 1161) war auch das Ratzeburger Domkapitel zugleich Prämonstratenserkonvent. Evermods Nachfolger Isfried (1180–1204) war zuvor Propst des Prämonstratenserklosters Jerichow in der Altmark. In Ratzeburg bestand der Konvent bis zu seiner Umwandlung in ein säkulares Domstift im Jahre 1504.

Die Burg des Grafen Heinrich von Badewide und der Dombezirk entstanden in unmittel-

oben links: Westturm und Kreuzgangflügel (1251 begonnen) bzw. Klostergebäude
oben rechts: Ostapsis (1160/80) und Klostergebäude (Ostflügel)

barer Nachbarschaft auf zwei Inseln im Ratzeburger See. Trotz wiederholter Stadtzerstörung, veränderter Straßenführung und des vollständigen Verschwindens der Grafenburg ist die ursprüngliche Topographie auf dem See noch heute eindrucksvoll nachvollziehbar. Als dritter Komplex entstand südlich des Domhügels und östlich der Burg eine Marktsiedlung, deren Größe und Bedeutung niemals über die eines kleinen Landstädtchens hinauskam. In den ersten Jahrzehnten des 13. Jahrhunderts erlangten die Bischöfe eine beträchtliche Steigerung von Landbesitz und politischer Bedeutung. 1235 wurde das Ratzeburger Bistum reichsunmittelbar und 1269 Landesherr durch Freikauf des Lehenslandes Boitin durch Bischof Ulrich von Blücher (1257–84).

Schon früher war jedoch ein Konflikt entbrannt, der sich bis ins frühe 20. Jahrhundert hinein auswirkte: Nach dem Sturz Heinrichs des Löwen 1180 war ein Askanier mit dem östlichen Sachsen belehnt worden, es entstand das Herzogtum Sachsen-Lauenburg mit der

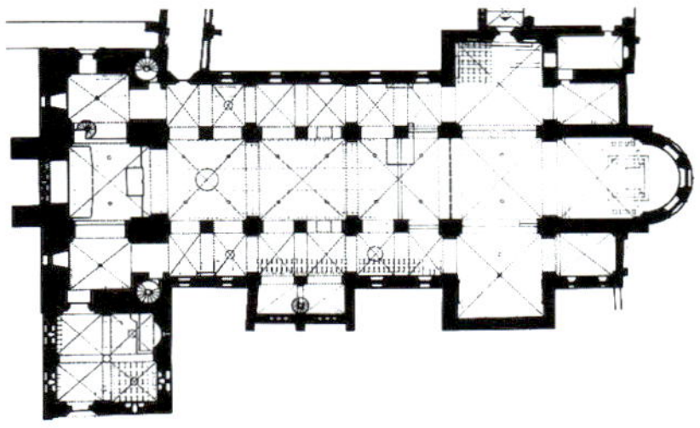

Grundriss

rechts: Ansicht von Süden (Querhaus 1180–1200, Langhaus und Südvorhalle 1200–20, Turm und Lauenburger Chorkapelle 14. Jahrhundert)

oben: Romanisches Portal der Südvorhalle 1210/20

unten: Innenansicht der Vorhalle mit Vierpasspfeiler

Hauptresidenz in Lauenburg an der Elbe. 1296 wurde auch die alte Grafenburg Ratzeburg herzögliche Residenz. Die Inseln und das umliegende Land waren besitzrechtlich zweigeteilt. Immer wieder kam es zu langwierigen Streitigkeiten zwischen den beiden Landesherrn. Der Bischof verlegte seine Burg im späten 13. Jahrhundert von Farchau am Küchensee ostwärts nach Schönberg (Mecklenburg). Die Auseinandersetzungen zwischen Herzog und Domkapitel erreichten in den Jahrzehnten vor Einführung der Reformation ihren Höhepunkt. Magnus I. versuchte erfolglos, die Rechte des Bistums einzuschränken. Bischof Heinrich III. Bergemeyer (1511–24), zuvor herzoglicher Kanzler, sollte als Marionette den Lauenburger Interessen dienen, was er jedoch ebenso wenig tat wie sein Nachfolger Georg von Blumenthal (1524–50). Durch die immensen Prozesskosten ging damals ein großer Teil des Domschatzes verloren. Herzog Franz I. ließ 1552 den Dom plündern.

1554 dankte der letzte Bischof Christoph von der Schulenburg (1550–54) ab und verkaufte das Bistum an den Herzog Christoph von Mecklenburg. Dieser verpflichtete das Kapitel auf die Augsburger Konfession. Bis zur Säkularisierung des evangelischen Bistums standen ihm landesherrliche Administratoren vor. Zuletzt wirkte mit Nicolaus Peträus ein höchst bedeutender Superintendent in Ratzeburg, dem u. a. die reiche Tätigkeit des manieristischen Bildhauers Gebhard Jürgen Tietges im Dom zu verdanken ist. Nach dem Westfälischen Frieden von 1648 wurde das Bistum aufgelöst und als Fürstentum Ratzeburg dem Herzogtum Mecklenburg zugesprochen. Dom und Domhof blieben bis 1937 in der Hand der verschiedenen mecklenburgischen Häuser, was an den erhaltenen Bauwerken (v. a. Herrenhaus) bis heute ablesbar ist. Stadt und Burg hingegen gehörten bis 1689 zum Herzogtum Sachsen-Lauenburg, danach zu Lüneburg-Celle, Hannover und Dänemark sowie seit 1865 zu Preußen.

Nachdem Evermod zum ersten Bischof des neugegründeten Bistums bestimmt worden war, dürften er und das Kapitel sich zunächst auf dem Gelände des alten Benediktinerklosters auf dem Georgsberg östlich der gräflichen Burg niedergelassen haben. Um 1160/70 begann der Bau des Doms in Backstein. Anlässlich der Grundsteinlegung des Lübecker Doms 1173 wird berichtet, dass Heinrich der Löwe jährlich eine beträchtliche Summe, „ähnlich wie in Rat-

rechts: Innenansicht nach Osten
unten links: Blick ins südliche Querhaus und südliche Seitenschiff
unten rechts: Nördliches Seitenschiff nach Osten

zeburg", zur Verfügung stellte. Dank dieser großzügigen Förderung ist mit einem raschen Voranschreiten des Baus zu rechnen, der um 1215/20 fertig gestellt war. Es handelt sich um einen der frühesten und architekturgeschichtlich bedeutsamsten Backsteinbauten nördlich der Alpen. Nach dem gotischen Umbau des Lübecker Doms und der Erweiterung der Segeberger Klosterkirche ist aus der Frühzeit des Backsteinbaus in dieser Region am ehesten der Ratzeburger Dom als romanische Basilika erlebbar. Gotische Umbauten wurden, das darf man allerdings nicht vergessen, in einer romanisierenden Restaurierung 1875–81 weitgehend getilgt.

Der Ratzeburger Dom entstand trotz der einheitlichen Wirkung und der relativ kurzen Bauzeit in drei Phasen, die durch einen Wechsel der Größe und Farbe der Backsteine sowie veränderte Einzelformen deutlich unterschieden werden können. Zunächst (1160–80) wurden die Ostteile mit halbrunder Apsis, ursprünglich halbrund geschlossenen Nebenchören und nördlicher Sakristei sowie in den unteren Teilen Chorquadrat und Querhaus gebaut. Hier fallen Einzelformen auf, die an sächsische Hausteinbauten erinnern, wie attische Sockel und die Gliederung des Außenbaus durch breite Eck- und schmale Mittellisenen. Besonders schwer wirkt der Rundbogenfries der Apsis. In der zweiten Phase (1180–1200) herrscht eine backsteingemäße, auf bestimmte Formsteintypen abgestimmte Bauornamentik vor, wie der Kreuzbogenfries mit Sägeband an den Chor- und Querhaus-Außenwänden. Hierfür wird oft das Episkopat Isfrieds verantwortlich gemacht, der aus Jerichow in der Altmark kam, wo diese Technik etwas früher mit hoher Präzision angewandt worden war. Viele Motive verweisen auch auf die 1173 begonnene Stiftskirche in Braunschweig, wie die Gewölbeform und die eng zusammenliegenden, durch eine Mittellisene getrennten Fenster. Nun wurden rötliche Backsteine verwendet, in der ersten und dritten Phase waren es gelbliche. Der Bau war nun bis zum ersten östlichen Langhausjoch fertig. In der dritten Phase (1200–1210/20) wurden das dreijo-

353 1-5
211
171
503 1-3
6-8

oben links: Ehem. Hauptaltar von Gebhard Jürgen Tietge, 1629

oben Mitte: Epitaph des Herzogs August von Sachsen-Lauenburg und seiner Gattin Catharina, Gebhard Jürgen Tietge, 1649

oben rechts: Triumpfkreuzgruppe, um 1260

unten: Dreisitz, 1. Hälfte 15. Jahrhundert

chige basilikale Langhaus vollendet und gewölbt sowie die Südvorhalle und unteren Turmpfeiler errichtet. Schlichtere Sockelformen und die Pfeilergestaltung im Langhaus zeigen, dass nun lübische und dänische Vorbilder überwogen.

Ein besonderes Kleinod ist die Südervorhalle mit reich gestalteter Frontseite im Süden. Im Giebeldreieck werden verschiedene Zierformen des Backsteins (Ährenverband, schmale Vertikalstäbe, Blendrosette, liegender Kreuzbogenfries und Sägeband) vorgeführt. Der reich profilierte Sockel ist um das gestufte Portal herumgeführt. Im Innern beeindruckt der vierpassförmige Mittelpfeiler mit Rundstäben in den Ecken und hohen Kapitellen vor allem durch den Lagenwechsel von gebrannten und grünlich glasierten Ziegeln. Diese Zierform wird in den Gurtbögen fortgesetzt.

Im 14. Jahrhundert wurde der als Doppelturmfassade angelegte Westbau mit quadratischem Mittelturm und Seitenräumen vollendet. Außerdem entstanden Kapellen an den Seitenschiffen, die mit Ausnahme des um 1380 als Katharinenkapelle und Grablege der Herzöge errichteten sog. Lauenburger Chors im 19. Jahrhundert entfernt wurden. 1875–81 verblendete man außerdem die Westwand. 1960–66 konnte die kunsthistorisch höchst bedeutsame Raumfarbigkeit nach Befunden wiederhergestellt werden. Sie zeigt unverputzte Wände mit einem farblich und in der Anordnung der fingierten Steine korrigierten Fugennetz.

Von der mittelalterlichen Ausstattung hat sich wenig erhalten. Beeindruckend ist aber die Fülle steinerner Grabplatten der Ratzeburger Bischöfe, von denen sich 25 (von 29) im Dom bestatten ließen. Eine ungewöhnliche Ikonographie zeigt die Triumphkreuzgruppe: einen im 17. Jahrhundert überschnitzten Corpus an einem Baumkreuz mit Marienrelief, das wohl zur Erstausstattung des Doms (um 1220) zählt; die qualitätvollen Assistenzfiguren mit Rückbrettern werden um 1260 datiert. Die künstlerisch bedeutendsten Ausstattungsstücke stammen aus der Werkstatt des spätmanieristischen Bildhauers Gebhard Jürgen Tietge. Er schuf 1629 den überaus prächtigen ehem. Hauptaltar (heute im Südquerarm), eine Stiftung des Domherrn Hartwig von Parkentin. Der hohe Aufbau mit effektvoll eingesetzter Architektur gilt als eines der Hauptwerke des in Norddeutschland und Dänemark verbreiteten sog. Knorpelstils. Ebenso bedeutend ist das riesenhafte Epitaph des Herzogs August von Sachsen-Lauenburg († 1665) und seiner Gattin Catharina († 1644), das Tietge 1649 an der Chorsüdwand errichtete (heute Nordquerarm). Der Bildhauer schuf neben weiteren Epitaphien zudem 1637 die Schaufront der herzoglichen Emporenloge im Lauenburger Chor, mit der die alte Grablege zum Seitenschiff hin abgetrennt wurde.

oben links: Ansicht nach Osten mit Triumphkreuzgruppe, um 1260

oben rechts: Ansicht vom nördlichen Querschiff in das Mittelschiff

unten links: Kanzel von Hinrich Matthes, 1576

unten rechts: Hauptaltar, Mittelteil mit Passionsrelief (um 1430) und Salvator Mundi (barocke Silberfigur von 1643), Seitenflügel mit spätgotischen Figuren (Ende 15. Jahrhundert)

REGENSBURG

Dom St. Peter

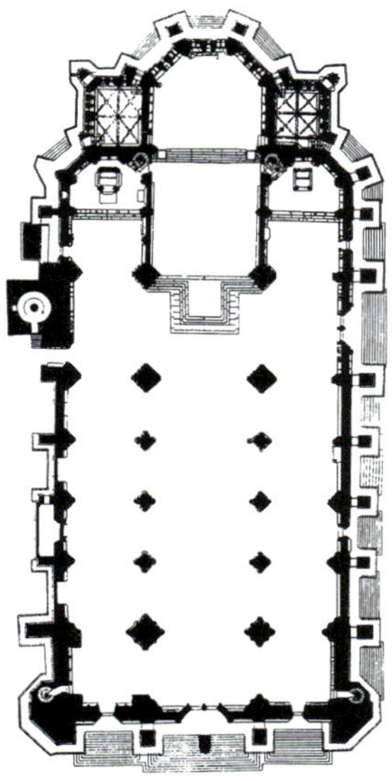

Grundriss (geostet)

rechte Seite: Domtürme von Norden

Ansicht vom jenseitigen Ufer der Donau zur Steinernen Brücke und dem Dom. Der hohe Sockel lässt den Dom über die anderen Häuser und Kirchen hinauswachsen.

Das von Kaiser Marc Aurel 179 n. Chr. gegründete Regensburg erlangte nach der Besitznahme durch die Bajuwaren im 6. Jahrhundert als Sitz der agilolfingischen Herzöge die Funktion einer Hauptstadt Bayerns und wurde Ausgangspunkt der Christianisierung. Ab der Mitte des 6. Jahrhunderts waren in Regensburg sog. Wanderbischöfe tätig, so der hl. Emmeram. Die Gräber der Regensburger Bischöfe Emmeram († um 685) und Erhard († vor 739) machten Regensburg seit Beginn des 8. Jahrhunderts zum Ziel von Pilgern.

Offiziell wurde Regensburg aber erst aufgrund der Initiative des hl. Bonifatius 739 Bischofssitz. Erster Bischof war Gaubald (reg. 739–761). Er war – wie seine Nachfolger – zugleich Abt des Benediktinerklosters St. Emmeram, in dem er seine Ämter ausführte. Erst die Bistumsreform des hl. Regensburger Bischofs Wolfgang (reg. 972–994) löste die Abtswürde von St. Emmeram von der Regensburger Bischofswürde. Zudem bildeten die Benediktiner in St. Emmeram mit den Klerikern des Doms das Domkapitel. Seit der Trennung beider Ämter unter Bischof Wolfgang besteht das Domkapitel nur noch aus den Domherren.

Bekannteste Person unter den Bischöfen des hohen Mittelalters war der Kirchenlehrer Albertus Magnus (reg. 1260–62), der unter anderem an der Universität in Paris lehrte und das Studium Generale in Köln leitete. 1254 zum Provinzial der deutschsprachigen Dominikaner-Ordensprovinz Teutonia gewählt, wurde er als Bischof von Regensburg zugleich Reichsfürst, der unter anderem das Recht der Königswahl besaß. 1262 ernannte Papst Urban IV. den Kirchenlehrer zum Kreuzzugsprediger für Deutschland. Er verzichtete deshalb auf seinen Bischofsstuhl und erlaubte auf sein Betreiben, dass das Domkapitel wieder selbst den Bischof wählen dürfe.

Während der Reformation wurde die Reichsstadt Regensburg 1542 protestantisch. Auch in der zum Bistum gehörenden Oberpfalz wechselte die Konfession im 16. und 17. Jahrhundert mehrfach. 1803 verwandelte man das Hochstift in ein Fürstentum Regensburg. Das Bistum blieb auch nach der Säkularisation bestehen.

Bereits kurz nach der Bistumsgründung durch Bonifatius 739 dürfte eine erste Bischofskirche im Bereich des heutigen Domgartens, östlich des Hauptchors, mit dem Petruspatrozinium entstanden sein. Es war eine dreischiffige, 58 Meter lange Pfeilerbasilika ohne Querhaus und Türme. Die Westfassade lag unmittelbar an der Via Aquarum, d. h. an der in Nord-Süd-Richtung verlaufenden Hauptstraße, der Nachfolgerin der Via Praetoria. Gegenüber der Straße lag vermutlich das Baptisterium.

Im frühen 11. Jahrhundert erweiterte man die Kathedrale nach Westen durch ein Querhaus und einen Westchor mit Krypta und flankierenden Türmen, so dass man die Straße überbauen musste. Von diesem Bau ist der nördliche Turm, der sog. Eselsturm, erhalten. Zudem legte man vor der Westfassade ein Atrium an, das sich unmittelbar an die Taufkirche St. Johann anschloss. Um 1230 erhielt der Dom ein großes Stammbaum-Christi-Fenster, das im heutigen gotischen Dom, im Triforium des Südquerhauses, wiederverwendet wurde.

Nach einem Brand 1273 entschied sich das Domkapitel für einen Domneubau. Er wurde nicht über den Fundamenten der alten Bischofskirche

errichtet, sondern weiter westlich. Dadurch konnte der alte Dom, wenngleich verkürzt und mit einer provisorischen Wand abgeschlossen, noch 50 Jahre lang genutzt werden. Dabei entschloss man sich für ein um 3,4 Meter höheres Fußbodenniveau gegenüber dem Vorgängerbau, so dass für die Fundamente große Mengen Bauschutt und -material nötig wurden.

Der Baubeginn für die gotische Kathedrale liegt um das Jahr 1290. Realisiert wurde der Typus einer „klassischen" gotischen Kathedrale, wie er in Frankreich entwickelt worden war: eine Basilika mit einem dreigeschossigen Mittelschiff, einem Querhaus und einer imposanten Doppelturmfassade im Westen – konstruiert in einer kühnen Skelettbauweise mit Strebepfeilern und Strebebögen sowie gefertigt aus sorgfältig behauenen Werksteinen. Die geplante Vierungskuppel wurde während des Mittelalters nicht realisiert. Ohnehin errichteten die Regensburger nur eine verkleinerte Lösung gegenüber den riesigen französischen Vorbildern bzw. gegenüber dem Kölner Dom, der ohnehin erst im 19. Jahrhundert vollendet wurde. Denn der Regensburger Dom besitzt mit seinen 85,4 Metern Länge und einer Breite von innen 34,8 Metern ein nur kurzes Langhaus und ein nicht auskragendes Querhaus. Im Gegensatz zu den großen französischen Kathedralen fehlt zudem ein Chorumgang mit Kapellenkranz. Stattdessen entschied man sich für die altertümliche Lösung mit drei gestaffelten Chören in der Tradition romanischer Dreichoranlagen, wie sie in Regensburg häufig war. Dennoch gehört der Regensburger Dom zu den herausragenden gotischen Bauwerken in Deutschland. Er überzeugt durch seine Proportionen, seine Einheitlichkeit und Klarheit.

Das Entwurfskonzept von 1290 war künstlerisch so überzeugend, dass es für alle kommenden Generationen bis zum frühen 16. Jahrhundert bindend blieb. Garant dafür war allerdings auch die verwandtschaftliche Beziehung der Dombaumeister untereinander. So ist für 1415 der Dombaumeister Wenzel Roritzer († 1419) bekannt. Dessen Witwe heiratete der wahrscheinlich aus Köln stammende Andreas Engel, der bis zu seinem Tod 1456 die Dombaumeisterstelle erhielt. Seine Nachfolge trat bis 1477 sein Stiefsohn Konrad Roritzer an, dem dessen Sohn Matthäus

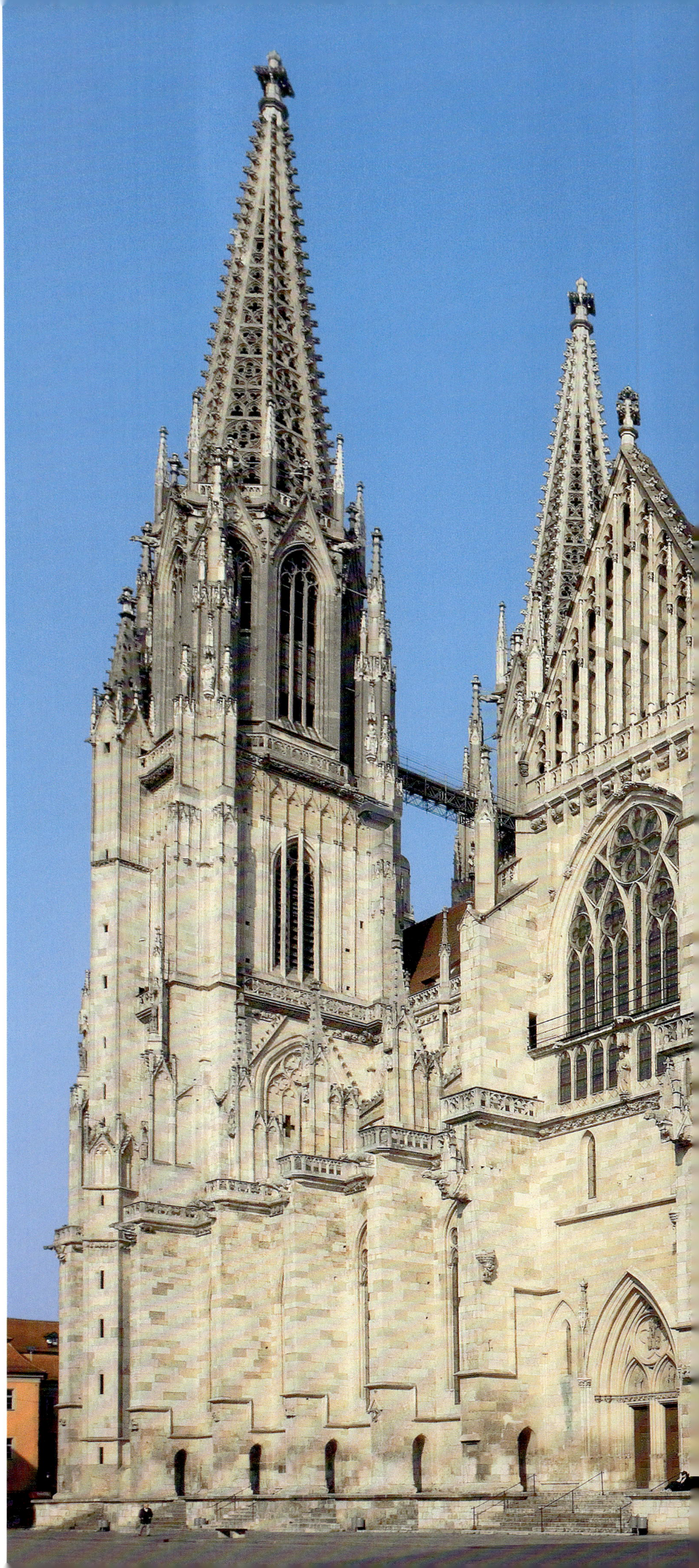

S. 338/339: Ansicht von Südosten, Chor und Querhaus (um 1290–1315/20) sowie Langhaus (bis 1442)

bis 1495 als Dombaumeister folgte. Sein jüngerer Bruder Wolfgang war der letzte der Roritzer-Dombaumeister. Er wurde 1514 als angeblicher Rädelsführer eines Bürgeraufstands 1514 zum Tode verurteilt und hingerichtet. Es folgten Erhard Heydenreich bis 1524 und dessen Bruder Ulrich Heydenreich bis 1538 als Dombaumeister. Sie waren vor allem am Domkreuzgang tätig.

links: Hauptportal, um 1390–1410 und 1. Geschoss des Südturms, um 1350

rechts: Westfassade mit 105 Meter hohen Türmen, Turmhelme und 4. Geschoss unter Leitung des Dombaumeisters Franz Joseph Denzinger 1859–69 errichtet

„Glashaus" des Hauptchorpolygons
(alle Innenaufnahmen: Veröffentlichung mit Genehmigung des Staatlichen Bauamtes Regensburg)

Die Begeisterung für den gotischen Neubau war anfänglich so groß, dass es große finanzielle Zuwendungen gab, so dass der Bau schnell fortschritt. Bis um 1315/20 waren deshalb bereits der Nordchor, der Hauptchor, das Querhaus und die jeweils ersten Joche der Seitenschiffe vollendet und gewölbt. Der geplante Vierungsturm wurde noch ausgespart, kam letztendlich im Mittelalter auch nicht mehr zur Fertigstellung. Als um 1320 das erste Joch des Mittelschiffs mit einem Notdach in Triforiumshöhe abgeschlossen war und der Bau nach Westen eine behelfsmäßige Abschlusswand bekommen hatte, konnte der Dom bereits liturgisch genutzt werden. Als Folge brach man den alten Dom ab. Sein nördliches Seitenschiff wurde zum Domkapitelhaus umgebaut. Um 1410 konnte an der Westfassade das Hauptportal mit seiner Vorhalle vollendet werden. 1442 wurde der Dachstuhl über dem Mittelschiff aufgestellt. Somit war das Mittelschiff vollendet. Der Südturm besaß bereits die Höhe von drei, der Nordturm von zwei Geschossen. Mit der Reformation endet auch die Bautätigkeit am Regensburger Dom. Zur Vollendung der maßwerkdurchbrochenen Turmhelme kam es daher erst im 19. Jahrhundert.

links: Maria der Verkündigungsgruppe des Erminoldmeisters, um 1280/85, farbige Fassung um 1700

rechts: Ansicht durch das 31,85 Meter hohe Mittelschiff zum Chor. Das Mittelschiff entspricht dem „klassischen“ System gotischer Kathedralen mit seinem dreigeschossigen Aufriss: Über den profilierten Scheidarkaden befindet sich das nicht belichtete Triforium und darüber die großen Fenster des Obergadens.

Während des 17. und 18. Jahrhunderts erhielt der Innenraum zahlreiche neue Altäre. Die im 14. Jahrhundert nicht realisierte Vierungskuppel wurde als bunt bemaltes Barockgewölbe mit Stuck der Gebrüder Carlone ausgeführt. Auf Anordung König Ludwigs I. von Bayern führte der Architekt Friedrich von Gärtner 1828–41 jedoch eine Purifizierung des Innenraums durch, d. h. er entfernte fast alle nachmittelalterlichen Ausstattungsstücke und die Barockkuppel. Dadurch erhielt der Innenraum seinen vermeintlich mittelalterlichen Zustand wieder zurück. Zudem ergänzte Dombaumeister Franz Joseph Denzinger die Westfassade 1859–69 mit durchbrochenen Turmhelmen und gab so dem Dom sein stadtbildprägendes und ursprünglich geplantes Aussehen.

Seine Bedeutung erhält der Dom auch durch seine qualitätvolle und gut erhaltene Ausstattung. So stammen die meisten Fenster (etwa 1100 Scheiben) aus dem Mittelalter, besonders aus der Zeit zwischen 1300 bis 1370. Bemerkenswert sind zudem die fünf gotischen Ziboriumsaltäre. Zu den besten Werken ihrer Zeit gehören des Weiteren die Skulpturen des Hauptportals (um 1390/1400), die Verkündigungsgruppe mit Maria und dem „Lachenden Engel" des Erminoldmeisters (um 1280/ 85) sowie die Steinfiguren des hl. Petrus und Paulus (um 1320 bzw. 1360/1370).

oben: Hl. Petrus, um 1320

rechts: Blick auf die Nordwand des Hauptchores

S. 344 oben: Mittelalterliches Glasfenster, nördliches Seitenschiff (Ansicht nach Osten und nach Westen)

S. 344 unten: Nördlicher und südlicher Chor

unten: Hl. Petrus, um 1420

ROTTENBURG
Dom St. Martin

rechte Seite: Ansicht von Westen mit Marktbrunnen

unten: Ansicht von Osten

Zu den wenig bekannten Bischofskirchen in Deutschland zählt St. Martin in Rottenburg am Neckar, einer nur 42000 Einwohner zählenden Stadt südlich von Stuttgart nahe Tübingen. Die Diözese Rottenburg-Stuttgart liegt im ehemals protestantischen Württemberg. Ihre Gründung geht deshalb erst auf das Jahr 1828 zurück. Zum ersten Diözesanbischof wurde Generalvikar Johann Baptist Keller (reg. 1828–45) gewählt. Bischofskirche wurde eine Pfarrkirche. Dies ist auch der Grund, weshalb sich die heutige Kathedrale in ihrem gestalterischen Anspruch nicht gegenüber anderen Stadtkirchen Württembergs abhebt.

Um 1160 erwarben die Grafen von Hohenberg das Gebiet, das bereits in römischer Zeit ein Verwaltungs- und Verkehrszentrum war. Unterhalb einer bestehenden Burg, die vielleicht der Namensgeber für den Ort ist, gründeten um 1280 die Hohenberger die „Neue Stadt". Aus dieser Zeit stammt das Karmeliterkloster (heute Priesterseminar). Auf die Zeit um 1330 geht das Chorherrenstift St. Moriz zurück. 1454 bis 1482 war Rottenburg die Residenz der Erzherzogin Mechthild von der Pfalz, der Mutter Eberhards im Barte. Die Brände während des Dreißigjährigen Kriegs (besonders 1644, als auch die heutige Domkirche stark beschädigt wurde) und nochmals 1735 und 1756 zerstörten einen großen Teil der alten Bausubstanz. Die städtebaulichen Strukturen blieben jedoch erhalten, ebenso Reste der Stadbefestigung des 13. und 14. Jahrhunderts. 1805 fiel die Stadt an Württemberg. Seit 1828 ist die Stadt Bistumssitz.

Die Diözese Rottenburg erhielt 1978 die Namenserweiterung „Stuttgart". Dabei wurde die Stuttgarter Mutterkirche St. Eberhard in den Rang einer Konkathedrale erhoben. Sie ist die erste katholische Kirche Stuttgarts, die nach der Reformation erbaut wurde. Die heutige St. Eberhardkirche wurde nach ihrer Zerstörung im 2. Weltkrieg bis 1955 durch Hugo Schlösser auf dem ursprünglichen Grundriss des klassizistischen Vorgängerbaus von 1808–11 wieder aufgebaut. In den Jahren 1990/91 erhielt der Inneraum nach Plänen von Bert Perlias aus Stuttgart seine heutige Gestalt.

Die heutige Bischofskirche St. Martin in Rottenburg ist die ehemalige Stadtpfarrkirche, seit 1828 Domkirche des Bistums Rottenburg. Die

Apotheke

oben links: Chor mit der Kathedra (1977/78) und Martinsfigur (Ende 15. Jahrhundert)
oben rechts: Seitenschifffenster, 2002/2003
unten: Pietá mit Maria Magdalena und Johannes, 16. Jahrhunderts

Kirche präsentiert sich nach außen schlicht. An der Stelle der gotischen Liebfrauenkapelle wurde mit dem Bau der Kirche 1424 begonnen, wie eine Inschrift am Chor verrät. Wie beim Reutlinger Vorbild führt der von 1486 bis 1491 durch Hans Schwarzacher erbaute Turm von einem Quadrat im Glockengeschoss zum oktogonalen Steinhelm über. Dieser krabbenbesetzte Turmhelm wird – wie derjenige der Esslinger Frauenkirche oder des Freiburger Münsters – durch runde Maßwerkeinsätze mit teilweise figürlichen Füllungen durchbrochen. Unterhalb der doppelten Kreuzblume verläuft ein zweiter Umgang mit Maßwerkbrüstung. Die Pfarrrechte wurden um 1436 von der Sülchenkirche übertragen. Beim Stadtbrand von 1644 wurde auch St. Martin schwer beschädigt. Man stellte den Bau bis 1655 in den damals üblichen Bauformen wieder her. Sie prägen bis heute insbesondere den Inneraum. Der nördliche Treppenturm wurde 1786 und die benachbarte Sakristei 1820 angefügt. Den Chor

oben: Ansicht durch das Langhaus mit Apostelzyklus zum Chor

rechts: St. Eberhard in Stuttgart, 1955 geweiht, seit 1978 Konkathedrale der Diözese Rottenburg-Stuttgart, Fassade mit dem Fensterkreuz von Emil Sutor (1888–1974) mit der Darstellung der Dreifaltigkeit und den zwölf Aposteln

und das Äußere überarbeitete Joseph Egle 1867–78 im neugotischen Stil. 1928 erfolgte die Rebarockisierung des Langhauses, wobei die Vorhalle nach italienischem Vorbild von August Koch gestaltet wurde. 1955–56 entschied man sich für die Purifizierung des Innenraums, d. h. für die Entfernung der neobarocken Ausstattung. In den 1960er Jahren erfolgte die Restaurierung des Turmhelms, 1973/74 des Äußeren, 1977–78 die Rekonstruktion der barocken Fassung, 2001–2003 eine Gesamtrestaurierung.

Das Innere wird im Wesentlichen durch die Wiederherstellungszeit von 1644–55 und die jüngste Erneuerung von 2001–03 unter dem Architekturbüro Hahn-Helten aus Aachen geprägt. Markant sind insbesondere die modernen Deckensegel, die das Mittelschiff überspannen. Das Netzrippengewölbe des Chors wurde 1867 eingefügt. Die Chorfenster wurden 1955 nach Entwürfen von Wilhelm Geyer aus Ulm gefertigt.

Im nördlichen Seitenschiff steht eine Pietá des 16. Jahrhunderts mit Maria Magdalena und dem Jünger Johannes sowie eine barocke Madonna im neobarocken Seitenaltar. Den Apostelzyklus auf den Pfeilervorlagen schuf Heinrich Carl Amrein. Die Figuren stammten ebenso wie das Triumphkreuz am Chorbogen und der Auferstehungschristus beim Taufstein aus der Zeit um 1655. Der Bischofsthron, Altar und Ambo des Trossinger Bildhauers Wendelin Matt gehören zur Ausstattungsphase von 1977/78. Chor- und Gemeindegestühl stammen von 2001–03.

SCHLESWIG

Dom St. Petri

Architektur und Ausstattung des Schleswiger Doms sind wie die Bistumsgeschichte geprägt von der Lage im deutsch-dänischen Grenzgebiet. Beim Bau orientierte man sich an der romanischen Kathedrale des Erzbistums Lund, den gotischen Backsteinkirchen in Lübeck oder im 19. Jahrhundert an preußisch-akademischen Vorstellungen eines monumentalen Turmbaus. Im Innenraum demonstrieren Grabmäler und Epitaphien des 16. und 17. Jahrhunderts den politischen Anspruch der wechselnden Landesherren, die im nahe gelegenen Schloss Gottorf residierten.

Auch wenn das Bistum erst 947/48 gegründet wurde, lässt sich die Bedeutung Schleswigs bis in karolingische Zeit zurückverfolgen. Südlich der Schlei befand sich der im 9. Jahrhundert wohl bedeutendste Handelsort Nordeuropas, Haithabu. Erzbischof Ansgar von Hamburg-Bremen hatte hier um 850 ein Missionszentrum mit Kirche eingerichtet, das in den folgenden Jahrzehnten unterging. Erst im Zuge der Ausdehnung des deutschen Reiches nach Norden unter Otto I. konnten unter Erzbischof Adaldag mehrere Suffragane des Missionsbistums Hamburg-Bremen gebildet werden. Im selben Jahr wie Haithabu/Schleswig entstanden auch die Bistümer Ribe und Aarhus.

Haithabu lag auf dänischem Gebiet und war zeitweilig Königssitz. Seit dem 8. Jahrhundert wurde südlich der Siedlung an dem Danewerk gebaut, einer gewaltigen Grenzbefestigung, deren Hauptwall 15 km lang ist. Noch im späten 12. Jahrhundert sollte ihn der dänische König Waldemar der Große durch eine Backsteinmauer weiter befestigen. Haithabu wurde 1050 und 1066 durch Überfälle zerstört. Wenige Jahre später begann die Besiedlung des nördlichen Schleiufers. Schleswig übernahm die Bedeutung Haithabus als Handelsmetropole und Bischofssitz. Dieser wurde 1103/04 aus dem Hamburg-Bremer Suffraganverband gelöst und dem neu gegründeten dänischen Erzbistum Lund (Schonen, heute Schweden) unterstellt. Damit wurden die seit langem betriebenen Bemühungen der dänischen Könige um Gewinnung eines eigenen Erzstuhls belohnt. Neben dem Bistum entstand unter

unten und rechts: Ansicht mit neugotischem, 112 m hohem Turm (1888–94)

Knud Lavard (1115–31) das Herzogtum Schleswig. Die große Nähe und etliche Überschneidungen der Herrschaftsgebiete erzeugten eine Jahrhunderte währende Konkurrenzsituation zwischen Bistum und Landesherrn. Die Herzogsresidenz lag zunächst auf einer der Stadt vorgelagerten Insel und seit 1268 in der Burg Gottorf, die bis dahin bischöflicher Besitz war. Bischofsburg wurde nun Schwabstedt an der Eider. Die Belehnung der Grafen von Holstein-Schauenburg mit dem Herzogtum schuf einen weiteren Konfliktherd: zwischen den Dänenkönigen und den Herzögen. Stadt, Burg und Dom spielten dabei oft eine wichtige Rolle. 1459–1544 waren die dänischen Könige zugleich Herzöge von Schleswig.

Während die Stadt und der Pfarrkirchenbereich innerhalb des Doms bereits 1526/27, auch auf Betreiben des dänischen Königs Christian III. (1503–58), protestantisch wurden, hielten das Kapitel und Bischof Gottschalk von Ahlefeld (1507–41) am katholischen Glauben fest. Nach dem Tod des Bischofs und mit der Einführung der Schleswig-Holsteinischen Kirchenordnung 1542 konnte sich die Reformation im Herzogtum endgültig durchsetzen. Schleswig wurde evangelisches Bistum. Nach Ableben des Bischofs Ulrich (1602–24) folgte eine Sedisvakanz, die in der Säkularisierung des Bistums und Auflösung des Kapitels 1658/60 mündete. Doch nun wurde der Dom mehr denn je Ort bedeutenden Kunstschaffens. Die Herzöge von Schleswig-Holstein-Gottorf erhielten das Patronat über die Kirche und richteten sogleich eine Gruftkapelle in der ehemaligen Sakristei ein, ließen den Chor mit einem spätgotischen Hochaltarretabel aus Bordesholm schmücken und gestatteten die Aufstellung zahlreicher Gruftanlagen und Epitaphien der höchsten Hofbeamten. Der Schleswiger Dom wurde zu einer Gedächtnis- und Ruhmeshalle des Herzoghauses. Bereits um 1550 waren der dänische König Friedrich I., Bischöfe und Domherren in aufwendigen Anlagen im Dom bestattet worden. Eine Episode dänischer Herrschaft und der Vertreibung der Herzöge dokumentiert die gewaltige Gruftkapelle, die König Christian V. für seinen gefallenen General Carl von Arenstorf 1677/78 anlegen ließ. Nach der endgültigen Vertreibung der Gottorfer 1713 endete diese Zeit.

Seit der Auflösung des alten Bistums waren Herzöge und dänische Könige als „summi episcipi" Kirchenoberhäupter. Die Leitung oblag zwei Generalsuperintendenten, die seit 1773

oben: Chorflankenturm (um 1275–1320) mit neugotischer Turmbekrönung

unten: Kreuzgang (um 1275–1320), Innenansicht (oben) und Außenansicht (unten)

oben: Romanische Kanonikersakristei (um 1180/90)
unten: Nördliches Querhaus (kurz vor 1200) und im Vordergrund der Giebel der Kanonikersakristei

Ansicht von Südwesten, Gesamtansicht (oben) und westliche Langhauswand (unten)

für Schleswig und Holstein zuständig waren. 1867 wurde Schleswig-Holstein preußisch, die Kirche behielt aber eine gewisse Eigenständigkeit und wurde nicht in die „Ev. Landeskirche der älteren preußischen Provinzen" eingegliedert. Seit 1918 hatte die Landeskirche wieder einen Bischof. 1977 kam es zum Zusammenschluss der Landeskirche von Schleswig-Holstein, der Stadtkirchen von Lübeck und Hamburg, der Landeskirche Eutin und des zu Hannover gehörenden Kirchenkreises Harburg zur „Nordelbischen Evangelisch-Lutherischen Kirche". Schleswig ist einer von drei Sprengeln mit eigenem Bischof.

Vom Haithabuer Dom des 10. Jahrhunderts ist ebenso wenig bekannt wie von einem nach dessen Zerstörung 1066 in Schleswig neu errichteten Bau. Der heutige Dom geht in seinen ältesten Teilen vielleicht bis in die Regierungszeit Bischofs Alberus (1120–35) zurück. Es handelte sich um eine flachgedeckte Pfeilerbasilika mit Chor und eingezogener Apsis, von der sich lediglich die erweiterten Pfeiler im Langhaus und in der Vierung erhalten haben. Nach 1160 wurde ein Querhaus angefügt. Eine Vollendung des Baus ist gegen 1200 anzunehmen. Er wurde

zunächst in einer aufwendigen Technik aus Granitquadern und rheinischem Tuff errichtet; darin ist er den jütländischen Dombauten in Ribe und Viborg verwandt. Gegen 1180 baute man unvermittelt in Backstein weiter, was sich an der Südwand des Querhauses gut ablesen lässt. Dort befindet sich auch das reich gestufte Petersportal mit einem Tympanonrelief, das die Majestas Domini zwischen Evangelistensymbolen, Apostelfürsten und einem königlichen Stifter mit Kirchenmodell zeigt. Dieses besitzt eine Doppelturmfassade, die – wie ergrabene Grundmauern zeigten – auch zunächst geplant war. 1230–70 erfolgte die Wölbung der Basilika,

oben: Südwand des Langhauses (15. Jahrhundert) und Turm
links: Petersportal des südlichen Querhauses, um 1180

nachdem bereits kurz zuvor unter Bischof Nikolaus I. (1192–1233) die Kanonikersakristei an den Nordquerarm angebaut worden war.
Um 1275 stürzten die Chorflankentürme ein und Bischof Bonde (1265–82) begann mit dem Neubau eines Hallenchores, wohl nach dem Vorbild der großen Lübecker Kirchen (Dom und St. Marien). Allerdings fiel die Schleswiger Chorlösung weit einfacher aus, auf den Umgang wurde verzichtet. Am kaum gegliederten Außenbau wurde für den Granitsteinsockel Abbruchmaterial des romanischen Chors verwendet. Im Innenraum mindern die relativ tiefen Arkaden die Hallenwirkung, Gewölbe und Stuckkämpfer wirken ebenfalls altertümlich. Spätestens um 1300 war der Chor vollendet. Für den Hochaltar könnte der in seiner Monumentalität und hohen Qualität einzigartige Dreikönigsaltar geschaffen worden sein. Die überlebensgroßen Figuren der stehenden Madonna und der Hl. Drei Könige stehen unter einem weitgehend originalen Baldachin. Die ursprüngliche Aufstellung ist bis heute umstritten.

Unter Bischof Johannes II. von Bokholt (1308–31) wurde um 1310/20 der berühmte Schwahl (dänisch „sval" = kühl), ein dreiflügliger Kreuzgang für Prozessionen, im Norden des Doms errichtet. Seine architektonischen Formen, Baudetails und vor allem die relativ gut erhaltene Ausmalung, die gemeinsam mit der des Chors um 1330 entstand, zeigen eine ungleich höhere Qualität als der Chor. In den Wandfeldern ist von Westen nach Osten ein umfangreicher

oben links: Südliches Seitenschiff nach Osten

oben rechts: Deckenmalerei im Chor und in der Vierung, 13. Jahrhundert, 1888–94 bzw. 1972–81 übermalt

unten rechts: Nördliches Seitenschiff nach Osten

rechte Seite: Innenansicht nach Osten (Langhauspfeiler um 1120–60, Wölbung des Mittelschiffs 1230–70, Umbau zum Hallenlanghaus nach 1408)

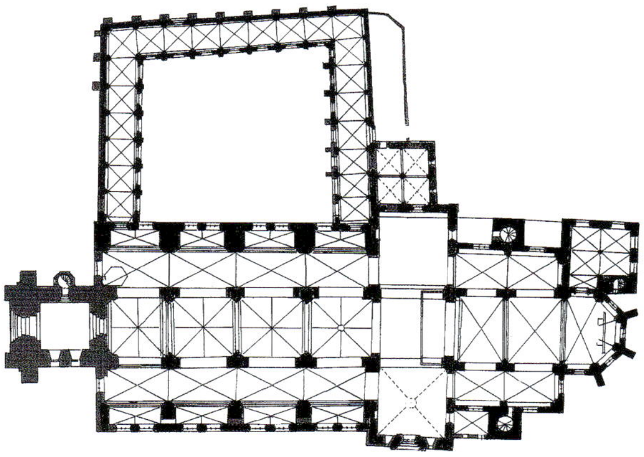

Grundriss

Grabmal König Friedrich I. von Dänemark (†1533) von Cornelis Floris, 1551/55

Zyklus mit christologischen Szenen dargestellt. Nach 1408 wurde auch das Langhaus zur Halle umgebaut. Zunächst errichtete man bis 1450 das südliche Seitenschiff mit Einsatzkapellen neu, anschließend, bis 1501, auf dieselbe Weise das nördliche. Die Westwand des turmlosen Doms war 1521 abgeschlossen. Bedeutendstes Ausstattungsstück dieser Bauphase ist der Lettner (um 1480/90), der 1847 abgebrochen und 1939/41 rekonstruiert wurde. Es handelt sich um eine aufwendige Kleinarchitektur aus Kalkstuck mit modernen spätgotischen Formen, wie kielbögige und krabbenbesetzte Wimperge an der Schaufront .

Das älteste der prachtvollen Grabmäler des Doms ist das 1551/55 von Cornelis Floris in Antwerpen geschaffene Freigrab aus Marmor, Alabaster und Kalkstein für König Friedrich I. von Dänemark († 1533). Ursprünglich stand es, von einem Ziergitter umgeben, in der Mitte des Chors, 1901 wurde es in den Nordchor versetzt. Das bedeutende Grabmal mit seinem antikisierenden Aufbau ist von einer Fülle manieristischer Figurenallegorien umstellt. Aus dem Floris-Umkreis stammen einige Epitaphien sowie das heute verdeckte große Wandgrabmal für Bischof Herzog Friedrich († 1556) an der Chorostwand.

Nach Auflösung des Kapitels 1658/60 wurde der Dom grundlegend umgestaltet. Die wichtigste Änderung war wohl der Verkauf (1666) des erst 1643 neu angeschafften Hochaltarretabels von Zacharias Hübener zugunsten des gewaltigen und schon damals hoch berühmten Retabels Hans Brüggemanns aus Bordesholm. Das szenenreiche, monochrom gefasste Retabel zählt zu den bedeutendsten nordeuropäischen Schnitzwerken des späten Mittelalters. 1661–63 richteten die Herzöge die ehemalige Sakristei nördlich des Chors nach Plänen des Amsterdamer Bildhauerarchitekten Artus Quellinius d. Ä. als Fürstengruft ein. Die Schauwand ist von großartiger Strenge und Proportionierung, die Gruft sehr feierlich und von fünf Büsten in Wandnischen beherrscht. Die Marmorbildnisse des Herzogs Friedrich III. und seiner Gattin Maria Elisabeth zählen zu den bedeutendsten Skulpturen Quellinius'. Aus derselben Zeit stammen die meisten der zahlreichen Gruftanlagen und Epitaphien.

Die Vollendung des Doms war eine Stiftung des preußischen Königs Wilhelm I. Als dieser nach der Besetzung des Herzogtums den Dom 1864 besuchte, bot sich ihm das wenig befriedigende Bild eines schadhaften Torsos, dem vor allem eine Turmanlage fehlte. Diese wurde nach dem üblichen langen Auswahlverfahren 1888–94 nach einem Entwurf des Geheimen Baurats Friedrich Adler als schlanker neugotischer Einturm errichtet, nachdem die Gemeinde zunächst eine Doppelturmfassade favorisiert hatte. Zugleich wurden die Querhausgiebel erneuert und die Chorflankentürme bekrönt.

links außen: Bronzetaufe von Hinrick Klinghe, um 1480, und Chorgestühl von 1512 im Chor
links und oben: Lettner, um 1480/90, 1939/41 rekonstruiert nach spätgotischem Original, das als Empore im Nord- und Südquerarm des Doms wiederverwendet worden war; Triumphkreuzgruppe auf dem Lettner um 1500 für das ehemalige Franziskanerkloster (heute Rathaus) geschaffen. Vom originalen, aus Kalkstuck hergestellten Lettner stammen die vier Reliefbüsten der Brüstung an der Ostseite des heutigen Lettners (Abb. oben).
unten links: Sog. Dreikönigsaltar, evt. Hochaltarretabel des vor 1300 vollendeten Chors, um 1280/90

Bordesholmer Altar von Hans Brüggemann im Chor, 1521, ursprünglich Chorherren-Stiftskirche Bordesholm, seit 1666 im Dom

links: Christophorus von Hans Brüggemann, 4,40 m hohe Holzskulptur, um 1510–15
rechts: Kreuztragungsgruppe, Maria und Johannes, um 1440/50

SCHWERIN

Dom St. Marien und Johannes Ev.

oben: Neugotischer Turm
unten und rechts: Ansicht von Nordwesten mit Blick über den Pfaffenteich

Die Gründung des Mecklenburger Bistums steht im engen Zusammenhang mit der endgültigen Christianisierung des südwestlichen Ostseeraumes um die Mitte des 12. Jahrhunderts. Durch den Sachsenherzog Heinrich den Löwen waren die Bistümer Ratzeburg (1154) und Lübeck (1160) als Suffragane der Erzdiözese Bremen gegründet worden. Heinrich besiegte 1160 den letzten wendischen Obodritenfürsten Niclot und zementierte die Eroberung mit der Erhebung eines weiteren Bistums mit Sitz auf der Mecklenburg. 1167 wurde dieser nach Schwerin verlegt, wo bereits seit dem 10. Jahrhundert eine Burg auf der heutigen Schlossinsel bezeugt ist. Dort residierte seit 1160 ein vom Sachsenherzog eingesetzter Gefolgsmann, Gunzelin von Hagen, als Graf von Schwerin. Erster Bischof von Schwerin war Berno (reg. 1162–91), ein Zisterzienser aus Amelungsborn. Das enge Zusammenwirken von Bischof, Domkapitel und Fürsten, die sich auch die Besitzerrechte der Stadt teilten, bestimmte die Förderung und Ausstattung der verschiedenen Dombauten bis ins 19. Jahrhundert.

Das junge Bistum wurde noch von Heinrich dem Löwen mit umfangreichem Landbesitz ausgestattet, der mit der Grundsteinlegung des romanischen Doms am 9. September 1171 in Verbindung gebracht wird. Die Stadt hingegen konnte sich infolge ihrer Lage abseits der großen Handelsstraßen wirtschaftlich kaum entwickeln. Sie blieb weit hinter den prosperierenden Küstenstädten Lübeck, Wismar und Rostock zurück. Schwerin blieb stets die Stadt des Bischofs und des Landesherrn. Von größter Bedeutung für das Bistum und den Dombau war der Besitz einer Hl.-Blut-Reliquie, die Graf Heinrich I. von Schwerin 1222 von einem Kreuzzug aus dem Heiligen Land mitbrachte und dem Dom schenkte. Sie wurde in der gräflichen Grabkapelle aufbewahrt und zog eine beträchtliche Zahl von Pilgern an. Ein Drittel der Einnahmen floss in die Fertigstellung des Doms. Auch der gotische Neubau wurde wesentlich durch den Pilgergroschen finanziert.

Die Einführung der Reformation, de facto schon 1533 erfolgt, wurde im Herzogtum Mecklenburg-Schwerin erst 1549 auf dem Landtag zu Sternberg beschlossen. Der kirchliche Besitz fiel an den Landesherrn. Herzog Johann Albrecht I. (reg. 1552–76) verlegte die fürstliche Grablege vom ehemaligen Zisterzienserkloster Doberan in die einstige Hl.-Blut-Kapelle des Schweriner Doms. Zugleich wurde hier der protestantische Gottesdienst eingeführt. Bis zur Auflösung des Kapitels 1624 blieb der Dom Bischofssitz. Oberhaupt der Kirche war der jeweilige Herzog, seit 1815 Großherzog. 1701 entstanden die beiden Teil-Herzogtümer Mecklenburg-Schwerin und Mecklenburg-Strelitz. 1850 wurde für Mecklenburg-Schwerin ein Oberkirchenrat eingesetzt. Nach dem Inkrafttreten einer republikanischen Verfassung und dem Wegfall des landesherrlichen Kirchenregiments kam es 1921 zu einem Neuaufbau der Landeskirchen. 1933 vereinigten sich beide Landeskirchen wieder zur „Evangelisch-Lutherischen Landeskirche Mecklenburgs“.

Der erhaltene Schweriner Dom ist eine mächtige hochgotische Backsteinkirche. Sein Rang als Kathedrale hebt ihn unter den anderen

oben links: Chor (1270–1327)
oben rechts: Südliches Querhaus
rechts: Ansicht von Westen mit den Untergeschossen des zum Vorgängerbau gehörenden Westturms und dem westlichen Kreuzgangflügel, Stahlstich von Julius Gottheil, 1855/56
rechts unten: Grundriss
rechte Seite: Innenansicht nach Osten (Chor 1327)
unten links: Kreuzgang
unten rechts: Westlicher Kreuzgangflügel und Löwen-Denkmal

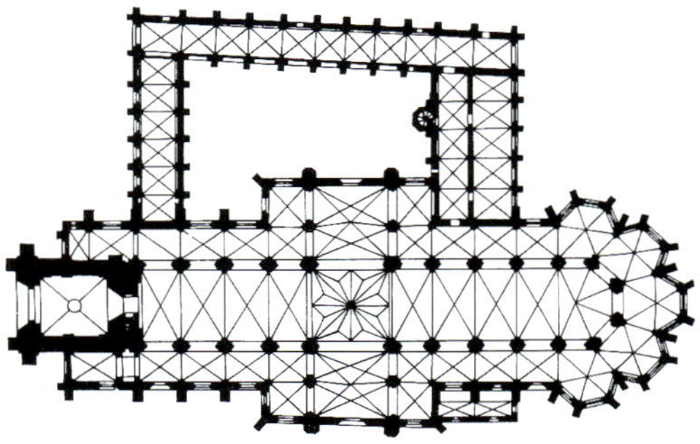

norddeutschen Großbauten des späten 13. und 14. Jahrhunderts (Stadtpfarrkirchen in Lübeck, Rostock, Wismar, Stralsund) hervor. Er beherrscht das urbane Erscheinungsbild durch seine Lage auf der höchsten Erhebung der Altstadtinsel. Besonders die wuchtige, zur Stadt und Residenz hin gewandte Choranlage kann als Inszenierung der bischöflichen Macht angesehen werden.

An welchem Ort der Stadt sich die erste Kathedrale des 1167 nach Schwerin verlegten Bistums befunden hat, ist nicht bekannt. Wir kennen nur den romanischen, 1171 begonnenen und 1248/49 geweihten Bau, von dem sich lediglich geringe Reste des Westturms erhalten haben. Dieser blieb beim gotischen Umbau bestehen und wurde erst 1889 zugunsten des heutigen Westturms abgerissen. An dessen Südseite ist die romanische Außenwand mit dem vermauerten Paradiesportal wieder verwendet worden. Das Portal besitzt ein reich abgetrepptes Gewände mit eingestellten Säulchen und Kapitellen sowie alternierende Tau- und Rundstabarchivolten. Verwandt ist ein Portal in der etwa 20 km westlich gelegenen Stadtpfarrkirche in Gadebusch (um 1215/30). Man vermutet, dass der romanische Dom, dessen Querhaus genau unter dem gotischen lag,

Innenansicht, Gewölbe der Vierung und des Quer- bzw. Langhauses (1416 gewölbt)

Ehem. Kreuzaltar, 1420 und 1495

die Maße und Gestalt der noch erhaltenen Kathedrale des westlichen Nachbarbistums Ratzeburg besessen hat.

Der 1270 begonnene Neubau wurde wahrscheinlich durch die Menge der Pilger und die Einnahmen aus der Wallfahrt zur Hl.-Blut-Reliquie motiviert. Ihm gingen umfangreiche Geländeaufschüttungen voraus. In den folgenden anderthalb Jahrhunderten entstand eine dreischiffige Basilika nach dem Vorbild

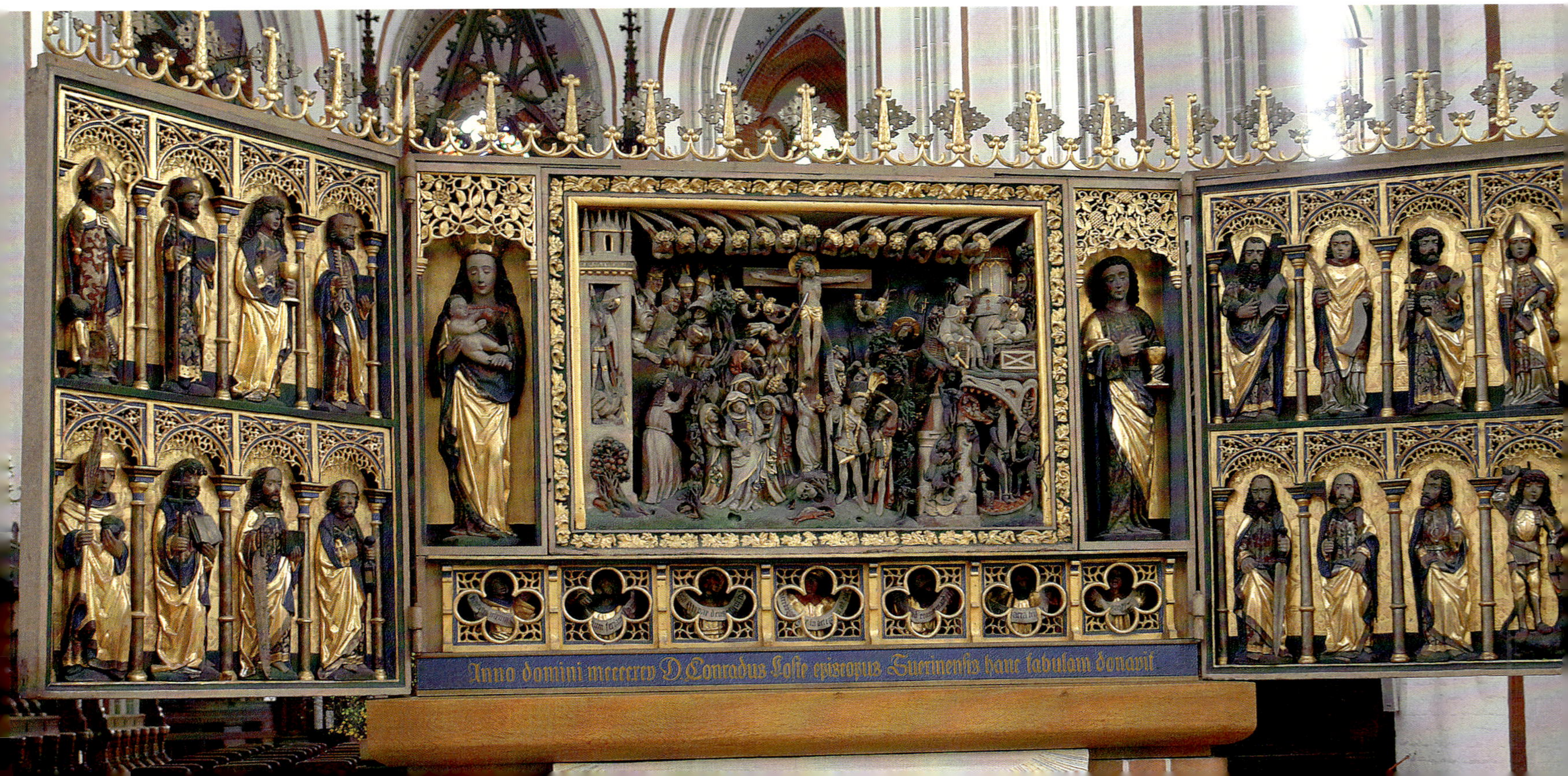

Triumphkreuzgruppe, um 1420, ursprünglich Ratspfarrkirche St. Marien in Wismar, seit 1976 in Schwerin

französischer Kathedralen (Soissons, Quimper). Besonders der Chor wurde lange in die Nachfolge des kurz zuvor begonnenen Umbaus der Lübecker Marienkirche gesetzt. Wahrscheinlicher ist jedoch eine Abhängigkeit vom 1266–77 basilikal begonnenen Kapellenkranz des Lübecker Doms. Der Schweriner Dom besitzt ein ausladendes dreischiffiges Querhaus, das die Kirche genau in ihrer Mitte teilt. Sie besitzt also einen auffallend lang gestreckten Chor mit Umgang und Radialkapellen.
Begonnen wurde mit dem Bau der aufwendigen Chorpartie, mit der verschiedene Nachrichten und Stiftungen der Jahre 1272, 1292 und 1306 in Verbindung gebracht werden können. Spätestens 1327 dürften Umgang und Kapellenkranz, möglicherweise auch der Chor eingewölbt gewesen sein. Außerdem stand bereits das östliche Schiff des Querhauses, das durch das Einziehen nicht ursprünglich vorgesehener Emporen im unteren Geschoss Kapellen erhielt. In der Maria Himmelfahrt geweihten Kapelle im Norden haben sich qualitätvolle Gewölbe- und Wandmalereien der zweiten Hälfte des 14. Jahrhunderts erhalten. Sehr wahrscheinlich wurde vor 1327 auch die Sakristei südlich des Chors errichtet, über der im Obergeschoss die Bibliothek untergebracht war. Erst danach wurden wohl das romanische Quer- und Langhaus abgerissen und der gotische Bau mit deutlich erhöhtem Langhaus nach Westen fortgesetzt. 1374 waren das Südseitenschiff und Teile des südlichen Obergadens fertig. Doch erst 1416 vollendeten Stralsunder Bauleute mit der Einwölbung von Quer- und Langhaus den gotischen Dom. Der

Kapitell, Anfang 14. Jahrhundert

Taufe, Ende 14. Jahrhundert

oben: Seitenschiffgewölbe, Grabmäler im Chorumgang und Taufkapelle
rechts: Grabmal des Herzogs Christoph († 1592) und seiner Frau Elisabeth von Schweden († 1597), von Robert Coppens, 1595

Grabplatte für Ludolf († 1339) und Heinrich von Bülow († 1347), um 1350

einheitlich wirkende Außenbau ist von großartiger Wirkung. Über einem vorgeblendeten Granitsockel ist der Backsteinbau durch den Wechsel von Strebepfeilern und Fenstern rythmisch gegliedert. Der um 1310 zu datierende Baudekor der Ostteile (Kämpferkapitelle der Umgangsfenster, Laubwerk-Kämpfer an der Priesterpforte) besteht aus Kalkstuck. In den Zwickeln des Portals befinden sich die Wappen der Bischöfe Gottfried von Bülow (reg. 1292–1314) und Friedrich von Bülow (reg. 1366–75). Die Querhausfassaden werden von jeweils einem gewaltigen Fenster dominiert, das bis an das Kranzgesims reicht. Fenster und Giebel werden flankiert von oktogonalen Treppentürmen mit hohen Helmkegeln. Im Innern beeindrucken besonders die harmonischen Raumverhältnisse des Langhauses mit einem klar gegliederten, zweigeschossigen Wandaufriss.

Aus dem Mittelalter und der frühen Neuzeit haben sich nur wenige Ausstattungsstücke erhalten. Der ehem. Kreuzaltar stand ursprünglich vor dem Lettner und wurde 1495 von Conrad Loste gestiftet. Es handelt sich um ein hölzernes Flügelretabel, in dessen Mittelschrein ein älteres Sandsteinrelief von 1420 integriert wurde. Dieses zeigt im Zentrum die Kreuzigung, flankiert von Darstellungen der Passion und Erlösung. Gestalt und Aufbau des Schreins sind für die Zeit um 1500 ausgesprochen altertümlich. Von den zahlreichen Bischofs-Grabmälern sind besonders zwei sehr qualitätvolle, gravierte Doppelgrabplatten aus Messing zu nennen, flandrische Arbeiten des 14. Jahrhunderts. Sie befanden sich über den Gräbern vierer Bischöfe aus der Familie von Bülow: Die jüngere für die schon erwähnten Gottfried und Friedrich Ludolf entstand um 1375, die ältere für Ludolf (reg. 1331–39) und Heinrich (1339–47) schon um 1350. Hervorragend ist außerdem das Epitaph der Herzogin Helena von Mecklenburg, ein Bronzeguss aus der Nürnberger Werkstatt Peter Vischers d. Ä. (um 1525/27). Das künstlerisch bedeutendste Grabmal ist das für Herzog Christoph († 1592) und seine Frau Elisabeth von Schweden († 1597) in der nördlichen Chorkapelle, ein manieristisches Freigrab des Niederländers Robert Coppens, inschriftlich datiert 1595.

Im 19. Jahrhundert erhielt der Dom seine heutige Gestalt. Der Innenraum wurde mehrmals durchgreifend erneuert. Großherzog Friedrich Franz II. richtete 1842–47 die Chorscheitelkapelle als Grablege ein, 1890 wurden die flankierenden Kapellen in die Anlage einbezogen. 1867/68 begann unter Theodor Krüger eine umfassende Renovierung und Neuausstattung, von der besonders die 1871 vollendete Orgel zu nennen ist, ein Hauptwerk des Weißenfelser Baumeisters Friedrich Ladegast. 1889–92 wurde der große Westturm nach einer längeren Planungsphase von Georg Daniel errichtet.

oben links: Hoher Chor mit neugotischem Hl.-Blut-Altar von 1845 und an mittelalterlichen Vorbildern orientiertem Gestühl von 1867–69
oben rechts: Südliches Langhaus und Querhaus
links: Querhaus und Chor

SPEYER

Dom St. Maria und St. Stephan

Das Bistum Speyer hat seine Ursprünge in römischer Zeit und gehört deshalb zu den ältesten Bischofssitzen in Deutschland. Eine erste christliche Gemeinde dürfte bereits vor 300 bestanden haben. In einer Kölner Synodalakte von 346 wird erstmals ein Bischof aus Speyer genannt. Ob der Bischofsstuhl ohne Unterbrechung auch nach dem Niedergang des Römischen Reiches besetzt werden konnte, ist nicht geklärt. Erst mit der Nennung von Bischof Hilderich 614 auf der Synode von Paris beginnt die ununterbrochene Bischofsreihe für Speyer.

Speyer, seit dem 8. Jahrhundert Königspfalz, besaß als Grablege der deutschen Könige und Kaiser des hohen Mittelalters eine herausragende Bedeutung und wurde seit dem 10. Jahrhundert durch zahlreiche kaiserliche Privilegien bedacht. Zudem dienten die Speyerer Bischöfe den Saliern und Staufern als Reichskanzler, d. h. als enge Berater des Herrschers. Die Speyerer Domschule wurde deshalb für Aufgaben der Reichskanzlei herangezogen. Im 11. Jahrhundert trat der Bischof zudem die Nachfolge des karolingischen Gaugrafen an, womit das Stadtgebiet dem unmittelbaren herrschaftlichen Einfluss der hochadeligen Grafen des Speyergau entzogen wurde. Diese besonderen Herrschaftsrechte, die neben dem juristischen auch den wirtschaftlichen Bereich – die Münze und den Zoll – betrafen, wurden den Speyerer Bischöfen durch die deutschen Kaiser garantiert. Die im 13. Jahrhundert einsetzenden Tendenzen zu einer bürgerlich-städtischen Selbstverwaltung führten 1294 zu einer Teilung der Stadt in zwei Hoheitsgebiete: die Domimmunität und die freie Reichsstadt.

Ende des Mittelalters rückte Speyer erneut in den Blickpunkt der Kirchengeschichte, da auf dem Speyerer Reichstag von 1526 die Einführung der Reformation durch die Reichsstände erlaubt wurde. Nur drei Jahre später verlangte König Ferdinand, jüngerer Bruder und Statthalter des Kaisers, auf dem Speyerer Reichstag von 1529 die Aufhebung dieses Beschlusses und die Aufrechterhaltung der alten kirchlichen Ordnung. Die Mehrheit der Reichsstände stimmte dem zu. Die sich zur Reformation bekennende Minderheit protestierte gegen diesen Beschluss. Die evangelischen Fürsten und Städte traten für die ungehinderte Ausbreitung der reformatorischen Lehre ein. Auf diesem Protest basiert der Name „Protestanten“. Auch in der Diözese Speyer wurden in der Folge im Zeitraum von 1529 bis 1552 zwei Drittel des Gebietes protestantisch.

Im Rahmen des pfälzischen Erbfolgekriegs verwüsteten 1689 die Truppen des französischen Königs Ludwig XIV. große Teile der Pfalz, darunter auch den Speyrer Dom. 1801 ging das Fürstbistum Speyer durch die Eroberung der napoleonischen Truppen unter. Der linksrheinische Teil fiel an Frankreich und wurde zum größten Teil dem neugeschaffenen Bistum

rechte Seite: Westbau, 1854–57 und Reste 11. Jahrhundert (romanische Mauern umkleidet)

unten: Vorhalle, 1854–57, von Heinrich Hübsch, Blick nach Süden mit dem Denkmal König Rudolfs von Habsburg

oben: Ansicht von Süden

rechte Seite: Ansicht von Osten mit den romanischen Bauteilen (Apsis und Turmuntergeschosse), spätromanischen Turmhelmen, der gotischen Sakristei und dem 1964 rekonstruierten Giebel

unten: Fenster am Südquerhaus

Mainz angegliedert. 1817 entstand das Bistum Speyer in den Grenzen des bayerischen „Rheinkreises" neu. Es umfasst die Pfalz und den Saarpfalz-Kreis im Saarland.

Der sogenannte Kaiserdom – auf einer Anhöhe am östlichen Ende der seit dem 10. Jahrhundert befestigten Stadt gelegen – wurde im 11. Jahrhundert anstelle eines wesentlich kleineren karolingischen Vorgängerbaus errichtet, der wahrscheinlich bis zum Jahr 858 unter Bischof Gebehart entstanden war. Die heutige romanische Kirche ist mit 134 Metern Länge der größte erhaltene romanische Sakralbau in Europa. Darüber hinaus zeigt er herausragende kunsthistorische Neuerungen. So ist er der erste größere Kirchenbau, dessen Mittelschiff vollständig eingewölbt wurde. Auch scheint hier die Zwerggalerie, d. h. der in Arkaden geöffnete Laufgang unterhalb der Dachtraufe, als umlaufendes Dekorationsmotiv erstmals zur Anwendung gekommen zu sein. Neben der architektonischen ist auch die historische Bedeutung herausragend, da der Dom eine Stiftung der salischen Kaiser (reg. 1024–1125) ist. Diese finanzierten den außergewöhnlichen Bau, der ihnen und ihren Gemahlinnen als Grablege diente. Der Dom ist als Haus- und Grabeskirche der salischen Kaiser ein Symbol ihres weltlichen und kirchlichen Machtanspruchs. Deshalb ist die im 19. Jahrhundert aufkommende Bezeichnung „Kaiserdom" zutreffend.

Den Bau des Doms begann der erste salische Herrscher Konrad II. schon kurz nach seiner Wahl zum deutschen König 1024 oder zum Zeitpunkt seiner Kaiserkrönung 1027. Mit diesem Schritt sollte Worms, in dessen Dom die Vorfahren der Salier ruhen, als Familiengrablege abgelöst werden. Der Neubau wurde im Osten als Pfeilerbasilika mit flacher Holzdecke im Mittelschiff und gewölbten Seitenschiffen sowie östlichem Querschiff begonnen. Aus der ersten Bauphase stammt die außergewöhnlich große Hallenkrypta, die nicht nur die Chorapsis umfasst, sondern auch das Querhaus in seiner gesamten Breite. Die Krypta entspricht in ihren Ausmaßen von 46 Metern Länge, 35 Metern Breite und 7 Metern Höhe bereits einem größeren Kirchenbau und ist die größte je gebaute romanische Hallenkrypta. Das Gewölbe tragen Säulen und Pfeiler mit Würfelkapitellen. 1040 war die Krypta fertiggestellt (Weihe 1041). Die Krypta besitzt sieben Altäre sowie ein romanisches Taufbecken (um 1100) im Bereich der Chorkrypta und diente vor allem dem Gottesdienst. 1039 wurde Konrad II. als Kirchenstifter im Boden zwischen den Treppen der Vorkrypta

bestattet (die Kaisergruft entstand erst zu Beginn des 20. Jahrhunderts); 1043 bzw. 1056 folgten seine Gemahlin Gisela und sein Sohn Heinrich. Konrads Sohn, Heinrich III., führte das Werk seines Vaters fort. Auf ihn geht die Verlängerung des Langhauses von den ursprünglich geplanten 55 auf 70 Meter und die Errichtung des querrechteckigen Westbaus zurück, so dass sich der Neubau über eine Länge von 134 Metern erstreckte. Damit war der Speyerer Dom das größte Gotteshaus im damaligen Abendland. Auch verlegte Heinrich die Krypta-Zugänge in die Seitenschiffe, die er zudem erhöhen ließ. Mittelschiff und Querhaus besaßen eine flache Holzdecke, während der Altarraum, die Seitenschiffe und der Westbau bereits gewölbt waren. Die östlichen Chortürme gehören bis zur Dachtraufe gleichfalls zur ersten Bauphase, die bis 1061 (Domweihe) abgeschlossen war. Die Architektur war von großer Klarheit und Strenge. Auf aufwendigen Dekor war verzichtet worden.

Heinrich IV. (1050–1106), der der Domweihe als noch minderjähriger König selbst beigewohnt hatte, ließ den Dom schon 20 Jahre später (kurz nach 1080) umgestalten. Bauschäden und der ausgeprägte Ehrgeiz und Baueifer Kai-

linke Seite:
oben links: Ansicht von Nordwesten zum nördlichen Querhaus
links unten: Halbsäule der Apsis mit der Darstellung des Paradieses (friedliches Beisammensein von Menschen, Löwen und Schlangen nach den Worten Jesajas)
oben rechts: Nördliches Seitenschiff mit Blick nach Osten
rechts unten: Innenseite des Hauptportals

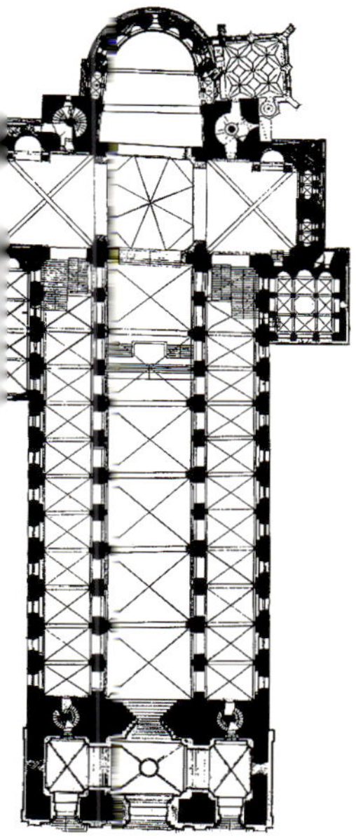

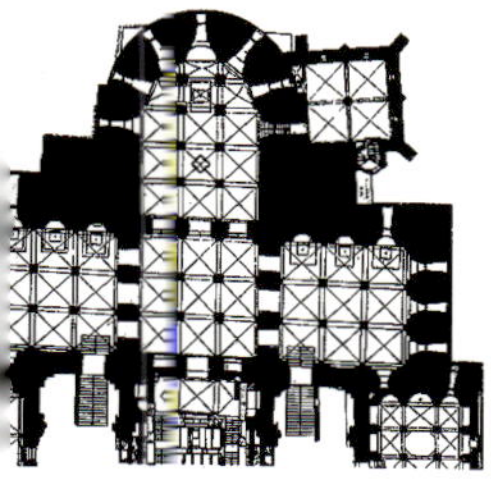

oben: Grundriss (oben) und Grundriss der Krypta (unten)

rechts: Blick durch das Langhaus nach Osten zum Chor. Der Innenraum wird durch die 1957/61 veranlasste Freilegung des Sandsteinquaderwerks geprägt. Die Abschnürung der Vierung erfolgte 1759.

ser Heinrichs IV. waren wohl der Anlass für die aufwendigen Umbaumaßnahmen. Das monumentale Gotteshaus war für den Kaiser in seinen Auseinandersetzungen mit Papst Gregor VII. und seinem Gang nach Canossa 1076 von großer legitimatorischer und symbolischer Bedeutung.

Die neuen Baumaßnahmen betrafen zunächst das flach gedeckte Mittelschiff. Es wurde – erstmals bei einem großen Kirchenbau! – eingewölbt, ebenso das Querschiff. Das Kreuzgratgewölbe überspannt seitdem eine Höhe von 32 Metern. Zur Aufnahme der Gurtbögen wurde aus statischen Gründen eine Verstärkung jedes zweiten Pfeilers um einen Vorsprung und eine Halbsäule mit korinthischem Kapitell notwendig, wodurch die Vertikale im Kirchenraum stärker akzentuiert wird. Die Apsis, deren Außenwand aus einem rechteckigen Mauermantel bestand, entfernte man zugunsten des heutigen Rundbaus. Dabei zeichnet sich die Fassadengestaltung durch hohe Blendarkaden und eine für die Romanik charakteristische Zwerggalerie unterhalb der Dachtraufe aus. Diese Galerie kommt am Speyerer Dom in ausgereifter Form erstmals vor und wurde hier somit „erfunden". Dieser rein dekorative Arkadengang wurde um den gesamten Bau herumgeführt. Die Kapitelle der Zwerggalerie zeigen unterschiedliche Ausführungen: an der Südseite des Langhauses sind es Würfelkapitelle, an anderen Stellen wie dem Nordquerhaus blieben sie teilweise unbearbeitet. Der Einbau der Zwerggalerie ist ein Beleg dafür, dass die Fassade im Vergleich zum Vorgängerbau mit seiner einfach und klar gehaltenen Flächigkeit jetzt durch plastischen und ornamentalen Bauschmuck aufgewertet werden sollte. Deutlich

oben: Grabmal König Rudolfs I. in der Krypta

rechts: Doppelkapelle St. Emmeram und Martin (unten) und St. Katharina (oben), um 1050 begonnen

unten: Krypta, 1024 begonnen

zeigt sich dies an den Profilen der Fenster in den neu aufgemauerten Querhäusern, die eine reiche Rankenornamentik, in der vereinzelt sogar kleine Tierfiguren erkennbar sind, besitzen. Auch im Innern der Kirche entstand in den nun eingebauten Kapitellen feines Rankenwerk, z. T. mit filigranen menschenartigen Phantasiegebilden. Beim Tod Heinrichs IV. 1106 war die Umgestaltung des Doms weitgehend vollendet. Kurz zuvor war auch die Doppelkapelle als südlicher Anbau errichtet worden.

In den folgenden Jahrhunderten blieb der Dom fast unverändert, mit Ausnahme des Anbaus der Sakristei an die Ostapsis 1409 und der Errichtung des Kreuzgangs am südlichen Langhaus 1437 bis 1444. Schwerste Zerstörungen erlitt der Dom jedoch 1689, als im Pfälzischen Erbfolgekrieg die gesamte Stadt niedergebrannt wurde. Vor allem die Westhälfte des Langhauses war von den Verwüstungen betroffen. Sie stürzte in Folge einer Sprengung ein. Wiederaufbauarbeiten misslangen. 1755 musste man wegen Einsturzgefahr auch den Westbau bis zur Empore abtragen, während man die übrigen Teile des Bauwerks sicherte. Zugleich wurde der Innenraum barockisiert.

Im ausgehenden 18. Jahrhundert entstanden Pläne für einen Wiederaufbau des Westbaus. Aus Geldmangel realisierte man nur eine reduzierte Variante: einen eingeschossigen Rechteckbau mit großer Kuppel und romanisierenden Detailformen nach Plänen von Franz Ignaz Michael Neumann (1733–85), Sohn des berühmten Baumeisters Balthasar Neumann. Zur Zeit der Napoleonischen Kriege wurde der Dom geplündert, die Einrichtung zerstört und das Gotteshaus zeitweise profanisiert. Pläne, den Dom ganz abzureißen, konnten jedoch abgewendet werden. Auf Veranlassung des bayerischen Königs Ludwig I. wurde der Dom von 1846 bis 1855 vom Münchener Historienmaler Johann Schraudolph (1808–79) großflächig zugunsten der ehemaligen Barockausstattung mit Ornamenten und Fresken ausgemalt. Von 1854 bis 1857 errichtete der Karlsruher Architekt Heinrich Hübsch einen neuen Westbau in freier Anlehnung an den Ursprungsbau. Damit war das Pendant zu den Türmen im Osten wiederhergestellt.

Im Zuge der Ablehnung der Kunst des Historismus entschied man sich während einer Generalsanierung von 1957 bis 1961 für die weitestgehende Abnahme der Malereien und Fresken des 19. Jahrhunderts und die Wiederherstellung historischer Maueröffnungen, die für die Innenausmalung geschlossen worden waren. Mit der Steinsichtigkeit und dem Rückbau verbanden die Verantwortlichen die Absicht, das hochromanische Urbild des Doms wieder rekonstruieren zu können.

oben links: Östliche Vierungskuppel

oben rechts: Nördliches Querhaus

unten: Apsis des Südquerhauses

STUTTGART

Stiftskirche

rechte Seite:
rechts: Ansicht von Osten
links: Blick in die nördlichen Seitenkapellen

unten rechts: Nach 1945 neu gestaltetes Apostelor von 1494/95, von dem nur die Figuren von Christus und den 12 Aposteln erhalten sind

unten links: Westturm

Die Reformation Martin Luthers setzte sich im heutigen Gebiet der Evangelischen Landeskirche in Württemberg mit Sitz im Evangelischen Oberkirchenrat in Stuttgart relativ rasch durch. Bereits 1522 predigte der Reformator Johannes Brenz (1499–1570) in Schwäbisch Hall, das nach und nach (bis 1543) den Übertritt zum neuen evangelischen Glauben wagte. 1534 setzte auch Herzog Ulrich von Württemberg für sein Herzogtum Württemberg die Reformation durch. Der Herzog, später der jeweilige König von Württemberg, vereinigt die weltliche und die kirchliche Macht und war damit zugleich das Oberhaupt der Landeskirche. Die bisherigen katholischen Bischöfe verloren ihre Rechte. Die Klöster blieben zwar erhalten, wurden jedoch Klosterschulen zur Ausbildung künftiger Pfarrer. Als Reformator setzte Herzog den bereits in Schwäbisch Hall wirkenden Johannes Brenz ein. Der Theologe Brenz, der neben Luther bedeutendste Katechismenautor des Protestantismus, verstarb 1570 in Stuttgart und liegt in der Stuttgarter Stiftskirche begraben.

Zwar war die Evangelische Landeskirche in Württemberg seit ihrer Entstehung eine Lutherische Kirche, Vorbild für den Gottesdienst wurde aber nicht Luthers deutsche Messe, sondern die Form des spätmittelalterlichen Predigtgottesdienstes mit schlicht gehaltener Liturgie, die bis heute prägend geblieben ist.

Bis zum Ende des Heiligen Römischen Reiches Deutscher Nation war das Herzogtum Württemberg ein rein evangelisches Gebiet und das größte protestantische Territorium im ansonsten katholischen Südwesten Deutschlands. Ab 1806 kamen große katholische Gebiete in Oberschwaben hinzu.

Mit der Abdankung des Königs von Württemberg Ende des 1. Weltkriegs verlor die Kirche ihr Oberhaupt. Die Leitung übernahmen zunächst

führende Geistliche der Kirche (Prälaten) und der Konsistorialpräsident die Kirchenleitung. Seit 1923/24 steht der Württembergischen Landeskirche ein „Kirchenpräsident“ als Oberhaupt der Kirche vor, der seit 1933 den Titel „Landesbischof“ trägt.

Die Stuttgarter Stiftskirche ist die Hauptkirche der Evangelischen Landeskirche in Württemberg und Pfarrkirche der Stiftskirchengemeinde.

Erster Vorgängerbau der heutigen Kirche war ein einschiffiger Bau mit halbrunder Apsis aus dem 10. oder 11. Jahrhundert. Um 1170 – nach anderer Meinung um 1240 unter Graf Ulrich I. „dem Stifter“ (reg. 1240–65) – ersetzte man die kleine Kirche durch eine dreischiffige Basilika mit Chor und Doppelturmfassade, von der nur der Südturm realisiert wurde. Dieser Turm ist mit seinen drei unteren Geschossen und Rundbogenfriesen erhalten. Im Erdgeschoss des Südturms befindet sich die Stifterkapelle mit der ursprünglich farbig gefassten Doppeltumba von Graf Ulrich I. – „dem Stifter“, Begründer der württembergischen Hausmacht und Förderer Stuttgarts – und Herzogin Agnes von Liegnitz, Ende des 13. Jahrhunderts entstanden.

Um 1320 verlegte Graf Eberhard der Erlauchte von Württemberg das Chorherrenstift und das Erbbegräbnis der Grafen von Württemberg von Beutelsbach nach Stuttgart. Durch päpstliches Dekret wurde damit die Stuttgarter Kirche Stiftskirche. Für den Propst (gewählt von den Chorherren), 12 Chorherren und 12 Vikare und weitere Priester errichtete man 1321/1327–47 den heutigen Chor in frühgotischem Stil. Zudem erhielt der Südturm sein 4., um 1400 sein 5. Geschoss. Eberhard der Erlauchte wurde in der Südwestecke des Chors begraben.

Baumeister Hänslin Jörg, ein Schüler des Münsterbaumeisters von Ulm und Straßburg, begann

oben links: Grabmal (Ende 13. Jahrhunderts) des Grafen Ulrich I. von Württemberg und seiner Gemahlin Agnes von Liegnitz (beide † 1265) in der spätromanischen Stifterkapelle unter dem Südturm, 1175

oben rechts: Epitaph des Haushofmeisters Hans Herter von Herteneck († 1562) in der Stifterkapelle

Mitte: Tischgrabmal der Herzogin Johanna Elisabeth, geborene Pfalzgräfin bei Rhein, Herzogin in Bayern († 1601)

unten: Geburt Christi, Anbetung der Heiligen Drei Könige und Beschneidung Christi (zwei Rabbiner mit Maria, Josef und dem Christuskind), Figuren des ehemaligen Lettners, um 1480–1500

1436 mit der Errichtung einer Staffelhalle, die das spätromanische Langhaus ersetzte. Sein Sohn Aberlin Jörg vollendete das spätgotische Kirchenschiff mit Netzrippengewölben und Seitenkapellen. 1463/64 erhielt der Südturm sein 6. Geschoss, 1494/95 die südliche Langhauswand das figurenreiche Aposteltor. Der Westturm wurde um 1490 bis 1531 unter Leitung des Baumeisters Marx (oder Marr) erstellt. Ursprünglich mit spitzem Turmhelm geplant, erhielt er infolge der Reformation nur ein flaches Dach bei einer Gesamthöhe von 61 Metern. 1578 wurde die Spitze des Südturms erneuert.

Mit der ersten öffentlichen evangelischen Predigt Konrad Oettingers im Herzogtum Württemberg auf der Kanzel der Stiftskirche am 16. Mai 1534 hielt die Reformation Einzug, auch wenn sich die Stiftsherren bis 1552 erfolgreich dagegen wehrten. 1553 wurde aber schließlich Johannes Brenz als erster evangelischer Propst an der Stiftskirche eingesetzt. In der Folge passte man den Innenraum den neuen Anforderungen an den Gottesdienst an, indem Sitzbänke und Emporen sowie auf der Südempore der Fürstenstand eingebaut, Bilder und Altäre entfernt wurden.

Die Gruft unter dem Chor und der Sakristei beherbergt die Grablege des Hauses Württemberg. Dort haben mehr als 100 Angehörige – Könige, Herzöge, Fürsten und Kinder – ihre letzte Ruhestätte gefunden. Unter der Kanzel liegt der Reformator Johannes Brenz begraben.

Die im 2. Weltkrieg stark zerstörte Stiftskirche stellte man in den 1950er Jahren nach Plänen von Hans Seytter vereinfacht wieder her, wobei das dreischiffige Langhaus durch einen mit einer Holztonne überspannten Kirchensaal ersetzt wurde. Beim Umbau von 1999–2003 erhielt der Innenraum durch den Hamburger Architekten Bernhard Hirche eine neue Deckenkonstruktion mit eingespannten Akustiksegeln aus Glas. Unter dem Langhaus entstand ein Gemeindezentrum.

Blick durch das Langhaus in den Chor

Elf Standbilder württembergischer Grafen, sog. „Ahnengalerie“, an der Nordwand des Chores, 1574, ursprünglich farbig gefasst, Darstellung in historisch korrekten Rüstungen, Waffen und Amtsattribute aus Metall, schwarze Marmortafeln mit Name, Geburts- und Todesjahr des Ritters, darüber Wappen – von Ost nach West: Ulrich I. († 1265), Ulrich II. († 1279), Eberhard I. († 1325), Ulrich III. († 1344), Ulrich IV. († 1366), Eberhard II. († 1392), Ulrich († 1388), Eberhard III. († 1417), Eberhard IV. († 1419), Ulrich V. († 1480), Heinrich von Mömpelgard († 1519)

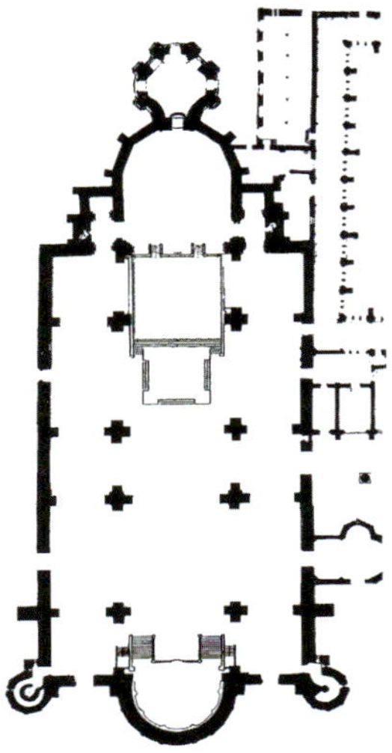

Grundriss

Nördliches Querschiff mit Resten des römischen Quadratbaus (roter Ziegelstein), 4. Jahrhundert, Querschiffobergeschoss, 18. Jahrhundert

TRIER

Dom St. Peter

Trier ist der älteste Bischofssitz Deutschlands. Spätestens seit der Provinzeinteilung des Römischen Reiches unter Kaiser Diokletian um 295 gab es hier einen Bischof. Trier stieg in dieser Zeit zu einer der wichtigsten Städte des Römischen Reichs auf und wurde Sitz des „Praefectus Praetorio Galliarum" und somit der römischen Zivilverwaltung für das Gebiet von Nordafrika bis Nordbritannien, darüber hinaus Sitz des gallischen Sonderkaisers und eine der Residenzen des Kaisers. Daraus resultiert die überregionale Bedeutung der ersten Bischöfe Agritius und Paulinus.
Wichtige Impulse zur Aufwertung des Bischofssitzes Trier gingen vom Kaiserhaus aus, da auch Kaiser Konstantin und seine Söhne (306–50) sowie die Kaiser Valentinian und Gratian (364–83) in Trier residierten. Legendär sind die Taten von Konstantins Mutter Helena († 328/29). Sie dürfte der Trierer Kirche das etwa 30 x 30 cm große Stück Gewebe geschenkt haben, das mit dem Leibrock Jesu identisch sein soll und das sie von einer Pilgerfahrt in Jerusalem mitbrachte. Der Leibrock war unter den Soldaten nach der Kreuzigung verlost worden und ist heute Teil des sogenannten Heiligen Rocks, der im Trierer Dom aufbewahrt wird. Für die weitere kirchliche und bauliche Entwicklung Triers war noch von größerer Wichtigkeit, dass Helena Bereiche der kaiserlichen Wohngebäude innerhalb der Stadt der Kirche überließ. Anstelle des Stadtpalastes der Kaisermutter – Reste von hochwertigen Deckenmalereien des Palastes wurden unter dem Dom ergraben – entstand ab 326 ein mächtiger Komplex mit zwei großen Basiliken: die in Teilen noch bestehende Nordkirche (heute Dom) und eine Südkirche an der Stelle der heutigen Liebfrauenkirche. Stifter der Anlage war kein geringerer als Konstantin der Große (270/285–337), der nach jahrhundertelanger Christenverfolgung unter den römischen Kaisern das Christentum förderte. Zu

seinem 20-jährigen Regierungsjubiläum 326 begann er neben dem Bau der Peterskirche in Rom, der Grabeskirche in Jerusalem und der Geburtskirche in Bethlehem mit der Errichtung der Trierer Doppelkirche. Dabei handelte es sich jeweils um monumentale Kirchen von über 120 Metern Länge. Die Trierer Nordkirche des 4. Jahrhunderts besaß mit ca. 160 Metern Gesamtlänge für Basilika und Atrium eine weit größere Dimension als der heutige Dom und reichte noch über den heutigen Domvorplatz hinaus nach Westen fast bis zum Hauptmarkt. Die Größe der Bischofskirchen entsprach auch der Bedeutung des Bistums Trier, da zur Trierer Kirchenprovinz bis zur Französischen Revolution die Bistümer Metz, Toul und Verdun gehörten.

Nach den Germaneneinfällen um 400 und schließlich nach der Eroberung durch die Franken um 470 sank jedoch zunächst die politische und militärische Bedeutung der Stadt. Die Doppelkirchenanlage des 4. Jahrhunderts wurde zerstört und anschließend teilweise wieder aufgebaut. Der Bischofssitz blieb auch weiterhin bestehen, so dass Trier kirchliches Zentrum blieb. In Trier gründete vor allem der fränkische Hochadel ab 600 mehrer Klöster, wie z. B. St. Martin (um 600), St. Irminen (vor 639?) und Pfalzel (nach 700).

Spätestens seit 811 war Trier Sitz eines Erzbischofs. Das Trierer Bistum bzw. Erzstift reichte vom französischsprachigen Gebiet an der Maas bis nach Wetzlar an der Lahn. Infolge der Teilung des Reichs Karls des Großen gelangte Trier

Über 50 Meter breite Hauptfassade, 11. Jahrhundert (Obergeschoss des Südwestturms, frühes 16. Jahrhundert), und Liebfrauenkirche, 1. Hälfte 13. Jahrhundert

linke Seite unten: Barocke Heilig-Rock-Kapelle (1687) und Ostchor (12. Jahrhundert)

sowie der Auflösung der Kirchenprovinz mit der Folge der Aufhebung aller Klöster, Stifte und Hospitäler. Für das Departement Sarre entstand eine neue Diözese Trier unter Leitung des Franzosen Charles Mannay (1745–1821, Trierer Bischof 1802–16). Nach dem Zusammenbruch der napoleonischen Herrschaft und dem Wiener Kongress entstand 1821 das heutige Bistum Trier in den Grenzen der preußischen Regierungsbezirke Koblenz und Trier und kleinerer Teilterritorien. Erst 1824 erhielt Trier mit Josef von Hommer (1824–36) einen neuen Bischof.

Ansicht von Osten mit spätromanischem Ostchor, gotischen Chorflankentürmen und barocker Heilig-Rock-Kapelle

oben rechts: Kreuzgang, 11. Jahrhundert

rechte Seite: Ansicht vom Kreuzgang zum Dom mit barockem Querhaus, römischem Quadratbau, spätromanischem Ostchor und gotischen Osttürmen

allerdings geographisch in eine Randlage und büßte so gegenüber den Bistümern von Mainz und Köln an Bedeutung ein.

Schillernde Persönlichkeit der Bistumsgeschichte war der kunstsinnige Erzbischof Egbert (977–993), der Werkstätten ansiedelte, die kostbare Goldschmiedearbeiten und Buchmalereien schufen.

Nach dem Einmarsch französischer Revolutionstruppen 1794 in Trier wurde der Dom profaniert. Es folgte 1797 eine innere Säkularisation. Ihre öffentliche Vollendung fand die Säkularisation 1801 nach dem Ende des Kurfürstentums und der Annexion mit dem Konkordat zwischen Napoleon und Papst Pius VII.

Der Trierer Dom ist die älteste Bischofskirche Deutschlands und zugleich – da große Wandbereiche auf römische Zeit zurückgehen – der älteste erhaltene Kirchenbau in Deutschland. Der heutige Dom besitzt eine Gesamtlänge von 95 m, davon entfallen 41 m auf den römischen Quadratbau (4. Jahrhundert), über 40 m auf die frühromanische Erweiterung (11. Jahrhundert) und der Rest auf den spätromanischen Ostchor.

Wie bereits angeführt, ließ Kaiser Konstantin ab 326 eine Doppelkirchenanlage mit zwei basilikalen Kirchen als Bischofssitz erbauen. Die Südkirche erhielt ihre vorerst endgültige Gestalt

Tympanon des romanischen Portals (12. Jahrhundert) zur Liebfrauenkirche, Darstellung von Christus zwischen Maria und Petrus

Mitte des 4. Jahrhunderts. Sie wurde nach Umbauten und Erweiterungen im 10. Jahrhundert durch die heutige, in der 1. Hälfte des 13. Jahrhunderts erbaute gotische Liebfrauenkirche ersetzt. Die Nordkirche, ab etwa 326 als dreischiffige Basilka errichtet, ging im heutigen Dom auf. Den Ostteil ersetzte Kaiser Gratian (reg. 375–383) durch einen mächtigen Quadratbau mit einer Seitenlänge von 41,5 Metern. Den flachgedeckten Innenraum trugen vier 12,5 m hohe monolithische Granitsäulen mit Kompositkapitellen. Bis in eine Höhe von 25 Metern ist der Quadratbau im heutigen Dom erhalten. Eine dieser Granitsäulen, der sogenannte Domstein, liegt heute vor dem Südwestportal.

Dreischiffige Ostkrypta, zusammen mit dem Ostchor bis 1196 (Altarweihe) erbaut

Infolge kriegerischer Auseinandersetzungen während der Völkerwanderungszeit führte ein Brand der Bischofskirche zum Bersten der Granitsäulen. Die aufliegenden Schwibbögen fielen herunter. Der Quadratbau blieb zunächst eine Ruine, ehe ihn Bischof Niketius (525 bis 566) wiederherstellte. Die Granitsäulen ersetzte man durch Kalksteinsäulen. 882 beschädigten die Normannen die Bischofskirche schwer. Ihre Wiederherstellung vollzog erst Erzbischof Egbert (reg. 977–993), indem er den Quadratbau instandsetzte. Dabei ließ er 989/990 die nördlichen Säulen und die Südostsäule mit kreuzförmigen Pfeilern ummanteln. Der Südwestpfeiler musste wegen der Beschädigung der dortigen Säule komplett erneuert werden. Außerdem begann Egbert mit dem Neubau einer dreischiffigen Pfeilerkirche anstelle des konstantinischen Langhauses. Nach seinem Tod stellte man jedoch die Arbeiten ein.

Unter Erzbischof Poppo von Babenberg (1016–47) änderte man die Planung. Er brach ab 1037 das unter Erzbischof Egbert begonnene Langhaus wieder ab, verlängerte den Quadratbau nach Westen und errichtete die heutige Doppelturmfassade mit halbrunder Westapsis. Die Bauarbeiten wurden unter den Erzbischöfen Eberhard (reg. 1047–66) und Udo (reg. 1066–78) weitergeführt und bis 1075 abgeschlossen. Durch die Verlängerung des Quadratbaus um weitere zwei Joche war für romanische Kirchen ein ungewöhnlicher hallenähnlicher Raum entstanden. Spätestens 1121 (Weihe des Westchors) war auch die Westkrypta erbaut.

Bis zum 12. Jahrhundert bildete die flache Wand des römischen Quadratbaus den östlichen Abschluss der Kathedrale. Erst unter Erzbischof Hillin (reg. 1152–69) entstand der Ostchor mit dazugehöriger Krypta. Der Chor war wohl erst 1196 mit der Weihe des Hochaltars vollendet, als der Heilige Rock, das Gewand

Gewölbe des Westchors mit Stuckaturen von 1668 mit Darstellungen der Trinität (Dreifaltigkeit) und der Aufnahme Mariens in den Himmel sowie Engelsfiguren

Ansicht vom Ostchor durch das Langhaus zum Westchor (11. Jahrhundert). Bemerkenswert ist die außerordentliche Weite der Joche. Die Höhenunterschiede zwischen dem Mittelschiff und den Seitenschiffen entstanden erst durch die spätromanische Einwölbung im 13. Jahrhundert.

rechte Seite: Ansicht vom Westchor durch das Langhaus zum Ostchor mit dem barocken Hochaltar

rechts: Allerheiligenaltar und Grabaltar des Lothar von Metternich von Hans (Johannes) Ruprecht Hoffmann (um 1545–1617), Bildhauer- und Steinmetzmeister

unten: Blick vom südlichen Querhaus durch die Vierung zum Ostchor; Vierung (östlicher Teil des Langhauses) im Kern römisch mit frühromanischen Pfeilern, die die Säulen des 6. Jahrhunderts ummanteln, Einwölbung 13. Jahrhundert; im Ostchor das aus der Mainzer Karthause stammende barocke Chorgestühl; darüber romanische Chorschranken

Christi, vom Westchor in den Ostchor übertragen wurde. Die Chorflankentürme wurden erst um 1400 gotisch vollendet. Schließlich ließ Erzbischof Theoderich (reg. 1212–43) das Langhaus einwölben und Erzbischof Balduin von Luxemburg (reg. 1307–54) die Obergeschosse der Osttürme gotisch umgestalten. Im Zusammenhang mit dem Bau der Liebfrauenkirche entstand Mitte des 13. Jahrhunderts ein neuer Kreuzgang, der den romanischen Vorgänger ersetzte. Der Südwestturm erhielt unter Erzbischof Richard von Greiffenclau (reg. 1511–31) ein zusätzliches Geschoss.

Für das Gewand Christi, den Heiligen Rock, schuf der aus der Schweiz stammende Bildhauer und Architekt Johann Wolfgang Fröhlicher (1652–1700) 1687 die Heilig-Rock-Kapelle als Heiltumskammer. Es handelt sich um einen barocken Zentralbau, der am Scheitel des Ostchors errichtet wurde. Am Übergang vom Ostchor zur Kapelle führte Fröhlicher zudem den mächtigen, über ein Säulenpodest und seitliche Treppen erreichbaren Hochaltar als marmorne Fassade zur Kapelle aus. Eine durch Wolken und Putten gesäumte Öffnung im Altar gibt den Blick in die Heilig-Rock-Kapelle frei.

Nach dem Dombrand von 1717 begann die barocke Umgestaltung des Doms durch den Baumeister Johann Georg Judas. Zur Schaffung besserer Lichtverhältnisse fügte er größere Fenster ein und wandelte den römischen Quadratbau teilweise in ein Querhaus um. Dazu verwendete er Rundbogenfenster, die sich an die übrige romanische Bauweise angleichen. Der Innenraum hatte im 17. und 18. Jahrhundert neue Ausstattungsstücke und in Teilen eine Ausschmückung mit Stuck erhalten. Die barocken Altäre und Dekorationen wurden teilweise bei Renovierungen Mitte des 19. Jahrhunderts und um 1900 beseitigt.

Der Trierer Dom besitzt drei Krypten. Die älteste ließ Erzbischof Poppo vor 1036 in den römischen Quadratbau als dreischiffige Ostkrypta einbauen. Mit der Errichtung des Ostchors war sie um 1200 zugeschüttet worden. Kurz nach 1900 legte man sie wieder frei. Die Westkrypta (heute Bischofsgruft) unter dem Westchor (vor 1121) zeigt Säulen mit Würfelkapitellen und Kreuzgratgewölbe. Die dreischiffige Ostkrypta mit Kreuzgratgewölbe wurde um 1160 unter dem Ostchor errichtet. Sie ist heute durch zwei Durchgänge mit der frühromanischen Krypta verbunden.

VERDEN (ALLER)

Dom St. Maria und St. Caecilia

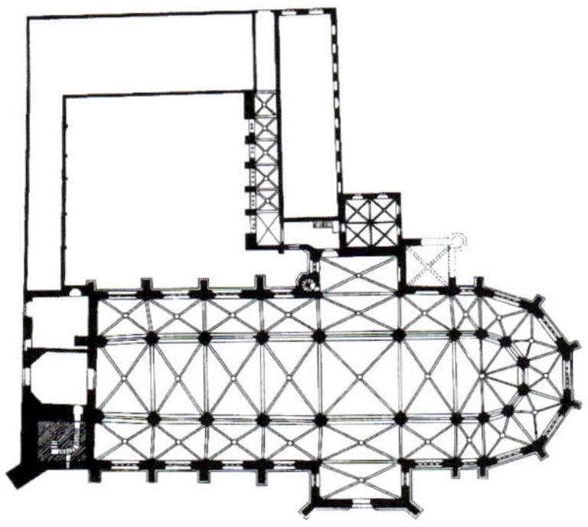

Grundriss
Ansicht von Südwesten

Das Bistum Verden entwickelte sich aus einem karolingischen Missionszentrum, das sich bis ins späte 8. Jahrhundert zurückverfolgen lässt. Es wurde zunächst von den mainfränkischen Klöstern Amorbach und Neustadt getragen. Es ist nicht sicher, ob Sitz und Hauptkirche dieses Missionsbistums im Nordosten des Sachsenreichs vor 849 im damals bedeutenden Handelsort Bardowick lagen. In diesem Jahr bestätigte König Ludwig der Deutsche den Sitz des Bischofs Waltgar (reg. 841–65) an der schon bestehenden Andreaskirche in Verden. Bereits in den nachfolgenden Jahrzehnten werden Maria und Caecilia als Mitpatroninnen genannt. Mit der Weihe des inzwischen dritten Dombaus im Jahre 1028 wurde das Andreaspatrozinium auf eine benachbarte Kirche übertragen, vermutlich auf den Vorgängerbau der südlich des Doms gelegenen Stiftskirche St. Andreas. Von nun an waren Maria und Caecilia alleinige Patroninnen der Bischofskirche.

Die Stadt stand in wirtschaftlicher Hinsicht stets im Schatten der nur etwa 30 km nordwestlich gelegenen Metropole Bremen. Verden war Suffraganbistum der Erzdiözese an der Weser. Sein Einflussbereich erstreckte sich in erster Linie nach Osten und umfasste Gebiete der Lüneburger Heide bis in die Altmark im heutigen Bundesland Sachsen-Anhalt hinein. Von der frühen Bedeutung des Bistums zeugen die verschiedenen Neubauten des Doms und einige bedeutende Stiftungen wie die des Marianus-Schreins und eines kostbaren Evangeliars durch Bischof Brun (reg. 962–76). Bischofsresidenz war seit 1195 die Rotenburg an der Wümme, die unter Rudolf I. von Holle (reg. 1189–1205) entstand. Das Domkapitel konnte schon 890 eine vermögensrechtliche Trennung und somit eine gewisse Unabhängigkeit gegenüber dem Bischof erreichen. Nachdem sich bereits unter Bischof Georg von Braunschweig-Lüneburg (reg. 1558–66) der evangelische Glauben weitgehend durchgesetzt hatte, wurde das lutherische Bekenntnis erst durch Eberhard von Holle (reg. 1566–86) eingeführt und nach 1570 durch den Erlass einer neuen Kirchenordnung geregelt. Während des Dreißigjährigen Krieges regierte vorübergehend (1630–34) ein katholischer Bischof in Verden. Das Hochstift wurde 1648 endgültig säkularisiert und damit aufgehoben. Bis 1712 war es gemeinsam mit dem ehemaligen Erzbistum Bremen als „Herzogtümer Bremen und Verden“ mit Sitz in Stade Teil des Schwedischen Reiches.

Durch Grabungen der Jahre 1966/67 sind Ausmaße und Material der Vorgängerbauten des gotischen Doms bekannt. Die 849 bereits

bestehende und nach der Erhebung zum Bischofssitz sicher erweiterte Andreaskirche war ein Holzbau. Es handelte sich um eine dreischiffige Anlage vom 18 m Länge und 6 m Breite. Unter Bischof Amelung (reg. 933–62) entstand ein etwa doppelt so großer Neubau, ebenfalls aus Holz. Er besaß eine geräumige Westhalle, an die nach Osten das dreischiffige Hauptschiff und der Chor in Verlängerung des Mittelschiffs anschlossen. Der ottonische Dom war eine der größten Holzkirchen Norddeutschlands. Erst unter Bischof Wigger (reg. 1015–31), zuvor Domprobst in Köln, entstand ein erster Massivbau aus Raseneisenstein, der 1028 geweiht werden konnte. Die Ostpartie mit gestrecktem Hauptchor und Apsis (innen rund, nach außen vieleckig) sowie zwei ebenfalls apsidial geschlossenen Nebenchören folgt Vorbildern aus dem Rhein-Maas-Gebiet. Das Langhaus war eine siebenjochige, dreischiffige Basilika.
Der vierte Dom, ein durchgreifender Umbau der spätottonischen Anlage, wurde um die Mitte des 12. Jahrhunderts begonnen und zwischen 1181–85 von Bischof Tammo (reg.

Ansicht von Süden (oben) und Südwesten (unten)

oben: Ansicht von Nordwesten über die Aller (Turm 2. H. 12. Jh., Langhaus und Querschiff 1290–1323)

unten links: Westfassade

unten rechts: Ansicht von Südosten

1180–88) geweiht. Die Basilika erhielt nun ein Querhaus, die Nebenapsiden wurden abgerissen. Von dem romanischen Dom ist lediglich der Südwestturm erhalten, im Untergeschoss in Sandstein, darüber in Backstein ausgeführt. Wie Lisenen im Untergeschoss zeigen, war zunächst eine achteckige Fortführung des Turms geplant. Es wurden aber fünf Backsteingeschosse auf quadratischem Grundriss aufgesetzt, die durch eine nach oben hin zunehmende Anzahl von Arkaden geöffnet sind. Der ursprüngliche Abschluss bestand aus einem über vier Giebeln emporsteigenden Spitzdach. Die Quaderverblendung der Turmwestseite stammt von 1583.

Der romanische Dom wurde durch einen Brand 1268 stark beschädigt. Ein Neubau, der die Maße der alten Kirche abermals verdoppelte, konnte aber erst ab 1290 unter Bischof Konrad I. von Braunschweig-Lüneburg (reg. 1269–1300) begonnen werden. Es entstand nun eine gotische Hallenkirche, von der jedoch zunächst nur die Ostteile errichtet wurden. Chor, Umgang und Querhaus wurden 1307 schon teilweise genutzt, 1312 erfolgte die Bestattung des Bischofs Friedrich I. von Honstädt (reg. 1300–12) im Chorumgang. 1313 wird jedoch über das Fehlen von Fenstern und Dachstuhl geklagt. Infolge von Stiftungen des Bischofs Nikolaus von Ketelhot (reg. 1312–32) und des Verdener Bürgers Dietmar Hertoge wurden die Fenster verglast, 1323 konnte das erste Pontifikalamt gehalten werden. Eine Weihe durch Bischof Otto von Braunschweig (reg. 1388–95) im Jahre 1390 kann nur die Ostteile betroffen haben. Das Langhaus blieb in den Fundamenten bis 1473 liegen. Bis 1490 wurde es unter Barthold von Landesbergen (reg. 1470–1502) vollendet. Statt eines nördlichen Pendants zum Südwestturm wurde 1529 die Mandelsloh-Kapelle angebaut.

Nach außen wirkt der Dom trotz der beiden weit auseinander liegenden Bauphasen relativ homogen. Im späten 15. Jahrhundert nutzte man die Fundamente des frühen 14. Jahrhunderts und schuf somit einen einheitlichen Raum, der unter dem steilen Dach zusammengefasst wird. In den Ostteilen verwendete man eine Mischtechnik aus äußerer Quaderverblendung, innerer Werksteingliederung und einem Mauerkern aus Backstein, in Anlehnung an den Bremer Dom. Die Giebel des Querhauses sind durch den Wechsel von roten und glasierten Ziegeln mit Putzflächen reich gegliedert. Die südliche Querhausfassade ist als Schauwand konzipiert und von kräftigen Strebepfeilern gefasst; am westlichen Strebepfeiler befindet sich die Skulptur eines Diakons. Das fünfbahnige Fenster besitzt feines Maßwerk sowie Basen und Kapitelle. Bemerkenswert ist auch der Bauschmuck des südlichen Querhausportals mit figürlichem Kämpferfries. Der Nordquerhausgiebel überragt die hier anschließenden Klausurbauten und ist – zur Stadt hin gewandt – auf Fernwirkung angelegt. Im Innern fällt die Entwertung des Querhauses durch die reduzierte Gestaltung des östlichen und westlichen Vierungsbogens als Gurte auf. Die Wirkung des

Mittelschiffes wird somit deutlich erhöht. Nachdem sich die Kirche in einem bedenklichen Bauzustand befunden hatte, wurde sie durch Leo Bergmann 1829–32 durchgreifend restauriert. Dabei gingen die wichtigsten Ausstattungsstücke verloren: Hochaltarschrein, Chorgestühl und Lettner aus dem Mittelalter sowie etliche Altäre und die Orgel aus der frühen Neuzeit. Bergmann schuf auch den Hochaltar unter Verwendung des Retabels von 1323. Aus einer Beschreibung von 1826 wissen wir genau um das Aussehen des gotischen Altarwerks, das in den wesentlichen Teilen von Bergmann kopiert wurde. Es handelte sich um eine Inkunabel des geschnitzten Flügelretabels, dessen Gestalt einen Reliquienschrein als Sockel mit einem Triptychon darüber und einem hohen Fialaufsatz kombinierte. Im Zentrum des gotischen Mittelschreins stand vermutlich eine von Bischof Tammo in den 1180er Jahren gestiftete, vergoldete Muttergottes (heute im Domschatz). Aus dem 2. Viertel des 14. Jahrhunderts stammt ein Levitenstuhl mit ausgezeichneten Schnitzarbeiten. Außerdem befinden sich noch drei qualitätvolle Grabmäler in der Kirche: Die Bronzegrabplatte des Bischofs Barthold von Landesbergen, des Bauherrn des Langhauses, heute in der Westvorhalle, war ursprünglich in der Mitte des Langhauses aufgestellt. Die steinerne Doppeltumba der Bischöfe Christoph (1502–66) und Georg von Braun-

oben: Innenansicht nach Osten, Hochaltarretabel, 1323/1829–30
unten links: „Das letzte Abendmahl", Stahlplastik von Gino Tavernini, Hannover, 1990
unten rechts: Taufstein, 1. Hälfte 13. Jahrhundert

schweig-Lüneburg, einst im Chor, wurde von Bergmann ins westliche Langhaus versetzt. Dort befindet sich auch das sehr aufwendige, aber unvollständig erhaltene Grabmal des Bischofs Philipp Sigismund (1586–1623), das dieser sich bereits 1594 von niederländisch geschulten Künstlern errichten ließ. Der hohe Aufbau wurde einst von der Figur des vor einem Kruzifix betenden Bischofs bekrönt.

oben links: Gewölbe des nördlichen Chorumgangs

oben rechts: Inneres nach Westen mit neugotischem Orgelprospekt

unten: Innenhof des ehemaligen romanischen Kreuzgangs und nördliches Querhaus sowie Langhauswand

oben: Krypta unter der Sakristei
linke Seite: Gewölbe (oben), neugotische Kanzel nach Entwurf von Leopold Bergmann, um 1830 (unten links), Grabplatte des Bischofs Barthold von Landesbergen († 1502), frühes 16. Jahrhundert (unten Mitte) und gotischer Dreisitz/Levitenstuhl (Thron des Bischofs), 2. Viertel 14. Jahrhundert (unten rechts)
unten: Romanischer Kreuzgang

WOLFENBÜTTEL

Hauptkirche Beatae Mariae Virginis

Dass sich die Hauptkirche der Evangelisch-Lutherischen Landeskirche Braunschweigs in Wolfenbüttel befindet, liegt in der Geschichte des Fürstentums Wolfenbüttel-Braunschweig begründet. Seit dem späten Mittelalter hatte sich die mächtige Handelsstadt Braunschweig erfolgreich gegen die Abhängigkeit von den Landesherren gewehrt. Das benachbarte Wolfenbüttel war bereits im 15. Jahrhundert bevorzugte Residenz des Mittleren Hauses der in verschiedene Linien aufgeteilten Welfenherzöge. Erst 1753/54 wurde die Residenz nach Braunschweig verlegt. Die Bezeichnung als „Herzogtum Braunschweig" setzte sich erst im 19. Jahrhundert durch.

Ansicht von Süden mit Langhaus und Kirchturm, 1608-25

Die Geschichte der Braunschweiger Landeskirche beginnt mit der endgültigen Einführung der Reformation im Herzogtum. Im Mittelalter gehörte das Land zu den Bistümern Hildesheim und Halberstadt, die Grenze verlief mitten durch das Braunschweiger Stadtgebiet. Herzog Heinrich d. J. (reg. 1514–68) war noch ein Gegner der lutherischen Konfession, die in Braunschweig schon 1528 angenommen worden war. Sie konnte sich erst bei Amtsantritt seines Sohnes Julius (reg. 1568–89) durchsetzen. Der Herzog war nun Oberhaupt der evangelischen Kirche, die von einem Konsistorium in Wolfenbüttel unter der Leitung eines Superintendenten verwaltet wurde.

Unter Julius begann der Ausbau Wolfenbüttels zu einem der bedeutendsten Kunstzentren Mitteldeutschlands. Er baute die sog. Heinrichstadt aus und ließ sich von den führenden Festungsbaumeistern in Nordeuropa (Johann Pasqualin, Wilhelm de Raest, Daniel Speckle, Graf Rochus von Lynar) beraten. 1586–90 weilte Hans Vredemann de Vries als Architekt und Maler in der Stadt, auf ihn geht u. a. das teilweise erhaltene Kanzleigebäude zurück. Der herzogliche Baumeister Paul Francke, Architekt der 1608 begonnenen Hauptkirche, hatte bereits seit 1575 an der Planung einer zentralen Marienkirche gearbeitet. Auf Betreiben des Herzogs Julius wurde 1576 die Landesuniversität in Helmstedt gegründet, die sich zu einer Hochburg der lutherischen Orthodoxie (Georg Calixt) entwickelte. Bauherr der Wolfenbüttler Hauptkirche, zugleich Gemeinde- und Hofkirche sowie Denkmal des Fürstenhauses mit Familiengruft, war Herzog Heinrich Julius (reg. 1589–1613). Er war zwischen 1607–13 Direktor des Geheimen Rates am kaiserlichen Hof Rudolphs II. in Prag – eine ungewöhnlich hohe und einflussreiche Stellung für einen protestantischen Fürsten. In seiner Regentschaft begann die Wirkungszeit des Michael Praetorius als Hofkapellmeister in Wolfenbüttel. Die Vollendung des Kirchenbaus erfolgte erst unter Friedrich Ulrich (reg. 1613–43).

Nach dem Ersten Weltkrieg und dem Ende des landesherrlichen Kirchenregiments wurden die Braunschweiger wie auch die anderen Landeskirchen in Deutschland selbständig (Verfassung 1922). An ihrer Spitze steht seitdem ein Landesbischof, der von einem neu eingerichteten Landeskirchentag gewählt wird.

Die Hauptkirche Beatae Mariae Virginis in Wolfenbüttel gilt zu Recht als bedeutendster protestantischer Kirchenbau des 17. Jahrhunderts. Dem Architekten Paul Francke (†1615) gelang ein höchst repräsentativer, manieristischer Bau, der sich in Grundriss und Struktur an spätgotischen Bauten orientierte, doch im Dekor von zum Teil überbordender Freude am Ornament und figürlichen Detail zeugt. Es handelt sich um einen vollständigen Neubau. Von der 1301 erwähnten Marienkirche ist ebenso wenig erhalten wie von dem 1553 unter Herzog Heinrich d. J. begonnenen Bau, der bereits eine fürstliche Grabkapelle umfasste. Die lange schwelenden Planungen eines repräsentativen Umbaus nahmen erst nach der Jahrhundertwende Gestalt an: 1604 erließ Heinrich Julius einen Spendenaufruf, 1607 erfolgten Materiallieferungen und Gründungsarbeiten, seit 1608 war die Kirche im Bau. 1613 wurden der verstorbene Herzog in der Fürstengruft beigesetzt und der Chor eingewölbt, 1620/21 die Gewölbe im Langhaus eingezogen und die Kirche gedeckt. Die reichen Zwerchgiebel am Langhaus wurden 1619–24 ausgeführt, zugleich auch die reiche Innenausstattung. Mit der Notdeckung des noch unvollendeten Turms 1625 war die Kirche weitgehend vollendet. Der endgültige Abschluss (Westportal und Südgiebel) sowie Erneuerungsarbeiten erfolgten erst nach Ende des Dreißigjährigen Krieges in den 1650er Jahren.

Die ausgesprochen kurze Bauzeit verrät den hohen Anspruch des Bauherrn und führte zu einer sehr einheitlichen Wirkung des manieristischen Baus und seiner Ausstattung. Es handelt sich um eine dreischiffige, fünfjochige Hallenkirche mit eingestelltem Westturm, querhausartig ausgebildeten Seitenräumen und einem 5/8-Chorschluss. Der Außenbau wird an den Längsseiten gegliedert durch Strebepfeiler mit profiliertem Ornamentband, Figurenbekrönung (Evangelisten und Apostel, 1626 und 1657) sowie hohe, spitzbogige und dreibahnige Maßwerkfenster mit knorpelartigem Maßwerk.

Ansicht des Langhauses von Norden mit Nordportal

Ansicht von Nordosten mit Langhaus und Kirchturm, 1608–25

links: Kanzel, 1619–23 von Georg Steiger und 1626 von Friedrich Greiss verändert

rechts: Hochaltar, 1612 und 1623 von Bernhard Ditterich

Ansicht durch das Langhaus zur Orgel, Orgelprospekt, 1620–24

Darüber befinden sich reich ornamentierte Zwerchgiebel mit Säulen und Figuren (Nordseite Tugenden, Südseite weibliche Heilige) über jedem Joch. Am Chorpolygon und Querhaus, an den Turmkanten und in der Vorhalle sind insgesamt 865 Quader mit Köpfen von Menschen, Engeln, Tieren und Fabelwesen reliefiert, die emblematisch Tod und Auferstehung thematisieren. Angesichts der streng lutherisch-orthodoxen Ausprägung der Landeskirche muss ein klar konzipiertes, umfassendes Programm dieser künstlerisch und ikonographisch höchst bedeutenden Darstellungen angenommen werden.

Das aufwendige Westportal wurde 1618 von Heinrich Gottes aus Lübeck geschaffen und 1657 barockisiert. Es zeigt in den Nischen seitlich der Tür Moses und Aaron als Zeugen des Alten Testaments. Auf den Türflügeln (1645, im 19. Jahrhundert durch eine Kopie ersetzt) befinden sich vier Propheten und die Apostelfürsten. Über dem Portal flankieren die Standbilder der Herzöge Heinrich Julius und Friedrich Ulrich das Mottoschild mit der Aufschrift „Soli deo gloria". Der aufwendige Portalaufbau wird von der Figur des segnenden Christus bekrönt. Schlichter gestaltet sind Nord- und Südportal mit Ädikularahmung, die gemeinsam mit den Halbgiebeln und der Inschrifttafel der Westfront Jakob Meierheine zugeschrieben werden.

Der Innenraum ist deutlich an spätgotischen Hallenkirchen orientiert. Er wird beherrscht von einem reichen Dekor aller Architekturglieder. Die in der ursprünglichen Planung Franckes vorgesehenen Rechteckpfeiler wurden 1613 verworfen und über oktogonalem Grundriss ausgeführt. Ihre Schäfte und vor allem die Kapitelle sind aufwendig, meist farbig ornamentiert. Die Querhausflügel sind im Untergeschoss vom Hauptraum abgetrennt, im Süden befindet sich die Grabkapelle der Herzöge. Von dort aus gelangt man in die Fürstengruft unter der Chorapsis. Hier wurden seit der Bestattung des Herzogs Heinrich Julius 1613 bis 1767 insgesamt 30 Mitglieder des Fürstenhauses bestattet, zum Teil in aufwendigen Sarkophagen. Für die Anlage könnte die Fürstengruft im Freiberger Dom vorbildlich gewesen sein. Die Vermittlung dieser Ideen wird durch die nachgewiesene Tätigkeit des kurfürstlich-sächsischen Baumeisters Giovanni Maria Nosseni als Berater des Herzogs Heinrich Julius wahrscheinlich.

Besonders qualitätvoll ist die vorrangig aus der Bauzeit stammende Ausstattung. Der Hauptaltar wurde ursprünglich 1612 vom Freiberger Bildschnitzer Bernhard Ditterich für die evangelische Trinitatiskirche auf der Prager Kleinseite konzipiert, möglicherweise nach einem Entwurf von Nosseni. Der Altar war eine Stiftung des in Prag weilenden Herzogs Heinrich Julius, konnte jedoch durch dessen Tod nicht aufgestellt werden. Ditterich lieferte sein Werk 1623 nach Wolfenbüttel und nahm auch die nötigen Verände-

Ansicht durch das Langhaus in den Chor

rungen für den neuen Aufstellungskontext vor. Der dreistöckige Aufbau wird beherrscht von einer vollplastischen Kreuzigungsgruppe, daneben sind Ölberg und Ecce Homo im Relief, in der Sockelzone das Abendmahl dargestellt. Über einem sarkophagähnlichen Gesims befinden sich das Relief der Kreuzabnahme, in der Kartusche die Grablegung und als Bekrönung der Auferstandene. Für die Brüstungen der Choremporen stiftete Herzog Friedrich Ulrich 1622 einen gemalten Passionszyklus, der Christoph Gertner zugeschrieben wird. Die Kanzel wurde 1619–23 von Georg Steiger geschaffen und 1626 von Friedrich Greiss verändert. Von großer Bedeutung ist die Orgel auf der Westempore, die der berühmte Dresdener Orgelbauer Gottfried Fritzsche 1620–24 ausführte. Er folgte dabei Anweisungen des Wolfenbütteler Hofkapellmeisters Praetorius. Nach einem Umbau von 1875 wurde sie 1959 rekonstruiert. Der imposante Orgelprospekt von Georg Hübsch und Greiss hat sich original erhalten.

unten: Grabplatte des Herzogs Heinrich d. J. († 1568) und seiner Söhne Karl Viktor und Philipp Magnus (gefallen in der Schlacht von Sievershausen 1553) von Jürgen Sinnrad, Grabplatte der Herzogin Sophie († 1575) von Adam Lecuir

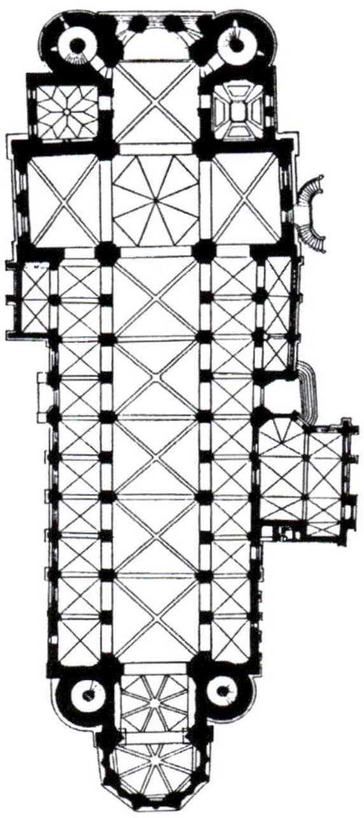

Grundriss (geostet)

rechte Seite: Polygonaler Westchor mit Chorturm und Chorflankentürmen, 12. Jahrhundert und 1906/07

Ansicht von Süden

WORMS

Dom St. Peter

Die große und reiche römische Stadt Worms, die sich um ein unter Augustus errichtetes Kastell entwickelte, wurde bereits im 4. Jahrhundert Bischofssitz. Während der Völkerwanderung zerstörten Vandalen, Sueben und Alemannen die Stadt. Eine Neugründung unter König Gunther zu Beginn des 5. Jahrhunderts fiel den herandrängenden Hunnen unter Attila im Jahre 450 zum Opfer. Diese Ereignisse bilden den historischen Kern der Nibelungensage.

Nach der Besetzung durch die Franken 496 entstand unter der austrasischen Königin Brunhildis eine merowingische Siedlung mit einer Königspfalz, die vermutlich an der Stelle des ehemaligen Forums bzw. des jetzigen Domes angelegt wurde. Für 614 ist ein Wormser Bischof bezeugt, der in dem unter König Dagobert (reg. 625–639) errichteten Dom – eine dreischiffige Basilika – seinen Sitz hatte. Die Bischofliste setzt deshalb – wie in den anderen römischen Städten auch – erst zu diesem Zeitpunkt ein.

Für den fränkischen Dom lassen sich für 852 und nach einem Brand 872 Baumaßnahmen belegen. Die Salier wählten sich den Wormser Dom als Grablege, so dass vier Saliergräber im Altarraum des fränkischen Doms nachgewiesen sind. Fünf weitere folgten bis 1046 im ottonischen Dom. Es handelt sich dabei um direkte Vorfahren und Angehörige von Kaiser Konrad II., der den Speyerer Dom als Familiengrabstätte errichtete.

Mit Burchard I. (um 965–1025) übernahm im Jahre 1000 eine Persönlichkeit der ottonischen Reichskirche den Bischofsstuhl von Worms. Er war der Verfasser einer kirchenrechtlichen Sammlung, des „Decretum Burchardi", das sich mit Fragen der kirchlichen Disziplin und Hierarchie, des sakramentalen Lebens und Bußwesens befasste. Er stand in engem Kontakt mit den Kaisern Otto III. und Heinrich II. und sorgte für eine erhebliche Vergrößerung des Bistumsbesitzes. Mit Unterstützung Kaiser

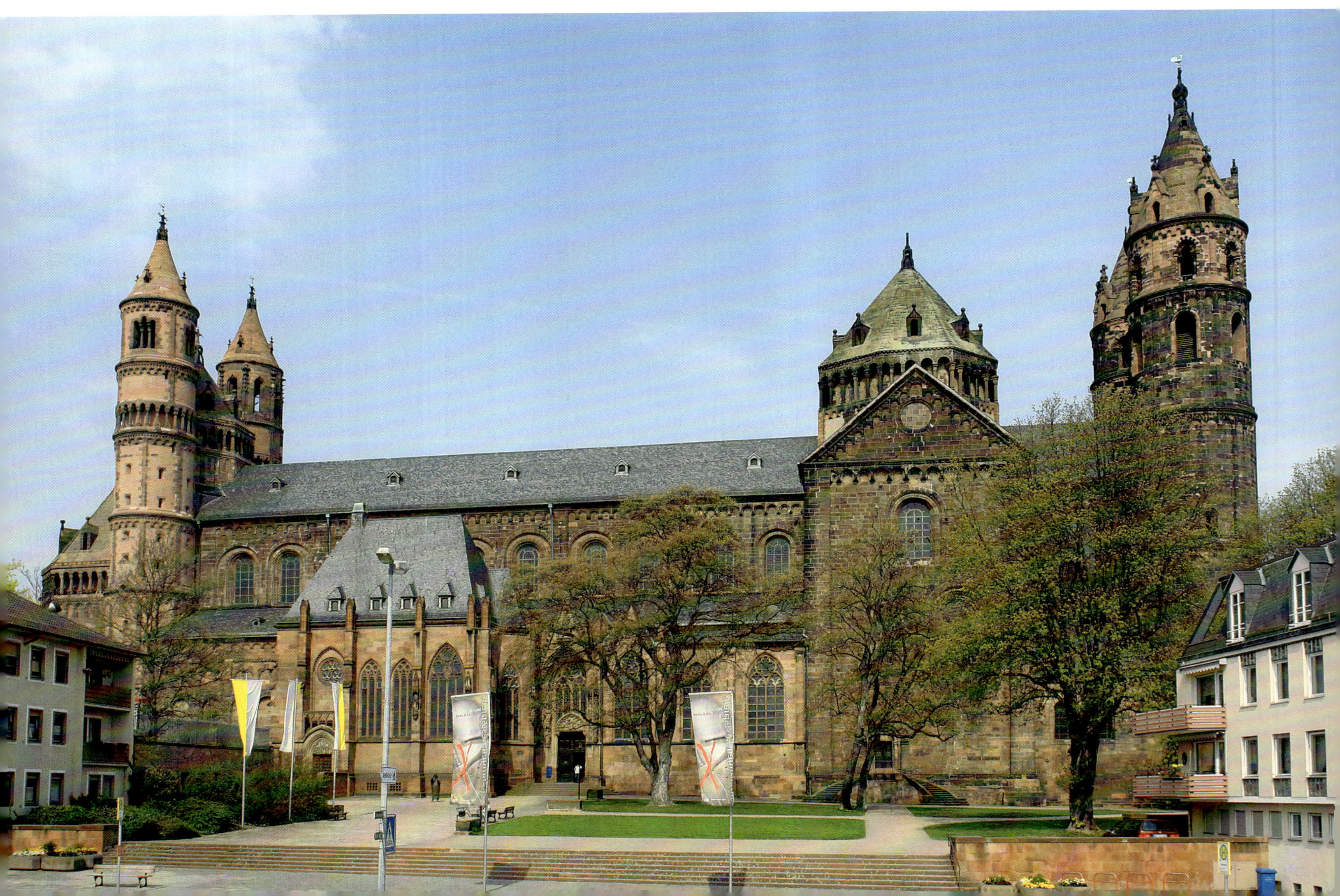

Nordportal mit Ansätzen einer nicht ausgeführten Vorhalle, darüber in Bronze gegossenes Kaiserprivileg von 1184

Romanisches Tympanon der Nikolauskapelle, um 1160, mit der Darstellung des Bischofs Nikolaus als Lehrer mit seinen Schülern

Heinrichs II. gelang es ihm auch, die Macht der salischen Herzöge in Worms zu beschneiden und die Stadtherrschaft zu übernehmen. Burchard gehörte dem Kreis ottonischer Reformbischöfe an, die auch als Bauherren tätig waren, wie Bernward von Hildesheim, Meinwerk von Paderborn oder Adalbero von Basel. Burchard ließ unter anderem anstelle der Salierburg die bischöfliche „Freiheitskirche" St. Paul und den mächtigen neuen Dom errichten und erneuerte die Kirchen St. Andreas und St. Martin.

Als Dank für die Parteinahme der Stadt zugunsten des weltlichen Herrschers im Investiturstreit verlieh König Heinrich IV. (1050–1106; seit 1053 Mitkönig, ab 1056 König, Kaiser 1084–1105) 1074 den Bürgern der Stadt Worms das Freiheitsprivileg. Es sah eine Zollbefreiung an den kaiserlichen Zollstätten vor. Dies war für die Wormser Kaufleute eine außerordentliche wirtschaftliche Förderung. Sein Sohn Kaiser Heinrich V. (1086–1125) beendete 1122 in Worms den Investiturstreit mit einem Kompromiss. Im Wormser Konkordat wurde festgelegt, der Kaiser habe zukünftig auf die Investitur mit Ring und Stab zu verzichten und gestatte die kanonische Wahl und Weihe. Als Gegenleistung räumte der Papst ein, dass der Kaiser in Deutschland bei der Wahl der Äbte und Bischöfe anwesend sein solle und bei Dissens die Entscheidung treffen dürfe.

Worms wurde im 12. und 13. Jahrhundert zu einer führenden Stadt in der Reichspolitik der Salier und Staufer. Dies äußert sich in zahlreichen Herrscheraufenthalten und Reichstagen. Zudem hatten sich die von Kaiser Heinrich IV. verliehenen Privilegien nachhaltig auf das Wachstum der Stadt ausgewirkt. Das Stadtgebiet musste erheblich vergrößert werden. Die Stadt besaß unter anderem zwölf Klöster, sechs geistliche Stifte und 50 Kirchen. Auch Kaiser Friedrich I. Barbarossa (1152–90) förderte Worms. Er ließ seine Gemahlin Beatrix von Burgund 1156 im Dom zur Königin krönen. Der Domkirche schenkte das Herrscherpaar eine wichtige Reliquie des hl. Nikolaus. 1184 übergab Kaiser Friedrich Barbarossa zudem der Stadt ein Freiheitsprivileg, das – 1981 erneuert – im Wortlaut über dem Nordportal des Doms angebracht ist.

Im 14. und 15. Jahrhundert setzte ein allmählicher politischer und wirtschaftlicher Niedergang ein. Mit dem Reichstag Kaiser Maximilians 1495 und dem sogenannten Luther-

Gotisches Nikolaus-Tympanon, um oder nach 1300, mit der Darstellung des Bischofs Nikolaus

Reichstag 1521 rückte die Stadt jedoch zweimal erneut ins öffentliche Interesse.

Im 16. Jahrhundert wurden große Teile des Bistums reformiert. Deshalb schlug der päpstliche Legat Commodone auf dem Augsburger Reichstag 1566 eine wenigstens vorübergehende Vereinigung der Bistümer von Worms und Mainz vor. Dazu kam es allerdings nicht. Das Wormer Bistum zählte um 1600 jedoch nur

unten: Gotisches Südportal, 1290/1300, im Wimperg die Darstellung der Ecclesia, der Personifikation der Kirche, auf einem Tier reitend, das mit vier verschiedenen Beinen und vier Köpfen die den Evangelisten zugeordneten Wesen in einem einzigen vereinigt (sog. Tetramorph)

noch 15 Pfarreien. Damit das Bistums weiter bestehen konnte, bevorzugte das Domkapitel auswärtige vermögende Fürstbischöfe, die gewöhnlich nicht in der Diözese residierten.
Als 1792 französische Truppen Worms besetzten, wurde das Hochstift säkularisiert. Das Bistum Worms wurde 1803 aufgelöst. Der linksrheinische Diözesananteil fiel an das Bistum Mainz, der rechtsrheinische Anteil war bis 1827 als Vikariat Lampertheim selbständig.
Die Luftangriffe im 2. Weltkriegs vernichteten die Wormser Altstadt. Nur der Dom überstand die Angriffe verhältnismäßig unbeschädigt.
Der Wormser Dom gehört zu den drei rheinischen Kaiserdomen. Er ist einer der imposantesten Bauwerke der Romanik in Deutschland.
Unmittelbarer Vorgängerbau der heutigen Kathedrale war der sogenannte Burchard-Dom. Bischof Burchard I. (1000–25) ließ ab etwa 1005 einen neuen, 100 m langen Dom errichten, der 1018 in Anwesenheit Kaiser Heinrichs II. geweiht werden konnte. Der Westchor stürzte 1020 ein, war bis 1022 aber wieder aufgebaut. Erhalten haben sich vom ottonischen Bau die Erdgeschosse der runden Westtürme (im Inneren noch bis zum dritten Geschoss reichend) und die Westmauer der Seitenschiffe. Auch die Fundamentmauern der dreischiffigen Basilika wurden für den heutigen Bau übernommen. Der heutige Ostchor, das Querhaus und das Langhaus stehen somit auf den verstärkten Grundmauern des Vorgängerbaus.
Trotz seiner stolzen Größe wurde der ottonische Bau schon ein Jahrhundert später ab 1125/30 durch einen neuen Dom ersetzt. Dieser besitzt zwar den fast identischen Grundriss des Vorgängerbaus (durch den jüngeren Westchor ist er allerdings elf Meter länger), dürfte in der Bauplastik jedoch prächtiger und durch das Gewölbe repräsentativer sein. Während der ersten Bauphase 1130–44 wurden die Ostteile mit Querschiff, Türmen und Vierungsturm errichtet. Das dreischiffe Langhaus entstand von 1160 bis 1170, der spätromanische Westchor mit den Türmen und dem Chorturm ab ca. 1171. Die Schlussweihe erfolgte 1181.
Weitere Veränderungen fanden in den folgenden Jahrhunderten statt. Dabei sind die Neugestaltung des figurenreichen Südportals von 1290/1300 und der Neubau der Nikolauskapelle (1301 geweiht) hervorzuheben. 1429 stürzte der linke Turm der Westfassade ein. Er wurde 1472 in romanisierenden Formen wieder aufgebaut. Lediglich das oberste Geschoss endet in

Ansicht von Osten mit Ostchor, Chorflankentürmen und Vierungsturm, Details (Abb. unten)

oben: Vierungsturm

rechte Seite: Blick vom Westchor zum Ostchor

unten links: Nebenaltar, 1751–53, mit der Figur des Erlösers

unten rechts: Hochaltar, 1738–43, von Balthasar Neumann, und Chorgestühl, 1755/56, im Ostchor

zeitgenössischen gotischen Fialen zwischen Kielbögen.

1689 zerstörten die französischen Truppen Ludwigs XIV. während des Pfälzischen Erbfolgekriegs die Stadt. Auch der Dom, der Kreuzgang und der Bischofshof mit der wertvollen Dombibliothek wurden geplündert und niedergebrannt. Unter Fürstbischof Franz Ludwig von Pfalz-Neuburg (1694–1732) begann der Wiederaufbau. Er ließ die heruntergestürzten drei mittleren Gewölbe des Hauptschiffs wiederherstellen. Die Ausstattung erfolgte in zeitgenössischen barocken Formen, ebenso der Bau der neuen Bischofsresidenz, die bis 1732 durch den berühmten Baumeister Balthasar Neumann entstand. Neumann entwarf auch den Hochaltar (1738–43) im Dom. Zur prächtigen Barockausstattung gehören zudem das Chorgestühl

Westchor, 1181 vollendet

Taufstein, um 1485/90, in der Nikolauskapelle

(1755–59) des Mainzer Hofschreiners Franz Anton Hermann und die Seitenaltäre (1751–53) des Mainzer Hofstuckateurs Johann Peter Jäger. 1794 besetzten französische Truppen erneut Worms und brannten die Stadt nieder. Der Dom wurde kurzzeitig Pferdestall. Nach Auflösung des Bistums 1803 erhielt er die Funktion als Pfarrkirche. Die benachbarte Johanneskirche (um 1190/ 1200, bedeutender romanischer gewölbter zehneckiger Zentralbau mit Umgang, Krypta und Turm), den Kreuzgang und die Gebäude des Domkapitels brach man zwischen 1806 und 1832 ab. Durch den Verlust der Nachbarbebauung steht der Dom heute denkmalhaft isoliert.

links: Grabdenkmal für Bischof Theoderich von Bettendorf († 1580) im Westchor

links: Verkündigung an Marie, 1487, eines der Reliefs aus dem ehemaligen Kreuzgang, heute an der Seitenschiffaußenwand

links: Blick in den Chorturm und das Gewölbe des polygonalen Westchors

links: Nikolauskapelle, zweischiffige Halle, 14. Jahrhundert

Blick vom Ostchor durch das Langhaus zum Westchor

WÜRZBURG

Dom St. Kilian

Kreuzgang, Anfang 15. Jahrhundert, an Stelle des romanischen Vorgängers errichtet, zahlreiche Grabsteine fränkischer Adelsfamilien, von Domvikaren und Domkapitularen, deren Wappen sich auch im Gewölbe als Schlusssteine finden

rechts: Fassade, 11./12. Jahrhundert, neoromanisch überformt 1879–95

unten: Dom von Süden

Die Christianisierung Mainfrankens erfolgte spätestens seit der Mission der irischen Glaubensboten Kilian, Kolonat und Totnan, die um 689 den Märtyrertod starben. Bonifatius richtete 741/742 das Würzburger Bistum ein und weihte seinen Landsmann und engen Mitarbeiter Burkhard (reg. 742–753/54) zum ersten Bischof. Das Bistum umfasste den nördlichen Teil des heutigen Bayern. Da König Heinrich II. das Bistum Bamberg gründete, musste die Diözese Würzburg jedoch 1007 seine östlichen Gebiete an das neue Bistum abtreten.
Durch ein Privileg Kaiser Friedrich Barbarossas (um 1122–90), der in Würzburg 1156 in zweiter Ehe die minderjährige Beatrix von Burgund (1145–84) heiratete, ging die Herzogwürde von Franken auf die Bischöfe von Würzburg über.
Nach der Reformation führte Julius Echter von Mespelbrunn (1545–1617), ab 1573 Fürstbischof von Würzburg und daher zugleich Herzog in Franken, das Bistum zu einer Blüte. Als einer der bedeutendsten Vertreter der Gegenreformation ließ er zahlreiche Kirchen neu errichten oder umbauen. Die in dieser Zeit übliche nachgotische Bauweise in Verbindung mit Renaissanceformen für Portale, Fenstergewände und Dekorformen ist im Würzburger

Bistum im Vergleich zu allen anderen Gegenden Deutschlands derartig häufig anzutreffen, dass die Kunstgeschichte vom „Echterstil“ spricht, obgleich zeitgleiche Bauten auch außerhalb des Würzburger Einflussgebiets im selben Stil errichtet wurden. Da während seiner Herrschaft vor allem neue Kirchtürme entstanden, werden diese zudem „Echtertürme“ genannt. Darüber hinaus gründete Julius Echter Spitäler und karitative Einrichtungen, darunter das bis heute bestehende Juliusspital (Krankenhaus) in Würzburg. Er förderte Bildung und Schulwesen und gründete 1582 die Würzburger Universität. Doch gab es auch umstrittene Seiten Julius Echters, etwa seinen Konflikt mit Papst Gregor XIII., nachdem er sich hatte das Stift Fulda einverleiben wollen. Zudem zwang er konversionsunwillige Protes-

Ansicht von Osten mit Chor, Chorflankentürmen und Querhaus, 11. – 1. Hälfte 13. Jahrhundert

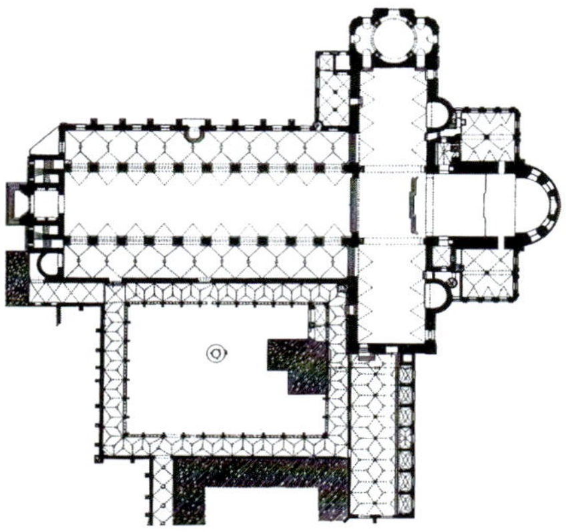

Grundriss, um 1900

tanten zur Auswanderung, und er nahm die Hexenverfolgungen wieder auf.

Als Folge der Napoleonischen Kriege ging auch das Hochstift Würzburg unter. Die Säkularisierung von 1803 führte zur Auflösung der kulturell und karitativ wirkenden Klöster. 1821 wurde das Bistum Würzburg neu gegründet. 1848 trafen sich in Würzburg die deutschen Bischöfe erstmals zu einer Bischofskonferenz.

Wenige Tage vor Ende des 2. Weltkriegs – am 16. März 1945 – wurde die Stadt Würzburg fast vollständig zerstört. Dabei versanken auch die Kirchen in Schutt und Asche.

Der Würzburger Dom gehört zu den großen romanischen Kathedralen, die während der Barockzeit im Inneren eine vollständige Stuckausgestaltung erhielt, wie sie im Chor, Querhaus und in den Seitenschiffen noch erhalten ist. Nach starken Kriegsschäden wurde auf eine Wiederherstellung bzw. Teilrekonstruktion des Stucks im Mittelschiff verzichtet, um dem ursprünglichen romanischen Aussehen näherzukommen. Der Wiederaufbau des Doms dauerte bis 1967.

Schönbornkapelle am nördlichen Querhaus, 1721–36, von Balthasar Neumann

Der erste Würzburger Bischof Burkhard (reg. 742–753/54) nutzte eine bereits bestehende Marienkirche als vorläufige Kathedrale, in die er die Gebeine der Frankenapostel Kilian, Kolonat und Totnan übertrug. Bei dieser Kirche dürfte es sich um die Marienkirche auf der Festung Marienberg gehandelt haben, die nach hochmittelalterlicher Überlieferung von Herzog Heden II. 706 errichtet wurde. Möglicherweise handelt es sich bei dem Rundbau sogar noch um den merowingischen Bau. Unterhalb des Marienbergs gründete Burkhard an der Stelle der heutigen Pfarrkirche St. Burkard zudem ein Domkloster.

787/88 weihte Bischof Berowelf (768/769–800) in Gegenwart Karls des Großen an der Stelle des heutigen Neumünsters eine neue Bischofskirche. Die Gebeine der drei Frankenapostel überführte man von der Marienkriche in den Neubau, dem Ort ihres Martyriums. Der erste Dombau gehörte zu den größten Kathedralen seiner Zeit. Ein Blitzschlag 855 und seine Folgen führten jedoch zur Zerstörung des Doms. Bischof Arn (reg. 855–92) ließ diesen als dreischiffige Kirche neu errichten. Nach einem Brand 918 wurde die spätkarolingische Bischofskirche wiederhergestellt.

In der Zeit Bischof Brunos (reg. 1034–45) entstand nach 1040 der heutige Kiliansdom unter Verwendung älterer Bauteile. Die neue Kathedrale erhielt einen Chor mit Hallenkrypta und Chorflankentürmen, ein 58 Meter langes Querhaus im Osten (ursprünglich mit Vierungsturm geplant) und ein großes Langhaus sowie eine Doppelturmfassade im Westen, vergleichbar seinem Vorbild, dem Speyerer Dom. Der bald als Heiliger verehrte Bischof Bruno konnte bereits 1045 in der Krypta des von ihm begonnenen Doms beigesetzt werden. Die Baumaßnahmen führte sein Nachfolger Adalbero fort. 1075 war der ca. 105 Meter lange Kiliansdom vollendet. Er gehört zu den größten Bauten des 11. Jahrhunderts.

1133 beauftragte Bischof Embricho (reg. 1127–46) den Baumeister Enzelin, Architekt der ersten steinernen Mainbrücke in Würzburg, mit einem Umbau des Doms. Zu dieser Bauphase gehört die Erhöhung der Westtürme und

die Umgestaltung des Chors. Die Baumaßnahmen wurden mit drei Altarweihen in den Jahren 1187 und 1188 unter Bischof Gottfried von Spitzenberg (reg. 1186–90) abgeschlossen. 1225 beschloss auch Bischof Hermann von Lobdeburg (1225–54), die Ostteile des Doms durch die Erhöhung der Giebelmauern am Chor und an den Querhäusern sowie durch die Vollendung der Osttürme neu zu gestalten. Damit hatte der Dom um 1250 im Wesentlichen sein

Ansicht auf die romanischen Westtürme, das frühromanische Langhaus und den gotischen Kreuzgang

Blick durch das Langhaus zum Chor

unten links: Madonna, um 1515, Riemenschneider-Werkstatt

unten Mitte: Südliches Seitenschiff

unten recht: Blick von der Vierung in das Mittelschiff

heutiges äußeres Aussehen erhalten. Nachfolgende Veränderungen hatten keine größeren Auswirkungen auf das Gesamterscheinungsbild. Die Ergänzungen des 15. Jahrhunderts, wie z. B. die Errichtung von Maßwerkgalerien an den Westtürmen, wurden nach ihren Zerstörungen 1945 nicht wiederhergestellt. Lediglich die Maßwerkfenster (um 1500) der Seitenschiffe sind erhalten. Einzige bedeutende Ergänzungen des Doms bilden die Sakristeien und vor allem die Schönbornkapelle, die 1721–36 als Grablege der Bischöfe aus dem Hause Schönborn durch den berühmten Architekten Balthasar Neumann als Kuppelbau mit Laterne errichtet wurde.

Der Innenraum erhielt im Gegensatz zum Außenbau seit der Romanik zahlreiche neue Ausschmückungen und wurde durch neue Gewölbegestaltungen von Scheinmalereien bis Stuckdekorationen ständig dem veränderten Geschmack angepasst. So erhielten die Seitenschiffe um 1500 ein Netzgewölbe mit Wappen-Schlusssteinen. Fürstbischof Julius Echter von Mespelbrunn ließ 1602–08 durch den italienischen Baumeister Lazaro Augustin mit einer durch angetragene Rippen geschmückten Ton-

ɔben: Blick durch das Querschiff nach Norden

ɹnten: Kanzel, 1609/10, von Michael Kern und Jobst Pfaff, Sandstein und Alabaster für das reiche Figuren-programm

oben: Chor, Gewölbestuck von 1701 ff.

rechts: Sepultur, 1458–66, zweischiffige Halle als Grablege des Domkapitels, Fenster von Georg Meistermann 1956 als Zyklus der Feste und Zeiten im Kirchenjahr

rechts: Epitaph für Bischof Johann Gottfried von Aschhausen (1617–22)

unten: Dreikönigsgruppe, um 1300

Stele von Helmut Weber, 1967, als Rahmung der drei Sandsteinfiguren, die Tilmann Riemenschneider 1502–06 für die Strebepfeiler der Marienkapelle fertigte

ne die Gewölbe neu gestalten und bemalen. 1609 gab der Würzburger Stadtrat die kunstvolle Kanzel von Michael Kern in Auftrag, die 1610 fast in der Mitte der südlichen Langhausseite aufgestellt wurde. 1619 entfernte man den Lettner, 1655 die Chorschranken. Gleichzeitig verdrängten zeitgenössische Altäre und Epitaphe allmählich die spätgotischen Ausstattungsstücke, von denen sich einige herausragende Skupturengruppen und Grabmäler, unter anderem von Tilman Riemenschneider, erhalten haben.

Unter Fürstbischof Johann Philipp von Greiffenclau (reg. 1699–1718) wurde der Kiliansdom barockisiert. Ab 1701 schufen der aus Mailand stammende Stuckateur und Architekt

Grabmal für Bischof Rudolf von Scherenberg (1466–95), 1496–99, von Tilman Riemenschneider

Grabmal für Bischof Lorenz von Bibra (1495–1519), 1519, von Tilman Riemenschneider

Gedenkstein für Bischof Gottfried von Spitzenberg (1186–90)

unten: Diakon, um 1500, Riemenschneider-Werkstatt

Pietro Magno, der Bildhauer Johann Michael Rieß und Balthasar Esterbauer die Stuckarbeiten, die alle Gewölbe überzogen und mit Ausnahme des Mittelschiffs bis heute den Innenraum prägen. Zugleich verlegte man den Chor aus der Vierung nach Osten, nach 1749 aufgrund eines Vorschlags von Balthasar Neumann zudem den Klerikerchor tiefer fast bis zur Niveauhöhe des Querschiffs. Zudem schufen Lukas von der Auvera und Johann Georg Guthmann ein neues prächtiges Chorgestühl. Unter Neumann entstanden zudem 1721–36 die Schönbornkapelle und 1749 die Sakristeien beiderseits des Chors. Letzte Veränderung vor der Zerstörung 1945 betrafen die Westfassade, die 1879 bis 1895 romanisiert wurde.

Der Wiederaufbau nach den Kriegszerstörungen 1945 zog sich bis 1967 hin. Die gesamte brennbare Einrichtung und die Dächer waren vernichtet worden. 1946 stürzten zudem die nördliche Säulenreihe und mit ihr das nördliche Seitenschiff sowie das Gewölbe des Langhauses ein. Vierung, Querschiff und Chorraum blieben dagegen erhalten und besitzen deshalb noch heute den raumprägenden Stuckdekor der Zeit ab 1701. Das Langhaus erhielt dagegen eine neue Flachdecke mit moderner Bemalung durch Fritz Nagel. Die Flachdecke lehnt sich an den frühromanischen Bauzustand an. 1987/88 wurde der Chorraum nach Entwurf von Hubert Elsässer aus München neu gestaltet.

ZEITZ

Dom St. Peter und Paul

oben: Ansicht der Moritzburg von Süden mit dem Dom in der Bildmitte rechts
Mitte: Ansicht von Nordosten

Die Zeitzer Diözese wurde 968 gemeinsam mit Merseburg und Meißen sowie dem Metropolitanbistum Magdeburg gegründet. Die Weihe des ersten Bischofs Hugo I. (reg. 968–79) erfolgte am Weihnachtstag dieses Jahres in Magdeburg. Schon vorher hatte auf dem Domhügel eine Königsburg existiert, die 976 in den Besitz des Bistums überging. Bereits 1028 wurde der Bischofssitz etwa 25 km nordwestlich nach Naumburg verlegt, unter dem Vorwand der äußeren Bedrohung. Tatsächlich ist der Wechsel wohl auf das Betreiben des mächtigen markgräflichen Geschlechts der Ekkehardinger zurückzuführen, deren Stammsitz die Naumburg war.

In Zeitz blieb ein Kollegiatstift bestehen, das später die Rechte eines zweiten Domkapitels beanspruchte. Die Burg am Ort des heutigen Schlosses Moritzburg blieb aber im Besitz des Naumburger Bischofs. 1286 verlegte Bischof Bruno von Langenbogen (reg. 1285–1304), eine politisch bedeutende Figur im Reich, seinen Wohnsitz nach Zeitz und machte die Stadt zum Mittelpunkt des kleinen Territoriums. Mit ihm zogen auch große Teile der Stiftsverwaltung (Kanzlei, Kämmerei, Bibliothek, Archiv) nach Zeitz, Kathedrale blieb freilich der Naumburger Dom. Bereits 1271 hatte Dietrich II. von Wettin (reg. 1243–72) in einem „neuen Palast" in Zeitz beurkundet. Neue Burganlagen, mehrere Wappen und Grabmäler zeugen von der ständigen Präsenz der Naumburger Bischöfe im späten Mittelalter. Bischofsburg, Kreuzgang

rechte Seite: Ansicht von Dom und Schloss
links: Ansicht des Chores
unten: Grundriss der Moritzburg mit Dom und Kreuzgang

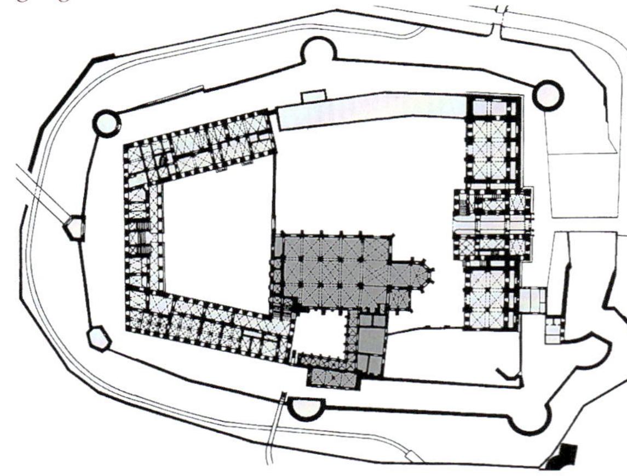

Fürstenloge mit dem herzoglichen Wappen, um 1670

und Klausur wurden unter Johannes III. von Schönberg (reg. 1492–1517) in großen Teilen neu errichtet.

Nach dem Tod des Bischofs Philipp von Wittelsbach (reg. 1517–41) verhinderte der evangelische Kurfürst Johann Friedrich von Sachsen die Einsetzung des vom Naumburger Domkapitel gewählten Nachfolgers. An dessen Stelle trat mit Nikolaus von Amsdorf ein protestantischer Theologe. Er musste allerdings 1547, nach der Niederlage der protestantischen Fürsten im Schmalkaldischen Krieg, wieder zurücktreten. Julius von Pflug (reg. 1547–64) war der letzte katholische Bischof von Naumburg-Zeitz; sein künstlerisch bedeutendes Renaissance-Epitaph befindet sich im Chor des Zeitzer Doms. Schon 1555 war das dortige Kollegiatsstift evangelisch geworden. Das Naumburger Bistum und das Stiftsgebiet wurden von landesherrlichen Administratoren verwaltet.

Zu größerer Bedeutung gelangte Zeitz erst wieder nach dem Ende des Dreißigjährigen Kriegs. Durch die Teilung des sächsischen Gebietes entstand 1656 das Herzogtum Sachsen-Zeitz als Seitenlinie des Hauses Wettin. Herzog Moritz (reg. 1657–81) errichtete seine Residenz auf der 1644 verwüsteten Bischofsburg. Es entstand unter der Leitung der Architekten Johann Moritz Richter d. Ä. und seines Sohnes das mächtige Schloss Moritzburg, das 1663 so weit fertiggestellt war, dass die herzogliche Familie mit Hofstaat einziehen konnte. Der Dom wurde zur Schlosskirche umgebaut. Nach Aussterben der Linie 1718 fiel das Herzogtum wieder zurück an Kursachsen. Die Verwaltung übte bis 1815 die Stiftsregierung aus, danach wurde Zeitz preußisch.

Der heutige Dom ist eine zur spätgotischen Hallenkirche umgebaute frühromanische Basilika, deren Umgebung, äußere Gestalt und Innenraum durch die Nutzung als Schlosskirche geprägt wurde. Reste der ottonischen Kathedrale sind 1996 im Bereich des südlichen Querschiffarms und der Vierung ergraben worden. Größer als diese war die bald nach 1028 errich-

rechts: Apostel- und Heiligenfiguren an den Bündelpfeilern des Langhauses, 1430–44, im Vordergrund die Patronatsheiligen Petrus und Paulus, Holz, 15. Jahrhundert

Ansicht nach Osten zum Hochaltar (Chor 1. Hälfte 14. Jahrhundert, Hochaltar von Heinrich Schau, um 1670); Kanzel mit Akanthusschnitzereien und Engeln, 1669

tete Stiftskirche. Bis zum Ende des 11. Jahrhunderts entstand eine dreischiffige, kreuzförmige Basilika mit Chorapsis und Nebenapsiden sowie einem Westwerk. Von ihr haben sich weite Teile im gotischen Neubau erhalten (Chor, Vierungspfeiler, südliches Querhaus, Langhaussüdwand, Westwerk). Die in der Zeit angelegte Hallenkrypta unter dem Chor, eine der ältesten in Deutschland, ist vollständig überliefert. Das Gewölbe der dreischiffigen, vierjochigen Halle ruht auf Säulen mit meist schmucklosen Trapezkapitellen. Während die beiden aufwendigeren Würfelkapitelle über dem westlichen Säulenpaar aus der Erbauungszeit der Krypta nach 1028 stammen, könnten die sechs anderen wiederverwendete Bauteile der Kathedrale des 10. Jahrhunderts sein.

Eine erste größere Umbaumaßnahme erfolgte in der ersten Hälfte des 14. Jahrhunderts mit der polygonalen Verlängerung des Chors. Nach 1350 wurde anstelle der südlichen Nebenapsis die zweigeschossige Sakristei errichtet, an deren Westwand des Untergeschosses sich eine Nische mit aufwendiger Ummalung (Vera Icon) befindet. Nach Zerstörungen durch die Hussiten 1430 begann unter Bischof Johannes II. von Schleinitz (reg. 1422–34) der Umbau des Langhauses zur spätgotischen Halle. Altarstiftungen der 1430er Jahre und ein 1444 datierter Schlussstein legen nahe, dass der Bau schon vor 1450 weitgehend vollendet war. Zwei weitere Daten auf Schlusssteinen (1481 und 1491) deuten auf spätere Erneuerungen. In der zweiten Hälfte des 15. Jahrhunderts wurden auch Klausur und Kreuzgang verändert. Interessanterweise wurde der Nordflügel des südlich an die Kirche anschließenden Kreuzgangs trotz Verbreiterung des Südseitenschiffs nicht abgerissen, sondern die romanische Wand nun als Unterbau einer Empore in das Langhaus mit einbezogen. Am Sockelgesims der Emporenbrüstung befinden sich reizvolle Masken. Sie stammen ebenso aus

oben links: Hochaltar mit Palmbaum-Säulen, Blatt- und Fruchtgehängen; Kreuzigungsbild von Hofmaler Christian Schäfer, um 1670

oben rechts: Ansicht vom rechten Seitenschiff durch das Mittelschiff nach Westen

unten: Epitaph für Bischof Julius von Pflug († 1564) an der Chorsüdwand

der Mitte des 15. Jahrhundert wie die Apostel an den Langhauspfeilern. 1536 musste das Nordquerhaus erneuert werden und erhielt sein Portal mit der Gedächtnisinschrift für den Bistumsgründer Kaiser Otto I.

Nach 1664 wurde die mittelalterliche Stifts- zur barocken Schlosskirche umgestaltet. Zunächst trug man die oberen Turmgeschosse ab. Im Innenraum wurde die raumbestimmende Herrscherempore eingefügt, die sich über die gesamte Breite der Westwand erstreckt. Im Osten wurde eine Treppenanlage zum Hohen Chor, seine Ausstattung mit einem Altaraufbau von Heinrich Schau und Altarblatt von Christian Schäfer sowie in den Kreuzarmen jeweils eine Empore für einen hohen Orgelprospekt errichtet. Musikhistorisch war der Zeitzer Hof von großer Bedeutung.

rechts: Bronzene Grabplatte für Georg von Haugwitz († 1463)

unten links: Krypta (11. Jahrhundert) mit 13 zum Teil bemalten und verzierten Zinnsärgen der herzoglichen Familie von Sachsen-Zeitz, 17./18. Jahrhundert

unten rechts: Kreuzgang, um 1500